高等职业教育"十二五"规划教材

汽车专业工作过程导向职业核心课程双证系列教材

人力资源和社会保障部职业技能鉴定中心组编

汽车发动机控制系统检修
一体化项目教程

（第二版）

主　编　谢兴景　豆红波

副主编　申光明　吕志超　冯永亮　罗雷鸣　张昆晓　马成虎

主　审　陈俊鸿　丁争鸣

上海交通大学出版社

内 容 简 介

　　本书是根据汽车维修专业所面向的主要就业岗位调查,组织召开汽车维修工和汽车维修电工岗位工作任务分析研讨会,选取发动机进气控制系统(包括发动机进气计量系统、发动机进气辅助系统、发动机怠速控制系统)、发动机燃油供给系统、发动机电控点火系统、发动机排放控制系统、柴油机电子控制系统中的常见的故障现象而制定的典型工作任务,整合为汽车发动机控制系统维修任务领域,构建了"汽车发动机控制系统检修"课程。以上的每一个控制系统都有相对应的工作任务,完成这些任务能使学生较全面地掌握发动机控制系统各个控制系统的结构组成、工作原理、故障诊断与检修等专业能力和职业核心能力。

　　本书可作为高职高专、技工院校、普通院校、远程教育和培训机构的汽车发动机控制系统检修教材,也可供广大汽车检修从业人员学习参考和职业鉴定前应试辅导。

　　为了方便老师教学及学生自学,本书配有多媒体课件,欢迎读者来函来电索取。

　　联系电话:(021)61675263;电子邮箱:shujun2008@gmail.com

图书在版编目(CIP)数据

汽车发动机控制系统检修一体化项目教程/谢兴景等
主编. —2 版. 上海:上海交通大学出版社,2016
汽车专业工作过程导向职业核心课程双证系列教材
ISBN 978 - 7 - 313 - 07971 - 8

Ⅰ.①汽…　Ⅱ.①谢…　Ⅲ.①汽车—发动机—控制
系统—车辆检修—职业教育—教材　Ⅳ.①U472.43

中国版本图书馆 CIP 数据核字(2011)第 249918 号

汽车发动机控制系统检修一体化项目教程(第二版)

谢兴景　豆红波　主编

上海交通大学 出版社出版发行

(上海市番禺路 951 号　邮政编码 200030)

电话:64071208　出版人:韩建民

昆山亭林印刷有限责任公司　印刷　全国新华书店经销

开本:787mm×1092mm　1/16　印张:17.75　字数:410 千字

2012 年 2 月第 1 版　2016 年 9 月第 2 版　2016 年 9 月第 3 次印刷

ISBN 978—7—313—07971—8/U　定价:42.00 元

序

随着社会经济的高速发展和现代制造业的不断升级,我国对技能人才地位和作用的认识得到了空前的提高,技能人才的价值越来越得到认可。如何培养符合未来中国经济社会发展需要的技能人才也得到社会的广泛关注。

人力资源和社会保障部职业技能鉴定中心、中国就业培训技术指导中心担负着为我国就业和职业技能培训领域提供技术支持和技术服务的重要任务。在新的形势下,为各类技工院校、职业院校和培训机构提供技能人才培训、培养模式及方法等方面的技术指导尤为重要。在党中央国务院就业培训政策方针指引下,中心结合国情,开拓创新思路,探索培训方式,研究扩大就业,提供技术支持,为国家就业服务和职业培训鉴定事业的发展,提供了强有力的支撑。与此同时,中心不断深化理论研究,注重将理论转化为实践,成果也十分明显,由中心组编的"汽车专业工作过程导向职业核心课程双证系列教材"便是这种实践成果之一。

我国作为世界汽车生产和消费大国,汽车产业的快速发展和汽车消费的持续增长,为国民经济的增长产生了巨大拉动作用。近年来,我国汽车专业职业教育事业取得了长足发展,为汽车行业输送了大量的人才。随着汽车产业的迅猛发展,社会对汽车专业人才提出了更高的要求。进一步深化人才培养模式、课程体系和教学内容的改革,不断提高办学质量和教学水平,培养更多的适应新时代需要的具有创新能力的高技能、高素质人才,是汽车专业教育的当务之急。

作为汽车专业教育的重要环节,教材建设肩负着重要使命,新的形势要求教材建设适应新的教学要求。职业教育教材应针对学生自身特点,按照技能人才培养模式和培养目标,以应用性职业岗位需求为中心,以素质教育、创新教育为基础,以学生能力培养、技能实训为本位,使职业资格认证培训内容和教材内容有机衔接,全面构建适应 21 世纪人才培养需求的汽车类专业教材体系。

我热切地期待,本系列教材的出版将对职业教育汽车类专业人才的培养和教育教学改革工作起到积极的推动作用。

人力资源和社会保障部职业技能鉴定中心主任

中国就业培训技术指导中心主任

2011 年 5 月

目　录

课程整体设计

1. 课程内容设计

本课程选取了发动机进气控制系统（包括发动机进气计量系统、发动机进气辅助系统、发动机怠速控制系统）、发动机燃油供给系统、发动机电子点火系统、发动机排放控制系统、柴油发动机控制系统中的常见的故障现象而制订的典型工作任务，每个系统就是一个项目，设置了对应的工作任务。具体教学安排建议如下。

项目名称	工作任务	课时分配
项目一　诊断与分析发动机故障	观察与排除发动机控制系统物理故障	30
	诊断与排除发动机控制电脑不工作故障	
	诊断与判断发动机故障部位	
项目二　诊断与排除发动机进气控制系统故障	诊断与排除发动机进气计量控制系统故障	34
	诊断与排除发动机辅助进气控制系统故障	
	诊断与排除发动机怠速控制系统故障	
项目三　诊断与排除发动机燃油供给控制系统故障	诊断与排除燃油供给系统燃油压力异常故障	20
	诊断与排除喷油器喷油不良或不喷油故障	
项目四　诊断与排除发动机电子点火控制系统故障	诊断与排除发动机电子点火控制系统故障	16
项目五　诊断与排除发动机排放控制系统故障	诊断与排除尾气排放控制系统的故障	16
	诊断与排除蒸发排放控制系统的故障	
项目六　诊断与排除柴油发动机控制系统故障	诊断与排除柴油发动机控制系统故障	12

　　项目一以汽车发动机控制系统故障诊断与排除为例,引入发动机控制系统的基本诊断步骤与分析方法。

　　项目二以汽车发动机进气控制系统的故障诊断与排除为例,引入发动机进气计量控制系统、发动机进气增压控制系统与怠速控制系统的常见故障,并逐步地学会诊断与排除进气控制系统的代表性故障。

　　项目三以汽车发动机燃油供给控制系统故障诊断与排除为例,引入发动机燃油供给系统燃油压力异常、喷油器喷油不良与不喷油常见故障现象,并逐步地学会诊断与排除燃油供给控制系统的代表性故障。

　　项目四以发动机点火控制系统的故障诊断与排除为例,引入发动机点火控制系统不点火或点火缺缸的故障,学会诊断与排除发动机点火控制系统的故障。

　　项目五以发动机排放控制系统与燃油蒸气控制系统的故障诊断与排除为例,引入发动机尾气排放不正常或因排放控制系统引起的发动机故障,学会诊断与排除发动机排放控制系统与燃油蒸发控制系统的典型故障。

　　项目六以柴油发动机控制系统的故障诊断与排除为例,引入柴油发动机与汽油发动机控制系统典型故障的异同分析,学会诊断与排除柴油发动机控制系统的典型故障(故障与汽油机的控制系统有所区别)。

　　2. 课程目标设计

　　能够利用发动机自诊断功能进行故障排除;排除电控系统的故障必须掌握汽车解码仪的运用、汽车专用检测万用表的使用;能够根据维修作业项目的步骤进行实战操作。要学会看丰田车系(或其他车系)的电路图。懂得根据电路图检测来排除发动机控制系统的故障。

　　能描述汽车发动机各控制系统的结构、工作原理、功能;能拆装与检测汽车发动机各控制系统元件。

　　能根据汽车发动机控制系统的使用性能制订检修计划,并熟练实施汽车发动机控制系统的基本检修作业。

　　会利用汽车发动机控制系统的原理,分析汽车发动机控制系统故障的原因;并能根据汽车发动机控制系统的各个系统结构特点,排除汽车发动机故障。

　　能正确使用常用工具、仪器仪表等维修设备,实施维修作业。

　　在学习或作业过程中严格执行 5S 现场管理及操作规范,能与其他学员团结协作,共同处理工作或学习过程中的一般问题。

　　3. 课程教学资源要求

　　师资要求:建议中级或以上职称,或技师职业资格,或具有 3 年以上企业维修经验的双师型教师任课。

　　实训资源:

笔记

实习场所名称	实习场所要求	设备序号	设　备　名　称	数量	设备功能/技术指标
汽车电控发动机维修实训室	面积:180m² 配电:380V/220V/12V 环保:符合JY/T0380—2006要求	1	丰田电控发动机台架	5台	发动机控制系统实验
		2	威驰轿车或其他轿车	5辆	发动机控制系统实训
		3	丰田电控发动机相关维修资料	5套	查阅维修资料
		4	手持式汽车诊断电脑(解码仪)	5套	读取发动机故障码、定格数据
		5	汽车专用万用表	5把	检测发动机电路
		6	汽车专用示波器	5台	读取控制信号波形
		7	转速表	5个	读取发动转速
		8	维修导线	5把	进行诊断头的连接
		9	试灯	5把	检查线路
		10	常用拆装工具	5套	用于拆装操作
		11	举升设备	5台	举升车辆
		12	多媒体教学系统	1套	辅助教学

4. 项目设置与项目能力培养目标分解

项目名称	工作任务	能力(知识、技能、职业素养)目标	课时分配
项目一　诊断与分析发动机故障	观察与排除发动机控制系统物理故障	能描述发动机控制系统的组成与类型:进气控制系统(包括增压控制、怠速控制)、燃油供给系统、电控点火系统、排放系统的零部件位置	8
	诊断与排除发动机控制电脑不工作故障	1. 能够理解发动机控制电脑结构与控制原理 2. 学会规范方法与步骤排除由于发动机控制电脑电源而引起的故障	10
	诊断与判断发动机故障部位	1. 理解发动机自诊断系统的原理 2. 掌握规范的方法用故障解码仪进行故障诊断 3. 掌握发动机故障诊断与分析的基本检查流程	12
项目二　诊断与排除发动机进气控制系统故障	诊断与排除发动机进气计量控制系统故障	1. 了解发动机进气控制系统的组成与原理,理解由进气系统引起的故障现象 2. 掌握进气温度传感器、空气流量传感器、节气门位置传感器的故障检修 3. 学会规范的操作步骤排除因进气控制系统的故障引起的发动机怠速不稳、加速无力等故障	12
	诊断与排除发动机辅助进气控制系统故障	1. 能描述发动机进气辅助控制系统有哪些方式的控制懂得其结构原理,理解进气辅助控制系统的故障现象 2. 掌握VVT-i、VTEC、惯性增压、谐波增压、涡轮增压系统的故障检修 3. 学会规范的操作步骤排除因辅助进气系统故障引起的发动机怠速不稳,运转不良,加速无力,油耗明显增加的故障	10

笔记

（续表）

项目名称	工作任务	能力（知识、技能、职业素养）目标	课时分配
项目二 诊断与排除发动机进气控制系统故障	诊断与排除发动机怠速控制系统故障	1. 了解发动机怠速控制系统的组成与原理，理解怠速控制系统引起的故障现象 2. 掌握怠速控制系统各类型的怠速控制电机（转滑阀式、怠速步进电机式4线与6线、直动式怠速控制执行机构、占空比电磁阀式）的结构特点与检修方法及相关的怠速控制部件的检修 3. 学会规范的操作步骤排除因怠速控制系统故障引起的发动机怠速不稳，怠速游车，怠速易熄火故障	12
项目三 诊断与排除发动机燃油供给控制系统故障	诊断与排除燃油供给系统燃油压力异常故障	1. 能够描述发动机燃油供给控制系统的组成与工作元件的位置 2. 掌握燃油供给系统油泵、油压调节器、脉冲调节器与油压测试的方法	6
	诊断与排除喷油器喷油不良或不喷油故障	1. 能理解喷油器的结构与工作原理，学会喷油器的典型故障检测方法 2. 掌握油泵控制电路的控制原理与燃油泵控制电路的检修方法 3. 学会规范的操作步骤排除发动机燃油供给系统的故障	14
项目四 诊断与排除发动机电子点火控制系统故障	诊断与排除发动机电子点火控制系统故障	1. 了解发动机电控点火系统的组成与原理，理解由点火系统引起的故障现象 2. 掌握单缸独立点火系统的检修方法，排除单缸独立点火不良的故障 3. 学会规范的操作步骤，排除因电控点火控制系统故障引起的发动机怠速发抖、缺缸、加速动力不足、大功率输出时动力不足的故障	16
项目五 诊断与排除发动机排放控制系统故障	诊断与排除尾气排放控制系统的故障	1. 掌握发动机排放控制系统的组成与原理，理解由排放系统引起的故障现象 2. 掌握检修氧传感器、三元催化器的方法，掌握废气再循环系统、二次燃烧系统的故障排除方法 3. 学会规范的操作步骤，排除因排放系统故障引起的排放不达标	10
	诊断与排除蒸发排放控制系统的故障	1. 掌握发动机蒸发排放控制系统的组成与控制原理 2. 掌握发动机蒸发排放控制系统的检修方法，排除蒸发控制系统引起的发动机怠速不稳、严重时会熄火的故障	6
项目六 诊断与排除柴油发动机控制系统故障	诊断与排除柴油发动机控制系统故障	1. 理解柴油发动机控制系统结构与汽油发动机的控制系统结构的异同点 2. 检测柴油发动机电子控制系统的故障	12

5. 课程考核方案设计

考核项目	考核任务	考核方案	考核权重
项目一 诊断与分析发动机故障	观察与排除发动机控制系统物理故障	过程考核	5%
	诊断与排除发动机控制电脑不工作故障	过程考核	5%
	诊断与判断发动机故障部位	过程考核	10%
项目二 诊断与排除发动机进气控制系统故障	诊断与排除发动机进气计量系统故障	过程考核	10%
	诊断与排除发动机辅助进气控制系统故障	过程考核	10%
	诊断与排除发动机怠速控制系统故障	过程考核	10%
项目三 诊断与排除发动机燃油供给控制系统故障	诊断与排除燃油供给系统燃油压力异常故障	过程考核	5%
	诊断与排除喷油器喷油不良或不喷油故障	过程考核	10%
项目四 诊断与排除发动机电子点火控制系统故障	诊断与排除发动机电子点火系统故障	过程考核	15%
项目五 诊断与排除发动机排放控制系统故障	诊断与排除尾气排放控制系统的故障	过程考核	5%
	诊断与排除蒸发排放控制系统的故障	过程考核	5%
项目六 诊断与排除柴油发动机控制系统故障	诊断与排除柴油发动机控制系统的故障	过程考核	10%
合　计			100%

注：工作过程考核重点考核工作态度、工作结果及工作过程中起到的作用。

6. 教学建议

本课程是汽车专业必修的技术课程，是基于汽车机电维修工岗位工作任务分析而设置的项目课程。各项目之间为递进关系。本书的项目按工作过程系统化原则组织编写。将项目工作流程"咨询—决策—计划—实施—检验—评估"与汽车维修行业的"维修接待—收集信息—制订维修方案—实施维修作业—维修质量检验—业务考核"相结合，确定了本书的编写思路，即"维修接待(或布置任务)—信息收集与处理—制订维修计划—实施维修作业—检验与评估"。

本书建议按工作过程系统化项目教学与任务驱动组织教学，以解决维修案例为主线，将汽车发动机控制系统结构、工作原理、故障诊断与检修方法等渗透到各项目或任务中，以完成任务展开学习，边学边做任务。通过项目训练，培养学生"从故障入手—分析故障—制订维修方案—实施检修作业—维修质量检验"等企业工作或学习的过程能力，实现做中学、学中做的一体化教学核心思想。要求全面实施任务驱动式的项目教学法。同时，建议创建汽车维修工作站，模拟企业工作环境，从具体车辆典型故障案例入手，按维修接待、收集信息、制订维修计划、实施维修作业、维修质量检查与评估等六个环节实施项目教学。在教学过程中，要求体现教师引导、学生训练为主的现代职业教育理念(职业活动行动导向教学法)，在培养学生专业能力的同时全过程渗透职业核心能力训练，同时还潜移默化了问题的解决方法，培养学生的工作能力。

项目一　诊断与分析发动机故障

Description 项目描述	有一辆07款丰田威驰GL轿车发动机发生了故障,入维修厂进行维修。首先对发动机控制系统的外观进行检测;然后排除故障指示灯不亮或发动机控制电脑不工作引起的故障;为更加准确地找出故障部位,缩短检测时间,进行发动机基本检查,借助诊断设备诊断发动机故障
Objects 项目目标	1. 掌握发动机控制系统的组成、工作原理;找出发动机控制系统组成部件的位置;会观察与排除发动机控制系统的物理故障 2. 理解发动机控制单元的结构原理、功能;诊断与排除发动机控制电脑引起的故障(我们在这个任务中插入了案例车丰田威驰1.3 GL轿车的维修资料与数据,在这个任务中需要掌握读懂电路图的方法) 3. 理解发动机自诊断系统的原理;掌握自诊断系统的测试方法;诊断与判断发动机故障部位
Tasks 项目任务	任务1.1　观察与排除发动机控制系统物理故障:观察发动机进气控制系统、燃油供给控制系统、电子点火控制系统、排放控制系统、其他发动机辅助控制系统线束与外观是否异常 任务1.2　诊断与排除发动机控制单元引起的故障:查阅该车型发动机维修数据与电路图,检查发动机电源供给电路,检查ECU(+B电压),检查线束与连接器(ECU—车身搭铁),检查ECU(IGSW电压),检查保险丝(AM2),检查点火或启动机开关总成、检查ECU(MRO电压),检查保险丝(EFI),检查EFI继电器,检查线束与连接器(EFI继电器—ECU),进而排除发动机控制单元电源故障 任务1.3　诊断与判断发动机故障部位:对维修车辆进行基本检查,再用发动机故障诊断仪进行故障诊断(查阅维修故障代码表、定格数据),准确判断故障位置。如果没有故障代码,定格数据也正常则排除发动机故障指示灯(MIL)故障
Implementation 项目实施	

笔记

任务 1.1　观察与排除发动机控制系统的物理故障

任务描述	有一辆 07 款丰田威驰 1.3 GL 轿车发动机发生了故障,入维修厂进行维修。首先对发动机控制系统的外观进行检测。找出控制系统的传感器与执行器的位置,观察其外观是否良好
任务目标	1. 熟练描述汽车各个控制系统的位置及组成,了解其原理 2. 准确地找到汽车每一个传感器与执行器的位置 3. 理解发动机控制系统传感器与执行器功能 4. 理解什么是 D 型燃油喷射系统,什么是 LH 型燃油喷射系统

一、维修接待

按照表 1-1-1 完成待修车辆的维修接待,并准确填写接车问诊表。

表 1-1-1　维修接待与接车问诊表

1. 通过询问客户了解汽车发动机最近的使用情况,填写接车问诊表 2. 车间检测初步确认结果:该车只需要检查发动机各个系统有无故障

接 车 问 诊 表

车牌号:＿＿＿＿＿＿　　车架号:＿＿＿＿＿＿＿　行驶里程:＿＿＿＿＿＿＿＿(km)

用户名:＿＿＿＿＿＿　　电　话:＿＿＿＿＿＿＿　来店时间:＿＿＿＿/＿＿＿＿

用户陈述及故障发生时的状况:

故障发生状况提示:**行驶速度、发动机状态、发生频度、发生时间、部位、天气、路面状况、声音描述**

接车员检测确认建议:**需要先排除发动机控制系统外观故障**

车间检测确认结果及主要故障零部件:**需进行综合故障诊断与排除,必要时更换零部件**

车间检查确认者:＿＿＿＿＿＿＿＿＿

外观确认:

(请在有缺陷部位作标识)

功能确认:(工作正常√　不正常×)
□音响系统　　□门锁(防盗器)　□全车灯光　□工具
□后视镜　　　□顶窗　　　　　□座椅　　　□点烟器
□玻璃升降器　□玻璃

物品确认:(有√　无×)
□贵重物品提示
□工具　□备胎　□灭火器
□其他(　　　　　　　)
旧件是否交还用户　□是　□否
用户是否需要洗车　□是　□否

· 检测费说明:本次检测的故障如用户在本店维修,检测费包含在修理费用内;如用户不在本店维修,请您支付检测费。本次检测费:¥＿＿＿＿＿元

· 贵重物品:在将车辆交给我店检查修理前,已提示将车内贵重物品自行收起并保存好,如有遗失恕不负责

接车员:＿＿＿＿＿＿＿＿　　　　用户确认:＿＿＿＿＿＿＿＿＿＿＿

二、信息收集与处理

按照表1-1-2完成任务1.1的信息收集与处理。

表1-1-2　信息收集与处理

1. 汽车发动机电子控制系统有哪些控制系统＿＿＿＿＿、＿＿＿＿＿、＿＿＿＿＿
2. D型喷射系统与L型喷射系统有什么区别＿＿＿＿＿＿＿＿＿＿＿＿＿＿＿＿
3. 作为发动机燃油喷射控制主控信号的传感器＿＿＿＿＿＿＿＿＿＿＿＿＿＿＿
作为燃油射喷控制修正信号的传感器＿＿＿＿＿＿＿＿＿＿＿＿＿＿＿＿＿＿＿
4. 指出发动机控制系统中有什么控制是闭环控制的？开环控制又有哪些？

1. 发动机控制系统的总体认识

汽车发动机电子控制系统的英文名称是 Engine Electronic Control system 简称为EECS 或 EEC 系统。

发动机电子控制系统(EECS)的主要功能是控制燃油喷射式发动机的空燃比与点火时机,还有控制发动机启动、急速转速、极限转速、废气再循环、闭环工作、二次空气喷射、进气增压、爆震发电机输出电压、电动燃油泵与系统自诊断等辅助功能。

1) 进气控制系统

进气系统的功能与原理如表1-1-3所示。

表1-1-3　进气系统的功能与原理

进气控制系统 (EAC)	功能	控制气门正时,控制发动机进气压力
	原理	进气控制系统的功能是根据发动机转速与负荷的变化,对发动机的进气量进行控制,以提高发动机的充气效率,从而改善发动机的动力性能 动力阀控制,发动机在不同负荷下,电子控制单元(ECU)控制真空电磁阀,以控制动力阀的开闭来改变进气流量,从而改善发动机的输出转矩与动力 涡流控制阀,ECU根据发动机的负荷与转速信号,控制真空电磁阀,以控制涡流控制阀的开闭,改善发动机大负荷下的充气效率,提高输出转矩与动力
急速控制系统 (ISC)	功能	控制发动机急速
	原理	急速控制(ISC)系统是发动机辅助控制系统,其功能是在发动机急速工况下,根据发动机冷却液温度、空调压缩机是否工作、变速器是否挂入档位等,通过急速控制阀对发动机的进气量进行控制,使发动机随时以最佳急速转速运转

(1) 进气控制系统的组成:空气供给系统负责控制汽油燃烧所需的空气量。它主要包括以下几部分(如图1-1-1所示):空气滤清器、节气门体(位于空气滤清器与稳压箱之间,与加速踏板联动,用以控制进气通路截面积的变化,从而实现发动机转速与负荷的控制)、空气压力传感器(与稳压箱相连,它的作用是把进气管内的压力变化转换成信号输给 ECU)、稳压箱与空气阀等。

(2) 工作原理:由空气滤清器过滤后的空气,经节气门体流入稳压箱并分配给各缸进气管,空气与喷油器喷出的汽油混合后形成可燃混合气体进入气缸。

吸入发动机的空气量是由 ECU 根据压力传感器测出的进气压力与转速传感器测出的曲轴转速信息经计算处理而控制的。

笔记

图 1-1-1 D型进气控制系统组成图

急速时节气门全关，由急速执行器根据冷却水温、空调与动力转向等工况调节进气量。

D型喷射系统：绝对压力传感器测量的是进气管内的绝对压力，流经急速控制阀的空气也在检测范围内。急速控制阀由ECU直接控制，可参考图1-1-2。

图 1-1-2 D型空气测量进气系统

L型电控燃油喷射系统：流经急速控制阀的空气首先经过空气流量计测量，可参考图1-1-3。

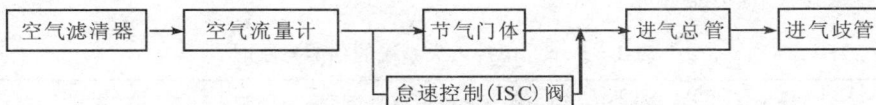

图 1-1-3 L型空气流量计进气系统

2）燃油供给控制系统（EFI）

燃油供给系统的功能与原理如表1-1-4所示。

表 1-1-4 燃油供给系统的功能与原理

	功能	喷油量控制、喷油正时控制、减速断油及限速断油控制
燃油供给系统（EFI）	原理	◆ 在电控燃油喷射（EFI）系统中，喷油量控制是最基本的也是最重要的控制内容，电子控制单元（ECU）主要根据进气量确定基本的喷油量，再根据其他传感器（如冷却液温度传感器、节气门位置传感器等）信号对喷油量进行修正，使发动机在各种运行工况下均能获得最佳浓度的混合气，从而提高发动机的动力、经济性能与降低排放。除喷油量控制外，电控燃油喷射系统还包括喷油正时控制、断油控制与燃油泵控制 ◆ 喷油量控制：电子控制单元（ECU）将发动机转速与负荷信号作为主控信号 ◆ 确定基本喷油量（喷油电磁阀开启的时间长短），并根据其他有关输入信号加以修正，最后确定总喷油量 ◆ 喷油正时控制：在电控间歇喷射系统中，当采用与发动机转动同步的顺序独立喷射方式时，ECU不仅要控制喷油量，还要根据发动机各缸的发火顺序，将喷射时刻控制在一个最佳的时刻 ◆ 减速断油控制：汽车行驶中，驾驶员快收加速踏板时，ECU将会切断燃油喷射控制电路，停止喷油，以降低减速时HC与CO的排放量。当发动机转速降至特定转速时，又恢复供油 ◆ 限速断油控制：发动机加速时发动机转速超过安全转速或汽车车速超过设定的最高车速，ECU将会在临界转速时切断燃油喷射控制电路，停止喷油，防止超速

笔记

　　燃油供给系统的作用是向各缸喷射燃油。它主要包括以下几部分(如图 1-1-4 所示):汽油管、电动燃油泵、燃油滤清器、压力调节器(与油轨相连,用以控制燃油供给系统的压力,使油轨中的油压与进气管负压之差保持在 0.3MPa,因此可使喷油量只受喷油器针阀打开的时间来控制,喷油器根据 ECU 指令将燃油雾状喷入进气管)等。燃油泵将燃油从油箱泵出,经燃油滤清器过滤及燃油压力调节器的调压,输送给各缸喷油器,喷油器再适时、适量地喷入进气管中。

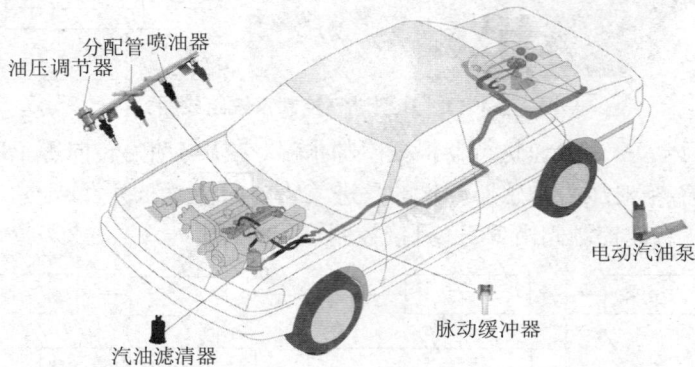

分配管喷油器
油压调节器
电动汽油泵
脉动缓冲器
汽油滤清器

图 1-1-4　燃油供给系统的组成

　　3) 电控点火控制系统(ESA)

　　电控点火系统的功能与原理如表 1-1-5 所示。

表 1-1-5　电控点火系统的功能与原理

	功能	点火提前角控制、闭合角与恒流控制、爆震控制
电控点火系统(ESA)	原理	◆ 电控点火系统(ESA)最基本的功能是点火提前控制。该系统根据各相关传感器信号,判断发动机的运行工况与运行条件,选择最理想的点火提前角点燃混合气,从而改善发动机的燃烧过程,以实现提高发动机动力、经济性能与降低排放污染的目的 ◆ 闭合角与恒流控制为保证点火线圈初级电路有足够大的断开电流,以产生足够高的次级电压,同时也要防止通电时间过长时点火线圈过热而损坏,ECU 可根据蓄电池电压及转速等信号,控制点火线圈初级电路的通电时间。在高能点火装置中,还增加了恒流控制电路,以使初级电流在极短时间内迅速增长到额定值,减少转速对次级电压的影响,改善点火特性 ◆ 爆震控制,当 ECU 根据爆震传感器输出的信号检测到爆震现象时,立即修正点火提前角,以免爆震的发生

　　电控点火系统的组成:电子点火控制系统如图 1-1-5 所示,主要由 ECU、曲轴位置传感器、凸轮轴位置传感器、点火线圈与点火模块、火花塞等组成。

　　ECU 根据曲轴位置传感器信号确定工作,并根据车上的其他传感器的信号随时修正点火时机。ECU 控制点火线圈与点火模块的通断时间,从而控制火花塞跳火的时机与跳火能量。

　　4) 废气排放控制系统(AEC)

单缸独立点火器：集成了初级线圈、次级线圈、电子点火控制模块

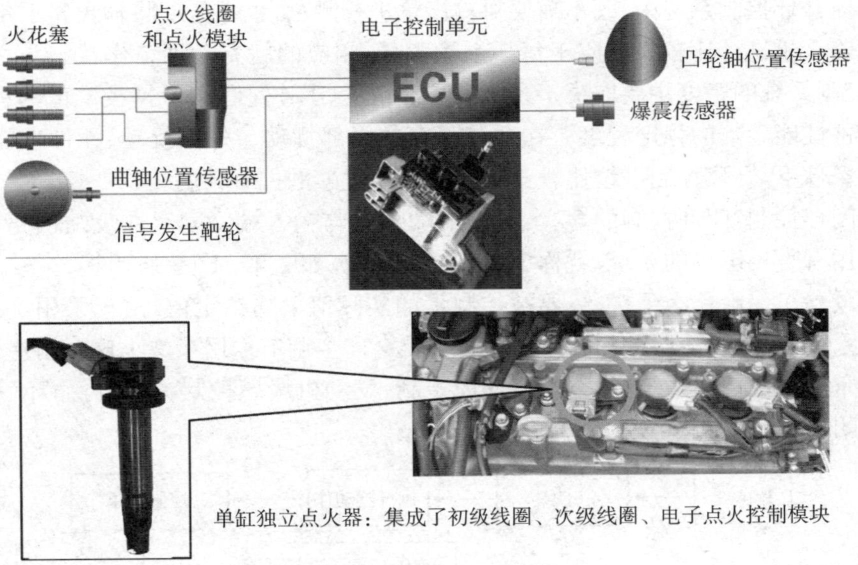

图 1-1-5 电子点火系统组成

废气排放控制系统的功能与原理如表 1-1-6 所示。

表 1-1-6 废气排放控制系统的功能与原理

废气排放控制系统（AEC）	功能	EGR 废气再循环控制、开环与闭环控制、二次空气喷射控制、活性炭罐电磁阀控制
	原理	其功能主要是对发动机排放控制装置的工作实行电子控制。排放控制的项目主要包括：废气再循环（EGR）控制，活性炭罐电磁阀控制，氧传感器和空燃比闭环控制，二次空气喷射控制等 ◆ EGR 废气再循环控制：当发动机温度达到一定温度时，根据负荷与转速，ECU 控制 EGR 阀，以降低 NO_x 的排放 ◆ 开环与闭环控制：在装有氧传感器及三元催化器的发动机中，ECU 根据发动机的工况及氧传感器反馈的空燃比信号，确定开环控制与闭环控制方式 ◆ 二次空气喷射控制：ECU 根据发动机的工作温度，控制新鲜空气喷入排气歧管或三元催化转化器中，以减少排气污染
增压控制系统（BC）	功能	利用排放尾气的能量增加进气量
	原理	◆ 增压控制系统的功能是对发动机进气增压装置的工作进行控制。在装有废气涡轮增压装置的汽车上，ECU 根据检测到的进气管压力，对增加装置进行控制，从而控制增压装置对增压进气的强度

知识链接

（1）开环控制：开环控制的含义：控制系统中，如果输出端与输入端之间不存在反馈回路，输出量对系统的控制作用没有影响，该系统就称为开环控制系统，如图 1-1-6 所示。

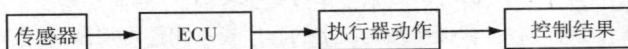

图 1-1-6 开环控制系统方框图

在任何开环控制系统中,既不需要对输出量进行测量,也不需要将输出量反馈到系统与输入端的输入量进行比较。对应于每一个输入量,相应的就有一种工作状态与之对应。因此,开环控制系统的精度主要取决于系统的校准精度、工作过程中保持校准值的程度以及系统组成元件性能参数的稳定程度。在系统不存在内部扰动与外界扰动、元件性能参数又比较稳定的条件下,开环控制系统比较简单并可保证足够的控制精度。

(2) 闭环控制:闭环控制的含义:系统的输出端与输入端之间存在反馈回路,即输出量对控制作用有直接影响的系统,就称为闭环控制系统,如图 1-1-7 所示。

精度较高。无论什么干扰,只要被控制量的实际值偏离给定值,由于采用了反馈,对外界扰动和系统内部参数变化引起的偏差,系统就会产生调节作用来减小这一偏差。

在汽车发动机控制系统中,空燃比反馈控制、发动机爆燃控制、排气再循环(EGR)控制都采用了闭环控制方式。

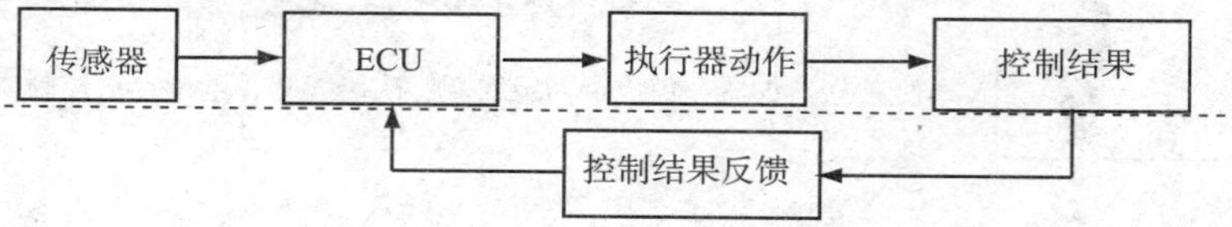

图 1-1-7 闭环控制系统方框图

排放控制系统的组成:图 1-1-8 所示为排放控制系统的组成图,没有涡轮增压的排放系统只有排气管、前氧传感器、三元催化装置、后氧传感器或有一个 EGR 废气再循环管路。装有涡轮增压的系统装配如下图。

图 1-1-8 排放控制系统

5)失效保护系统(IPS)

失效保护系统的功能与原理如表 1-1-7 所示。

表 1-1-7 失效保护系统的功能与原理

	功能	汽车的电子元件(传感器、中央处理器 CPU 等)出现严重故障或者错误操作时,发动机能保持原来行驶能力的功能
失效保护系统(IPS)	原理	在汽车的电子元件(传感器、中央处理器 CPU 等)出现严重故障或者错误操作时,为了汽车不至于半路抛锚,电控单元(ECU)在存储故障代码的同时将自动进入失效保护状态,不采用故障装置的信号,而采用固定的数值取代故障传感器的信号,即按照预先设定的程序或方式进行控制,使汽车保留最基本的行驶性能,以便行驶回家或者到达修理厂

6）自诊断与报警系统

自诊断与报警系统的功能与原理如表1-1-8所示。

表1-1-8 自诊断与报警系统的功能与原理

自诊断与报警系统	功能	使驾驶员能发现汽车存在故障
	原理	该系统利用ECU，对电子控制系统中的各部件进行检测、诊断，根据发动机电子控制系统的工作情况，能自行、及时地找出发动机电子控制系统出现的故障

2. 发动机控制系统传感器与执行器功能

发动机控制系统主要由信号输入装置、电子控制单元（ECU）、执行器等组成。

随着控制功能的扩展，输入信号也将不断增加。从下述所列传感器及输入信号中可以看出：发动机集中控制系统所用的传感器及输入信号有很多都是相同的。这就意味着在发动机集中控制系统中，可以减少大量的传感器数目，一个传感器或一个输入信号，可以多次重复使用，作为几个控制系统的输入信号。

1）传感器信号

每个信号输入装置及输入信号的功能清单如表1-1-9所示。

发动机控制系统的信号输入主要是通过各种传感器或其他输入装置将各种控制信号输入ECU的。发动机控制系统的传感器和输入信号如表1-1-9所示。

表1-1-9 信号输入装置及输入信号

信号输入装置及输入信号	功　能
空气流量计	在L型EFI中，由空气流量计测量发动机吸入的空气量，并将信号输入ECU，ECU将该信号和发动机转速作为燃油喷射和点火控制的主控制信号
进气压力传感器	在D型EFI中，由进气压力传感器测量进气管压力（真空度），将信号输入ECU，ECU将该信号与发动机转速作为燃油喷射与点火控制的主控制信号
转速与曲轴位置传感器	曲轴位置传感器检测曲轴转角信号（转速信号）输入ECU作为点火与燃油喷射的主控制信号
凸轮轴位置传感器	凸轮轴位置传感器向ECU输入凸轮轴位置信号，是点火控制的主控制信号
上止点位置传感器	上止点位置传感器向ECU提供一缸上止点位置信号，作为点火控制主控信号
缸序判别传感器	缸序判别传感器向ECU提供各缸工作顺序信号作为点火控制主控信号
冷却水温度传感器	检测发动机冷却水温度，向ECU输入温度信号，作为燃油喷射与点火正时的修正信号，同时也是其他控制系统的控制信号
进气温度传感器	检测进气温度，向ECU输入进气温度信号，作为燃油喷射与点火正时的修正信号
节气门位置传感器	节气门位置传感器检测节气门的开度状态及节气门开、闭的速率信号输入ECU控制燃油喷射及其他控制系统
氧传感器	检测排气中氧的含量，向ECU输入空燃比的反馈信号，进行喷油量的闭环控制
爆震传感器	爆震传感器向ECU输入爆震信号，经ECU处理后，控制点火提前角，抑制爆震产生

笔记

（续表）

信号输入装置及输入信号	功　能
大气压力传感器	检测大气压力,向 ECU 输入大气压力信号,修正喷油与点火控制
车速传感器	检测车速,向 ECU 输入车速信号,控制发动机转速,实现超速断油控制。在发动机与自动变速器共同控制时,也是自动变速器换挡的主控制信号
启动信号	发动机启动时,由启动系向 ECU 提供一个启动信号,作为喷油量、点火提前角的修正信号
发电机负荷信号	当发电机负荷因开启用电量较大的电器设备而增大时,向 ECU 输入此信号,作为喷油量与点火提前角的修正信号
空调作用信号(A/C)	当空调开关打开,空调压缩机进入工作,发动机负荷加大时,由空调开关向 ECU 输入空调作用信号,作为对喷油量及点火提前角控制的修正信号
档位开关信号与空档位置开关信号	自动变速器由 P 或 N 档挂入其他档位时,发动机负荷将有所增加,档位开关向 ECU 输入信号,作为对喷油量及点火提前角的修正信号。当挂入 P 或 N 档时,空挡位置开关提供 P 或 N 档位置信号,在 P 或 N 档时允许发动机启动
蓄电池电压信号	当 ECU 检测到蓄电池与电源的电压过低时,将对供油量进行修正,以补偿由于电压过低,造成喷油量减少所带来的影响
离合器开关信号	在离合器接合与分离过程中,由离合器开关向 ECU 输入离合器工作状态信号,作为喷油量及点火提前角控制的修正信号
制动开关信号	在制动时,由制动开关向 ECU 提供制动信号作为对喷油量、点火提前角、自动变速器等的控制信号
动力转向开关信号	采用动力转向装置的汽车,当转向盘由中间位置向左右转动时,由于动力转向油泵工作而使发动机负荷加大,此时动力转向开关向 ECU 输入修正信号,调整喷油量及点火提前角
EGR 阀位置传感器	EGR 阀位置传感器向 ECU 提供 EGR 阀的位置信号,以检测 EGR 阀动作是否正常
巡航(定速)控制开关信号	当进入巡航控制状态时,由巡航控制开关向 ECU 输入巡航控制状态信号,由 ECU 对车速进行自动控制

2）电子控制单元（ECU）

发动机电子控制单元的功能清单如表 1-1-10 所示。

表 1-1-10　发动机电子控制单元的功能

	功　能
电子控制单元(ECU)	(1) 接受传感器或其他装置输入的信息,向传感器提供 5V,8V,10V 参考(基准)电压等,将输入的信息转变为微机所能接受的信号
	(2) 存储、计算、分析处理信息。存储计算所用的程序,存储该车型的特点参数,存储运算中的数据(随存随取),存储故障信息
	(3) 运算分析。根据信息参数求出执行命令数值,将输出的信息与标准值对比,查出故障
	(4) 输出执行命令。输出喷油、点火等控制命令,输出故障信息
	(5) 自我修正功能(自适应功能)在发动机控制系统中 ECU 不仅用来控制燃油喷射系统,同时还具有点火提前角控制、怠速控制、排放控制、进气控制、自诊断、失效保护与备用控制系统等多项控制功用

3）执行器

发动机控制系统的执行器类型与功能清单如表 1-1-11 所示。

表 1-1-11　发动机控制系统的执行器类型

类型	功能
电磁式喷油器	发动机控制电脑通过控制喷油器控制喷油量
点火控制器(点火模块)	发动机电脑控制电子点火器的点火时机,控制高压火花产生的条件
怠速控制阀、怠速电机	发动机控制怠速控制阀控制发动机怠速的转速
EGR 阀	控制尾气进入进气管的流量
进气控制阀	控制进气流量
二次空气喷射阀	控制进入尾气管的新鲜空气流量
活性炭罐电磁阀	控制活性炭罐打开,存贮在活性炭罐的燃油蒸气被吸入进气歧管
车速控制电磁阀	
燃油泵继电器	控制燃油泵的运转
冷却风扇继电器	控制冷却风扇运转的时机或转速
空调压缩机继电器	控制空调压缩机的工作
自动变速器档位电磁阀	控制自动变速器的档位进退
增压器释压电磁阀	
自诊断显示与报警装置	诊断发动机控制系统的故障位置,并通过报警装置警示驾驶员
故障备用程序启动装置	
仪表显示器	

(表格最左侧有纵向合并单元格"执行器")

3. 电控燃油系统的分类

电控燃油系统的分类如表 1-1-12 所示。

表 1-1-12　电控燃油系统的分类

		连续喷射方式	
按喷射方式			同时喷射
	间歇喷射方式		分组喷射
			顺序喷射
按对空气量的计量方式	D 型电控燃油喷射系统	间接计量发动的进气体积	
	L 型电控燃油喷射系统	直接计量发动机进气体积或进气质量	
按喷射的位置分类		缸内喷射	
	进气管喷射		单点喷射
			多点喷射

笔记

三、制订检修计划

制订电控发动机系统故障诊断计划如表 1-1-13 所示。

表 1-1-13　制订电控发动机控制系统故障诊断检查计划

1. 就车检察汽车发动机各个控制系统的具体位置与组成
2. 区分车上的发动机控制系统分别属于什么控制方式的控制系统

1. 车辆信息描述	车 辆 描 述	
	汽车发动机控制系统类型	汽油发动机进气控制系统
		发动机辅助进气控制系统
		汽油发动机怠速控制系统
		发动机燃油供给系统
		发动机电控点火系统
		汽油机排放控制系统

2. 汽车发动机故障描述	

3. 汽车电子控制系统故障原因分析，画出鱼刺图

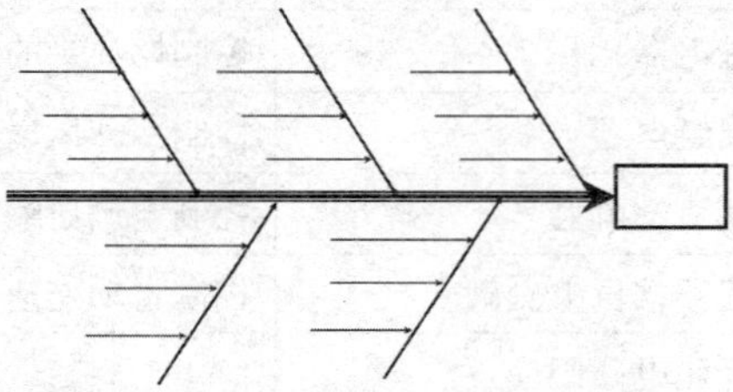

4. 汽车发动机控制系统物理故障检修工具准备	车辆、资料、工具的名称	数量
	丰田电控发动机台架（威驰汽车/或卡罗拉）	5 台
	丰田电控发动机台架	5 台
	举升设备	5 台

4. 汽车发动机控制系统物理故障检修工作准备

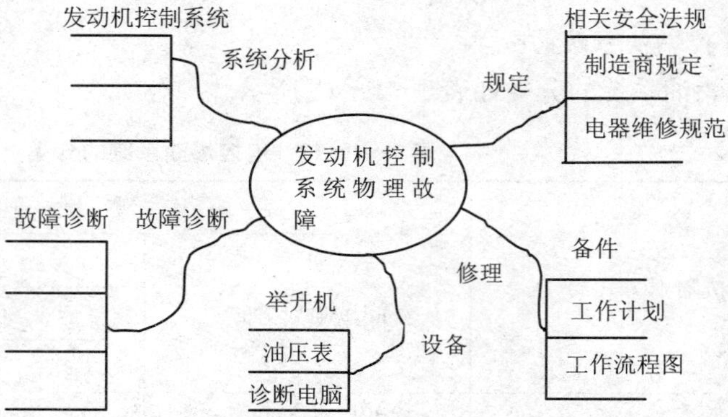

5. 发动机控制系统物理故障检修流程	步　骤	检修项目	操作要领	技术要求或标准	检修记录

笔记

四、实施维修作业

找出传感器与执行器位置并排除其物理故障

对车上的发动机控制系统进行学习,按下列表格要求完成实训任务,并把实训结果写在表1-1-14中。

表1-1-14 汽车电子控制系统认识作业表

2SE-FE发动控制系统:请填写下图中你认识的传感器位置

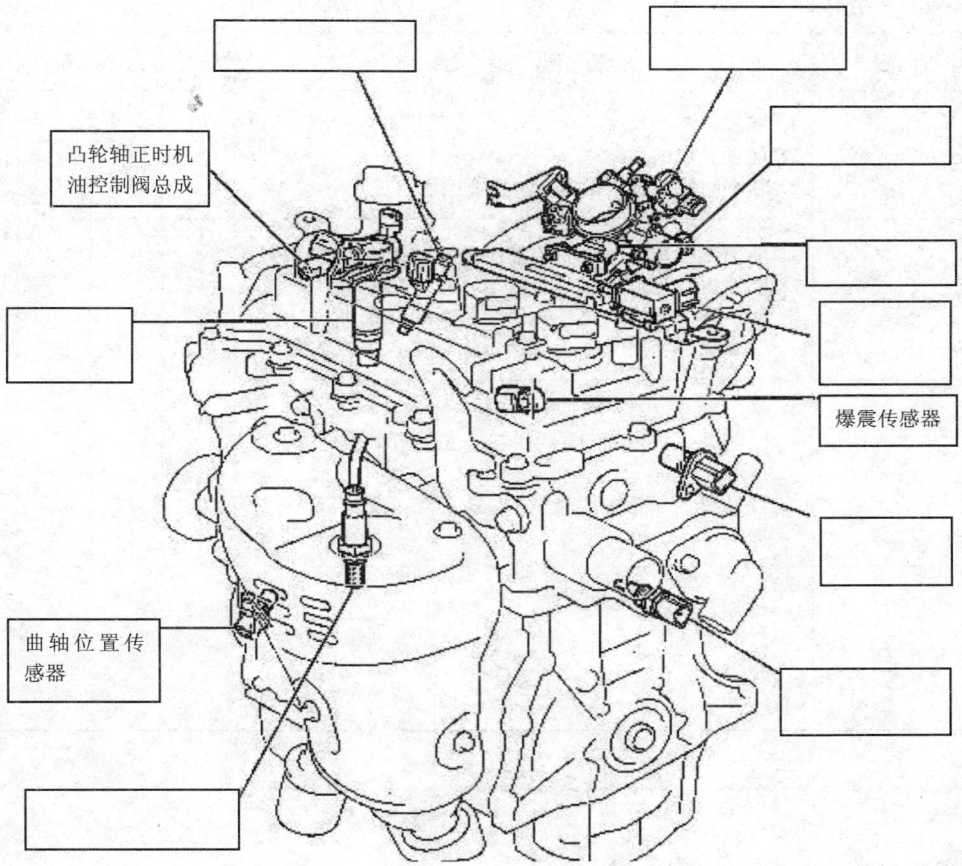

凸轮轴正时机油控制阀总成

爆震传感器

曲轴位置传感器

检修项目	该车有无该控制系统	属于什么控制方式(开环还是闭环还是其他控制)	在哪个位置,由哪些零部件组成
进气控制系统(EAC)			
电子控制点火系统(ESA)			
怠速转速控制系统(ISC)			
增压控制系统(BC)			
排放控制系统(AEC)			

五、检验评估

项目一中的任务 1.1 检验评估如表 1-1-15 所示。

表 1-1-15　检查评估

评 价 指 标	检 验 说 明		检 验 记 录			
维护检查项目	➤ 对发动控制系统认识					
汽车发动运行情况						
评价内容	检 验 指 标		权重	自评	互评	总评
检查任务完成情况	1. 完成任务的情况 2. 任务完成的质量 3. 在小组完成任务过程中所起的作用					
专业知识	1. 能懂得汽车发动机各个控制系统的组成 2. 能懂得汽车发动机各个控制系统的功能 3. 能描述汽车发动机各个控制系统的位置 4. 会描述汽车车身电子控制系统有什么控制系统					
职业素养	1. 学习态度:积极主动参与学习 2. 团队合作:与小组成员一起分工合作,不影响学习进度 3. 现场管理:服从工位安排、执行实训室"5S"管理规定					
综合评议与建议						

项目拓展

想一想:

你能总结出来电子控制系统失效保护有哪些功能?

请你通过各种学习工具查找电子控制系统失效保护有哪些功能? 失效保护系统主要有以下几个控制系统失效保护功能:

◆ 发动机的应急保护功能。

◆ 自动变速器的应急保护功能。

◆ 转向助力系统的应急保护功能。

◆ 全自动空调系统的应急保护功能。

◆ 电控空气悬架系统的应急保护功能。

◆ 汽车电源管理系统的应急保护功能。

任务 1.2 诊断与排除发动机控制电脑不工作故障

任务描述	有一辆 07 款丰田威驰 1.3 GL 轿车发动机发生了故障,入维修厂进行维修。首先对发动机控制系统的外观进行检测;如果出现故障指示灯不工作或发动机电脑不工作,那么需要排除故障指示灯不亮与发动机控制电脑不工作所引起的故障
任务目标	1. 掌握发动机电子控制器的控制原理 2. 理解发动机电子控制器的接收信号与处理信号的过程 3. 理解发动机电子控制器内部进行信号处理与计算的原理 4. 掌握发动机电子控制器发出指令信号的过程 5. 掌握汽车电脑的电源电路检查方法与步骤(以 07 款威驰 GL 轿车为例) 6. 看懂汽车电脑接线端子特性表并利用该表(附表 07 款威驰 1.3GL 轿车电脑接线端子特性表)检测发动机控制电路故障

一、维修接待

按表 1－2－1 完成待修车辆的维修接待,并准确填写接车问诊表。

表 1－2－1 维修接待与接车问诊表

1. 通过询问客户了解汽车发动机情况,填写接车问诊表 2. 车间检测初步确认结果:需进行汽车电脑电源故障排除

接 车 问 诊 表

车牌号:＿＿＿＿＿＿＿＿ 车架号:＿＿＿＿＿＿＿＿ 行驶里程:＿＿＿＿＿＿＿＿(km)

用户名:＿＿＿＿＿＿＿＿ 电 话:＿＿＿＿＿＿＿＿ 来店时间:＿＿＿＿／＿＿＿＿

用户陈述及故障发生时的状况:今天早上开车上班时,启动汽车正准备开动时就熄火了,从那以后就没法启动。最近该车没有不良征兆,也没有修理或更换过东西

故障发生状况提示:行驶速度、发动机状态、发生频度、发生时间、部位、天气、路面状况、声音描述

接车员检测确认建议:该车有可能是电脑、电路故障或重要的传感器出故障

车间检测确认结果及主要故障零部件:需检查发动机电脑电源电路,必要时更换发动机电脑

车间检查确认者:＿＿＿＿＿＿＿＿

(续表)

外观确认：

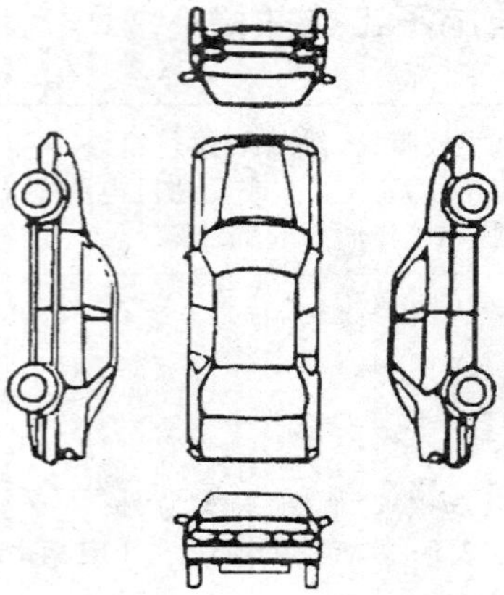

（请在有缺陷部位作标识）

功能确认：(工作正常✓　不正常×)
- □音响系统　　□门锁(防盗器)　　□全车灯光　　□工具
- □后视镜　　　□顶窗　　　　　　□座椅　　　　□点烟器
- □玻璃升降器　□玻璃

物品确认：(有✓　无×)
- □贵重物品提示
- □工具　□备胎　□灭火器
- □其他(　　　　　　　　　　)
- 旧件是否交还用户　□是　□否
- 用户是否需要洗车　□是　□否

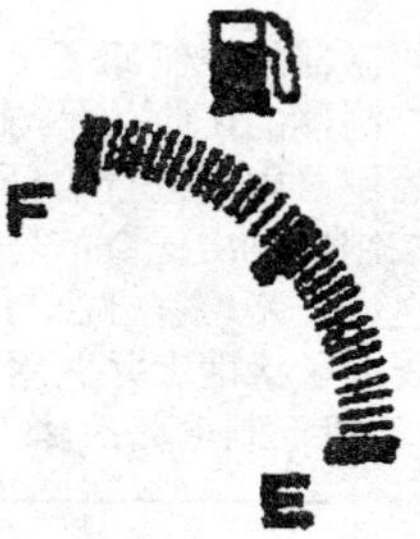

- 检测费说明：本次检测的故障如用户在本店维修，检测费包含在修理费用内；如用户不在本店维修，请您支付检测费。本次检测费：¥_____元
- 贵重物品：在将车辆交给我店检查修理前，已提示将车内贵重物品自行收起并保存好，如有遗失恕不负责

接车员：_____　　　用户确认：_____

二、信息收集与处理

按照表1-2-2完成项任务1.2信息收集与处理。

表1-2-2　信息收集与处理

1. 电子控制器 ECU 有_____、._____、_____、_____、_____的功用
2. 电子控制器 ECU 由_____、_____、_____组成
3. 输入回路由_____、_____组成
4. 存储器有哪些类型的_____
5. ROM 有什么作用，能举例说明 ROM 储存了什么数据_____   _____

1. 电子控制单元(ECU)的功用

汽车发动机电子控制系统(ECS)是由传感器、电子控制器 ECU 与执行器三部分组成。是一个以单片微型计算机(简称单片机)为中心的微型计算机控制系统，故又称为汽车微机控制系统，组成框图如图1-2-1(a)所示。其中电子控制器 ECU 是控制系统的核心部件。

电子控制器(ECU)的控制内容如表1-2-3所示。

表1-2-3 电子控制器(ECU)的控制内容

	控 制 内 容
发动机控制系统 ECU 的功用	ECU 内部预先编制控制程序与存储的试验数据用以控制发动机运转
	通过数学计算与逻辑判定,确定适应发动机工况的点火提前角
	通过数学计算与逻辑判定,确定适应发动机工况的喷油时间和喷油量(喷油脉宽)
	具有故障自诊断功能(又称为备用功能)

发动机控制系统 ECU 的功用是:接收各种传感器输出的发动机工况信号,根据 ECU 内部预先编制的控制程序与存储的试验数据,通过数学计算与逻辑判定确定适应发动机工况的点火提前角、喷油时间等参数,并将这些数据转变为电信号控制各种执行元件动作,从而使发动机保持最佳运行状态。

发动机控制系统除了上述控制功能之外,还具有故障自诊断功能(又称为备用功能)。ECU 在对发动机运行状态实施最佳控制时,还要对部分传感器传输的信号进行监测与鉴别。当发现某个传感器传输的信号超出规定值范围时,ECU 将判定该传感器或相关线路发生故障,并将故障信息编成代码贮存在存储器中,以便维修时调用。例如:在桑塔纳2000GSi 型轿车发动机燃油喷射系统中,当冷却液温度传感器线路断路时,其 Motronic 型 ECU 就认为冷却液温度始终是 $19.5℃$,并将此信号作为冷却液温度传感器信号对发动机实施控制,使发动机进入故障应急状态运行,以便将汽车行驶到汽车修理厂修理。

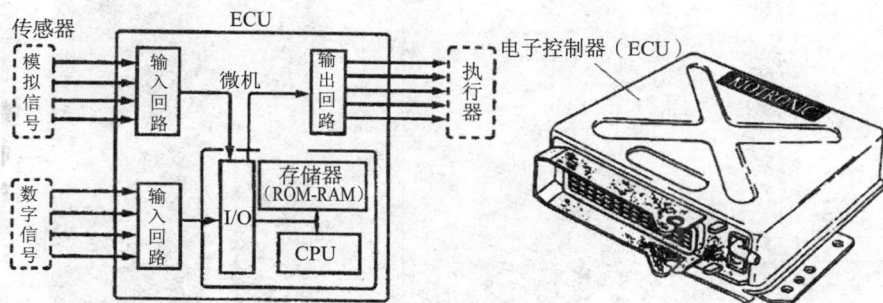

图1-2-1 电子控制器结构组成

(a) ECU 组成框图; (b) ECU 外形结构

2. 电子控制单元(ECU)的组成与原理

电子控制器 ECU(Electronic Control Unit)又称为电子控制组件或电子控制单元,通常称为车载 ECU,简称 ECU,是以单片机为核心而组成的电子控制装置,具有很强的数学运算与逻辑判断功能,ECU 是汽车电子控制系统的控制中心。

汽车电子控制器 ECU 其如图1-2-2所示,主要由输入回路、单片微型计算机(单片机)与输出回路三部分组成。每一部分又有其他组成部件如表1-2-4所示。输入回路与

笔 记

输出回路一般都与单片机一起制作在一个金属盒内,固定在车内不易受到碰撞的部位,如仪表台下面或座椅下面等。

表 1-2-4　ECU 组成部件及其作用

电脑内三大部分	组　　成	作　　用
输入回路	A/D 转换器	将模拟信号转换为数字信号
	缓冲器	对部分微机不能接收的数字信号进行预处理,以便微机能够接收这些数字信号
单片机	中央处理器(CPU)	用于实现数学运算与逻辑运算
	存储器(Memory) (1) 只读存储器(ROM) (2) 随机存储器(RAM)	用来存储程序指令与数据的部件 只读存储器:长期存储发动机控制指令的数据 随机存储器:存储传感器信号与暂时计算出来的控制指令
	输入/输出(I/O)接口	与传感器或执行器之间进行数据交换与下达控制指令的通道
	总线(BUS)	微机内部传递信息的电路连线,在单片机内部 CPU,ROM,RAM 与 I/O 接口之间的信息交换都是通过总线来实现
输出回路		根据微机发出的指令,控制执行器动作

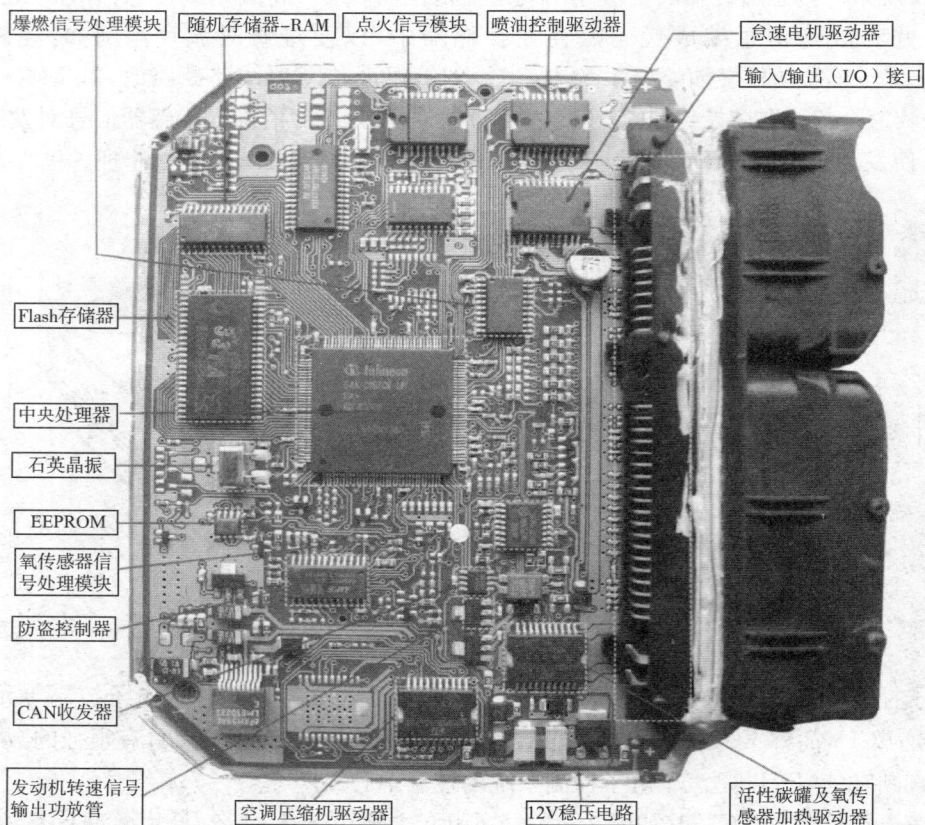

图 1-2-2　发动机电子控制器 ECU 内部结构

3. 电子控制单元(ECU)的工作过程

电子控制器 ECU 的工作过程复杂而有序、工作速度快捷而有条不紊,基本的工作原理流程图如图 1-2-3 所示。现简要介绍如下:

发动机启动时,电子控制器 ECU 进入工作状态,某些运行程序或操作指令从存储器 ROM 中调入中央处理单元 CPU。这些程序可以控制燃油喷射、点火时刻、怠速转速等。在 CPU 的控制下,一个个指令按照预先编制的程序有条不紊地进行循环。在程序运行过程中,所需要的发动机工况信息由各种传感器提供。当曲轴位置传感器 CPS 和检测的发动机转速与转角信号(脉冲信号)、进气歧管压力传感器 MAP 检测的负荷信号(模拟信号)和冷却液温度传感器 CTS 检测的温度信号(模拟信号)等输入 ECU 后,首先进入输入回路进行信号处理。如果是数字信号,就根据 CPU 的安排经缓冲器与 I/O 接口电路直接进入 CPU。如果是模拟信号,则首先经过模/数(A/D)转换器转换成数字信号,以便数字式单片机处理,然后才能经 I/O 接口电路输入 CPU。大多数信息暂时存储在 RAM 中,根据指令再从 RAM 传送到 CPU。

下一步是将预先存储在 ROM 中的最佳试验数据引入 CPU,将传感器输入的信息与其进行比较。CPU 将来自传感器的各种信息依次取样,与最佳试验数据进行逻辑运算,通过比较作出判定结果并发出指令信号,经 I/O 接口电路、输出回路控制执行器动作。如果是喷油器驱动信号,就控制喷油开始时刻、喷油持续时间,完成控制喷油功能;如果是点火器驱动信号,就控制点火导通角与点火时刻,完成控制点火功能。如果执行器需要线性电流量驱动,单片机就控制占空比来控制输出回路导通与截止,使流过执行器电磁线圈的平均电流线性增大或减小。

发动机工作时,微机运行速度相当快,如点火正时控制,每秒钟可以修正上百次,因此控制精度很高,点火时刻十分准确。

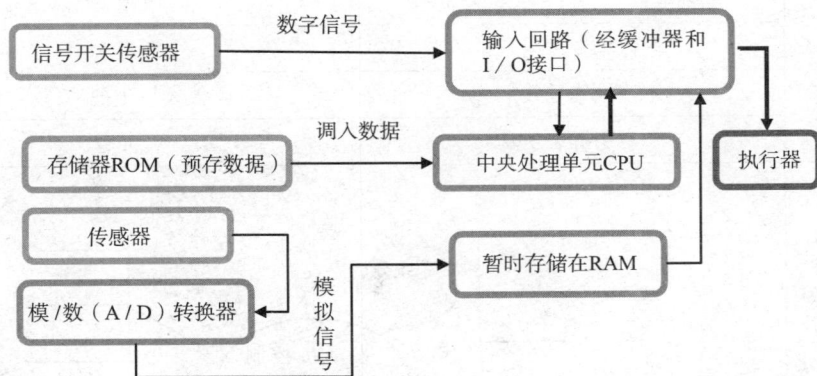

图 1-2-3　汽车电子控制器 ECU 的工作流程图

三、制订检修计划

有一辆汽车进厂维修,该车的发动机无法启动,仪表板故障指示灯没有指示,解码仪连接不上电脑,无法通信。启动机能运转,但是发动机没法启动。初步检测故障有可能出现在发动机电源供给系统。

◆ 找出车上的所有电子控制电脑,并指出其是什么控制电脑。

◆ 学会对汽车电脑的电路进行诊断。

制订电控发动机系统故障诊断计划,如表1-2-5所示。

表1-2-5　制订电控发动机控制系统故障诊断检查计划

	项　目	内　容
1. 车辆信息描述	车辆型号(VIN码)	
	发动机型号	
	客户投诉	
2. 汽车自诊断系统的描述		
3. 汽车电子控制系统故障原因分析,画出鱼刺图		
4. 汽车发动机控制电脑故障检修工具准备	车辆、资料、工具的名称	数量
	电控发动机台架	5台
	威驰汽车	5台
	威驰电控发动机相关维修资料	5套
	汽车专用电表	5个
	维修导线	1把
	常用拆装工具	1套
5. 汽车发动机控制系统故障检修工作准备		

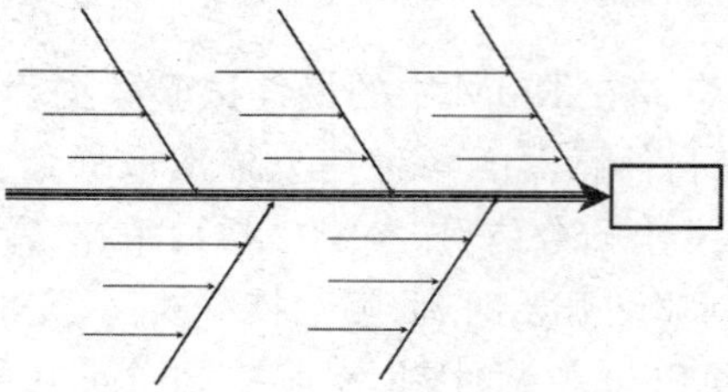

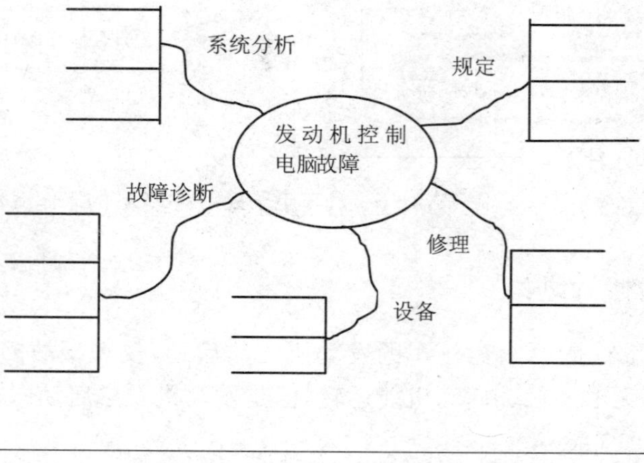

(第3项：鱼刺图)

(第5项：系统分析、规定、故障诊断、发动机控制电脑故障、修理、设备)

（续表）

步 骤	检修项目	操作要领	技术要求或标准	检修记录
6. 发动机控制 电脑故障检 修流程				

特 点	示意或特点说明
丰田威驰 GL 轿车的继电器、 控制电脑分布	［发动机舱］ 保险丝盒　　　侧滑控制ECU和执行器 发动机舱一号继电器盒 ［仪表板］ 防盗报警ECU　门锁控制继电器　A/C 放大器 电话 ECU 变速器控制 ECU 车/倒档 继电器 起动机断 路继电器 前雾灯 继电器 后雾灯 继电器 发动机 ECU 仪表板J/B VCD 播放器　　空气囊传感器总成　导航 ECU

笔记

(续表)

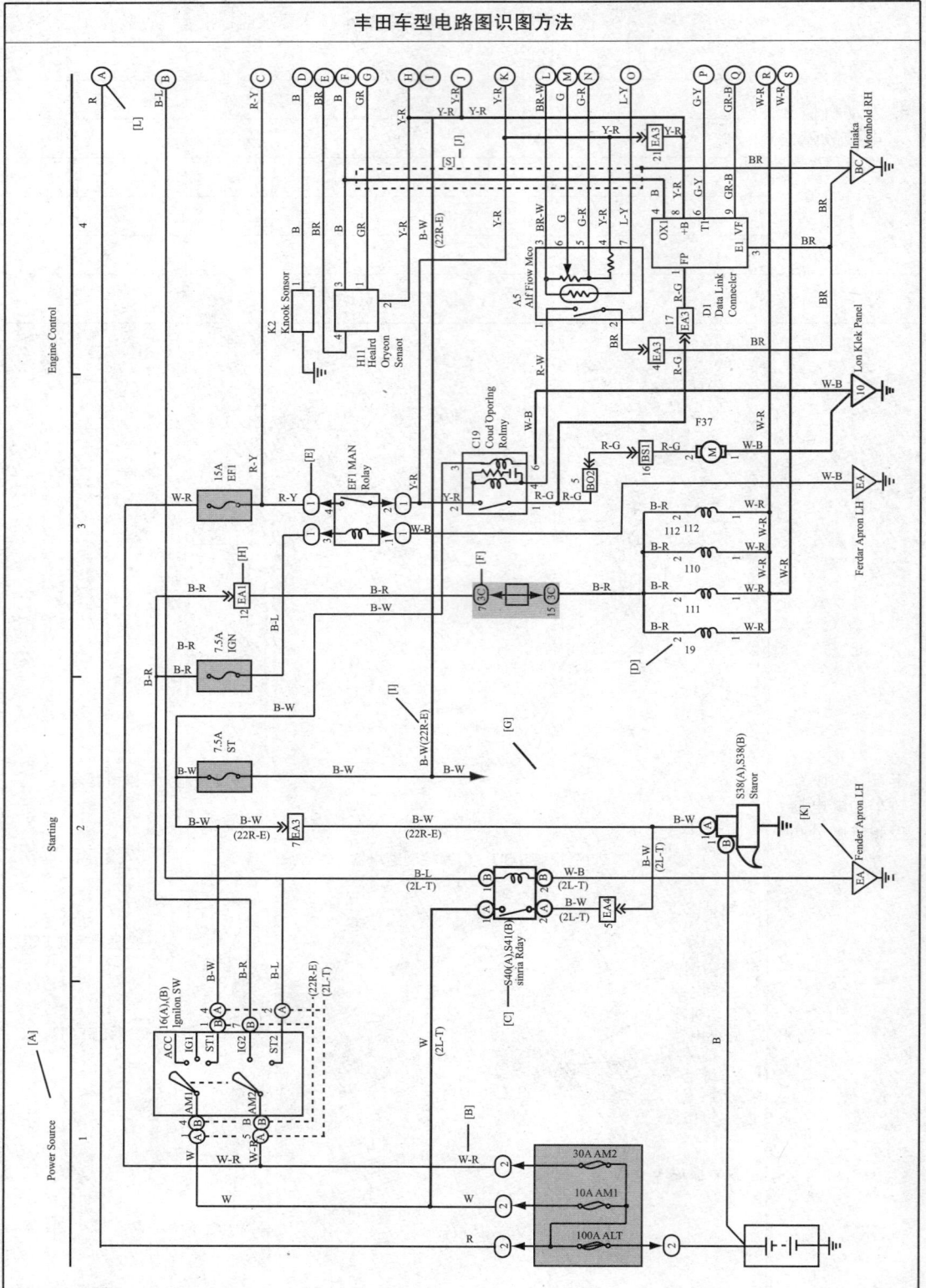

丰田车型电路图识图方法

（续表）

电路图中标注了【A】【B】【C】【D】【E】【F】【G】【H】【I】【G】【K】【L】的符号,其具体含义如下	
符号	代表的含义
【A】	系统名称
【B】	表示导线的颜色 ◆ 导线的颜色用字母代码表示具体如下:B 为 Black 黑色,W 为 White 白色,BR 为 Brown 棕色,L 为 Blue 蓝色,V 为紫色,SB 为蓝色,R 为 Red 红色,G 为 Green 绿色,LG 为 light Green 浅绿色,P 为 Pink 粉红色,Y 为 Yellow 黄色,GR 为 Grey 灰色,O 为 Orange 橙色 ◆ 线路中线的颜色有两种情况:一种:单色;另一种:双色 双色线如:L-Y蓝黄,第一个字母 L 表示蓝色,第二字母 Y 表示黄色 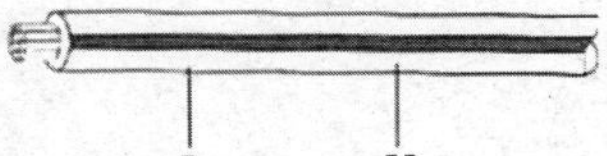 L － Y （蓝）　（黄）
【C】	部件的位置在电路图和线路图中相同
【D】	表示连接器端子号,端子的排号顺序在插头和插座上有所区别。全车的电路图都采用以下的排号系统 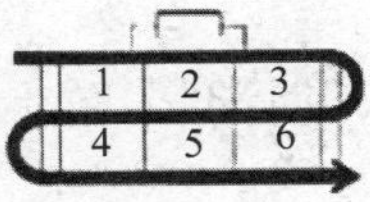 插座　　　　　　　插头 序号从左上到 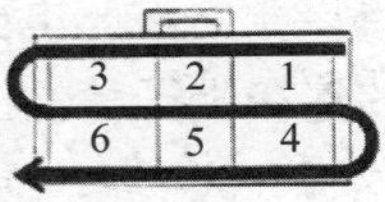　　　序号从右上到
【E】	表示继电器盒号码。这里不使用,只标注继电器盒号码以便和接线盒区分 例如: 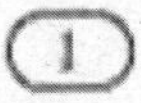 ① 表示:1 号继电器盒
【F】	接线盒(圆圈中的号码是接线盘号,连接器号码写在旁边) 接线盒加阴影以明显区别于其他零件 例如:3C 表示它位于三号接线盒内 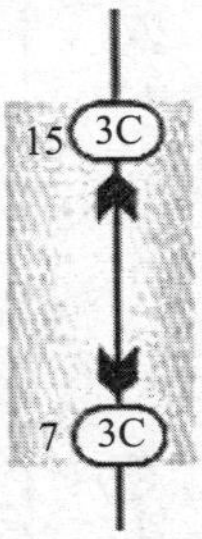 15 3C 7 3C
【G】	表示相关联的系统
【H】	表示线束和线束的连接器 带插头的线束用箭头(≫)表示,外侧号码是端子号 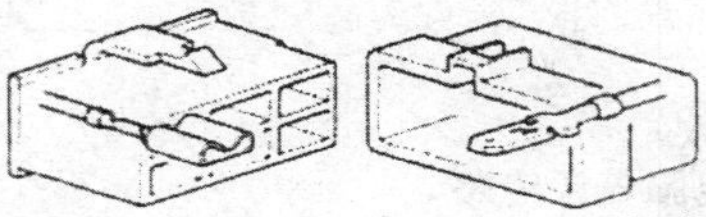 （插座）　　　　　（插头）

（续表）

【I】	（　）用来表示因车型、发动机类型或规格的不同而不同的导线和连接器
【G】	表示屏蔽电缆
【K】	表示搭铁位置
【L】	相同的代码出现在下一页，表示线束是连续的

注：本书编写的维修作业主要以丰田威驰 1.3GL 轿车为例进行操作

四、实施维修作业

排除发动机控制电脑电源电路故障

本书以 07 款威驰 1.3 GL 轿车 ECM（Engine Control Module）电源电路的检查为例。在进行发动机电脑电源电路检查时，首先应学会丰田车系电路的看图方法和汽车发动机控制电脑端子读取方法，为进行发动机控制系统检测与维修其他项目的学习做好准备。

◆ 从任务制订的检修计划可以学习汽车电路图的看图方法。

◆ 学会看发动机控制电脑的连接端子特性图。丰田 07 款威驰 1.3GL 轿车电脑连接端子特性如表 1-2-8 所示。

如图 1-2-4 所示，将点火开关扭至 ON 时，蓄电池电压被施加到 ECM 的端子 TGSW 上。然后 ECM 端子 MRO 输出信号使电流流向线圈，闭合 EFI 继电器触点并向 ECM 的端子+B 供电。

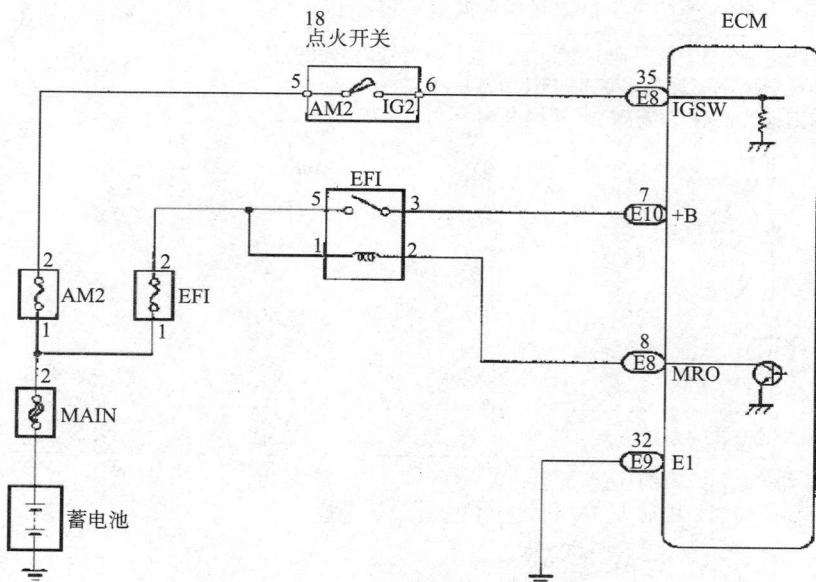

图 1-2-4　发动机电脑电源电路

<<<< -

操作注意事项:断开电脑线束连接器时需要断开蓄电池负极,防止因带电操作不慎造成大电流烧坏电脑。

丰田 07 款威驰 1.3GL 轿车 2SZ-FE 发动机控制系统电源供给电路检测步骤与方法如表 1-2-6 所示。

表 1-2-6　2SZ-FE 发动机控制系统电源供给电路检测步骤与方法

检测项目	演　示　图	操作要领及技术标准	我的检测记录	结果判断
1. 检查 ECM（+B 电压）	+B（+）　ECM 连接器　E1（-）	(1) 将点火开关扭至 ON (2) 测量 ECM 连接器端子之间的电压 标准电压 <table><tr><td>检测仪连接</td><td>规定状态</td></tr><tr><td>+B(T10-7)—E1(E9-32)</td><td>11~14V</td></tr></table> 结果: 正常:继续检查故障症状表的下一个故障 异常:转至检测项目 2		
2. 检查线束和连接器（ECM—车身搭铁）	E9 E1 ECM 连接器	(1) 断开蓄电池负极电缆 (2) 断开 ECM 连接器 E9 (3) 检查电阻 标准电阻 <table><tr><td>检测仪连接</td><td>规定状态</td></tr><tr><td>E1(E9-32)—车身搭铁</td><td>小于 1Ω</td></tr></table> (4) 重新连接 ECM 连接器 (5) 重新连接蓄电池负极电缆 结果: 异常:修理或更换线束或连接器 正常:转至检测项目 3		
3. 检查 ECM（IGSW 电压）		(1) 将点火开关扭至 ON (2) 测量 ECM 连接器端子之间的电压 标准电压 <table><tr><td>检测仪连接</td><td>规定状态</td></tr><tr><td>IGSW(E8-35)—E1(E9-32)</td><td>11~14V</td></tr></table> 结果: 正常:转至检测项目 6 异常:转至检测项目 4		

笔 记

（续表）

检测项目	演 示 图	操作要领及技术标准	我的检测记录	结果判断
4. 检查保险丝（AM2）	发动机舱1号继电器盒： AM2	（1）从发动机舱1号继电器盒上拆下 AM2 保险丝 （2）检查 AM2 保险丝电阻 标准电阻：小于1Ω （3）重新安装 AM2 保险丝 结果： 异常：检查与保险丝连接的所有线束和连接器是否短路并更换保险丝 正常：转至检测项目5		
5. 检查点火或启动机开关总成	 3 2 1 6 5 4	（1）断开点火器开关连接器 I8 （2）检查电阻 标准电阻 | 点火开关位置	检测仪连接	规定状态
LOCK	所有端子	10kΩ或更大
ACC	1—3	小于1Ω
ON	1—2—3 4—5	
START	1—2 4—5—6	| （3）重新连接点火开关连接器 结果： 异常：更换点火或启动机开关总成 正常：转至检测项目6		
6. 检查 ECM（MRO 电压）	 E9　E8 E1（1）ECM 连接器　MRO（+）	（1）将点火开关扭至 ON （2）测量 ECM 连接器端子间的电压 标准电压 	检测仪连接	规定状态
MRO（E8—8）—E1（E9—32）	低于1V	 结果： 异常：更换 ECM 正常：转到检测项目7		
7. 检查保险丝（EFI）	发动机舱1号继电器盒： EF1	（1）从发动机舱1号继电器盒上拆下 EFI 保险丝 （2）检查 EFI 保险丝电阻 标准电阻：小于1Ω （3）重新安装 EFI 保险丝 结果： 异常：检查与保险丝连接的所有线束和连接器是否短路并更换保险丝 正常：转至检测项目8		

（续表）

检测项目	演　示　图	操作要领及技术标准	我的检测记录	结果判断
8. 检查 EFI 继电器		（1）从发动机至 1 号继电器盒上拆下 EFI 继电器 （2）检查 EFI 继电器电阻 　　　　标准电阻 详见下表 （3）重新安装 EFI 继电器 结果： 异常：更换 EFI 继电器 正常：转至检测项目 9		
9. 检查线束和连接器（EFI 继电器—ECM）		（1）从发动机舱 1 号继电器盒上拆下 AM2 保险丝 （2）断开 ECM 连接器 E8 和 E10 （3）标准电阻 详见下表 （4）重新连接 ECM 连接器 （5）重新安装 EFI 继电器 结果： 异常：修理或更换线束或连接器 正常：检查并修理线束或连接器（EFI 继电器的端子 5—蓄电池正极端子）		

检测项目 8 的标准电阻：

检测仪连接	规定状态
3—5	10kΩ 或更大
3—5	小于 1Ω（蓄电池电压加到端子 1 和 2 时）

检测项目 9 的标准电阻（断路检查）：

检测仪连接	规定状态
发动机舱 1 号继电器盒（EFI 继电器端子 2）—MRO（E8—8）	小于 1Ω
发动机舱 1 号继电器盒（EFI 端子 3）—+B（E10—7）	小于 1Ω

标准电阻（短路连接）：

检测仪连接	规定状态
发动机舱 1 号继电器盒（EFI 继电器端子 2）或 MRO（E8—8）—车身搭铁	10kΩ 或更大
发动机舱 1 号继电器盒（EFI 端子 3）或+B（E10—7）—车身搭铁	10kΩ 或更大

五、检验评估

项目一中的任务 1.2 检验评估如表 1-2-7 所示。

表 1-2-7　检查评估

评价指标	检　验　说　明	检　验　记　录		
检修检查项目	➢ 对汽车发动机控制电脑位置检查 ➢ 对发动机电源供给电路进行检查			
汽车发动机运行情况				
评价内容	检　验　指　标	权重	自评	互评	总评
检查任务完成情况	1. 任务完成的情况 2. 任务完成的质量 3. 在小组任务完成过程中所起的作用				
专业知识	1. 能描述汽车电子控制器 ECU 的功用 2. 能描述汽车电子控制器 ECU 的内部的结构组成 3. 能描述汽车电子控制器 ECU 的工作过程 4. 会描述汽车控制器 ECU 的位置,端子属性 5. 会描述汽车控制器的电源电路的检测方法和注意事项				
职业素养	1. 学习态度:积极主动参与学习 2. 团队合作:与小组成员一起分工合作,不影响学习进度 3. 现场管理:服从工位安排、执行实训室"5S"管理规定				
综合评议与建议					

07 款威驰 1.3GL 轿车 2SZ-FE 发动机电脑连接器端子特性表如表 1-2-8。2SZ-FE 发动机电脑端子如图 1-2-5 所示。

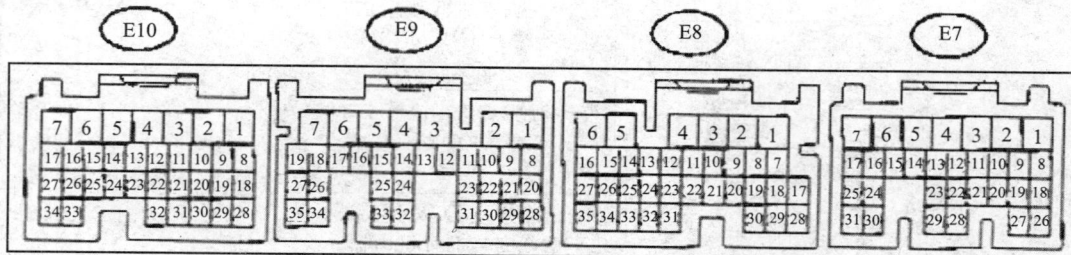

图 1-2-5　07 款威驰 1.3GL 轿车发动机电脑连接器端子

表 1-2-8 列出了每对 ECM 端子之间的标准正常电压,同时还指出了检查每对端子的相应条件。应将检查结果与标准电压栏所示的每对端子的标准正常电压进行比较。图 1-2-7 可用作识别 ECM 端子位置的参考。

表 1 - 2 - 8　汽车发动机控制电脑 ECM 端子特性表

符号（端子号）	配线颜色	端子描述	条　　件	标准电压
BAT(E8－7)—E1(E9－32)	B-Y—GR	蓄电池（用于衡量蓄电池电压和 ECM 存贮器）	始终	11～14V
IGSW(E6－35)E1(E9－32)	B-R—GR	点火开关	点火开关 ON	11～14V
MRO(E6－6)—E1(E9－32)	GR—GR	EFI 继电器	点火开关 ON	低于 1V
＋B(E10－7)—E2PM(E9－32)	B-Y—GR	ECM 电源	点火开关 ON	11～14V
VCPM(E9－17)—E2PM(E9－29)	L-R—R-L	歧管绝对压力传感器电源	点火开关 ON	4.5～5.5V
PIM(E9－12)—E2PM(E9－29)	R-W—R-L	歧管绝对压力传感器	传感器空气排出	3.1～4.1V
			急速运转	1.2～2.0V
VC(E9－16)—E2(E9－6)	G-O—BR	节气门位置传感器电源	点火开关 ON	4.5～5.5V
VTH(E9－13)—E2(E9－6)	LG—BR	节气门位置传感器	点火开关 ON，松开加速踏板	0.4～0.8V
		节气门位置传感器	点火开关 ON，踩下加速踏板	3.2～4.8V
THA(E9－15)—E2(E9－6)	G-W—BR	进气温度传感器	急速、进气温度为 20℃	0.5～3.4V
			急速、进气温度为 80℃(140 ℉)	0.2～1.0V
THW(E9－14)—E2(E9－6)	V—BR	发动机冷却液温度传感器	发动机暖机后，发动机冷却液温度为 60～120℃	0.3～1.3V
KNK(E9－28)—E2(E9－6)	B—BR	爆震传感器	发动机暖机都保持 4 000r/min	产生脉冲
SFD(E8－29)—E1(E9－32)	V-W—GR	自组合仪表的速度信号	以 20km/h 的速度行驶	产生脉冲
STSW(E7－26)—E1(E9－32)	B—GR	启动机信号	发动机运转	6V 或更高
			急速运转	低于 0.5V
N1＋(E9－19)—N1－(E9－35)	B—W	曲轴位置传感器	急速运转	产生脉冲
N2＋(E9－18)—N2－(E9－34)	W—O	凸轮轴位置传感器	急速运转	产生脉冲
OCV＋(E10－6)—OCV－(E10－5)	GR-R—R-Y	凸轮轴正时机油控制阀(OCV)	急速运转	产生脉冲
OX1(E9－30)—E2(E9－6)	W—BR	加热型氧传感器（传感器 1）	加热传感器后发动机转速 2 500r/min 保持 2min	产生脉冲
OX2(E9－5)—E2(E9－6)	B—BR	加热型氧传感器（传感器 2）	加热传感器后发动机转速 2 500r/min 保持 3min	产生脉冲

笔记

（续表）

符号(端子号)	配线颜色	端子描述	条　件	标准电压
OXH1(E9-2)—E1(E9-32)	R—GR	加热型氧传感器加热器(传感器1)	怠速运转	低于3.0V
			点火开关ON	11～14V
OXH2(E9-1)—E1(E9-32)	L—GR	加热型氧传感器加热器(传感器2)	怠速运转	低于3.0V
			点火开关ON	11～14V
♯10(E10-4)—E01(E9-7)	W-G—W-B	喷油器	点过开关ON	11～14V
♯20(E10-3)—E01(E9-7)	W-L—W-B			
♯30(E10-2)—E01(E9-7)	W-R—W-B		怠速运转	产生脉冲
♯40(E10-1)—E01(E9-7)	W—W-B			
IG1(E10-11)—E1(E9-32)	G—GR	带点火器的点火线圈(点火信号)	点过开关ON	低于0.5V
IG2(E10-10)—E1(E9-32)	R—GR			
IG3(E10-9)—E1(E9-32)	V—GR		怠速运转	产生脉冲
IG4(E10-8)—E1(E9-32)	L—GR			
ICMB1(E9-11)—E1(E9-32)	L-W—GR	带点火器的点火线圈(离子电流检测信号)	点过开关ON	4.5～5.5V
ICMB2(E9-10)—E1(E9-32)	G-W—GR			
ICMB3(E9-9)—E1(E9-32)	BR—GR		怠速运转	产生脉冲
ICMB4(E9-8)—E1(E9-32)	B—GR			
PRG(E9-3)—E01(E9-7)	B-W—W-B	EVAP的VSV	点过开关ON	11～14V
			怠速运转	产生脉冲
ISC(E10-13)—E1(E9-32)	L-Y—GR	怠速空气控制阀	怠速运转,空调OFF或ON	产生脉冲
PST(E9-31)—E1(E9-32)	Y—GR	动力转向机油压力开关	机油压力开关ON	低于0.5V
			机油压力开关OFF	11～14V
FC1(E7-15)—E01(E9-7)	G—W-B	燃油泵控制	点火开关ON(发动机不运转)	11～14V
			怠速运转	低于2.0V
H/L(E8-10)—E1(E9-32)	G—GR	尾灯开关	尾灯亮起	11～14V
			尾灯熄灭	低于0.5V
STP(E8-12)—E1(E9-32)	G-Y—GR	制动灯开关	踩下制动踏板	11～14V
			松开制动踏板	低于0.5V
DEF-(E8-4)—E1(E9-32)	B-W—GR	除雾器开关	除雾器开关ON	11～14V
			除雾器开关OFF	低于0.5V
BLW2(E8-3)—E1(E9-32)	L—GR	鼓风机开关	鼓风机开关ON	低于0.5V
			鼓风机开关OFF	11～14V

（续表）

符号（端子号）	配线颜色	端子描述	条　件	标准电压
FAN1(E7—17)—E01(E9—7) A/T(E8—9)—E01(E9—7)	W-L—W-B W-L—W-B	1号、2号风扇继电器	散热器开关ON	低于1.0V
			散热器开关OFF	11～14V
FAN2(E7—14)—E01(E9—7)	B—W-B	3号风扇继电器	空调ON时怠速运转	低于1.0V
			散热器风扇OFF	11～14V
W(E8—6)—E01(E9—7)	Y-R—W-B	故障指示灯（MIL）	MIL亮起	低于1.0V
			MIL熄灭	11～14V
EFIT(E8—28)—E1(E9—32)	Y-B—GR	DLC3的端子TC	点火开关ON	11～14V
REV(E8—33)—E1(E9—32)	B—GR	发动机转速信号	怠速运转	产生脉冲
ALT(E10—34)—E1(E9—32)	W—GR	发电机	点火开关ON	11～14V
HGS1(E8—16)—E1(E9—32)	B-W—GR	自空调放大器的空调ON信号	空调ON时怠速运转	低于1.0V
TRPR(E7—29)—E1(E9—32)	B—GR	至空调放大器的发动机转速信号	怠速运转	产生脉冲
IDLO(E7—30)—E1(E9—32)	P—GR	至空调放大器的空调切断请求信号	启动发动机和空调开关OFF	低于1.0V
HGS2(E8—15)—E1(E9—32)	L—GR	至空调放大器的怠速信号	环境温度低时鼓风机开关ON	低于1.0V
SIC(E8—34)—E1(E9—32)	W—GR	诊断检测仪通信	与检测仪进行通信	产生脉冲
HCAN(E8—2)—E1(E9—32)	B—GR	与其他组件的CAN通信信号	怠速运转	产生脉冲
LCAN(E8—1)—E1(E9—32)	W—GR	与其他组件的CAN通信信号	怠速运转	产生脉冲
GANH*1(E7—7)—E1(E9—32)	B—GR	与变速器控制ECU的CAN通信信号	怠速运转	产生脉冲
CANL*1(E7—6)—E1(E9—32)	W—GR	与变速器控制ECU的CAN通信信号	怠速运转	产生脉冲
ATNE*1(E7—4)—E1(E9—32)	P—GR	至变速器控制ECU的发动机转速信号	怠速运转	产生脉冲
E01(E9—7)—车身搭铁	W-B—车身搭铁	搭铁	始终	小于1Ω
E1(E9—32)—车身搭铁	GR—车身搭铁			
E2(E9—6)—E1(E9—32)	BR—GR			
E2PM(E9—29)—E1(E9—32)	R-L—GR			

任务 1.3　诊断与判断发动机故障部位

任务描述	有一辆 07 款丰田威驰 1.3 GL 轿车发动机发生了故障,入维修厂进行维修。首先对发动机控制系统的外观进行检测;如果出现故障指示灯不工作或发动机电脑不工作,那么需要排除故障指示灯不亮与发动机控制电脑不工作所引起的故障;为更加准确地找出故障部位缩短检测时间,应进行发动机基本检查,借助诊断设备诊断发动机故障
任务目标	1. 能够掌握自诊断系统的功能与原理并能运用来推断故障 2. 能够理解自诊断系统的发展与测试内容,理解 OBD 的系统检测原理 3. 能够运用自诊断系统进行故障码的读取,定格数据的读取和对定格数据的每个项目进行分析与理解

一、维修接待

按照表 1-3-1 完成待修车辆的维修接待,并准确填写接车问诊表。

表 1-3-1　维修接待与接车问诊表

1. 通过询问客户了解汽车发动机情况,填写接车问诊表
2. 车间检测初步确认结果:需进行汽车发动机故障诊断(用解码仪),进行发动机基本检查

接 车 问 诊 表

车牌号:＿＿＿＿＿＿＿　　车架号:＿＿＿＿＿＿＿　　行驶里程:＿＿＿＿＿＿＿(km)

用户名:＿＿＿＿＿＿＿　　电　话:＿＿＿＿＿＿＿　　来店时间:＿＿＿＿/＿＿＿＿

用户陈述及故障发生时的状况:

故障发生状况提示:**行驶速度、发动机状态、发生频度、发生时间、部位、天气、路面状况、声音描述**

接车员检测确认建议:

车间检测确认结果及主要故障零部件:

车间检查确认者:＿＿＿＿＿＿＿

外观确认:

(请在有缺陷部位作标识)

功能确认:(工作正常√　不正常×)
- □音响系统　□门锁(防盗器)　□全车灯光　□工具
- □后视镜　□顶窗　□座椅　□点烟器
- □玻璃升降器　□玻璃

物品确认:(有√　无×)
- □贵重物品提示
- □工具　□备胎　□灭火器
- □其他(　　　　　　　)
- 旧件是否交还用户　□是　□否
- 用户是否需要洗车　□是　□否

· 检测费说明:本次检测的故障如用户在本店维修,检测费包含在修理费用内;如用户不在本店维修,请您支付检测费。本次检测费:￥＿＿＿＿＿元
· 贵重物品:在将车辆交给我店检查修理前,已提示将车内贵重物品自行收起并保存好,如有遗失恕不负责

接车员:＿＿＿＿＿＿＿　　　　　　用户确认:＿＿＿＿＿＿＿

二、信息收集与处理

按照表1-3-2完成任务1.3的信息收集与处理。

表1-3-2　信息收集与处理

1. 自诊断系统有_____功能
2. 自诊断系统的备用功能有：_____、_____、_____、_____、 _____、_____、_____、_____
3. 自诊断系统的发展经历了_____阶段的发展
4. 自诊断系统的测试内容有：_____、_____、_____

1. 发动机自诊断系统的运用

1) 自诊断系统的功能

（1）自诊断系统的组成与功能：故障自诊断系统主要由ECU中的部分软件和故障指示灯组成，不需要专门的传感器。电控系统工作时，自诊断系统对电控系统各种输入、输出信号进行监测，并运用程序进行推理、判断，将结果迅速反馈到主控系统，改变控制状态；此外，还根据自诊断结果控制故障指示灯工作。

这样当某一传感器发生故障不能向ECU输送信号时，就会影响ECU对发动机的控制。发动机的工作性能就会因此受到影响，性能变坏甚至不能工作。为了及时反馈故障，并在故障出现时使汽车保持基本的运转能力，以便维持汽车行驶到修理厂进行修理，同时监控系统工作情况。

（2）读取故障代码：迄今为止，读取故障代码来诊断电控系统故障是最常用的自诊断测试方法。电控发动机汽车在使用过程中，只要蓄电池正极柱或负极柱上的电缆端子未曾拆下，ECU中存储的故障代码就能长期保存。将故障代码从ECU中读出，即可知道故障部位或故障原因，为诊断与排除控制系统故障提供可靠依据。读取故障代码的方法有两种：一种是利用ECU检测仪读取，另一种是利用人工方法读取。

（3）数据传输：在汽车ECU检测仪与故障诊断插座连接的情况下，当发动机运转时，将ECU内部的计算结果、控制参数和控制模式等数值，以数据表和串行输出方式在检测仪屏幕上一一显示出来的过程称为数据传输，通常称为"数据通信"或读取"数据流"。通过数据传输，各种传感器输出信号电压的瞬时值、ECU内部的计算与判断结果、各执行器的控制信号都能一目了然地显示在检测仪屏幕上。检修人员根据发动机运转状态和传输数据的变化情况，即可判断控制系统工作是否正常，将特定工况下的传输数据与标准数据进行比较，就能准确判断故障类型和故障部位。

（4）监控执行器：在发动机熄火状态下或运转过程中，通过ECU检测仪向各执行器发出强制驱动或强制停止指令来监测执行器动作情况，用以判定该执行器及其控制电路有无故障。例如：在发动机熄火状态下，控制电动燃油泵运转、控制某个电磁阀或继电器（如冷却风扇继电器、空调压缩机继电器等）工作、控制某个喷油器喷油等等。当发出相应的控制指令后，如燃油泵不转（听不到运转声音）、电磁阀不工作（用手触摸时没有振动感）、冷却风扇或空调压缩机不转动，说明该执行器或其控制电路有故障。在发动机运转状态下，如果发出

笔记

控制某个喷油器停止喷油的指令后,用手触摸该喷油器仍有振动感或发动机转速不降低,说明其控制电路有故障。

当控制模式设定为闭环控制模式时,系统将对空燃比 A/F 实施闭环控制,氧传感器信号将发挥作用。如果检测仪屏幕上表示发动机混合气浓度的红色指示灯(混合气浓)与绿色指示灯(混合气稀)交替闪亮,说明闭环控制系统正常,如果红色指示灯常亮不闪或绿色指示灯常亮不闪说明氧传感器失效。

(5) OBD(车载诊断系统)在环境保护上的应用:OBD 的出现是因为环保机构要求用更精确的方法探测造成排放上升的问题。发动机的性能决定了排放的性能。排放物主要是 HC,CO,NOx,这些年来在环境保护的努力下,可以看到排放污染物的指数在逐年减少,如图 1-3-1 所示。由于环境污染越来越严重,而大气污染主要来源之一是汽车的排放,因此为了降低汽车对环境的污染,每一个国家都提出了自己的排放标准。

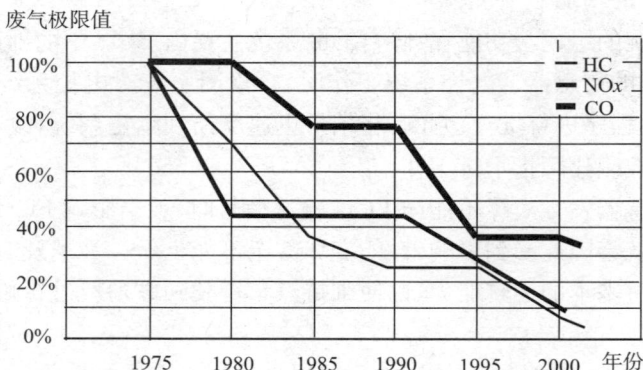

图 1-3-1　汽车排放污染物的减少情况

2) 自诊断系统工作情况

执行元件故障自诊断原理如图 1-3-2 所示。

传感器是向 ECU 输送信号的电控系统元件,不需专门的线路,自诊断系统即可对各种传感器进行故障自诊断。若某传感器输入 ECU 的信号超出正常范围,或在一定时间内 ECU 收不到该传感器信号,或该传感器输入 ECU 的信号在一定时间内不发生变化,自诊断系统均判定为"故障信号"。若故障信号持续出现超过一定时间或多次出现,自诊断系统即判定有故障,并将此故障以故障码的形式输入 ECU 的存储器中。这时候发动机控制电脑控制故障指示灯发亮,以此来警告驾驶员。此外,自诊断系统还会根据故障性质,自动启动失效保护系统或应急备用系统等。

电控系统的执行元件一般只接收 ECU 的执行信号,所以在没有反馈信号的开环控制系统中,执行元件或其电路是否有故障,自诊断系统只能根据 ECU 输出的执行信号来判断,其自诊断原理与传感器类似。

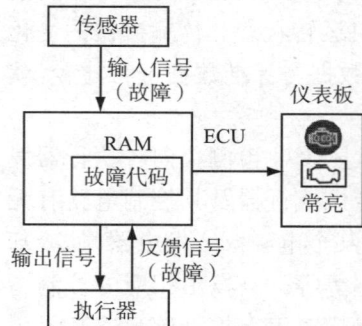

图 1-3-2　故障自诊断原理

带有反馈信号的闭环控制系统(如点火控制系统、爆燃控制系统等)工作时,自诊断系统还可根据反馈信号判别故障。这类系统出现故障,有些会导致电控系统停止工作。

自诊断系统的备用功能:某些传感器发生故障后,自诊断系统将采取相应的保护措施,此种功能称为备用功能又称失效保护功能,自诊断系统失效保护功能如表1-3-3所示。

表1-3-3 发动机失效保护系统功能列表

传感器或其电路故障	失效应急系统提供ECU的标准信号
冷却液温度信号(THW) 超过正常范围:<-30℃或>120℃	按冷却液温度为80℃控制发动机工作,防止混合气过浓或过稀
进气温度信号(THA) 超过正常范围:<-30℃或>120℃	按进气温度为20℃控制发动机,防止混合气过浓或过稀
节气门位置传感器信号 只有全开或全关两种状态信号,无法提供实际开度信号	通常按节气门开度为0℃或25℃设定标准的节气门位置传感器信号
爆燃传感器信号 无论是否产生爆燃,ECU都无法通过该信号反馈控制点火提前角,导致发动机无法正常工作	使ECU将点火提前固定在一个适当值
点火确认信号 点火系统发生故障造成不能点火,ECU收不到点火器反馈的点火确认信号	此时,失效保护系统使ECU立即切断燃油喷射,使发动机停止运转
空气流量计信号 ECU无法按进气量计算基本喷油时间,将引起发动机失速或不能启动	使ECU根据启动信号与节气门位置传感器信号按固定的喷射时间控制发动机工作
进气歧管绝对压力传感器信号 在D型电控燃油喷射系统中,ECU收不到该信号无法计算基本喷油时间,将引起发动机失速或不能启动	失效保护系统使ECU按设定的固定值控制喷油量,或启动应急备用系统维持发动机运转
凸轮轴位置传感器信号 不能提供ECU对气缸的识别和确定曲轴转角基准,导致发动机失速或不能启动	若G1与G2两个信号不能给ECU,则只能利用应急备用系统维持发动机运转

3) 发动机自诊断系统测试的运用

(1) OBDⅠ故障诊断系统:第一代车载诊断系统诊断连接器的样式不同品牌汽车之间的区别是很大的。

下面以丰田诊断系统为例大家可以看见故障指示灯的位置在仪表板上如图1-3-3所示,指示灯在点火开关处于ON的位置时指示灯是常亮的,当启动汽车后在没有故障的良好情况下指示灯会自动熄灭。如果启动汽车后,指示灯常亮则说明汽车发动机控制电路出现了故障。

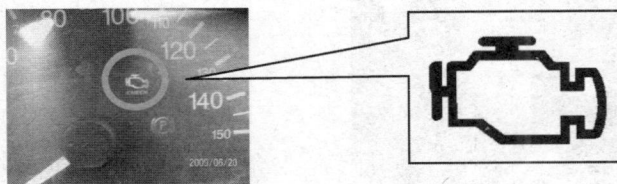

图1-3-3 发动机故障指示的位置

丰田的 OBDI 的诊断座的形状,如 1-3-4 图所示。

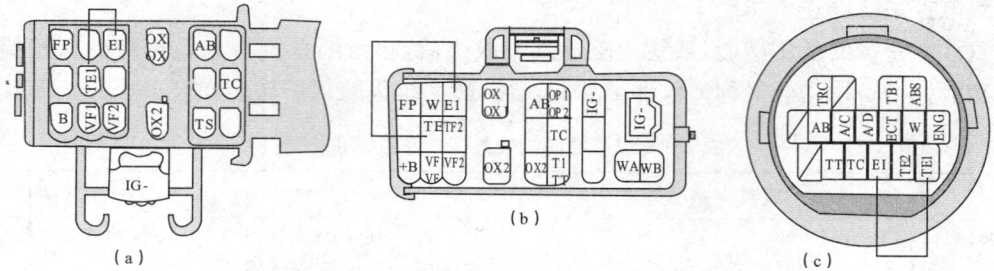

图 1-3-4　丰田汽车的故障诊断连接器类型

(2) OBDⅡ故障诊断系统:第二代车载诊断系统的 16 针脚的诊断连接器形式如图 1-3-5 所示。

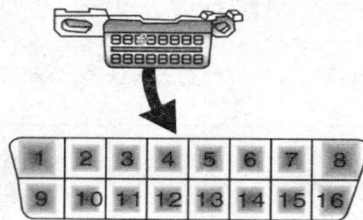

图 1-3-5　故障诊断连接器

① 诊断接头接器的端子功用如表 1-3-4 所示。

表 1-3-4　OBD-Ⅱ诊断接头端子功用表

端子	功　用	端子	功　用
1	生产厂家自行设定	8	生产厂家自行设定
2	总线正极(BUS+),SAE J1850	9	生产厂家自行设定
3	生产厂家自行设定	10	总线负极(BUS−),SAE J1850
4	底盘接地	11—14	生产厂家自行设定
5	信号接地(信号回流)	15	L 线,ISO−9141
6	生产厂家自行设定	16	蓄电池正极
7	K 线,ISO−9141		

② 07 款威驰 1.3GL 轿车诊断连接器如图 1-3-6 所示,这个诊断连接器的各端子输出特性如表 1-3-5 所示。

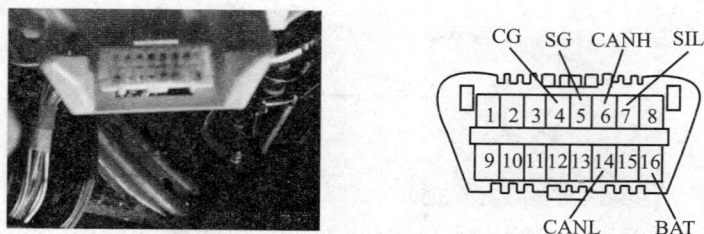

图 1-3-6　威驰车诊断连接器

表 1-3-5 诊断连接器输出特性表

符号(端子号)	端子描述	条 件	规定状态
SIL(7)—SG(5)	总线"+"连线	传输过程中	产生脉冲
CG(4)—车身搭铁	底盘搭铁	始终	小于1Ω
SG(5)—车身搭铁	信号搭铁	始终	小于1Ω
BAT(16)—车身搭铁	蓄电池正极	始终	11~14V
CANH(6)—CANL(14)	CAN总线	点火开关OFF	54~69Ω
CANH(6)—CG(4)	高电平CAN总线	点火开关OFF	200Ω或更大
CANL(14)—CG(4)	低电平CAN总线	点火开关OFF	200Ω或更大
CANH(6)—BAT(16)	高电平CAN总线	点火开关OFF	6kΩ或更大
CANL(14)—BAT(16)	低电平CAN总线	点火开关OFF	6kΩ或更大

小心：测量电阻前，将车辆存放至少1分钟，不要操作点火开关、任何其他开关或车门。

我要操作

参照表1-3-6诊断连接器输出特性表，动手测试诊断连接器的输出特性。如果诊断连接器与诊断电脑有通信故障，排除了诊断器原因则有可能是因为诊断连接器输出信号有故障引起的。把你测量的结果填入表1-3-6中。

表 1-3-6 DLC3 检测表

测量端子	我测试的结果
SIL(7)—SG(5)	
CG(4)—车身搭铁	
SG(5)—车身搭铁	
BAT(16)—车身搭铁	
CANH(6)—CANL(14)	
CANH(6)—CG(4)	
CANL(14)—CG(4)	
CANH(6)—BAT(16)	
CANL(14)—BAT(16)	

③ OBDⅡ故障码的含义：OBD-Ⅱ故障码由5个数字组成，每个数字都代表了不同的含义，如图1-3-7所示。在用解码仪进行故障代码的读取时，所显示的故障码的格式一般为如图1-3-7所示。

④ 故障指示灯出现：故障指示灯的出现表明发动控制系统有故障需要进行检查与排除。发动机故障指示灯出现一般有以下原因：

ⅰ 排放控制系统/零部件故障。

ⅱ 传动系统控制零部件(影响车辆排放)故障。

笔 记

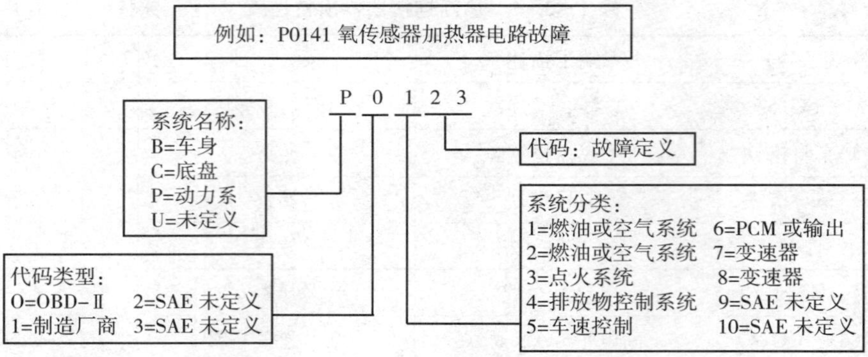

例如：P0141 氧传感器加热器电路故障

P 0 1 2 3

系统名称：
B=车身
C=底盘
P=动力系
U=未定义

代码：故障定义

系统分类：
1=燃油或空气系统　　6=PCM 或输出
2=燃油或空气系统　　7=变速器
3=点火系统　　　　　8=变速器
4=排放物控制系统　　9=SAE 未定义
5=车速控制　　　　　10=SAE 未定义

代码类型：
O=OBD-Ⅱ　2=SAE 未定义
1=制造厂商　3=SAE 未定义

图 1-3-7　故障代码结构表

ⅲ 汽车电脑：此外相应的故障代码 DTC 将记录在发动机控制模块 ECM 存储器中,如果在 3 个连续循环中故障未重复出现,则 MIL 会自动熄灭,但 DTC 仍记录在 ECM 存储器中。

（3）读取故障代码。

① OBDⅡ诊断系统的检查/清除：OBDⅡ自诊断系统的故障检测步骤与方法如表 1-3-7 所示。

表 1-3-7　OBDⅡ自诊断系统的故障检测步骤与方法

检修项目	DTC 检查（手动与诊断仪）/清除
操作要领	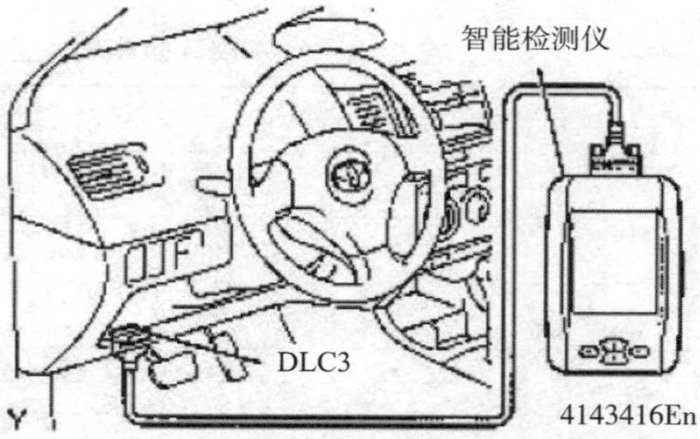 智能检测仪 DLC3 4143416En **智能检测仪连接图** ◆ 检查 DTC（如上图丰田专用智能检测仪或通用型的诊断仪与汽车诊断连接器连接方式） （a）将智能检测仪连接到 DLC3 （b）将点火开关扭至 ON 并打开检测仪 （c）选择下列菜单项目：Powertrain/Engine/DTC （d）检查并记录 DTC 与定格数据 （e）检查 DTC 的详细内容——见表 1-3-12（威驰 1.3GL 轿车 DTC） ◆ 清除 DTC（使用智能检测仪） （a）将智能检测仪连接到 DLC3 （b）将点火开关扭至 ON 并打开检测仪 （d）选择下列菜单项目：Powertrain/Engine/DTC/Clear （d）按下 YES 按钮 ◆ 清除 DTC（不使用智能检测仪） 进行下列任一操作 （a）断开蓄电池负极电缆 15s 以上 （b）从位于发动机舱内侧的发动机舱继电器盒上拆下 EFI 保险丝 15s 以上

（续表）

检修项目	DTC 检查（手动与诊断仪）/清除
技术要求或标准	◆ DLC3 的连接性能是否良好 将智能检测仪的电缆连接到 DLC3，将点火开关扭至 ON 并准备使用检测仪。如果显示屏上显示有通信故障出现，则说明车辆本身或检测仪有故障；如果检测仪连接到其他车辆上通信正常，则应检查原车的 DLC3 如果检测仪连接到其他车辆后仍然不能通信，则检测仪本身可能有故障，请咨询检测仪说明书中列出的维修部门 ◆ 检查蓄电池电压 标准电压：11～14V ◆ 检查 MIL 是否良好 （a）将点火开关扭至 ON 时检查 MIL 是否亮启，如果 MIL 没有亮启，则 MIL 电路有故障 （b）发动机启动时，MIL 应熄灭

思考

● 人工读取故障码和诊断仪读取的故障码有什么区别呢？如设置节气门位置传感器故障，分别进行人工读取，通过故障指示灯的闪烁规律进行故障的读取和解码仪读取。

　　② 定格数据的测试：检测到故障时，定格数据会记录发动机状态（燃油系统、计算负载、发动机冷却液温度、燃油修正、发动机转速、车速等）。进行故障排除时，可借助定格数据判断故障发生时车辆运行还是停止、发动机是否暖机、空燃比稀（空燃比小）还是浓（空燃比大）及其他数据。

　　如果检测到了 DTC，但故障仍不能再现，则确认定格数据。定格数据流的检测方法如表 1 - 3 - 8 所示。

表 1 - 3 - 8　发动机控制系统定格数据流检测方法

检修项目	定格数据的测试
操作要领	（1）使发动暖机 （2）将点火开关扭至 OFF （3）将智能检测仪连接到 DLC3 （4）将点火开关扭至 ON 并打开检测仪 （5）选择下列菜单项目：Fowertrain/Engine/Data List
技术要求或标准	定格数据流表如表 1 - 3 - 9 所示（威驰 1.3GL 轿车 DTC），请你读懂该定格数据流表。我们将会进行随堂检查。通过数据流的学习，日后其他任务的故障排除时，学会借助定格数据流分析故障

笔记

表 1 - 3 - 9　威驰 1.3GL 轿车 2SZ 发动机控制系统定格数据流表

检测仪显示	测量项目/范围	正常状态 * 1	诊断备注
Injector	1 号气缸喷射时间 最小：0ms，最大 32.6ms	◆ 1.4～2.5ms：发动机冷机时怠速运转 ◆ 1.4～1.8ms：发动机暖机时怠速运转 ◆ 1.3～1.8ms：发动机转速为 2 000r/min ◆ 1.0～1.5ms：发动机转速为 3 000r/min	空调 OFF 且换档杆在 N 档时读取值
IGN Advance	1 号气缸喷射正时提前 最小：−64°，最大：63°	◆ BTDC4°～8°：发动机运转 ◆ BTDC0°～15°：怠速运转 ◆ BTDC20°～40°：发动机转速为 2 500r/min	空调 OFF 且换档杆在 N 档时读取值
Knock corr. Advance angle	爆震修正提前角 最小：0°CA. 最大：90°CA	◆ 0°～3°CA：发动机暖机时为怠速运转 ◆ 0°～3°CA：发动机转速为 4 000r/min	—
IAC Duty ratio	IAC 占空比 最小：0%，最大 100%	◆ 6%～14%：发动机暖机且空调 OFF 时怠速运转 ◆ 20%～60%：发动机暖机且空调 ON 时怠速运转	换档杆在 N 档时读取值
IAC Learning Value	AC 补偿度 最小：0%，最大 100%	◆ 6%～14%：发动机暖机且空调 OFF 时怠速运转 ◆ 6%～14%：发动机暖机且空调 ON 时怠速运转	换档杆在 N 档时读取值
AFM	歧管绝对压力： 最小：0kPa，最大 255kPa	◆ 70～104kPa：点火开关 ON，发动机停止 ◆ 20～40kPa：发动机暖机且空调 OFF 时怠速运转	如果值约为 0kPa ◆ PIM 短路 如果值为 120kPa 或更高 ◆ VCPM 断路或短路 ◆ PIM 断路 ◆ E2PM 断路
PIM	实际进气压力： 最小：0kPa，最大 255kPa	◆ 80～110kPa：发动机停止 ◆ 20～40kPa：发动机暖机时怠速运转 ◆ 19～39kPa：发动机转速为 2 000r/min	—
Engine SPD	发动机转速： 最小：0r/min， 最大 16 383r/min	700r/min：怠速运转（N 档）	—
Atmosphere Pressure	大气压力 最小：0kPa，最大 255kPa	73～110kPa：点火开关 ON	
Coolant Temp	发动机冷却液温度： 最小：−40℃ 最高：215℃	80～102℃ 发动机暖机后	◆ 如果值为 −40℃：传感器电路断路 ◆ 如果值为 −140℃ 或更高：传感器电路短路

（续表）

笔记

检测仪显示	测量项目/范围	正常状态＊1	诊断备注
Intake Air Temp	进气温度：最小：-40℃ 最高：215℃	等于环境温度	◆ 如果值为-40℃：传感器电路断路 ◆ 如果值为-140℃或更高：传感器电路短路
Throttle POS	绝对节气门位置传感器 最小：0%，最大：100%	◆ 0～24%：节气门全关 ◆ 64～96%：节气门全开	点火开关ON时读取值（不要启动发动机）
IDL SIG	节气门关闭位置开关 ON或OFF	◆ ON：松开加速踏板 ◆ OFF：踩开加速踏板	—
Vehicle SPD	车速：最小：0km/h，最大2 550km/h	实际车速	在速度表上显示的速度
O2S B1 S1	传感器2的加热型氧传感器输出电压：最小：0V，最高：1.275V	0～1.0V：以50km/h的速度行驶时	—
O2FT B1 S1	与传感器1有关的短期燃油修正：最低：-100%，最高：100%	-20%～20%：发动机转速恒为2 500r/min	—
O2S B1S2	传感器2的加热型氧传感器输出电压：最低：0V，最高：1.275V	0.1～0.95V：以50km/h的速度行使时	—
O2FT B1 S2	与传感器2有关的短期燃油修正：最小：-100%，最高：100%	10%～70%：发动机转速恒为2 500r/min	—
O2S Status	是否通过传感器1的加热型氧传感器测量空燃比：浓或稀	—	—
Trouble Code Flag	DTC标志：ON或OFF	ON：检测到DTC	—
Battery Voltage	蓄电池电压：最低：0V，最高：55.535V	11～14V：点火开关ON	—
Elect Load SIG	电气负载信号：ON或OFF	◆ ON：尾灯开关ON ◆ ON：除雾器开关ON	—
A/C SIG	空调信号：ON或OFF	◆ ON：空调ON	—
PS Signal	动力转向信号：ON或OFF	ON：动力转向工作	—
Stop Light SW	制动灯开关：ON或OFF	ON：踩下制动踏板	—

笔记

（续表）

检测仪显示	测量项目/范围	正常状态 *1	诊断备注
VVT Position	VVT 控制的实际位移角： 最小：0°CA，最大：160°CA	◆ 0°～5℃A：发动机暖机时怠速运转 ◆ 0°～10℃A：发动机暖机且恒速运转	—
VVT Request POS	VVT 控制的目标位移角： 最小：0°CA，最大：160°CA	◆ 0°～5℃A：发动机暖机时怠速运转 ◆ 0°～10℃A：发动机暖机且恒速运转	—
VVT OCV Operation Duty VVT OCV 运行率：最小：0%，最大：100	VVT OCT 运行率： 最小：0%，最大：100%	◆ 20%～50%：发动机暖机时怠速运转 ◆ 20%～50%：发动机转速为 3 000r/min	—
VVT Angle Converted Val.	爆震修正提前角 最小：0°CA，最大：160°CA	◆ 15°～52℃A：发动机暖机时怠速运转 ◆ 15°～62℃A：发动机转速为 3 000r/min	—
Evap Purge Flow	EVAP（PURGE）VSV 控制表： 最小：0%，最大：100%	0%：发动机暖机时怠速运转	—
Purge Corr. coefficient	净化修正比： 最小：0，最大：0.5	0%：发动机暖机时怠速运转	—
VF Monitor	空燃比补偿的补偿值： 最小：0.75，最大：1.248	0.75～1.248：发动机转速为 2 500r/min	—

我要操作

在 DLC3 的诊断连接器中用人工的办法读取故障代码，步骤与方法如表 1-3-10 所示，并把检测得到数据填入表中。

表 1-3-10　人工跨接故障码的读取操作表

我设计的故障	演 示 图	操 作 要 点
在车上或台架上断开了一个传感器的连接器	CG　SG　CANH　SIL 1 2 3 4 5 6 7 8 9 10 11 12 13 14 15 16 CANL　　BAT	◆ 用跨接线跨接 CG 与 CANL 注：无专业跨接器，可以选择万用表的电流档（20A 档位）进行跨接 ◆ 观察故障指示灯的闪烁规律 注：故障代码指示灯闪烁的规律 (1) 如果闪烁很有规律，每 0.25 秒闪烁一次则说明没有故障代码 (2) 如果闪烁没有规律，则按上面 OBD Ⅰ故障代码的显示方法进行读取
我的检测记录		

2. 汽车故障诊断仪

为了便于维修人员诊断测试汽车电控系统故障，汽车制造公司或厂家都为自己生产的各型电控汽车设计了故障诊断插座与专用的 ECU 检测仪，如图 1-3-8 所示。故障诊断插座（TDCL）的正确名称是故障诊断通信接口（Trouble Diagnostic Communication Link）；通常简称为诊断插座，其安装位置因车而异。故障诊断插座一般位于熔断器盒上、仪表盘下方或发动机附近。ECU 检测仪又称为 ECU 解码器、故障诊断测试仪、故障阅读仪或汽车系统测试仪。将汽车制造厂家或公司提供的专用检测仪与汽车上的诊断插座连接后，接通点火开关，即可进行诊断测试。根据读取的故障代码查阅被测车型的《维修手册》，就可知道故障代码表示的故障内容与故障原因。由于不同车型的 ECU 软件不尽相同，因此 ECU 检测仪仅限用于指定车型的诊断测试，对其他厂家或公司的车型不能使用。

大众 V.A.G1552 诊断仪
用于大众车系

丰田智能诊断仪（TOYOTA IT2）
用于丰田车系

宝马 GTI
宝马原厂诊断仪

奔驰 star C3 诊断仪

日产诊断仪 CONSULT-II

图 1-3-8　专用型的故障诊断仪

常见的专用型的故障诊断仪还有：通用汽车诊断仪（TECH2）；通用汽车新型诊断仪（MDI）；日产汽车专用诊断仪（CONSULT3）；五十铃、庆铃诊断仪（ISUZU TECH2）；三菱乘用车、卡车、工业发动机诊断仪（MUT-3）；日野卡车、日野工业发动机诊断仪（HINO DX）；神钢挖掘机 J05 发动机诊断仪（HINO DX）；法国 ACTIA 万车达诊断仪（Multi-Diag Trucks）；美国 Midtronics 电瓶检测与充电设备；等等。

专用型就是一般 4S 店内使用的、针对汽车公司某一特定厂家开发的诊断仪。通用汽车公司的 TECH-2，福特汽车公司的 WDS，都是美国 SPX 公司开发的，大众汽车公司的是西门子的 5051/5052。

通用型诊断仪目前市场上以国产为主，比较知名的有元征、金德、车博士、金奔腾等，提供的功能大同小异，国外产的有 BOSCH 和 SPX OTC，但价格较贵，而且升级需付费。

1）汽车故障诊断仪功能

车辆故障自检终端是用于检测汽车故障的便携式智能汽车故障自检仪，用户可以利用它迅速地读取汽车电控系统中的故障，并通过液晶显示屏显示故障信息，迅速查明发生故障的部位及原因。

汽车故障诊断仪是维修中非常重要的工具,一般具有如下几项或全部的功能:

(1) 读取故障码。

(2) 清除故障码。

(3) 读取发动机动态数据流。

(4) 示波功能。

(5) 元件动作测试。

(6) 匹配、设定和编码等功能。

(7) 英汉辞典、计算器及其他辅助功能。

故障诊断仪大都随机带有使用手册,按照说明书很容易操作。一般来说有以下几步:在车上找到诊断座;选用相应的诊断接口;根据车型,进入相应诊断系统;读取故障码;查看数据流;诊断维修之后清除故障码。

2) 汽车故障诊断仪诊断原理

汽车故障诊断仪用于诊断汽车电子控制系统的传感器、执行器状态以及 ECU 的工作是否正常。通过判断 ECU 的输入、输出电压是否在规定的范围内变化,可以判断电子控制系统工作是否正常。

当电子控制系统中的某一电路出现超出规定的信号时,该电路及相关的传感器反映的故障信息以故障代码的形式存储到 ECU 内部的存储器中,维修人员可利用该诊断仪来读取故障码,使其显示出来。

3) 硬件支持的主要功能

(1) 通过 CAN、LIN 通信模块可以实现与车载各电子控制装置 ECU 之间的对话,传送故障代码以及发动机的状态信息。

(2) 通过单片机的同步/异步收发器可以与 PC 机进行串行通信从而完成数据交换、下载程序以及诊断仪升级等功能。

(3) 通过液晶显示器来显示汽车运行的状态数据及故障信息。

(4) 通过键盘电路来执行不同的诊断功能。

(5) 通过一种具有串行接口的大容量 FLASH 存储器来保存大量的故障代码及其测量数据。

4) 金德故障诊断仪介绍

(1) 金德解码仪控制界面。金德 K81 操作面板简洁明了,操作方便,数字输入更迅速,而且在使用过程中每一步都有按键提示,只要按照提示操作就可以了,K81 操作面板如图 1-3-9 所示。

(2) K81 主机的端口。图 1-3-10 所示为金德解码仪与外界进行通信的接口位置。

DC 12V 电源端子提供解码仪的工作电源,只要接上了串行数据传输线并且汽车电源良好则不必接 DC 12V 电源端口。

触发 CH3 端口相当于接地端,示波 CH1 和示波 CH2 主要是用于读取传感器和执行器或其他电路的波形。

RS-232 串口用来和 PC 机进行数据通信更新车型最新的诊断数据。

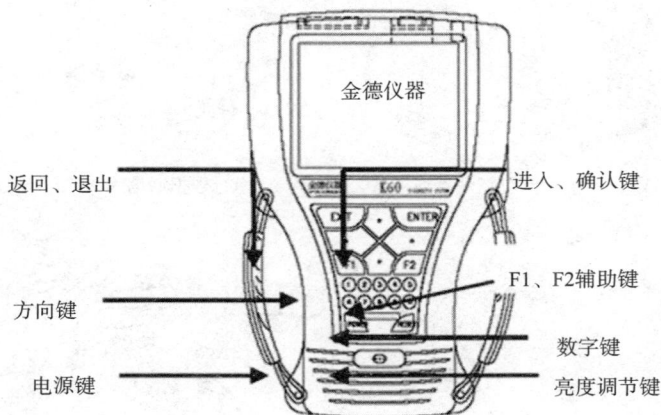

图 1 - 3 - 9 金德解码仪的操作界面

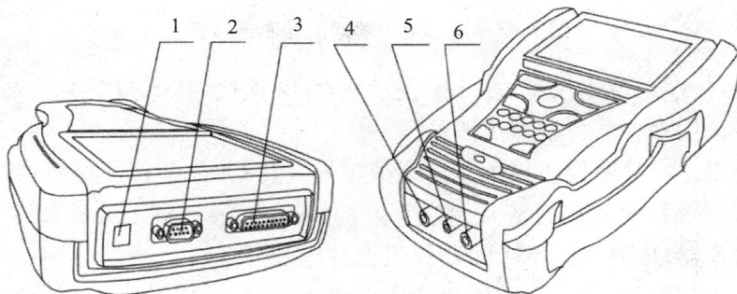

图 1 - 3 - 10 金德连接端口

1—DC 12V 电源； 2—RS－232 串口； 3—诊断测试口； 4—示波 CH1（通道
1）； 5—触发 CH3（通道 3）； 6—示波 CH2（通道 2）

诊断测试口与串行数据通信线连接并与汽车发动机 DLC 诊断接口连接,读取发动机维修数据。

（3）连接线束。金德解码仪的连接器如图 1 - 3 - 11 所示。

电源鳄鱼夹:一端与蓄电池连接,另一端与电源延长线连接。给诊断仪提供工作电源。

电源延长线:一端与电源鳄鱼夹连接,另一端与诊断仪连接。诊断仪能够在较远的距离进行操作。

汽车点烟器连接器:一端与车内点烟器接口连接,另一端与电源延长线连接。解码仪的工作电源,除了可以来自诊断连接器外或鳄鱼夹连接器从蓄电池提供电源外,还可以用点烟器连接器与车室内的点烟器连接,给解码仪提供工作电源。

示波器探头:一端与解码仪示波 CH1 或示波 CH2 连接,另一端用于检测部件的波形,这端的小夹子搭铁,探笔接触检测信号线路。

一缸信号夹:一端与解码仪示波 CH1 或示波 CH2 连接,另一端夹到一缸的高压线处。读取一缸点火波形。

笔记

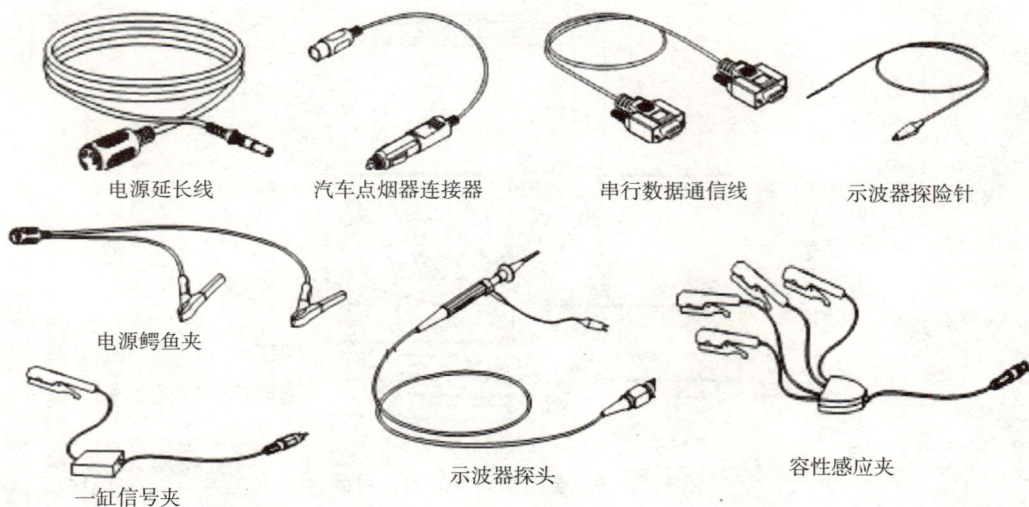

电源延长线　　　　汽车点烟器连接器　　　　串行数据通信线　　　　示波器探险针

电源鳄鱼夹

一缸信号夹　　　　　　　　示波器探头　　　　　　　容性感应夹

图 1 - 3 - 11　金德解码的诊断连接器

　　容性感应夹：一端与解码仪示波 CH1 或示波 CH2 连接，其他四个夹分别夹住每个缸的点火系统高压线。用来检测各缸点火波形。

　　（4）仪器使用。在诊断仪机箱中拿出测试延长线和 OBD-Ⅱ诊断接头，并与诊断仪连接好，再把 OBD-Ⅱ诊断接头接到仪表板台左下方的接口上，通过车上的诊断接头给 K81 给诊断仪通电。这时仪器自动启动（K81 诊断仪没设计电源开关）。

　　屏幕出现正在初始化的图标，初始化完毕出现欢迎界面，这时按任意键都会进入到主界面。使用金德 K81 综合诊断仪的主界面如图 1 - 3 - 12 所示。

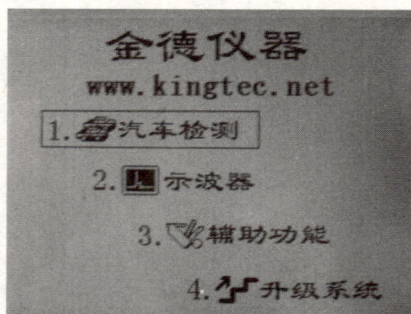

图 1 - 3 - 12　金德仪器的主界面

　　① 故障码读取与清除故障码。光标在"读取故障码"上按确认键，诊断仪就进入到读码程序，若没有在发动机的 ECU 中发现故障记忆，则会弹出"系统正常"的提示。若读出有故障记忆，则可记录故障记忆的内容，并执行"清故障码"命令。然后进行试车验证故障码是否重复出现，如果出现则根据故障提示内容进行进一步诊断维修。

　　② 读数据流。读动态数据流功能是帮助分析无故障码故障现象的最好手段，也是验证有故障记忆的故障现象的好方法。

　　通过对故障现象及故障码内容相关元件的数据进行动态分析可以判断和验证故障的发生位置及原因。

　　观察动态数据流的能力需要一定时间的练习。要明白数据没有唯一性只有相对性的道理，可用于参考的数据资料大多来自测量正常车型过程中的总结。所以数据流分析能力来自平时的锻炼，在不熟悉数据流分析前一定要在平时多测试正常车辆的动态数据，不要车坏了后再去看故障车的数据。

③ 动作测试。动作测试是对发动机 ECU 控制输出级性能的验证手段，是通信式诊断的主要手段之一。要验证发动机 ECU 对信号的理解及处理并驱动，做动作测试是很好的途径。

通过解码器发送一个命令给发动机 ECU，当 ECU 收到这个命令后，理解并控制其输出功率放大器，对元件执行动作指令。通过观察执行器的动作或听执行器发出的响声来判断电脑及执行元件的执行情况，这样可快速判断出从电脑端控制线路到元件的功能是否正常。

我来操作一下

请你在老师的指导之下用金德 K81 进行故障码的读取（可设置故障或不设置故障）。按表 1-3-11 所示步骤与说明进行操作。

表 1-3-11 解码仪读取故障代码的过程与步骤

1. 进入首页	2. 进入"汽车诊断"界面	3. 进入了故障测试界面
汽车诊断系统 1. 🚗 汽车诊断 2. 🔧 汽车分析 3. 🔩 辅助功能 4. 📈 升级系统	**＊＊汽车电控系统故障快速诊断（V606）＊＊** 故障测试 设备自检 专家功能 机在手修车无忧 上下：选择 左右：翻页 确认：执行 退出：返回	**＊＊＊ 故障测试 ＊＊＊** 中国车系 日本车系 韩国车系 欧洲车系 美国车系 标准 OBD-Ⅱ 机在手修车无忧 上下：选择 左右：翻页 确认：执行 退出：返回
连接好诊断仪后自动进入该页面，有四个功能选项：汽车诊断、汽车分析、辅助功能、升级系统。选取"汽车诊断"选项可读取故障码，定格数据，执行器控制测试、读取冻结帧等	该界面有三个功能选项：故障测试、设备自检、专家功能 选择故障测试：选项可读取故障码、定格数据，执行器控制测试、读取冻结帧等	该界面有各个国家的车系，如果你不知道这个车型可以选择标准 OBD-Ⅱ。当你要测试之前先了解好该车属于哪一国家车系，则按导航页面进行检测
4. 进入中国车系界面	5. 进入按车型选择界面	6. 进入了一汽丰田界面
＊＊＊＊＊ 中国车系 ＊＊＊＊＊ 按车型选择 按电控系统选择 机在手修车无忧 上下：选择 左右：翻页 确认：执行 退出：返回	**请选择车型** 北京吉普 北京新天地 北旅汽车 切诺基 一汽丰田 东南汽车 雪铁龙 富康 东风日产 东风 CNG 东风风行 机在手修车无忧 上下：选择 左右：翻页 确认：执行 退出：返回	**一汽丰田** 夏利 雅酷 威驰 威驰GL 花冠 威姿 华利幸福使者 机在手修车无忧 上下：选择 左右：翻页 确认：执行 退出：返回
该界面有两个选项功能：按车型选择、按电控系统选择 选择"按车型选择"选项可测该国家的车型，只要检测包的数据更新及时，基本上哪个时期的车型都可以查询到 如果选择"按电控系统选择"则从发动机缸体上查找发动机型号。如缸体上标有 2SZ-FE。则是"2SZ-FE 发动机控制系统"	该界面有该国的所有车型（品牌），通过自己或车主可以知道该车属于什么车型（品牌）	该界面有该品牌的其他车型，则选择其他款式的车型

笔记

笔 记

7. 进入威驰 GL 界面	8. 进入 ENG 检测界面	9. 按 ENTER 进入的界面
威驰GL ENG ABS SRS 机在手修车无忧 上下：选择 左右：翻页 确认：执行 退出：返回	DIRECTIONS Use OBD-2 DLC ENTER	ENG READ DTC ERASE DTC DATA LIST ACTUATORS TEST READ FREEZE FRAME 机在手修车无忧 上下：选择 左右：翻页 确认：执行 退出：返回
该界面有三个功能选项：ENG 为发动机控制系统，ABS 为防抱死控制系统，SRS 为安全气囊系统。如果该车还有其他控制系统也会在该页面设置检测选项	该界面告诉使用者该车的诊断系统是 OBD-2 的系统，选择诊断连接器时用 OBD-2 DLC 的诊断连接器	该界面有五个功能选项：READ DTC 为读取故障代码，ERASE DTC 为清除故障代码，DATA LIST 为定格数据流，ACTUATORS TEST 为执行器测试，READ FREEZE FRAME 为读取冻结帧
10. 进入 READ DTC 界面（正常）	11. 进入 READ DTC 界面（故障码）	
●● 故障码测试 ●● 系统正常！ 机在手修车无忧 上下：屏幕滚动 左右：翻页 退出：返回	●● 故障码测试 ●● P0110 进气温度电路 机在手修车无忧 上下：屏幕滚动 左右：翻页 退出：返回	
该系统正常没有检测到故障代码	该系统中出现了 P0110 进气温度电路故障。告诉检测人员对进气温度传感器电路进行检测	

思 考

● 同学们通过读取故障码后你能使用解码仪的其他功能了吗？

如：READ DTC 为读取故障代码、ERASE DTC 为清除故障代码、DATA LIST 为定格数据流、ACTUATORS TEST 为执行器测试、READ FREEZE FRAME 为读取冻结帧的功能你会用了吗？在老师的指导下分别完成这些功能的使用。

威驰 GL 诊断故障码表,如表 1-3-12 所示。

说明:

表 1-3-12　威驰 1.3GL 轿车 2SZ—FE 发动机控制系统故障代码表

DTC 号	检测项目	故　障　部　位	MIL	存储器
P0105	歧管绝对压力/大气压力电路	◆ 歧管绝对压力(MAP)传感器电路断路或短路 ◆ MAP 传感器 ◆ ECM(发动机控制模块)	亮	存储 DTC
P0110	进气温度电路故障	◆ 进气温度(IAT)传感器电路断路或短路 ◆ IAT 传感器 ◆ ECM	亮	存储 DTC
P0115	发动机冷却液温度电路故障	◆ 发动机冷却液温度(ECT)传感器电路断路或短路 ◆ ECT 传感器 ◆ ECM	亮	存储 DTC
P0116*2	发动机冷却液温度电路范围/性能故障	◆ 节温器 ◆ ECT 传感器 ◆ 冷却系统	亮	存储 DTC
P0120	节气门/踏板位置传感器/开关"A"电路	◆ 节气门位置(TP)传感器电路断路或短路 ◆ TP 传感器 ◆ ECM	亮	存储 DTC
P0130	氧传感器电路故障(列 1 传感器 1)	◆ 加热型氧传感器(HO2)传感器(传感器 1)电路断路或短路 ◆ HO2 传感器(传感器 1) ◆ HO2 传感器加热器(传感器 1) ◆ EFI 继电器 ◆ 进气系统 ◆ 燃油压力 ◆ 喷油器 ◆ ECM	亮	存储 DTC
P0133*2	氧传感器电路响应较慢(列 1 传感器 1)	◆ HO2 氧传感器(传感器 1)电路断路或短路 ◆ HO2 传感器(传感器 1) ◆ HO2 传感器加热器(传感器 1) ◆ EFI 继电器 ◆ 进气系统 ◆ 燃油压力 ◆ 喷油器 ◆ ECM	亮	存储 DTC
P0135	氧(A/F)传感器加热器电路故障(列 1 传感器 1)	◆ HO2 传感器加热器(传感器 1)电路断路 ◆ HO2 传感器加热器(传感器 1) ◆ EFI 继电器 ◆ ECM	亮	存储 DTC
P0136	氧传感器电路故障(列 1 传感器 2)	◆ HO2 传感器(传感器 2)电路断路或短路 ◆ HO2 传感器(传感器 2) ◆ ECM	亮	存储 DTC

（续表）

DTC 号	检测项目	故 障 部 位	MIL	存储器
P0141	氧传感器加热器电路故障（列 1 传感器 2）	◆ HO2 传感器（传感器 2）电路断路 ◆ HO2 传感器（传感器 2） ◆ EFI 继电器 ◆ ECM	亮	存储 DTC
P0171*2	系统空燃比过小（列 1）	◆ 进气系统 ◆ 喷油器堵塞 ◆ MAP 传感器 ◆ ECT 传感器 ◆ 燃油压力 ◆ 排气系统漏气 ◆ HO2 传感器（传感器 1）电路断路或短路 ◆ HO2 传感器（传感器 1） ◆ HO2 传感器加热器（传感器 1） ◆ EFI 继电器 ◆ PCV 阀和软管 ◆ PCV 软管连接 ◆ 燃油耗尽 ◆ ECM	亮	存储 DTC
P0172*2	系统空燃比过大（列 1）	◆ 喷油器泄漏或堵塞 ◆ MAP 传感器 ◆ ECT 传感器 ◆ 点火系统 ◆ 燃油压力 ◆ 排气系统漏气 ◆ HO2 传感器（传感器 1）电路断路或短路 ◆ HO2 传感器（传感器 1） ◆ HO2 传感器加热器（传感器 1） ◆ EFI 继电器 ◆ ECM	亮	存储 DTC
P0300*2	检测到任意/多个气缸缺火	◆ 发动机线束断路或短路 ◆ 连接器连接 ◆ 真空软管连接 ◆ 点火系统 ◆ 喷油器 ◆ 燃油压力 ◆ MAP 传感器 ◆ ECT 传感器 ◆ 压缩压力 ◆ 气门间隙 ◆ 气门正时 ◆ PCV 阀和软管 ◆ PCV 软管连接 ◆ 进气系统 ◆ ECM	亮/闪烁*1	存储 DTC

（续表）

DTC 号	检测项目	故 障 部 位	MIL	存储器
P0301*2	检测到 1 号气缸缺火	◆ 发动机线束断路或短路 ◆ 连接器连接 ◆ 真空软管连接 ◆ 点火系统 ◆ 喷油器 ◆ 燃油压力 ◆ MAP 传感器 ◆ ECT 传感器 ◆ 压缩压力 ◆ 气门间隙 ◆ 气门正时 ◆ PCV 阀和软管 ◆ PCV 软管连接 ◆ 进气系统 ◆ ECM	亮/闪烁*1	存储 DTC
P0302*2	检测到 2 号气缸缺火	◆ 发动机线束断路或短路 ◆ 连接器连接 ◆ 真空软管连接 ◆ 点火系统 ◆ 喷油器 ◆ 燃油压力 ◆ MAP 传感器 ◆ ECT 传感器 ◆ 压缩压力 ◆ 气门间隙 ◆ 气门正时 ◆ PCV 阀和软管 ◆ PCV 软管连接 ◆ 进气系统 ◆ ECM	亮/闪烁*1	存储 DTC
P0303*2	检测到 3 号气缸缺火	◆ 发动机线束断路或短路 ◆ 连接器连接 ◆ 真空软管连接 ◆ 点火系统 ◆ 喷油器 ◆ 燃油压力 ◆ MAP 传感器 ◆ ECT 传感器 ◆ 压缩压力 ◆ 气门间隙 ◆ 气门正时 ◆ PCV 阀和软管 ◆ PCV 软管连接 ◆ 进气系统 ◆ ECM	亮/闪烁*1	存储 DTC

笔记

DTC 号	检测项目	故　障　部　位	MIL	存储器
P0304*2	检测到 4 号气缸缺火	◆ 发动机线束断路或短路 ◆ 连接器连接 ◆ 真空软管连接 ◆ 点火系统 ◆ 喷油器 ◆ 燃油压力 ◆ MAP 传感器 ◆ ECT 传感器 ◆ 压缩压力 ◆ 气门间隙 ◆ 气门正时 ◆ PCV 阀和软管 ◆ PCV 软管连接 ◆ 进气系统 ◆ ECM	亮/闪烁*1	存储 DTC
P0326	1 号爆震传感器电路	◆ 爆震传感器电路断路或短路 ◆ 爆震传感器 ◆ 安装爆震传感器 ◆ ECM	—	存储 DTC
P0335	曲轴位置传感器"A"电路	◆ 曲轴位置(CKP)传感器断路或短路 ◆ CKP ◆ CKP 信号器 ◆ ECM	亮	存储 DTC
P0340	凸轮轴位置传感器"A"电路(列 1 或单个传感器)	◆ 曲轴位置(CKP)传感器断路或短路 ◆ CMP 传感器 ◆ 凸轮轴 ◆ ECM	亮	存储 DTC
P0420*2	催化剂系统效率低于下限值(列 1)	◆ 排气系统漏气 ◆ HO2 传感器(传感器 1 或 2) ◆ 三元催化净化器	亮	存储 DTC
P0443*2	燃油蒸气排放控制系统控制阀电路	◆ EVAP 的 VSV 电路断路或短路 ◆ EVAP 的 VSV ◆ ECM		
P0500	车速传感器"A"	◆ 车速传感器电路断路或短路 ◆ 车速传感器 ◆ 组合仪表 ◆ ECM ◆ 变速器控制 ECU	亮	存储 DTC
P0505	怠速控制系统故障	◆ 怠速空气控制(IAC)阀电路断路或短路 ◆ IAC 阀 ◆ ECM	亮	存储 DTC
P1105	大气压力传感器信号	◆ ECM	亮	存储 DTC

（续表）

DTC 号	检测项目	故 障 部 位	MIL	存储器
P1300*2	离子电流装置	◆ 点火系统 ◆ 带点火器的点火线圈和 ECM 之间的 IG 或 ICMB 电路（1 至 4）断路或短路 ◆ 1 号至 4 号带点火器的点火线圈 ◆ 火花塞 ◆ ECM	亮	存储 DTC
P1346	VVT 传感器/凸轮轴位置传感器电路范围/性能故障（列 1）	◆ 机械系统（正时链条齿或链条拉长） ◆ ECM	亮	存储 DTC
P1349	VVT 系统故障（列 1）	◆ 气门正时 ◆ 凸轮轴机油控制阀（OCV） ◆ OCV 滤清器 ◆ 凸轮轴齿轮总成 ◆ ECM	亮	存储 DTC
P1510	启动机信号电路	◆ 启动机信号电路断路或短路 ◆ ECM	亮	存储 DTC
P1560	ECM 电源故障	◆ 备用电源电路断路 ◆ ECM	亮	存储 DTC
P1656	OCV 电路故障（列 1）	◆ OCV 电路断路或短路 ◆ OCV ◆ ECM	亮	存储 DTC
U0101	与 TCM 通信中断	◆ 变速器控制模块（TCM）和 ECM 电路断路或短路 ◆ TCM ◆ ECM	亮	存储 DTC
U1000	ECM 至 TCM 通信中断	◆ TCM 和 ECM 电路断路或短路 ◆ TCM ◆ ECM	亮	存储 DTC
U1002	与网关模块通信中断	◆ TCM 和 ECM 电路断路或短路 ◆ TCM	亮	存储 DTC

3. 电控系统常见故障的诊断与排除

实践证明,汽车电控系统故障绝大多数发生在传感器、执行器、连接器和线束等部件上,ECU 出现故障的可能性很小,汽车行驶 10 万 km ECU 故障约占总故障的千分之一。因此,检查排除电控系统故障主要是检修零部件、连接器和线束。只有检查所有零部件正常之后,才能判定 ECU 有故障。

电控发动机汽车是以电子控制系统为控制核心而工作的。当电控汽车发生故障时,其诊断程序和方法与化油器式发动机汽车有所不同。实践证明,可按下述程序进行发动机电控系统故障的诊断与检修:

（1）向用户询问有关情况。如故障产生时间、产生条件（包括天气、气温、道路情况以及发动机工况等）；故障现象或症状；故障发生频率；是否进行过检修以及检修过哪些部位，等等。

（2）进行直观检查。即检查电气系统和控制系统的部件有无丢失；电气线路连接器或接头有无松动、脱接；导线有无断路、搭铁、错接以及烧焦痕迹；管路有无折断、错接或凹瘪，等等。

（3）按基本检查程序进行基本检查。在诊断发动机电控系统故障时，为了尽快确定故障性质与部位，尽可能少走弯路，在对汽车进行直观检查后，可按表1-3-13所示程序进行基本检查，包括怠速检查调整与点火正时的检查调整。

表1-3-13 发动机故障基本检查步骤

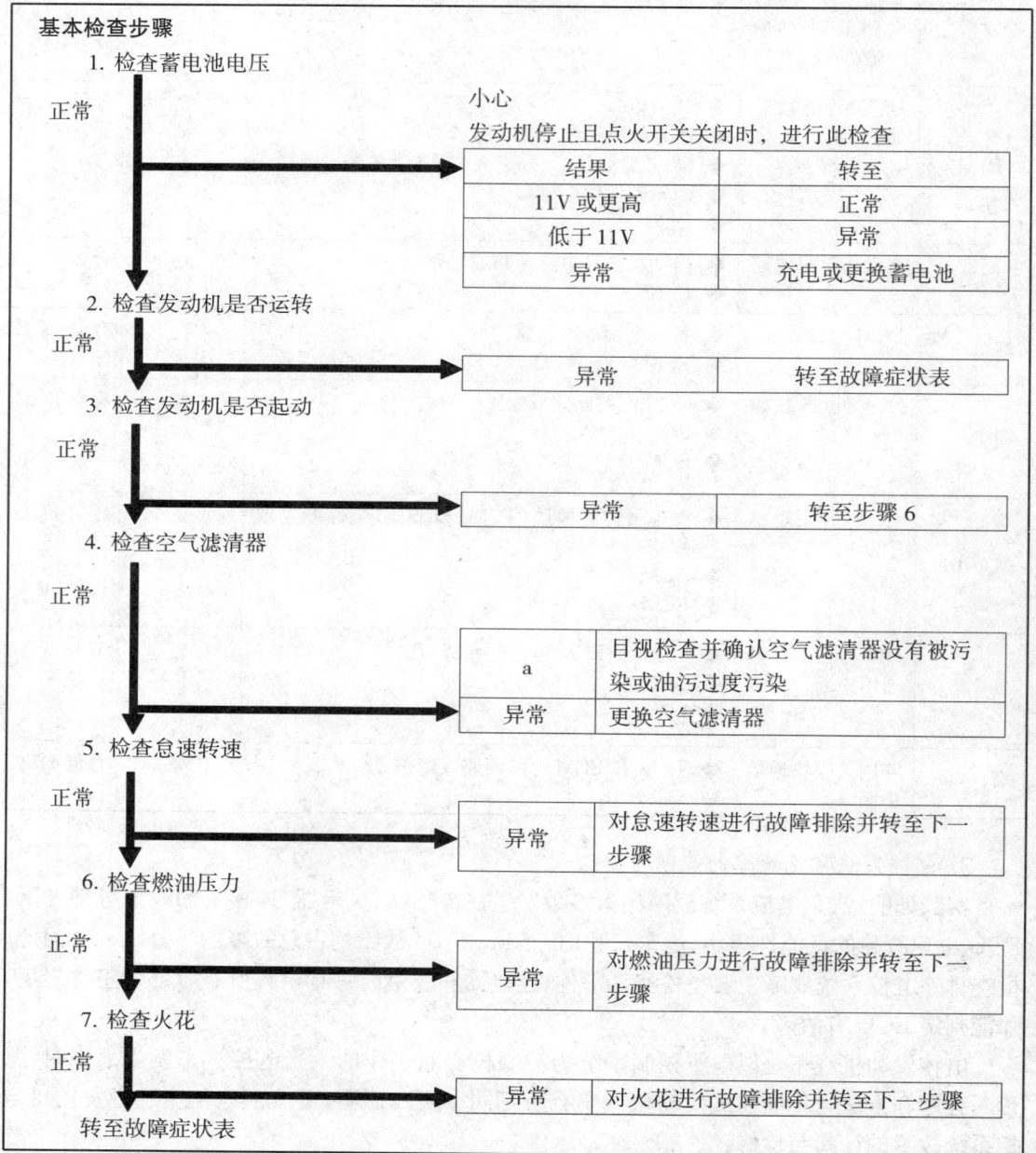

基本检查步骤

1. 检查蓄电池电压

正常

小心

发动机停止且点火开关关闭时，进行此检查

结果	转至
11V 或更高	正常
低于 11V	异常
异常	充电或更换蓄电池

2. 检查发动机是否运转

正常

异常	转至故障症状表

3. 检查发动机是否起动

正常

异常	转至步骤 6

4. 检查空气滤清器

正常

a	目视检查并确认空气滤清器没有被污染或油污过度污染
异常	更换空气滤清器

5. 检查怠速转速

正常

异常	对怠速转速进行故障排除并转至下一步骤

6. 检查燃油压力

正常

异常	对燃油压力进行故障排除并转至下一步骤

7. 检查火花

正常

异常	对火花进行故障排除并转至下一步骤

转至故障症状表

（4）进行自诊断测试读取故障代码，故障代码的读取方法与步骤如表1-3-14所示。如有故障代码，则按故障代码表指示的故障原因和部位逐一排除故障；如无故障代码但故障症状依然存在，则通过故障征兆模拟试验来判断试验线路或部件工作是否正常，同时参照"故障征兆表"进行诊断检查，以便缩小故障范围。

（5）如按上述程序诊断检修仍不能排除故障，说明发动机可能有机械故障和其他故障，可按"发动机机械故障与其他故障征兆表"进行诊断与排除。

笔记

表1-3-14 发动机电控系统故障基本检查程序框图

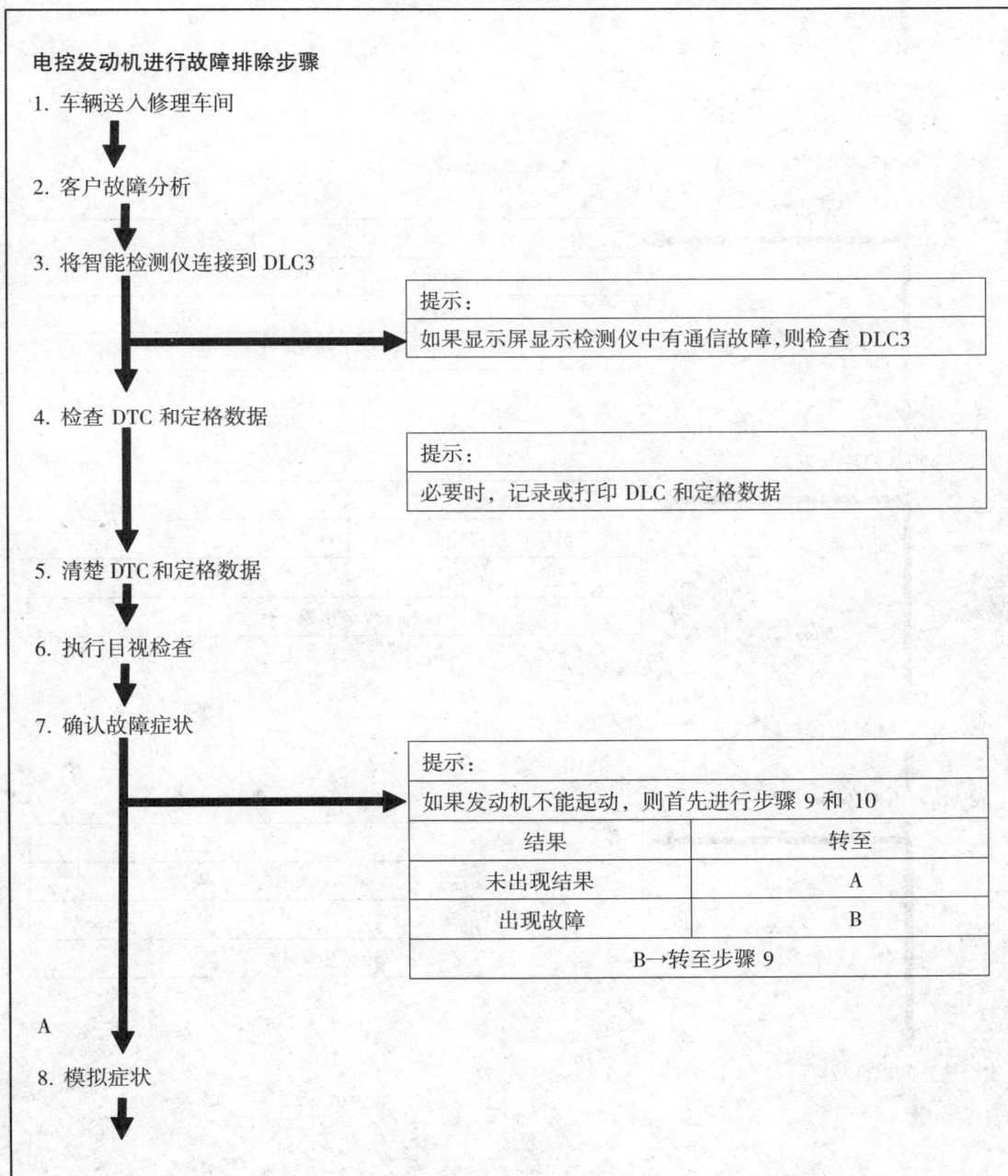

电控发动机进行故障排除步骤

1. 车辆送入修理车间

2. 客户故障分析

3. 将智能检测仪连接到DLC3

> 提示：
>
> 如果显示屏显示检测仪中有通信故障，则检查 DLC3

4. 检查 DTC 和定格数据

> 提示：
>
> 必要时，记录或打印 DLC 和定格数据

5. 清楚 DTC 和定格数据

6. 执行目视检查

7. 确认故障症状

> 提示：
>
> 如果发动机不能起动，则首先进行步骤 9 和 10

结果	转至
未出现结果	A
出现故障	B
B→转至步骤 9	

A

8. 模拟症状

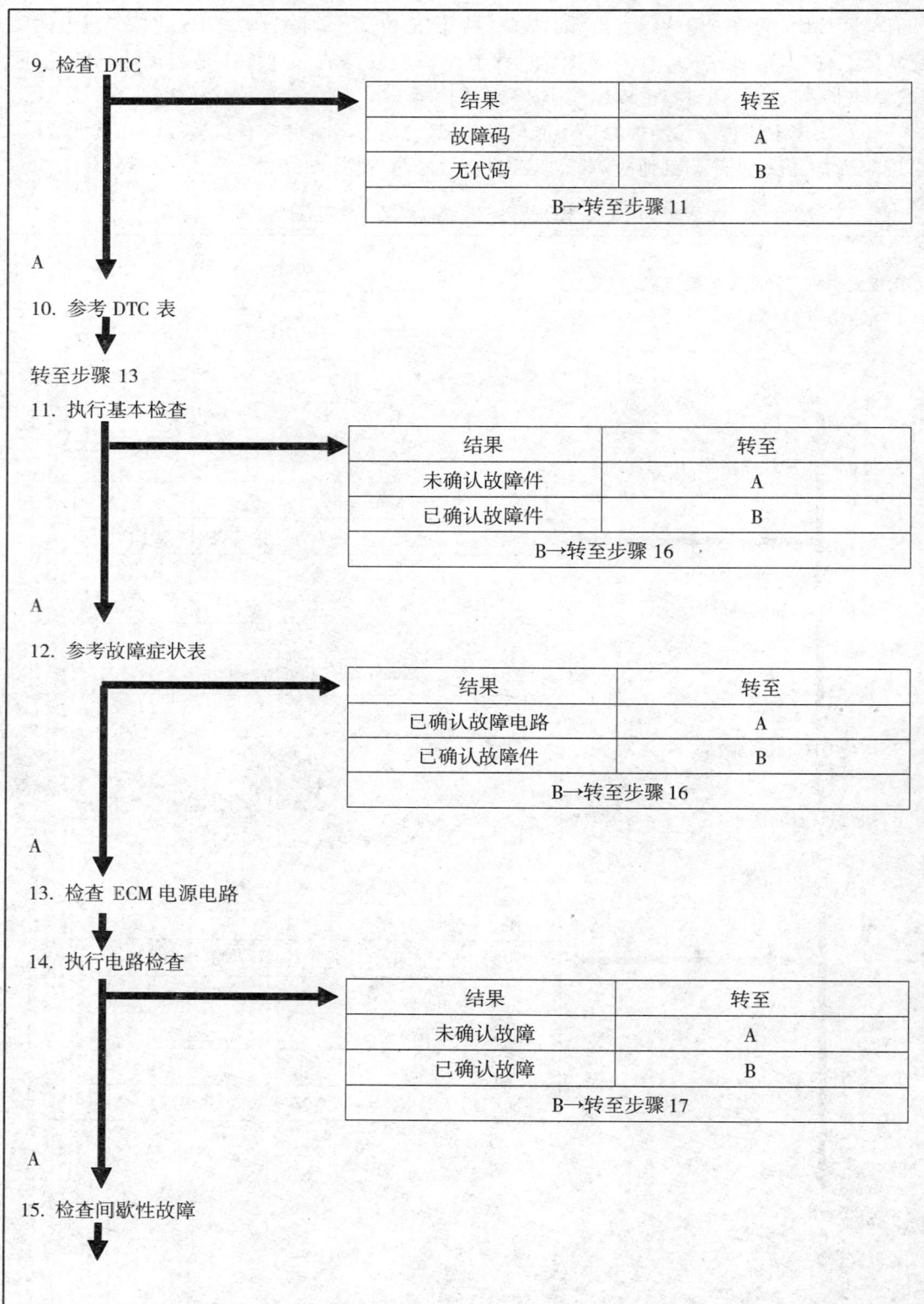

笔 记

9. 检查 DTC

结果	转至
故障码	A
无代码	B
B→转至步骤 11	

A

10. 参考 DTC 表

转至步骤 13

11. 执行基本检查

结果	转至
未确认故障件	A
已确认故障件	B
B→转至步骤 16	

A

12. 参考故障症状表

结果	转至
已确认故障电路	A
已确认故障件	B
B→转至步骤 16	

A

13. 检查 ECM 电源电路

14. 执行电路检查

结果	转至
未确认故障	A
已确认故障	B
B→转至步骤 17	

A

15. 检查间歇性故障

（续表）

笔记

转至步骤 17

↓

16. 执行零件检查

↓

17. 识别故障

↓

18. 调整 / 修理

↓

19. 执行确认测试

↓

结束

基本检查
通过检查 DTC 未能确认故障时，对所有可能引起故障的电路进行故障排除。大多数情况下，按流程图进行发动机基本检查可以快速有效地找出故障部件。因此，对发动机进行故障排除时，务必先执行本检查

三、制订检修计划

一辆 07 款丰田威驰 1.3GL 轿车，进厂维修时为了更加准确地确定故障位置对该车进行了故障检测与排除，用诊断仪器检测故障代码与定格数据流以此来缩短检测与维修时间。请你认真学习任务 1.3：

◆ 学会汽车自诊断系统的功能，利用自诊断系统读取故障代码与定格数据流。

◆ 掌握万用表的使用方法与注意事项。

◆ 掌握汽车故障排除的检测步骤，包括基本检查与电控系统基本检查步骤与方法。

制订电控发动机系统故障诊断计划，如表 1 - 3 - 15 所示。

表 1 - 3 - 15　制订电控发动机控制系统故障诊断检查计划

	项　　目	内　　容
1. 车辆信息描述	车辆型号（VIN 码）	
	发动机型号	
	客户投诉	
2. 汽车自诊断系统的描述		

笔记

3. 汽车电子控制系统故障原因分析，画出鱼刺图	

4. 汽车发动机控制系统故障诊断分析工具准备	车辆、资料、工具的名称	数量
	电控发动机台架	5 台
	威驰汽车	5 台
	威驰电控发动机相关维修资料	5 套
	手持式汽车诊断电脑（解码仪）	5 套
	汽车专用电表	5 个
	维修导线	1 把
	常用拆装工具	1 套

5. 汽车发动机控制系统故障检修工作准备	

6. 发动机控制系统故障诊断分析流程	步　骤	检修项目	操作要领	技术要求或标准	检修记录

四、实施维修作业

◆ 进行发动机电控系统故障基本检查；包括如何用解码仪读取故障代码，如何检查和记录定格数据流，学会通过数据流判定故障所在的部位。

◆ 学会使用解码仪，包括专用解码仪和通用解码仪，并学会读取数据流的相关项目的含义。

◆ 如果发动机的故障指示灯在发动机有故障代码时不亮,应该排除 MIL 故障指示灯故障。

◆ 学会看丰田车的电路图,按照电路图与检测步骤对发动机进行检测。

1. 采用基本检查流程诊断电控发动机的系统故障

入厂维修的汽车,在进行故障排除前,为了防止发动机的基本故障而干扰发动机的故障检测与排除,同时也可以缩短检修时间。具体操作步骤如表 1-3-16 所示。

表 1-3-16　发动机故障诊断与排除流程操作表

检 测 项 目	演示图	操作要领及技术标准	我的检测记录	判断结果
1. 车辆送入修理车间				
2. 客户故障分析		如故障产生时间、产生条件(包括天气、气温、道路情况以及发动机工况等);故障现象或症状;故障发生频率;是否进行过检修以及检修过哪些部位等等		
3. 将智能检测仪连接到 DLC3		选用 OBDⅡ 连接器连接		
4. 检查 DTC 和定格数据		将点火开关扭至 ON 并打开检测仪,选择下列菜单项目:Powertrain/Engine/DTC(用通用诊断仪金德进行检查:故障)		
		选择下列菜单项目:Powertrain/Engine/DATA list	填入表 1-3-18	
5. 清除 DTC 和定格数据				
6. 执行目视检查				
7. 确认故障症状				
8. 模拟症状				
9. 检查 DTC				
10. 参考 DTC 表				
11. 执行基本检查				
12. 参考故障症状表				
13. 检查 ECM 电源电路			参考任务 1.2	
14. 执行电路检查				
15. 检查间歇性故障				
16. 执行零件检查				
17. 识别故障				
18. 调整/修理				
19. 执行确认测试				

笔记

2. 排除发动机故障指示灯(MIL)的电路故障

(故障指示灯 MIL)用于指示 ECM 检测到的车辆故障。

将点火开关扭至 ON,给 MIL 电路供电,由 ECM 提供 MIL 亮起的电路搭铁。可目视检查 MIL 的工作情况:将点火开关首先扭至 ON 时,MIL 应先亮后灭。如果 MIL 一直不亮或亮,则使用智能检测仪进行下列故障排除步骤。

MIL(故障指示灯)电路图如图 1 - 3 - 13 所示。

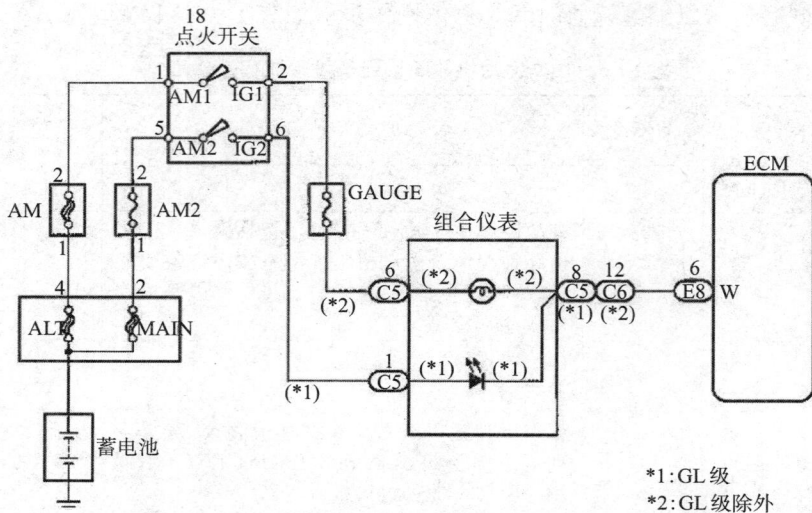

图 1 - 3 - 13　发动机故障指示灯电路

丰田 07 款威驰 1.3GL 轿车 2SZ-FE 发动机控制系统故障指示灯电路检测步骤与方法如表 1 - 3 - 17 所示。

表 1 - 3 - 17　2SZ-FE 发动机控制系统故障指示灯电路检测步骤与方法

检测项目	演示图	操作要领及技术标准	我的检测记录	判断结果
1. 检查 MIL 是否亮		根据下表进行故障排除 结果: <table><tr><td>MIL 状态</td><td>转至</td></tr><tr><td>MIL 一直亮</td><td>A</td></tr><tr><td>MIL 未亮</td><td>B</td></tr></table> A:转至检测项目 2 B:转至检测项目 4		
2. 检查 MIL 是否熄灭		(1) 将智能检测仪连接到 DLC3 (2) 将点火开关扭到 ON (3) 检查是否已存任何 DTC。如有必要,则进行记录清除 (4) 清除 DTC (5) 检查 MIL 是否熄灭 结果: 正常:MIL 应熄灭。修理输出 DTC 指示的电路 异常:转至检测项目 3		

（续表）

检测项目	演 示 图	操作要领及技术标准	我的检测记录	判断结果
3. 检查线束和连接器(检查线束是否短路)	ECM 连接器	(1) 断开 ECM 连接器 E8 (2) 将点火开关扭至 ON (3) 检查 MIL 是否未亮起 正常：MIL 未亮起 (4) 重新连接 ECM 连接器 结果： 正常：更换 ECM 异常：检查并修理线束或连接器(组合仪表－ECM)		
4. 检查 MIL 是否亮起		将点火开关扭至 ON 时检查 MIL 是否亮 结果： 正常：MIL 应亮，系统正常 异常：转至检测项目 5		
5. 检查发动机是否转动		(1) 将点火开关扭至 ON (2) 启动发动机 结果： 结果 / 转至 发动机 / A 发动机不能启动 / B 提示：智能检测仪和 ECM 间不能通信 A：转至 VC 输出电路 B：转至检测项目 6		
6. 检查组合仪表总成(MIL 电路)		请参见组合仪表故障排除步骤 结果： 正常：检查并更换线束或连接器(组合仪表－ECM) 异常：修理或更换灯泡或组合仪表总成		

读取威驰 2SZ-FE 发动机定格数据流填入表 1－3－18。

表 1－3－18　定格数据表

测量项目/范围	诊断技术说明	发动机工况	标准参数值	我的记录数据	判断结果
Injector：1 号气缸喷射时间 最小：0ms 最大：32.6ms	空调 OFF 且换档杆在 N 档时读取值	发动机冷机时怠速运转	1.4～2.5ms		
		发动机暖机时怠速运转	1.4～1.8ms		
		发动机转速为 2 000r/min	1.3～1.8ms		
		发动机转速为 3 000r/min	1.0～1.5ms		
IGN Advance：1 号气缸喷射正时提前 最小：－64° 最大：63°	空调 OFF 且换档杆在 N 档时读取值	发动机运转	BTDC 4°～8°		
		怠速运转	BTDC 0°～15°		
		发动机转速为 2 500r/min	BTDC 20°～40°		

笔记

(续表)

测量项目/范围	诊断技术说明	发动机工况	标准参数值	我的记录数据	判断结果
Knock corr. Advance angle：爆震修正提前角 最小：0°CA 最大：90°CA	—	发动机暖机时为怠速运转	0°~3°CA		
		发动机转速为 4 000r/min	0°~3°CA		
IAC Duty Value：IAC 占空比 最小：0% 最大：100%	换档杆在 N 档时读取值	发动机暖机且空调 OFF 时怠速运转	6%~14%		
		发动机暖机且空调 ON 时怠速运转	20%~60%		
IAV Learning Value：AC 补偿度 最小：0% 最大：100%	换档杆在 N 档时读取值	发动机暖机且空调 OFF 时怠速运转	6%~14%		
		发动机暖机且空调 ON 时怠速运转	6%~14%		
AFM：歧管绝对压力 最小：0kPa 最大：255kPa	如果值约为 0kPa a. PIM 短路 如果值为 120kPa 或更高 a. VCPM 断路或短路 b. PIM 断路 c. E2PM 断路	点火开关 ON，发动机停止	70%~104kPa		
		发动机暖机且空调 OFF 时怠速运转	20%~40kPa		
PIM：实际进气压力 最小：0kPa， 最大：255kPa	—	发动机停止	80~110kPa		
		发动机暖机时怠速运转	20~40kPa		
		发动机转速为 2 000r/min	19~39kPa		
Engine SPD：发动机转速 最小：0r/min 最大：16 383r/min	—	怠速运转（N 档）	700r/min		
Atmosphere Pressure：大气压力 最小：0kPa 最大：255kPa	—	点火开关 ON	73~110kPa		
Coolant Temp：发动机冷却液温度 最小：−40℃ 最高：215℃	a. 如果值为 −40℃：传感器电路断路 b. 如果值为 −140℃或更高：传感器电路短路	发动机暖机后	80~102℃		
Intake Air Temp：进气温度 最小：−40℃ 最高：215℃	a. 如果值为 −40℃：传感器电路断路 b. 如果值为 −140℃或更高：传感器电路短路	等于环境温度			

（续表）

测量项目/范围	诊断技术说明	发动机工况	标准参数值	我的记录数据	判断结果
Throttle POS：绝对节气门位置传感器最小0%，最大100%	点火开关ON时读取值（不要启动发动机）	节气门全关	0%～24%		
		节气门全开	64%～96%		
IDL SIG：节气门关闭位置开关ON或OFF	—	松开加速踏板	ON		
		踩开加速踏板	OFF		
Vehicle SPD：车速最小0km/h，最大2 550km/h	在速度表上显示的速度	实际车速			
O2S B1 S1：传感器2的加热型氧传感器输出电压最小：0V，最高：1.275V	—	以50km/h的速度行驶时	0～1.0V		
O2FT B1 S1：与传感器1有关的短期燃油修正最低：−100%，最高：100%	—	发动机转速恒为2 500r/min	−20%～20%		
O2S B1 S2：传感器2的加热型氧传感器输出电压最低：0V，最高：1.275V	—	以50km/h的速度行使时	0.1～0.95V		
O2FT B1 S2：与传感器2有关的短期燃油修正最小：−100%，最高：100%	—	发动机转速恒为2 500r/min	10%～70%		
O2S Status是否通过传感器1的加热型氧传感器测量空燃比：大或小	—	—			
Trouble Code Flag DTC标志：ON或OFF	—	ON：检测到DTC			
Battery Voltage蓄电池电压：最低0V，最高55.535V	—	点火开关ON	11～14V		

笔记

（续表）

测量项目/范围	诊断技术说明	发动机工况	标准参数值	我的记录数据	判断结果
Elect Load SIG 电气负载信号：ON 或 OFF	—	尾灯开关 ON	ON		
		除雾器开关 ON	ON		
A/C SIG 空调信号：ON 或 OFF	—	ON：空调 ON			
PS Signal 动力转向信号：ON 或 OFF	—	ON：动力转向工作			
Stop Light SW 制动灯开关：ON 或 OFF	—	ON：踩下制动踏板			
VVT Position VVT 控制的实际位移角：最小 0℃A，最大 160℃A	—	发动机暖机时怠速运转	0°～5℃A		
		发动机暖机且以低速运转	0°～10℃A		
VVT Request POS VVT 控制的目标位移角：最小 0℃A，最大 160℃A	—	发动机暖机时怠速运转	0°～5℃A：		
		发动机暖机且恒速运转	0°～10℃A		
VVT OCV Operation Duty VVTOCV 运行率：最小 0%，最大 100%	—	发动机暖机时怠速运转	20%～50%		
		发动机转速为 3 000r/min	20%～50%		
VVT Angle Converted Val. 爆震修正提前角	一爆震修正提前角 最小：0℃ 最大：160℃	发动机暖机时怠速运转	15°～52℃A		
		发动机转速为 3 000r/min	15°～62℃A		
Evap Purge Flow EVAP（PURGE）VSV 控制表：最小 0%，最大 100%	—	0%：发动机暖机时怠速运转			
Purge corr. coefficient 净化修正比：最小 0，最大 0.5	—	0：发动机暖机时怠速运转			
VF Monitor 空燃比补偿的补偿值：最小 0.75，最大 1.248	—	发动机转速为 2 500r/min	0.75～1.248		

笔记

五、检验评估

项目一中的任务 1.3 检验评估如表 1-3-19 所示。

表 1-3-19　检查评估

评 价 指 标	检 验 说 明	检 验 记 录		
检修查项目	➤ 进行发动机电控系统故障基本检查 ➤ 对 MIL 故障灯电路检查			
汽车发动机 运行情况				
评价内容	检 验 指 标	权重	自评	互评	总评
检查任务完成情况	1. 完成任务的情况 2. 任务完成的质量 3. 在小组完成任务过程中所起的作用				
专业知识	1. 能描述汽车发动机的自诊断功能 2. 能描述汽车诊断测试系统的发展和功用 3. 能描述利用汽车电控系统自诊断系统进行检测 4. 能描述汽车解码仪的使用方法 5. 会描述汽车发动机故障基本检查步骤 6. 会描述汽车电控发动机故障排除步骤				
职业素养	1. 学习态度:积极主动参与学习 2. 团队合作:与小组成员一起分工合作,不影响学习进度 3. 现场管理:服从工位安排、执行实训室"5S"管理规定				
综合评议与建议					

项目拓展

想一想:

请你用金德解码仪"汽车分析"选项进行汽车波形的检测

◆ 解码仪应该连接什么附件才能使用?

◆ 波形分析界面分析该怎么进行调整?

通用型示波器的调整方法

1)进入示波器检测频道

(1)选择示波器,按照示波器的导航进行选择操作,如图 1-3-14 所示。根据所需测试

笔 记

的零部件选择合适的检测选项,进入相应的工作界面。

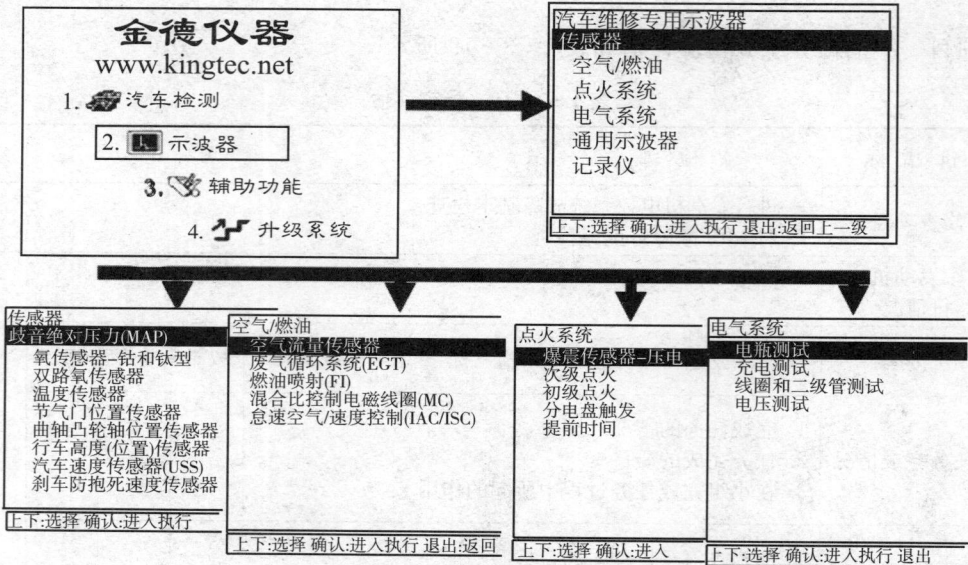

图1-3-14　进行示波的导航界面

(2) 选择需要检测的选项后进入的界面如图1-3-15所示。

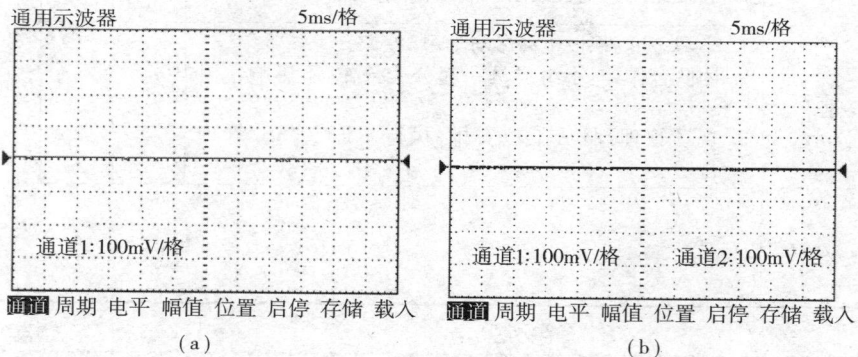

图1-3-15　示波器的示波界面

(a) 单通道；(b) 双通道

　　屏幕的下方选项:通道、周期、电平、幅值、位置、启停、存储和载入,按左右方向键可以对项目进行选择。

　　2) 波形调整

　　(1) 通道调整。按上下方向键可以选择通道1(CH1)通道2(CH2)和双通道三种形式,双通道形式如图1-3-15(b)所示。

　　(2) 周期调整。选择周期调整,按上下键可以改变每单元格时间的长短,如果开机时设定的是10ms/格,按向下键则会变为5ms/格,波形就会变稀,按向上键则会变为20ms/格,波形会变密。最高精度为:2.5μs/格。

（3）电平调整。对纵轴的触发电平进行调整，对于同一波形，选择不同的触发电平，波形在显示屏上的位置就会跟着变化，如果触发电平的数值超出波形的最大最小范围时，波形将产生游动，在屏幕上不能稳定住。

（4）幅值调整。按上下方向键可以调整纵向波形幅值的大小，K81 可以选择：1：100mV，1：200mV，1：0.5V，1：1.0V，1：2.5V，1：5V。

（5）位置调整。选择位置调整可以对波形的上下显示位置进行调整，按向上方向键，波形就会上移，按向下方向键，波形就会向下移动。

（6）波形的存储和载入。在选择通用示波器时，如果要存储当前波形，必须先选择启停，按［ENTER］键冻结当前波形，然后选择存储，按确认键，按左右方向键选择存储区，每一个界面可以存储两个波形，再次选择启停，按［ENTER］确认，重新显示当前波形。如果要载入波形，则选择载入，按［ENTER］确认，左右方向键选择存储的区间，然后按［ENTER］键确认，就可以载入存在当前区间的波形。

项目二　诊断与排除发动机进气控制系统的故障

Description 项目描述	项目二中有三个任务:任务 2.1 是诊断与排除发动机进气计量系统引起的故障,根据任务 2.1 中的任务描述,收集理论信息,完成故障排除 任务 2.2 是诊断与排除发动机进气辅助系统引起的故障,根据任务 2.2 中的任务描述,收集理论信息完成故障排除 任务 2.3 是诊断与排除发动机怠速控制系统引起的故障,怠速控制系统也属于发动机进气系统的一部分,根据任务 2.3 中的任务描述,收集理论信息完成故障排除
Objects 项目目标	1. 掌握汽车汽油发动机的进气控制系统的组成与作用 2. 了解进气温度传感器的结构原理,掌握进气温度传感器的检测方法 3. 掌握空气流量传感器的结构原理及检测(热线/热膜式流量传感器) 4. 了解进气压力传感器的结构原理,掌握进气压力传感器的检测方法 5. 了解节气门位置传感器的结构原理,掌握进气门位置传感器的检测方法 6. 掌握对进气控制系统的检查与故障排除的方法
Tasks 项目任务	任务 2.1　诊断与排除发动机进气计量系统故障:先检查发动机进气控制系统中的进气歧管是否漏气,再检测进气温度传感器、L 型进气系统的空气流量传感器(或 D 型进气系统的进气压力传感器)、节气门位置传感器、进气控制系统电路进而排除汽车发动机怠速不稳加速无力回火等故障 任务 2.2　诊断与排除发动机辅助进气控制系统:除了检查任务 5.1 的相关项目外,还需要检测发动机怠速控制系统中的怠速控制电机、怠速旁通气道与怠速控制机构排除怠速 任务 2.3　诊断与排除发动机怠速控制系统故障:除了需要检测任务 5.1 与任务 5.2,还需要检查发动机进气辅助控制系统中的相关部件。如气门正时控制系统、气门升程与气门正时控制系统、其他进气增压控制系统
Implementation 项目实施	任务 2.1　诊断与排除发动机进气计量系统故障。进气计量系统故障一般表现出的现象有:汽车发动机(冷车、热车)怠速不稳、易熄火、加速无力、回火、进气歧管漏气故障 任务 2.2　诊断与排除发动机辅助进气控制系统故障。发动机辅助进气系统故障的现象一般有:汽车发动机加速无力、回火、进气歧管漏气、动力下降故障 任务 2.3　诊断与排除发动机怠速控制系统故障。怠速控制系统故障的现象一般有:汽车发动机的(冷车、热车)怠速不稳、发动机抖动故障

任务 2.1　诊断与排除发动机进气计量控制系统的故障

任务描述	一辆 07 款威驰车出现怠速波动症状。怠速不开空调转速在 600～900r/min 间波动,开空调转速在 500～1 100r/min 间波动。该车在急加速与急减速时反应滞后,其余工况基本正常。该车曾因此故障维修过,但症状依旧,便转到我厂维修 你是一位学徒你认为进气控制系统有可能引起该故障吗
任务目标	1. 掌握汽车汽油发动机的进气控制系统的组成与作用 2. 了解进气温度传感器的结构原理,掌握进气温度传感器的检测方法 3. 掌握空气流量传感器的结构原理及检测(如:热线/热膜式流量传感器) 4. 了解进气压力传感器的结构原理,掌握进气压力传感器的检测方法 5. 了解节气门位置传感器的结构原理,掌握节气门位置传感器的检测方法 6. 掌握对进气控制系统的检查与故障排除的方法

笔记

一、维修接待

按照表2-1-1完成待修车辆的维修接待,并准确填写接车问诊表。

表2-1-1　维修接待与接车问诊表

1. 通过询问客户了解汽车发动机最近的使用情况,填写接车问诊表
2. 车间检测初步确认结果:故障有可能出现在发动机进气控制系统中

接 车 问 诊 表

车牌号:＿＿＿＿＿＿　　车架号:＿＿＿＿＿＿＿　　行驶里程:＿＿＿＿＿＿＿(km)

用户名:＿＿＿＿＿＿　　电　话:＿＿＿＿＿＿＿　　来店时间:＿＿＿＿＿/＿＿＿＿＿

用户陈述及故障发生时的状况:**急速不开空调,转速在600～900r/min间波动,开空调,转速在500～1 100r/min间波动。该车在急加速与急减速时反应滞后,其余工况基本正常**

故障发生状况提示:(行驶速度、发动机状态、发生频度、发生时间、部位、天气、路面状况、声音描述)**该车曾因此故障维修过,但症状依旧**

接车员检测确认建议:

车间检测确认结果及主要故障零部件:

车间检查确认者:＿＿＿＿＿＿＿

外观确认:

（请在有缺陷部位作标识）

功能确认:(工作正常√　不正常×)

□音响系统　　□门锁(防盗器)　　□全车灯光　　□工具
□后视镜　　　□顶窗　　　　　　□座椅　　　　□点烟器
□玻璃升降器　□玻璃

物品确认:(有√　无×)

□贵重物品提示
□工具　□备胎　□灭火器
□其他(　　　　　　　)
旧件是否交还用户　□是　□否
用户是否需要洗车　□是　□否

- 检测费说明:本次检测的故障如用户在本店维修,检测费包含在修理费用内;如用户不在本店维修,请您支付检测费。本次检测费:￥＿＿＿＿＿元
- 贵重物品:在将车辆交给我店检查修理前,已提示将车内贵重物品自行收起并保存好,如有遗失恕不负责

接车员:＿＿＿＿＿＿＿＿＿　　　　　　用户确认:＿＿＿＿＿＿＿＿＿

二、信息收集与处理

按照表2-1-2完成任务2.1的信息收集与处理。

表 2 - 1 - 2　信息收集与处理

1. 汽油发动机进气控制系统中有什么组成部件：＿＿＿＿＿＿＿＿＿＿＿＿＿＿
　　L 型喷射系统：＿＿＿＿＿＿＿＿＿＿＿＿＿＿＿＿＿＿＿＿＿＿＿＿＿＿＿
　　D 型喷射系统：＿＿＿＿＿＿＿＿＿＿＿＿＿＿＿＿＿＿＿＿＿＿＿＿＿＿＿
2. 进气温度传感器的作用：＿＿＿＿＿＿＿＿＿＿＿＿＿＿＿＿＿＿＿＿＿＿＿
　　进气温度传感器的失效保护形式：＿＿＿＿＿＿＿＿＿＿＿＿＿＿＿＿＿＿＿
3. 空气流量传感器的作用：＿＿＿＿＿＿＿＿＿＿＿＿＿＿＿＿＿＿＿＿＿＿＿
　　空气流量传感器的失效保护形式：＿＿＿＿＿＿＿＿＿＿＿＿＿＿＿＿＿＿＿
4. 进气压力传感器的作用：＿＿＿＿＿＿＿＿＿＿＿＿＿＿＿＿＿＿＿＿＿＿＿
　　进气压力传感器的失效保护形式：＿＿＿＿＿＿＿＿＿＿＿＿＿＿＿＿＿＿＿
5. 节气门位置传感器的作用：＿＿＿＿＿＿＿＿＿＿＿＿＿＿＿＿＿＿＿＿＿＿
　　节气门位置传感器的失效保护形式：＿＿＿＿＿＿＿＿＿＿＿＿＿＿＿＿＿＿

1. 发动机进气控制系统的认识

空气供给系统是向汽油机提供与发动机负荷相适应的、清洁的空气,同时对流入发动机气缸的空气质量进行直接或间接计量,使它们在系统中与喷油器喷出的汽油形成空燃比符合要求的可燃混合气。

空气供给系统主要由空气滤清器、空气流量计或进气歧管绝对压力传感器、节气门体等组成,如图 2 - 1 - 1(b)电控发动机的进气系统所示。空气系统的进气流程如图 2 - 1 - 1(a)所示。

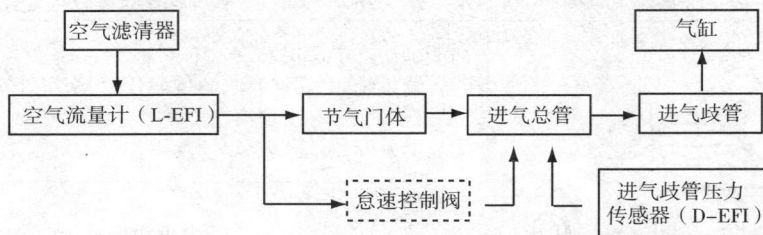

(a)

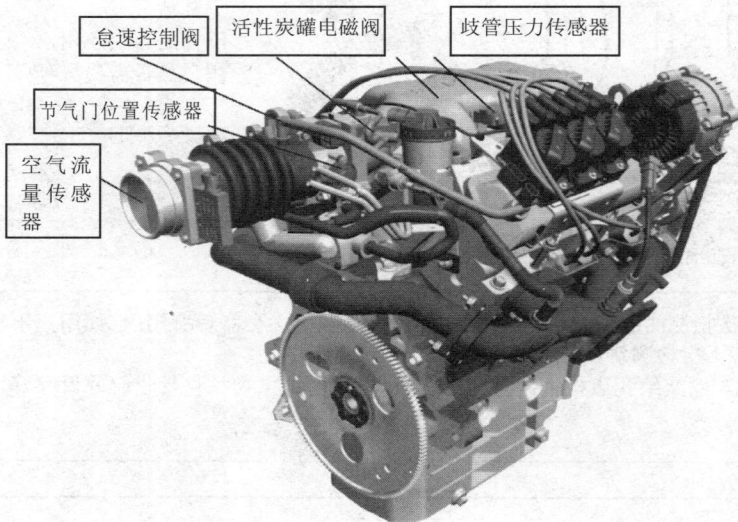

(b)

图 2 - 1 - 1　电控发动机的进气系统

(a) 进气流程；　(b) 进气系统组成

1) 空气滤清器

空气滤清器的功用主要是：滤除空气中的杂质或灰尘,让洁净的空气进入气缸。另外,空气滤清器也有降低进气噪声的作用,其实物如图2-1-2所示。由于电控发动机空气滤清器与一般发动机的空气滤清器相同,因此,在本书简要介绍。

2) 进气温度传感器

进气温度传感器装在空气滤清器和空气流量计之间,用于检测进气温度信号,汽车电脑根据温度修正进气量计算,从而根据进气温度控制好喷油量。它的安装的位置和实物图如图2-1-3所示。

图2-1-2 空气滤清器

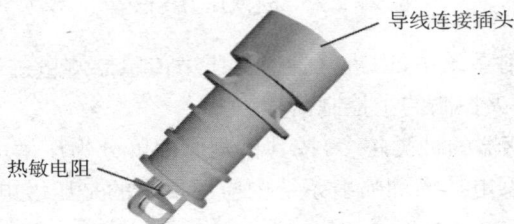

导线连接插头

热敏电阻

图2-1-3 进气温度传感器

3) 空气测量计

图2-1-4为空气流量计安装的位置和实物。空气流量计一般安装于空气滤清器后的进气管道中。它是测量进入气缸的空气量,并将其转化为电信号送入发动机控制单元,用于喷油量控制的基本信号。在L型电子控制燃油喷射发动机中使用的空气流量计主要有翼片式空气流量计、卡门旋涡式空气流量计、热线式空气流量计和热膜式空气流量计。在D型电子控制燃油喷射发动机中使用的是进气歧管绝对压力传感器。

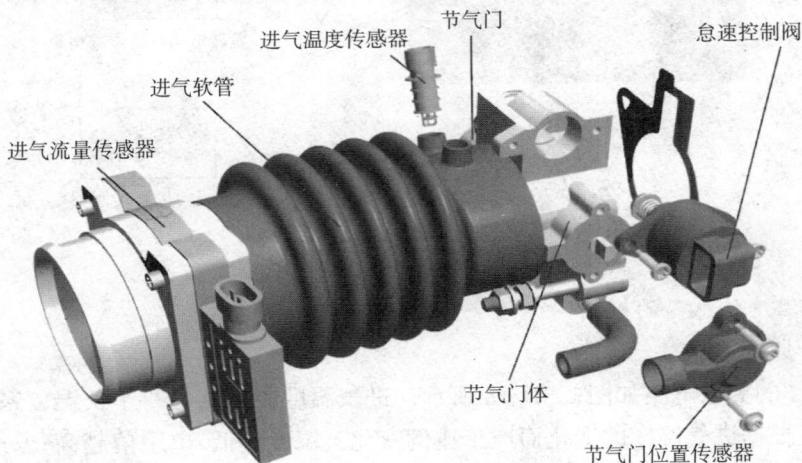

进气温度传感器
节气门
怠速控制阀
进气软管
进气流量传感器
节气门体
节气门位置传感器

图2-1-4 空气流量计

笔记

4）进气压力传感器

如图 2-1-5 所示。进气歧管绝对压力传感器一般装于发动机机舱内，用一根真空管与进气歧管相接或直接装在节气门后方的进气歧管上。

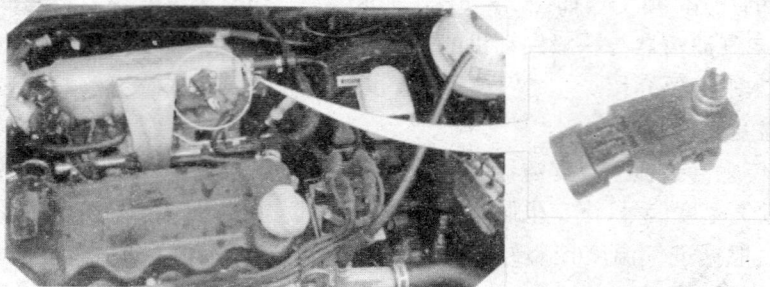

图 2-1-5 进气压力传感器

在 D 型电控燃油喷射系统中，由进气管绝对压力传感器测量进气管压力，并将信号输入 ECU，作为燃油喷射和点火控制的主控制信号。

进气管绝对压力传感器的种类较多，按其检测原理可分为压敏电阻式、电容式、膜盒式、表面弹性波式等。在 D 型电控燃油喷射系统中应用最多的是压敏电阻式和电容式两种。

5）节气门体

如图 2-1-6 所示为节气门体实物图。节气门体上装有怠速控制阀和节气门位置传感器，它位于进气总管和进气歧管之间。驾驶员通过油门踏板带动拉锁拉动节气门体（电子节气门体除外），节气门的开度大小通过节气门位置传感器的反馈电压进行测量。怠速控制阀是控制发动机在怠速状态下或冷机状态下运转。

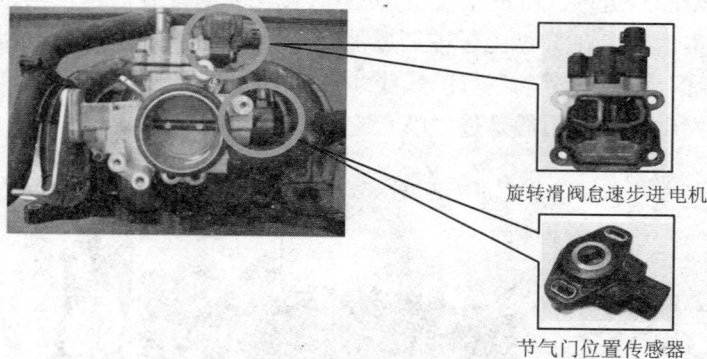

旋转滑阀怠速步进电机

节气门位置传感器

图 2-1-6 节气门体

2. 进气温度传感器的检测

1）工作原理

进气温度的控制电路如图 2-1-8 所示。进气温度传感器是一个负温度系数的热敏电阻，其电阻值根据进气温度的变化而成正比例变化。温度越低，电阻值越高；温度越高，电阻值越低。动力系统控制模块（PCM）通过内部的电阻器，向进气温度传感器提供 5V 信号并测量电压，当流入的空气温度较低时，反馈电压较高；空气温度较高时，反馈电压较低。发动机电脑通过测量电压计算进气温度。

2）进气温度传感器的控制电路检测

进气温度传感器装有负温度系数的热敏电阻,它与水温度传感器类似,所以检测方法基本是一样的。

进气温度传感器的检测步骤与方法如表 2-1-3 所示。

表 2-1-3　进气温度传感器的检测步骤与方法

检修项目	进气温度传感器的电阻检测(单件检测)
操作要领	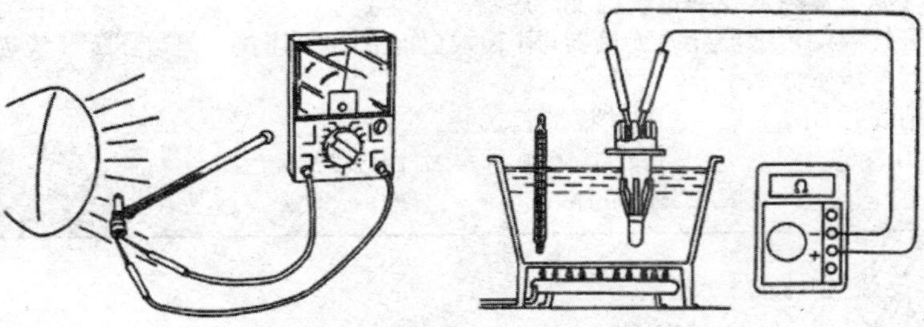 　　(a) 热源加热测量　　　　(b) 水温加热测量 (1) 点火开关置于"OFF",拔下进气温度传感器导线的连接器 (2) 将传感器拆下 (3) 用电热吹风器、红外线灯或热水加热进气温度传感器;如上图所示,用万用表 Ω 档测量在不同温度下两端子间的电阻值 (4) 将测得的电阻值与标准数值进行比较。如果与标准值不符,则应更换
技术要求或标准	◆ 检测时使用万用表的电阻档,量程选择 kΩ 为宜
检修项目	进气温度传感器的输出信号电压值检测
操作要领	如下图所示,进气温度传感器连接器 THA 与 E2 端子间的电压值在 20℃时应为 0.5~3.4V 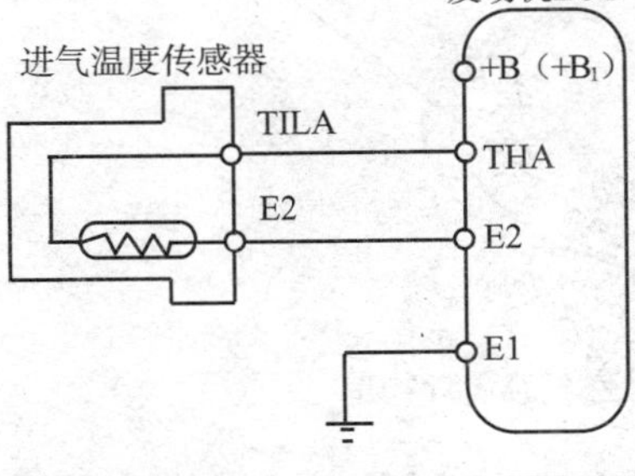
技术要求或标准	当点火开关置于"ON"位置时,ECU 的 THA 端子与 E2 端子之间的电压值应为 0.3~3.4V 提示:在进气温度传感器导线连接器没有拆下来情况下进行测量

我要操作

测一测进气温度传感器,把测量出来的数值填入表 2-1-4 中。

笔记

表 2-1-4　进气温度传感器检测步骤表

操作要点及步骤	我的测量值
◆ 静态电阻检测 （1）在空气滤清器附近找到进气温度传感器 （2）断开进气温度传感器线束连接器 （3）用万用表选用＿＿＿＿＿＿档,量程选择＿＿＿＿＿＿欧姆 （4）用万用表分别接触进气温度传感器的＿＿＿＿＿＿与＿＿＿＿＿＿端子	
◆ 输出电压的检测 （1）在空气滤清器附近找到进气温度传感器 （2）断开进气温度传感器导线连接器,用 K 线(如右下图)连接连接器与传感器端子 （3）用万用表选用＿＿＿＿＿＿档,量程选择＿＿＿＿＿＿V （4）用万用表的＿＿＿＿＿＿表笔接触 K 线引出来的端子,＿＿＿＿＿＿表笔接触发动缸体	

3. 空气流量计的检测

现代轿车的空气计量装置普遍使用热线式或热膜式空气流量计(L 型)。紧凑型轿车多用进气压力传感器代替进气空气流量传感器。

·1）热线式空气流量计

（1）结构:热线式空气流量计的基本构造如图 2-1-7 所示。它主要由铂丝制成的热线(发热体)、温度补偿电阻、控制热线电流并输出信号的控制电路、采样管和流量计壳体等组成。

根据铂丝热线在流量计中安装位置的不同,又分为主流测量方式和旁通测量方式两种结构形式。

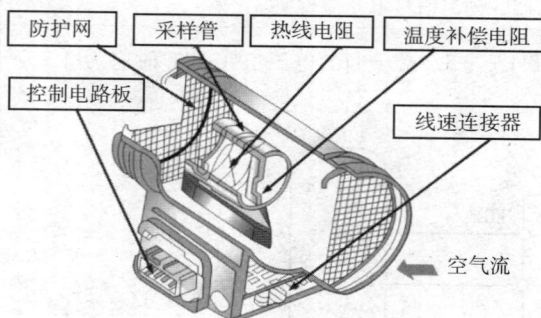

图 2-1-7　热线式空气流量计构造

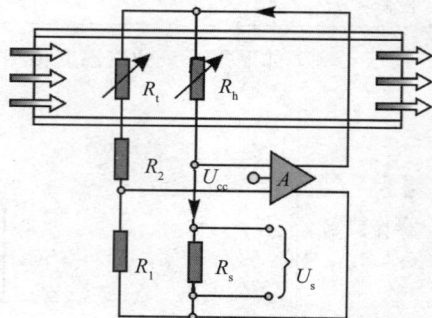

图 2-1-8　热线式空气流量计原理

（2）工作原理:如图 2-1-8 所示。当温度较低的气流流过放置在空气通道中温度较高的热线时,热线与空气发生热量交换,使热线温度下降。通过热线的空气质量流量越大,被空气带走的热量也越多,热线温度下降也越多。由于热线是惠斯顿平衡电桥电路的一个组成部分(即电阻 R_2),当热线温度下降、电阻值发生变化时,电桥出现不平衡。为了使电桥平衡,必须加大流过热线的电流,使热线温度升高,阻值恢复到使电桥平衡的值。由此可知,流过热线的空气质量越大,空气带走的热量也越多,为保持电桥平衡,维持热线温度所需的电流也越大,反之则越小。热线式空气流量计正是利用流过热线的空气质量与保持热线温度所需热线电流的对应关系测量空气的质量流量。发动机工作时,热线所需的加热电流一般在 50～120mA 之间。

　　为了克服热线易受污染的缺陷,有些电控系统在 ECU 中设有自洁电路,在发动机熄火后,自动将热线加热至 1 000℃,持续 1s,将尘埃烧掉;也有一些电控系统将热线的保持温度提高至 200℃,防止污染物玷污热线。

　　(3) 热线式空气流量传感器的检测:热线式空气流量传感器的检测步骤与方法如表 2-1-5 所示。

表 2-1-5　热线式空气流量传感器的检测步骤与方法

检修项目	热线式空气流量计检测
操作要领	1. 气流量计输出电压信号的检查 如下图(热线式空气流量计控制原理图)所示 (1) 检查时拔下空气流量计的插接器,拆下空气流量计 (2) 把蓄电池电压施加于流量计端子电源与地之间,然后测量输出端子与地之间的电压,其标准值约 1.1～2.1V(NISSAN VG30E)之间。若电压值不符,则需要更换空气流量计。用吹风机向流量计内吹风,与此同时,测量输出端子与地之间的信号电压,电压值应为 2.4V 2. 自洁功能检查 装好空气流量计及其插接器,启动发动机,并高速运转,然后使发动机熄火。当发动机熄火 5s 后,从空气流量计的进气口处可以观察到热线自动烧红 1s。如无此现象发生,需测自洁信号或更换空气流量计 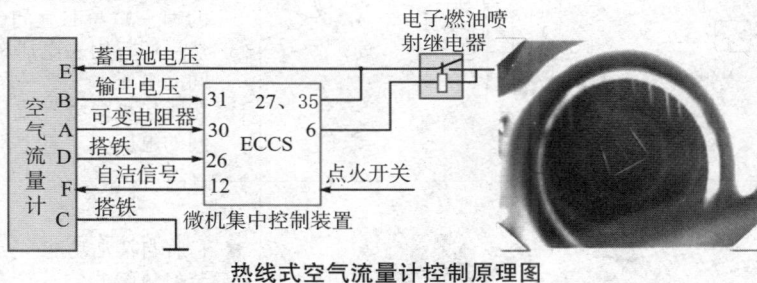 热线式空气流量计控制原理图

　　2) 热模式空气流量计

　　(1) 热膜式空气流量计的结构:如图 2-1-9 所示。热膜式空气流量计的结构与热线式空气流量计的结构基本相似。

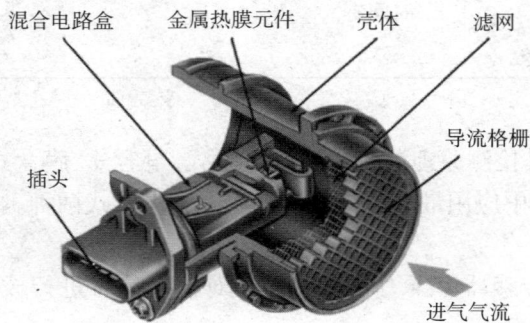

图 2-1-9　热膜式空气流量计的结构

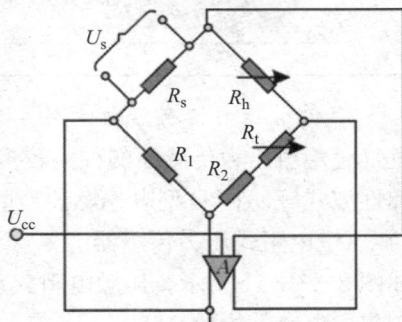

图 2-1-10　热膜式空气流量计工作原理图

　　(2) 工作原理:如图 2-1-10 所示。热膜式空气流量计的工作原理与热线式空气流量计基本相同。热膜式空气流量计的主要特点是:发热体由热线改为热膜,热膜为固定在薄的树脂膜上的金属铂,或者用厚膜工艺将热线、冷线、精密电阻镀在一块陶瓷片上,有效地降低了制造成本。热膜式空气流量计的发热体不直接承受空气流动所产生的作用力,从而提高了发热体的强度和工作可靠性,且结构简单,使用寿命长,不易受尘埃污染。这种流量计的主要缺点是空气流速不均匀,易影响测量精度。采用这种空气流量计的车型有上海大众的桑塔纳 2000 型时代超人、马自达 626 等。

　　大多数国产大众系列乘用车都采用热膜式空气流量计。在使用中经常会出现因空气流量计性能衰减而导致发动机出现故障的现象,但发动机 ECU 并不储存有关空气流量计的故障代码,这是因为空气流量计的性能并未完全丧失。

我要操作

　　测一测热线式空气流量传感器,它检测步骤与方法如表 2-1-6 所示。

表 2-1-6　热线式空气流量传感器的检测步骤与方法

演　示　图	操作要点及步骤
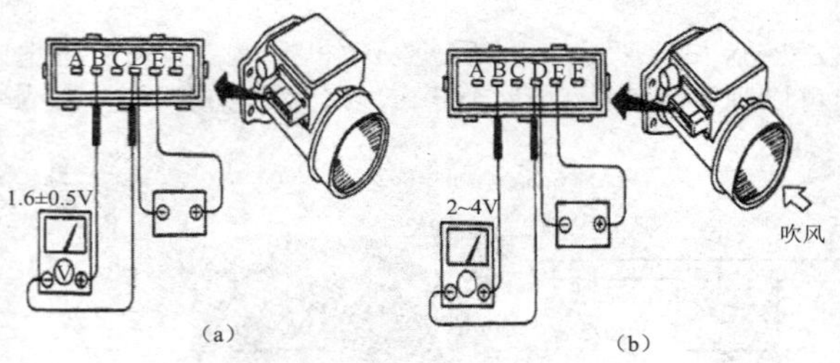 1.6±0.5V　(a)　　2~4V　吹风　(b)	◆ 检查空气流量传感器输出信号 ① 拔下此空气流量传感器的导线连接器,拆下空气流量传感器 ② 将蓄电池的电压施加于空气流量传感器的端子 D 与 E 之间(电源极性应正确) ③ 然后用万用表电压档测量端子 B 与 D 之间的电压_____ V ④ 用吹风机向空气流量计内吹风 B 与 D 之间的电压_____ V
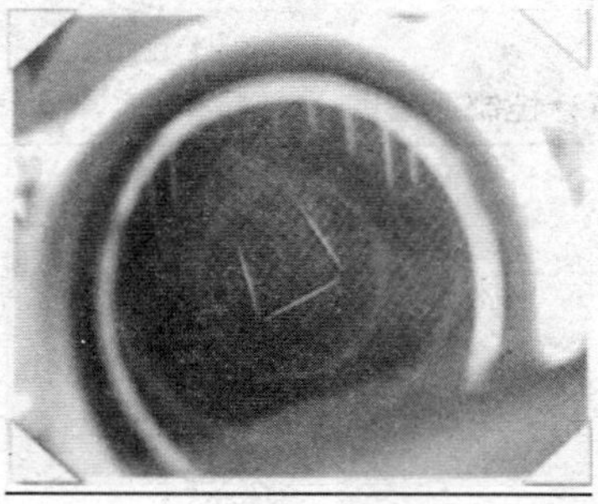	◆ 检查自清洁功能 ① 装好热线式空气流量传感器及其导线连接器 ② 拆下此空气流量传感器的防尘网启动发动机并加速到_____ r/min 以上 ③ 熄掉发动机的火,_____ s 后,热丝会_____,温度会有_____ ℃,持续的时间有_____ s

　　4. 进气歧管压力传感器的检测

　　进气管绝对压力传感器的种类较多,按其检测原理可分为压敏电阻式、电容式、膜盒式、表面弹性波式等。在 D 型电控燃油喷射系统中应用最多的是压敏电阻式和电容式两种。

　　1) 压敏电阻式压力传感器

　　如图 2-1-11 所示。压敏电阻式压力传感器由压力转换元件和对输出信号进行放大的混合集成电路等构成。

　　压力转换元件是利用半导体压阻效应制成的硅膜片。硅膜片为约 3mm 的正方形,其中部经光刻腐蚀形成直径约 $2mm$、厚约 $50\mu m$ 的薄膜。在膜片表面规定位置有四个应变电阻，以惠斯顿电桥方式连接，如图 2-1-12 所示。

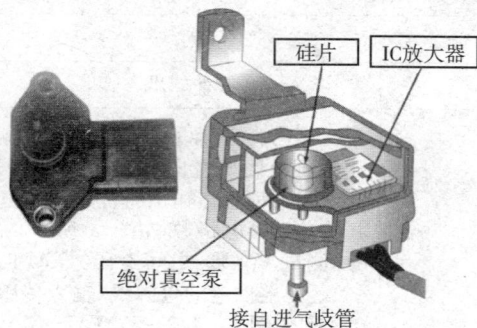

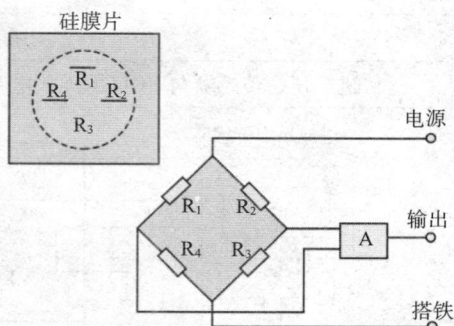

图 2-1-11　压敏电阻式进气管绝对压力传感器　　**图 2-1-12　压敏电阻式压力传感器工作原理图**

硅膜片的一侧是真空室，另一侧导入进气歧管压力。进气歧管侧的绝对压力（即进气歧管压力）越高，硅膜片的变形越大，其变形与压力成正比，膜片上的应变电阻阻值的变化也与变形的变化成正比。这样就可利用惠斯顿电桥将硅膜片的变形转换成电信号。由于压力转换元件输出的电信号很弱，所以需用混合集成电路进行放大后才输出。

它在早期的电控汽油喷射系统中应用较为广泛，如博世的 D-Jetronic 系统及丰田 HIACE 小客车 2RZ-E 发动机和丰田皇冠 3.0 车的 2JZ-GE 发动机等。

2）电容式压力传感器

位于电容式压力传感器壳体内腔的弹性膜片用金属制成，弹性膜片上、下两个凹玻璃的表面也均有金属涂层，这样在弹性膜片与两个金属涂层之间形成两个串联的电容，如图 2-1-13 所示。

电容式压力传感器的工作原理：利用电容效应检测进气管的绝对压力。发动机工作时，进气管内的空气压力作用于弹性膜片上，使弹性膜片产生位移，弹性膜片与两个金属涂层之间的距离发生变化，一个距离减小，而另一个距离增大，在弹性膜片与两个金属涂层之间形成

图 2-1-13　电容式进气管绝对压力传感器

的两个电容的电容量也就一个增加，另一个则减小。电容量的变化量与弹性膜片的位移成正比，而弹性膜片的位移取决上、下两个空腔的气体压力，只要弹性膜片上部的空腔为绝对真空，下部空腔通进气管，则可通过检测电容量的变化来检测进气管的绝对压力。电容量的变化量再经过测量电路转换成电压信号输送给 ECU，测量电路可以是电容电桥电路或谐振电路等。

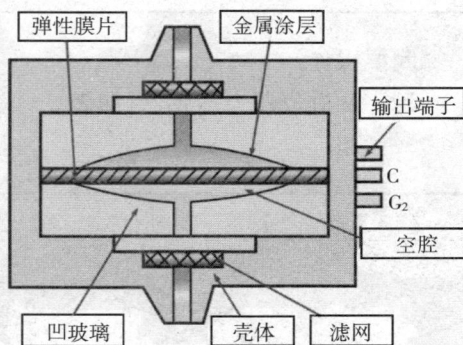

3）进气压力传感器的检测

进气压力传感器检测步骤与方法如表 2-1-7 所示。

表 2 - 1 - 7　进气压力传感器的检测步骤与方法

检修项目	进气压力传感器检测	
操　作　要　领		
进气压力传感器与 ECU 的连接电路示意图		检　查　步　骤

进气压力传感器　V_{CC}　5V　PIM　E_2　IC　R　E_1　ECU　硅片　至进气总管

PIM—输出电压端子,V_{CC}—电脑供电端子,E_2—电脑搭铁端子

(a) 原理图

(3.96)　3.6　2.4　1.2　电压/V

150　450　750(840) mmHg

50　60　100 (112)　压力/kPa

(b) 输出电压特性曲线

进气压力传感器 PIM-E_2 之间为输出电压特性如左图(b)所示。根据进气压力传感器输出特性检查进气压力传感器电路,如左图(a)所示

◆ 测量 V_{CC}-E_2 之间电压:ECU 向传感器供电的电源线(输入传感器的电压为 4.8～5.1V)
◆ 测量 PIM-E_2 之间电压:传感器的信号输出线与传感器的接地线

PIM-E_2 反馈电压特性如下描述:

◆ 怠速运转时,进气歧管的真空度高(绝对压力低),传感器的电阻值大,传感器输出 1.5～2.1V 的低电压信号
◆ 节气门全开时,歧管真空度低(绝对压力高),传感器电阻小,传感器输出 3.9～4.8V 的高电压信号

我要操作

测一测进气压力传感器,如表 2-1-8 所示,按步骤和规范检测进气压力传感器。

表 2 - 1 - 8　进气压力传感器检测操作表

演　示　图	操作要点及步骤
E_2　V_{CC}	◆ 传感器电源电压的检测 点火开关接通(ON)时,测量传感器端子 V_{CC}-E_2 电压应为＿＿＿＿＿ V 如有异常,应检查＿＿＿＿＿到＿＿＿＿＿的线路
真空软管	◆ 传感器、输出电压信号值的检测 1. 拆下连接进气歧管绝对压力传感器与进气歧管的真空软管,用 208 接线连接好线束连接器与传感器,然后测量 PIM-E_2 电压应为＿＿＿＿＿ V 2. 用真空泵向进气歧管绝对压力传感器内施加真空从 13.3kPa(100mmHg)起,每次递增 13.3kPa,然后检测反馈电压值,把测出的电压值填入到下表中

真空度/kPa(mmHg)	13.3(100)	26.7(200)	40.0(300)	53.5(400)	66.7(500)
电压值/V	0.3～0.5				

5. 机械节气门体的检测

节气门体安装在空气流量计和发动机进气总管之间的进气管上。它由节气门、怠速旁通气道、节气门位置调节螺钉、怠速控制阀等组成,如图2-1-14所示。节气门与加速踏板联动,驾驶员通过加速踏板控制节气门开度,对发动机的输出功率进行控制。

1) 怠速旁通气道与怠速控制电磁阀

发动机怠速时,节气门处在全关闭的位置,怠速运转所需要的空气经怠速空气旁通气道进入进气总管,在旁通气道中安装了能改变通道截面积的怠速控制电磁阀,通过怠速电磁阀(通过旋进或旋出怠速调整螺钉),调整发动机怠速转速。怠速电磁阀根据发动机的负荷调整发动机怠速。怠速控制电磁阀的种类与结构与原理在本项目任务2.3中将会详细介绍。

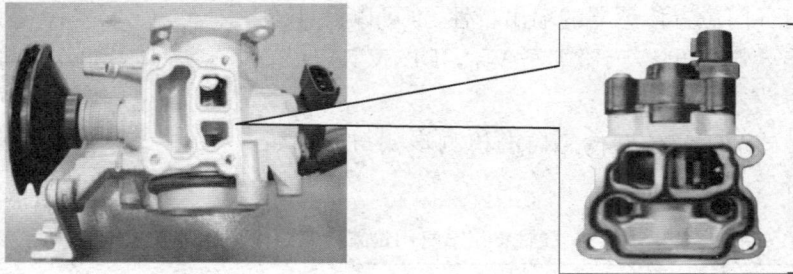

图2-1-14 节气门体结构图

2) 节气门位置传感器

节气门位置传感器检测节气门的开度及开度变化,将信号输入ECU,用于控制燃油喷射及其他辅助控制(如EGR、开闭环控制等)。节气门位置传感器安装在节气门体上,由节气门轴驱动,可分为触点式、综合式和线性式三种。目前触点式和综合式节气门位置传感器已经不再使用,用得比较多的是线性式的。电子节气门体的节气门位置传感器多为霍尔效应式。

(1) 线性式节气门位置传感器的结构与原理:线性输出型节气门位置传感器的主要特点是,表示节气门开度的输出电压与节气门开度呈线性关系。该传感器的结构与电路如图2-1-15所示。它由两个与节气门联动的可动电刷触点、位于基板上的电阻体、壳体及引出

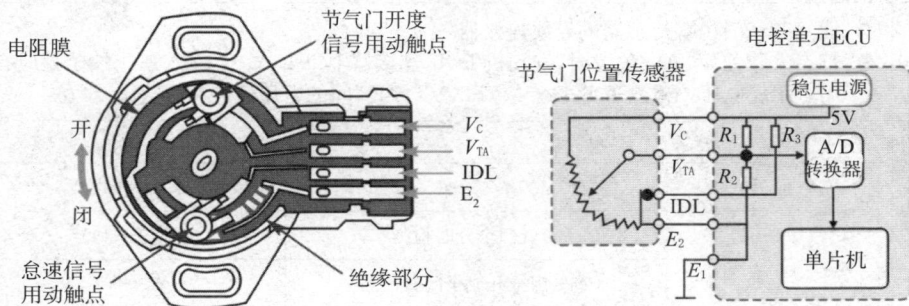

图2-1-15 节气门位置传感器结构与电路

(a) 构造; (b) 电路

笔记

线插座等构成。动触点在电阻体上滑动,利用电阻值的变化,输出与节气门开度相对应电压值,根据此电压值 ECU 就可以知道节气门的开度。但实际上反映节气门开度的电阻体的电阻值总是存在一些偏差,这样将会影响节气门开度检测的准确性。为了能够准确地检测出对 ECU 确定控制方式和喷油修正具有重要影响的节气门全闭的位置,传感器另设一个怠速触点,该触点只有当节气门完全关闭时才被接通。

图 2-1-16 给出了线性输出型节气门位置传感器的输出特性,从图中可以看到传感器的输出电压随着节气门开度的增大而线性地增大。

我要操作

根据进节气门位置传感器的输出特性,谁可以设计出检测方法与步骤判断出传感器端子 V_{CC},IDL,VTA,E2。请写出你的方法:

（2）线性式节气门位置传感器的检测步骤与方法如表 2-1-9 所示。

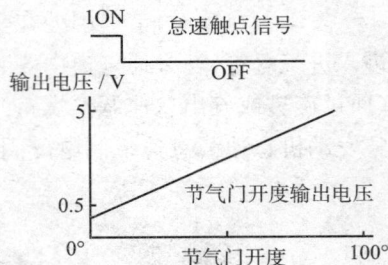

图 2-1-16 输出特性

表 2-1-9 线性输出节气门位置传感器检测步骤与方法

检修项目	电 阻 值 的 检 测			
操作要领	断开节气门位置连接器,用万用表测量节气门全闭和全开时的电阻基准值,是判定节气门传感器好坏的依据			
	测量端子	测 量 条 件		测 量 结 果
	V_{CC}-E2	全开或在全闭时检测		3.1～7.2kΩ
	VTA-E2	全闭时检测		0.34～6.3kΩ
		全开时检测		2.4～11.2kΩ
	IDL-E2	根据在节气门调节螺钉与其止动杆间插入厚薄规来确定如节气门调整方法如表 2-1-10 所示	插入 0.45mm 厚薄规	0.5kΩ 以下
			插入 0.55mm 厚薄规	电阻为∞

检修项目	电 压 检 查		
操作要领	◆ 插好节气门位置传感器的导线连接器 ◆ 打点火开关置"ON"位置时,发动机 ECU 连接器上 IDL,V_{CC},VTA 三个端子处应有电压;用万用表电压档检测 IDL-E2,V_{CC}-E2,VTA-E2 间的电压值应符合表		
技术要求或标准	端子	条 件	标准电压
	IDL-E2	节气门全开时检测	9～14V
	V_{CC}-E2	节气门全开或全闭时检测	4.0～5.5V
	VTA-E2	节气门全闭	0.3～0.8V
		节气门全开	3.2～4.9V

笔记

节气门位置传感器调整方法如表 2-1-10 所示。

表 2-1-10 节气门位置传感器调整方法

检修项目	节气门位置传感器的调整
操作要领	◆ 拧松节气门位置传感器的两个固定螺钉(如图(a)所示) ◆ 在节气门限位螺钉和限位杆之间插入 0.50mm 厚薄规,同时用万用表 Ω 档测量 IDL 与 E2 的导通情况(如图(b)所示) ◆ 逆时针转动节气门位置传感器,使怠速触点断开,然后按顺时针方向慢慢转动节气门位置传感器,直至怠速触点闭合为止(万用表有读数显示),拧紧节气门位置传感器的两个固定螺钉。再先后用 0.45mm 和 0.55mm 的厚薄规插入节气门限位螺钉与限位杆之间,测量怠速触点 IDL 与 E2 之间的导通情况
技术要求或标准	 节气门位置传感器的调整示意图 (a) 拧松固定螺钉; (b) 测量端子 IDL 与 E2 导通情况 当厚薄规为 0.45mm 时,IDL 与 E2 端子间应导通;当厚薄规为 0.55mm 时,IDL 与 E2 端子间应不导通。否则,应重新调整节气门位置传感器

6. 电子油门节气门体的检测

1) 电子节气门的控制原理

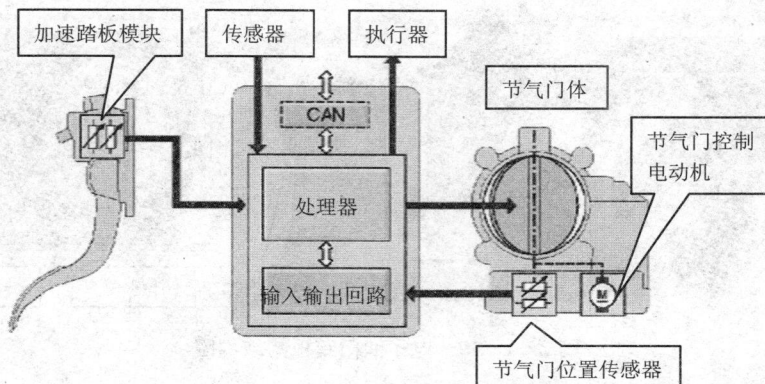

图 2-1-17 电子节气门组成与原理图

电子节气门又称智能电子节气门控制系统简称 ETCS-i(Electronic Throttle Control System-intelligent)。采用智能电子节气门控制系统(ETCS-i)的发动机,取消了拉索结构。电子节气门控制组成与控制原理如图 2-1-17 所示。驾驶者踩加速踏板的位置量,通过霍尔式位置传感器检测到开度,并把该加速踏板的踩踏量反馈给发动机 ECU,发动机 ECU 根据踏板的反馈量确定节气门体控制电动机的开启角度,以达到最佳角度值。

通常节气门控制有正常模式、雪地模式和强动力模式三种控制模式,三种模式的节气门控制方式如图 2 - 1 - 18 所示。

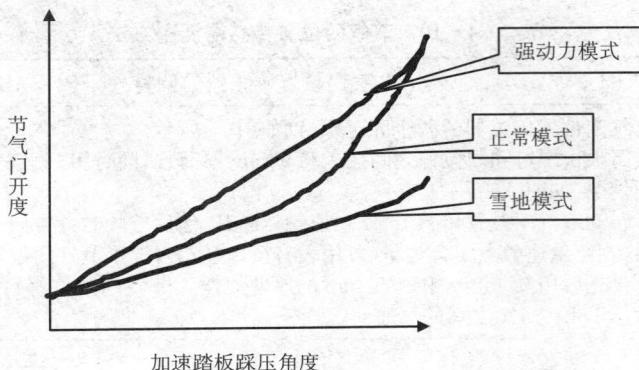

图 2 - 1 - 18　三种控制模式的特性比较

（1）正常模式控制：这是一种基本的控制模式，用于保持平衡的操作和平稳驾驶。

（2）雪地模式控制：与正常模式控制相比，在雪地模式控制中，节气门维持在一个较小的开启角度，以防止车辆在雪天等较滑的路面上行驶时出现打滑。

（3）强动力模式控制：在强动力模式控制中，节气门的开启角度比正常模式大得多。因此，这种模式可提供增强与加速踏板的直接反应性，提供与正常模式不能相比的强劲动力。

2）电子油门踏板的结构组成与原理

（1）电子油门踏板的结构：如图 2 - 1 - 19 所示，电子油门由油门回位弹簧、磁铁与霍尔传感器组成。电子油门的作用是根据驾驶员对踏板的踩踏量进行检测判断，并以霍尔电压的形式反馈给发动机控制电脑。

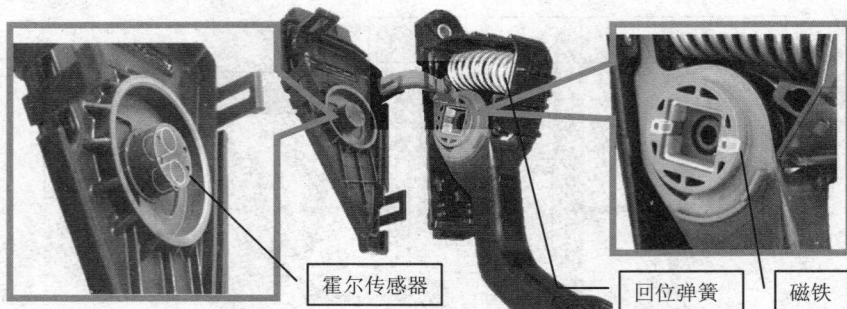

图 2 - 1 - 19　电子油门踏板的结构图

（2）电子油门踏板的原理：如图 2 - 1 - 20 所示，驾驶员踩踏电子油门后，电子油门霍尔元件与铁的位置相对移动。当踏板没有被踩下时，磁铁离霍尔元件较远，霍尔电压较小，因此霍尔元件输出电压接近为零；当踏板被踩下时，随着踏板开度越来越大磁铁越接近霍尔元件，霍尔电压越来越大，输出与踏板开度（开启角度）成正比例的电压。

VPA 为反馈电压端子，VCPA 为霍尔元件工作电压端子，EPA 为霍尔元件回路接地端子。从图 2 - 1 - 20 中可发现霍尔元件有两个。可以有效地防止电子油门踏板的完全失效。其中一个霍尔元件失效，另一个霍尔元件还在工作，只要两个元件输出电压相差很大时，发动机电脑则认定油门踏板位置传感器失效，并输出 DTC 故障代码。

笔 记

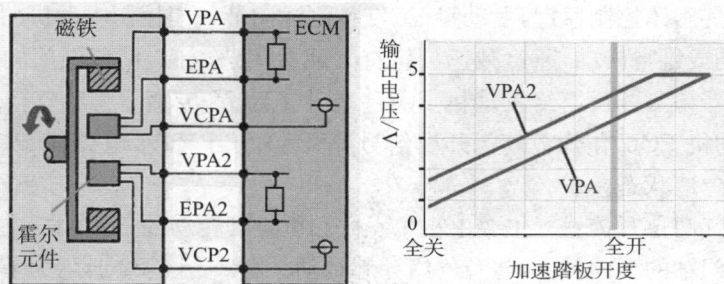

图 2 - 1 - 20　电子油门踏板输出特性图

3）电子节气门体的结构组成与原理

（1）电子节气门体的结构：如图 2 - 1 - 21 所示，用于控制发动机节气门开度的有节气门控制电动机，电动机的动力经过了二级减速齿轮增加扭力后，用以克服节气门回位弹簧的作用力开启节气门。在第二级减速齿轮上安装了霍尔元件。当节气门被节气门电动机带动开启后，在壳体上的磁铁与霍尔元件的位置就相对移动。从而产生霍尔电压。

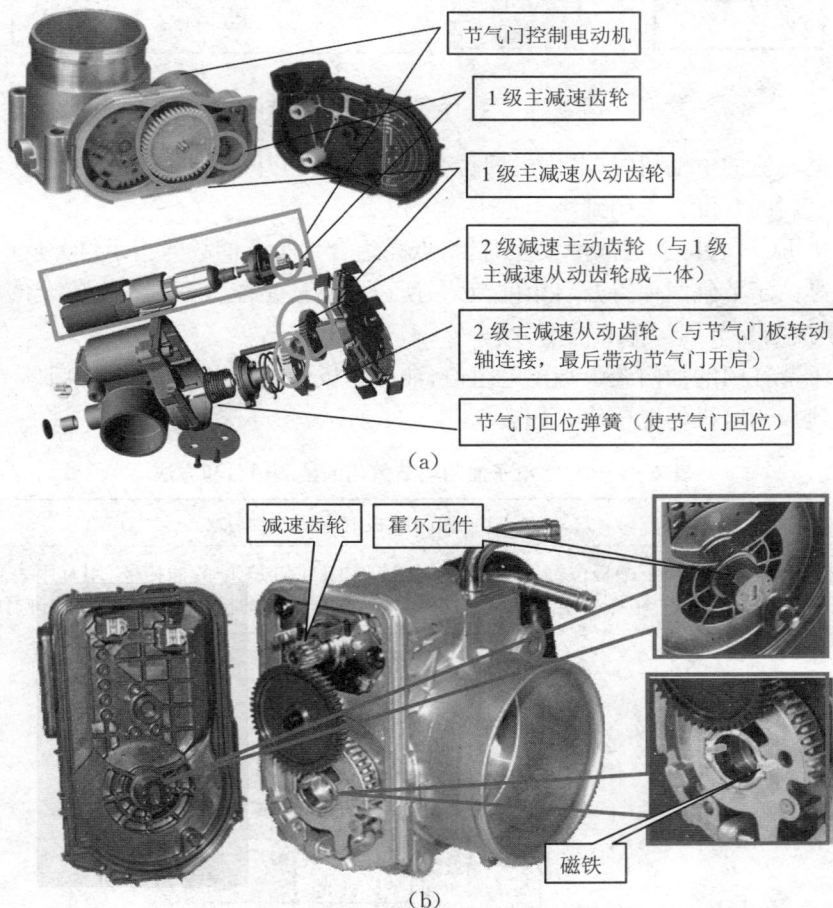

节气门控制电动机

1 级主减速齿轮

1 级主减速从动齿轮

2 级减速主动齿轮（与 1 级主减速从动齿轮成一体）

2 级主减速从动齿轮（与节气门板转动轴连接，最后带动节气门开启）

节气门回位弹簧（使节气门回位）

(a)

减速齿轮　霍尔元件

磁铁

(b)

图 2 - 1 - 21　节气门体位置传感器结构图

（a）电子节气门机械传动机构；　（b）电子节气门体的位置传感器

（2）电子节气门体控制原理：发动机 ECU 控制流向节气门控制电动机的电流大小与方向，使电动机转动或维持转动，通过减速齿轮打开或关闭节气门，使节气门的实际开启角由节气门位置传感器检测并反馈给发动机 ECU。节气门位置传感器将节气门开度角转换成电压，并送至发动机 ECU 作为节气门开度信号（VTA）。当 VTA 电压低于标准值时，其他装置确定其处于怠速状态。

霍尔元件节气门位置传感器主要由霍尔元件和可绕其转动的磁铁制成的霍尔 IC 构成。磁铁安装在节气门轴的相同轴上，与节气门一起转动。图 2-1-22 所示为节气门体工作原理图。

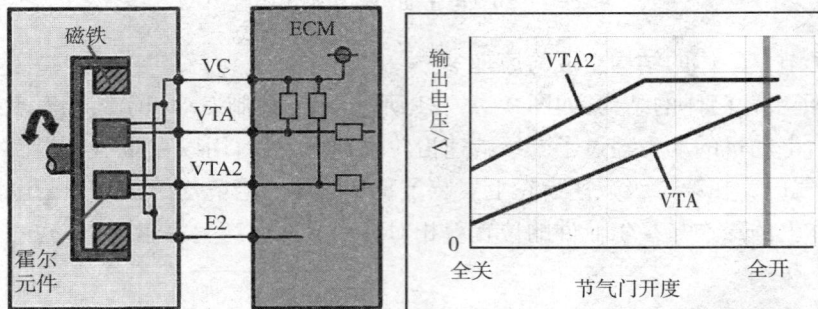

图 2-1-22   节气门体输出特性图

当没有电流流向电动机时，节气门回位弹簧使节气门开启到一个固定位置（约为 7°）在怠速期间节气门的开度会关闭到小于这个固定位置。

当发动机 ECU 检测到有故障发生时，将点亮组合仪表上的故障指示灯并同时切断电动机电源。但是由于节气门保持开启角度为 7°，所以车辆还是能被开到一个安全的地方。

4）电子油门与节气门体的检测方法

检查电子节气门的油门踏板端子电阻值、油门踏板的电子电压值、节气门体节气门位置传感器和怠速控制电机的电压值。如表 2-1-11 所示。

表 2-1-11   电子油门与节气门的检测项目和方法

检修项目	电子油门踏板的电阻检测法
操作要领	打开点火开关，拔下踏板位置传感器、节气门控制组件和 ECU 的插接器，用万用表测量各端子间的电阻的测量。下图为电子油门电路原理图，根据原理图按照本表操作要领进行测量 油门踏板电路原理图

笔记

（续表）

检修项目	电子油门踏板的电阻检测法		
操作要领	**测 量 端 子**		**标 准 值**
	踏板位置传感器	VPA—EPA	连续变化无间断
		VPA2—EPA2	
		VCP—EPA	2.5～4.5kΩ
		VCP2—EPA2	
	节气门控制电机	M+—M−	0.3～100Ω
	连接导线	ECU与传感器/执行器相应端子	小于1Ω
		导线与车身搭铁	
技术要求或标准	先检查插接器，用万用表做进一步检测，但不得随意拆卸和打开传感器。踏板位置传感器损坏，必须连同加速踏板总成一起更换。节气门位置传感器出现故障，也应连同加速踏板总成一起更换。节气门踏板位置传感器出现故障，也应连同节气门体一起更换		
检修项目	电子油门电压检测法		

操作要领：连接各连接器，打开点火开关，再用万用表测量各端子间的电压，如上图所示

测量端子		**测试条件**		
		加速踏板完全松开	加速踏板完全踩下	缓慢踩下加速踏板
踏板位置传感器电路	VPA—EPA	0.5～1.1V	2.6～4.5V	连续变化无间断/跳动
	VPA2—EPA2	1.2～2.0V	3.4～5.0V	连续变化无间断/跳动
	VCP—EPA	4.5～5.0V		
	VCP2—EPA2			
	EPA—搭铁	0V		
	EPA2—搭铁			
霍尔式节气门位置传感器	VTA—E2	0.4～1.0V	3.2～4.8V	连续变化无间断
	VTA2—E2	2.1～3.1V	4.5～5.0V	连续变化无间断
	VC	4.5～5.0V		
节气门控制电机	BM—ME01	9～14V		

提 示

● 电子节气门检测的时候，首先根据线束连接器与电子节气门的电阻和电压特性表判断出电子节气门线束连接器：VCP、VCP2、VPA、VPA2、EPA、EPA2端子，电子油门：VC、VTA、VTA2、E2/BM和ME01端子。请你用万用表判断出连接器端子，并写出判断步骤。

三、制订检修计划

根据任务制订电控发动机系统故障诊断计划,如表 2-1-12 所示。

表 2-1-12　制订电控发动机控制系统故障诊断检查计划

项　　目		内　　容
1. 车辆信息描述	车辆型号(VIN 码)	
	发动机型号	
	客户投诉	
2. 汽车自诊断系统的描述		
3. 汽车电子控制系统故障原因分析,画出鱼刺图		
4. 汽车发动机进气计量控制系统故障诊断工具准备	车辆、资料、工具的名称	数量
	丰田电控发动机台架	5 台
	威驰/卡罗拉轿车	5 辆
	丰田电控发动机相关维修资料	5 套
	手持式汽车诊断电脑(解码仪)	5 台
	汽车专用电表	5 个
	汽车专用示波器	1 台
	维修导线	1 把
	常用拆装工具	1 套
	试灯	5 把
5. 汽车发动机进气计量控制系统故障检修工作准备		

(续表)

	步骤	检修项目	操作要领	技术要求或标准	检修记录
6. 汽车发动机进气计量控制系统检修流程					

名称	示意图	特点说明
空气滤清器		空气滤清器正常维护的更换周期为 4.8 万 km,且每 2.4 万 km 进行一次常规检查;其保守维护的推荐更换周期为 2.4 万 km。如果在日常维护中发现空气滤清器有脏污的可以用压缩空气清洁
进气歧管		歧管外观:进气歧管的外形设计,直接影响到发动机的进气效果,从左图 07 款威驰进气歧管外形可知,弧形的进气管道可以使进入发动机的空气形成高速涡流,有利于混合气的形成。歧管中间做成了大容积的空间,主要是储存进气压力。当进气门闭合时候,反弹回来的空气有很大的进气压力,这就停留与储存在这个容积中,等待进气门再次开启 进气歧管检修:应该要注意歧管漏气的检查,检修的方法与步骤在维修作业中有详细说明
空气流量计		目前空气流量传感器比较普遍的有热线/膜式空气流量传感器,对于紧凑型轿车进气压力传感器代替空气流量传感器间接测量进气量的也不少。空气流量传感器失效会造成发动机怠速不稳、加速无力、发动机动力下降、油耗增加等故障
电子油门	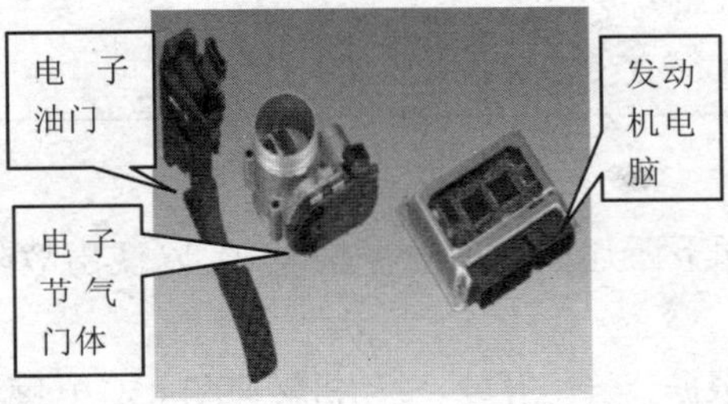	目前的经济型、中高档轿车基本上使用电子节气门。装配了电子节气门的轿车,因失效记忆而产生的故障现象不同。丰田卡罗拉在清洗燃油系统时为了拆除喷油器必须拆下节气门体,清洗好后装回车上,就会产生汽车怠速游车的现象。解决的办法可以断开电脑 BATT 断电源 15s 以上,故障现象消失。像日产骐达则需要进行怠速匹配

四、实施维修作业

根据任务与计划对 07 款威驰 1.3GL 的进气控制系统中的歧管压力传感器、进气温度传感器、节气门位置传感器进行检测,以排除由于进气系统故障而造成怠速不稳的故障现象。

1. 排除歧管压力传感器的故障

1) 歧管压力传感器特性描述

歧管绝对压力传感器通过内置的传感器单元检测进气歧管压力。ECM(发动机控制模块,即 ECU)根据歧管绝对压力传感器输出的电压确定喷射的持续时间与喷射提前正时。歧管压力传感器输出电压特性与电路原理如图 2-1-23 所示。

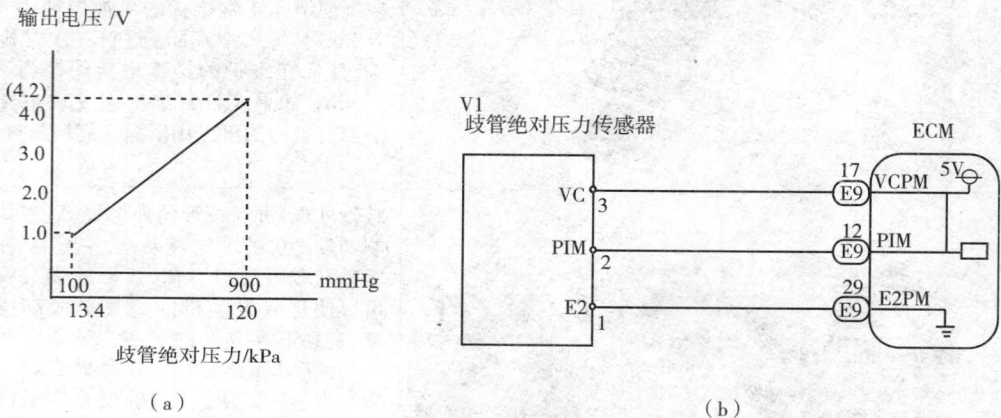

图 2-1-23　电压输出特性与歧管压力传感器电路图

(a) 歧管压力传感器输出电压值特性; (b) 歧管压力传感器电路图

歧管绝对压力传感器监控进气歧管内的绝对压力(默认值为 0kPa(0mmHg,0in. Hg))。因此,ECM 可在任何驾驶条件下将空燃比控制在适当水平,且燃油控制精确度不受高纬度而导致大气压力变化的影响。

进气歧管压力传感器故障代码 P0105 产生的条件与故障部位如表 2-1-13 所示。

表 2-1-13　歧管压力传感器故障表

DTC 号	DTC 检测条件	故 障 部 位
P0105	歧管绝对压力传感器电路断路或短路0.5s或更长时间(单程检测逻辑)	◆ 歧管绝对压力传感器电路断路或短路 ◆ 歧管绝对压力传感器 ◆ ECM

2) 歧管压力传感器失效保护

如果 ECM 设置 DTC P0105,则将按如下所述进入失效保护模式,以便出故障时还能暂时驾驶车辆。

◆ 来自进气歧管压力的信号用于设定根据节气门开度、发动机转速和 IAC 开度判定的值。

◆ 如果节气门开度和发动机转速均超过其设定值,则会切断燃油。

通过检测歧管压力传感器可以知道失效保护的默认值是多少。

3）歧管压力传感器数据流检测

检测 DTC P0105 时，通过进入智能检测仪上的下列菜单检查进气歧管 Powertrain/Engine/Data List/AFM，检查数据流。

歧管压力传感器数据流参考表 2-1-14 所示。

表 2-1-14　歧管压力传感器数据流参考表

进气歧管压力	故　　障
大约 0kPa	PIM 电路短路
120kPa(900mmHg,35.4 in. Hg)或更高	◆ VCPM 电路断路或短路 ◆ PIM 电路断路 ◆ E2PM 电路断路

丰田 07 款威驰 1.3GL 轿车 D 型进气系统歧管压力传感器检测步骤与方法如表 2-1-15 所示。

表 2-1-15　歧管压力传感器检测步骤与方法

检测项目	演　示　图	操作要领及技术标准	我的检测记录	结果判断
1. 检查空气滤清器是否有赃物		空气滤清器正常维护的更换周期为 4.8 万 km,且每 2.4 万 km 进行一次常规检查;其保守维护的推荐更换周期为 2.4 万 km		
2. 检查进气管路是否漏气		进气管路漏气对发动机怠速影响很大,但对中高速、大负荷工况影响不大,检查漏气的方法(除了以下两种方法你还有什么方法): (1) 直观检查,应仔细查看各连接处是否有脱落、松动现象,各个真空管是否有断裂、破损的地方 (2) 可以逐一拔掉各个真空软管,然后用手堵住进气管路一侧。这时发动机工作性能有明显提升,则说明是该软管或与之相连的部件处有漏气现象		
3. 使用智能检测仪读取值(歧管绝对压力传感器)		(1) 将智能检测仪连接到 DLC3 (2) 将点火开关扭至 ON 并打开智能检测仪 (3) 选择下列菜单项目 Powertrain/Engine/Data List/AFM (4) 读取数值 标准:与实际大气压力值相同 结果: 正常:检查间歇性故障 异常:转至检测项目 4		

笔记

检测项目	演示图	操作要领及技术标准	我的检测记录	结果判断
4. 检查 ECM 端子电压（端子 VC）	E9 VCPM(+)　E2PM(-)	（1）将点火开关扭至 ON （2）测量 ECM 连接器的电压 {检测仪连接: VCPM（E9－17）—E2PM（E9－29）, 规定状态: 4.5～5.5V} 结果： 正常：更换 ECU 异常：转至检测项目 5		
5. 检查歧管绝对压力传感器		{检测仪连接: PIM（E9－12）—E2PM（E9－29）, 条件: 传感器空气排出, 规定状态: 3.1～4.1V} （1）将点火开关扭至 ON （2）测量 ECM 连接器的电压 结果： 正常：转至检测项目 6 异常：更换 ECU		
6. 检查线束和连接器（歧管绝对压力传感器—ECM）	歧臂绝对压力传感器 V1 1 2 3　前视图 E2　PIM　VC E9 VCPM——PIM 　　　E2PM ECM连接器	（1）断开歧管绝对压力传感器连接器 V1 （2）断开 ECM 连接器 E9 （3）检查电阻 标准电阻（断路检查） {检测仪连接: PIM（V1－2）—PIM（E9－12）／VC（V1－3）—VCPM（E9－17）／E2（V1－1）—E2PM（E9－29）, 规定状态: 小于 1Ω} 标准电阻（短路检查） {检测仪连接: PIM（V1－2）或 PIM（E9－12）—车身搭铁／VC（V1－3）或 VCPM（E9－17）—车身搭铁／E2（V1－1）或 E2PM（E9－29）—车身搭铁, 规定状态: 10kΩ或更大} （4）重新连接歧管绝对压力传感器的连接器 （5）重新连接 ECM 连接器 结果： 正常：更换进气压力传感器 异常：修理或更换线束或连接器		

2.排除进气温度传感器的故障

1)进气温度传感器特性描述

如图 2-1-24 所示(a)进气温度传感器特性。进气温度(IAT)传感器监控进气温度。IAT 传感器内置有热敏电阻,其电阻值随着进气温度的变化而变化。进气温度低时,热敏电阻的电阻增大。进气温度高时,热敏电阻的电阻值减小,电阻随电压而变化的信号被发送到 ECM。

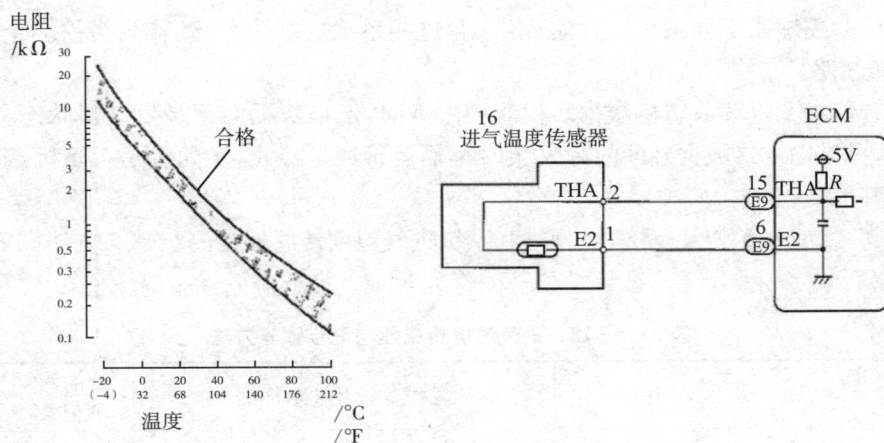

(a)   (b)

图 2-1-24 进气温度传感器输出特性与电路图

(a)进气温度传感器输出特性图; (b)进气温度传感器电路图

如图 2-2-24(b)所示,将 5V 电压从 ECM 端子 THA 经电阻器 R 施加到 IAT 传感器上。电阻器 R 和 IAT 传感器是串联的,IAT 传感器的电阻值变化时,端子 THA 上的电压也会发生变化。根据此信号,发动机冷机时,ECM 会增加燃油喷射量提高车辆操纵性能。

表 2-1-16 进气温度传感器故障代码产生的条件与故障部位

DTC 号	DTC 检测条件	故 障 部 位
P0110	IAT 传感器电路断路或短路 0.5s(单程检测逻辑)	◆ IAT 传感器电路断路或短路 ◆ IAT 传感器 ◆ ECM

2)进气温度传感器失效保护

进气温度传感器失效的故障代码产生的条件与故障部位如表 2-1-16 所示。当发动机电脑检查到进气温度传感器故障时设置 DTC,设置 DTC P0110 时,ECM 进入失效保持模式。在失效保护模式下,来自进气温度传感器的信号用于设定恒定值。失效保护模式一直持续至检测到通过条件。通过检测数据流可以知道进气温度传感器失效保护默认数值。

3)进气温度传感器数据流检测

设置此 DTC 时,通过进入智能检测仪上的下列菜单检查 IAT:Powertrain/Engine/DataList/Intake Air Temp。

数据流所显示出来的数据与故障部位如表 2-1-17 所示。

表 2-1-17　数据流与所对应的故障

显 示 温 度	故　障
−40℃	断　路
140℃或更高	短　路

如果同时还输出不同系统的其他 DTC,且这些系统是以端子 E2 作为搭铁端子时,则端子 E2 可能断路。

使用智能检测仪读取定格数据。检测到故障时,定格数据会记录发动机状态。进行故障排除时,可借助定格数据判断故障发生时车辆运行还是停止,发动机是否暖机,空燃比小还是大及其他数据。

丰田 07 款威驰 1.3GL 轿车 D 型进气系统进气温度传感器检测步骤与方法如表 2-1-18 所示。

表 2-1-18　进气温度传感器检测步骤与方法

检测项目	演　示　图	操作要领及技术标准	我的检测记录	结果判断
1. 使用智能检测仪读取值（进气温度）		(1) 将智能检测仪连接到 DLC3 (2) 将点火开关扭至 ON 并打开检测仪 (3) 选择下列菜单项目: Powertrain/Engine/Data List/Intake Air Temp (4) 读取检测仪上显示的值 标准:与实际进气温度相符 显示温度 / 转至 −40℃ / 可能存在断路 转至检测项目2 140℃或更高 / 可能存在短路 转至检测项目4 与实际 IAT 相同 / 间歇性故障		
2. 使用智能检测仪读取值（检查线束是否断路）	IAT传感器　ECM THA E2 线束侧: IAT 传感器连接器 I6 1　2 E2　前视图　THA	(1) 断开进气温度(IAT)传感器连接器 (2) 将点火开关扭至 ON 并打开检测仪 (3) 将智能检测仪连接到 DLC3 (4) 选择下列菜单项目:Engine I Data List /Intake Air Temp (5) 读取检测仪上显示的值 标准:140℃或更高 (6) 重新连接 IAT 传感器连接器 结果: 正常:确认传感器连接良好,如果连接良好则更换进气温度传感器 异常:转至检测项目3		

（续表）

检测项目	演 示 图	操作要领及技术标准	我的检测记录	结果判断
3. 检查线束和连接器（进气温度传感器－ECM）	线束侧： IAT传感器连接器 I6 1 2 E2 前视图 THA E2 THA ECM连接器	(1) 断开 IAT 传感器连接器 I6 (2) 断开 ECM 连接器 E9 (3) 检查电阻 标准电阻 <table><tr><td>检测仪连接</td><td>规定状态</td></tr><tr><td>THW(E11－2)－THW(E9－14)</td><td><1Ω</td></tr></table> (4) 重新连接 IAT 传感器连接器 (5) 重新连接 ECM 连接器 结果 异常：修理或更换线束或连接器 正常：确认 ECM 连接良好，如果连接良好则更换 ECM		

3. 排除节气门位置传感器的故障

1) 节气门位置传感器特性描述

TP 传感器安装在节气门体上，用来检测节气门的开度。进气温度传感器电路图如图 2-1-25 所示。

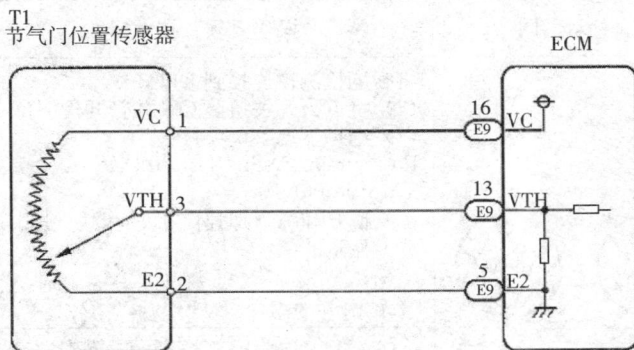

图 2-1-25 进气温度传感器电路图

节气门全关时，传感器将 0.4~0.8V 的信号电压传送至 ECM 的端子 VTH，此信号电压与节气门开度按比例升高，节气门全开时大约达到 3.2~4.8V。

ECM 根据这些信号来判定车辆行驶状况，并利用这些信息进行空燃比修正、功率提高和燃油切断控制。节气门位置传感器故障时产生失效保护模式，并在发动机电脑中设置故障代码，该代码产生的条件与故障产生的部位如表 2-1-19 所示。

表 2-1-19 节气门位置传感器故障代码产生的条件与故障部位

DTC 号	DTC 检测条件	故障部位
PO120	节气门位置传感器电路断路或短路 0.5s 或更长时间（单程检测逻辑）	◆ TP 传感器电路断路或短路 ◆ TP 传感器 ◆ ECM

2）节气门位置传感器失效保护

当发动机电脑检测到节气门位置传感器故障时设置 DTC,设置此 DTC 时,ECM 进入失效保护模式。在失效保护模式下,来自节气门位置传感器的信号用于设定恒定值,失效保护模式一直持续至检测到通过条件。节气门位置传感器失效后进行失效保护,ECM 失效保护的默认参数可以通过检测。

3）节气门位置传感器数据流检测

设置此 DTC 时,通过进入智能检测仪的下列菜单来检查节气门开度:Powertrain/Engine/Data List/Throttle POS。节气门位置传感器故障数据流表 2-1-20 所示。

表 2-1-20　数据流与所对应的故障部位

节气门全关	节气门全开	故 障 部 位
0%	0%	◆ VC 电路断路 ◆ VTH 电路短路或断路
大约 100%	大约 100%	◆ E2 电路断路

丰田 07 款威驰 1.3GL 轿车 D 型进气系统节气门位置传感器检测步骤与方法如表 2-1-21所示。

表 2-1-21　节气门位置传感器检测步骤与方法

检测项目	演 示 图	操作要领及技术标准	我的检测记录	结果判断
1. 使用智能检测仪读取值(节气门开度百分比)	踩下　松开	将智能检测仪连接到 DLC3 (1) 将点火开关扭至 ON 并打开检测仪 (2) 选择下列菜单项目: Powertrain/Engine/Data List/Throttle POS (3) 松开和踩下加速踏板时,读取检测仪上显示的值 结果: 表: 加速踏板 / 节气门开度/% / 转至 　 / 0(恒定) / 转至检测项目 2 松开→踩下 / 约 0～75 / 检查间隙性故障 　 / 大约 100(恒定) / 转至检测项目 4		
2. 检查节气门位置传感器	TP传感器 3 2 1 VTH E2 VC 前视图	(1) 断开节气门位置(TP)传感器连接器 T1 (2) 测量 TP 传感器端子间的电阻 (3) 重新连接 TP 传感器连接器 标准电阻 表: 检测仪连接 / 节气门位置 / 规定状态 VC(1)—E2(2) / — / 2.5～5.0kΩ VTH(3)—E2(2) / 全关 / 0.3～5.8kΩ VTH(3)—E2(2) / 全开 / 1.98～9.16kΩ 结果: 异常:更换节气门位置传感器 正常:转至检测项目 3		

（续表）

笔 记

检测项目	演 示 图	操作要领及技术标准	我的检测记录	结果判断
3. 检查线束和连接器（ECM—节气门位置传感器）	E9 E2　VTH VC　ECM连接器	（1）断开 ECM 连接器 E9 （2）测量 ECM 连接器端子间的电阻 **标准电阻** <table><tr><td>检测仪连接</td><td>节气门位置</td><td>规定状态</td></tr><tr><td>VC（E9—16）—E2（E96）</td><td>—</td><td>2.5～5.0kΩ</td></tr><tr><td>VTH（E9—13）—E2（E9—6）</td><td>全关</td><td>0.3～5.8kΩ</td></tr><tr><td>VTH（E9—13）—E2（E9—6）</td><td>全开</td><td>1.98～9.16kΩ</td></tr></table>（3）检查电阻 **标准电阻（短路检查）** <table><tr><td>检测仪连接</td><td>规定状态</td></tr><tr><td>VC（E9—16）—车身搭铁</td><td>10kΩ或更大</td></tr><tr><td>VTH（E9—13）—车身搭铁</td><td></td></tr></table>（4）重新连接 ECM 连接器 结果： 异常：修理或更换线束或连接器 正常：更换 ECM		
4. 检查节气门位置传感器	零部件侧： TP传感器 3 2 1 VTH E2 VC 前视图	（1）断开节气门位置（TP）传感器连接器 T1 （2）测量 TP 传感器端子之间的电阻 **标准电阻** <table><tr><td>检测仪连接</td><td>节气门位置</td><td>规定状态</td></tr><tr><td>VC（1）—E2（2）</td><td>—</td><td>2.5～5.0kΩ</td></tr><tr><td>VTH（3）—E2（2）</td><td>全关</td><td>0.3～5.8kΩ</td></tr><tr><td>VTH（3）—E2（2）</td><td>全开</td><td>1.98～9.16kΩ</td></tr></table>（3）重新连接 TP 传感器连接器 结果： 异常：更换节气门位置传感器 正常：转至项目 5 检查		
5. 检查线束和连接器（ECM—节气门位置传感器）	E9 E2　VTH VC　ECM连接器 束侧： TP传感器连接器 T1 1 2 3 VC　VTH 前视图	（1）断开 ECM 连接器 E9 （2）断开 TP 传感器连接器 T1 （3）检查电阻 **标准电阻（断路检查）** <table><tr><td>检测仪连接</td><td>规定状态</td></tr><tr><td>VC（T1—1）—VC（E9—16）</td><td>小于1Ω</td></tr><tr><td>VTH（T1—3）—VTH（E9—13）</td><td></td></tr><tr><td>E2（T1—2）—E2（E9—6）</td><td></td></tr></table>**标准电阻（短路检查）** <table><tr><td>检测仪连接</td><td>规定状态</td></tr><tr><td>VC（T1—1）或 VC（E9—16）—车身搭铁</td><td>10kΩ或更大</td></tr><tr><td>VTH（T1—3）或 VTH（E9—13）—车身搭铁</td><td></td></tr></table>（4）重新连接 TP 传感器连接器 （5）重新连接 ECM 连接器 结果： 异常：修理或更换线束或连接器 正常：更换 ECM		

笔记

五、检验评估

项目二的任务 2.1 检验评估如表 2－1－22 所示。

表 2－1－22　检验评估

评 价 指 标	检 验 说 明	检 验 记 录			
检修检查项目	➤ 对空气流量计的检修（翼片式、热线式、卡尔曼涡旋式） ➤ 对进气压力传感器的检修 ➤ 对节气门位置传感器的检修				
汽车发动机运行情况					
评价内容	检 验 指 标	权重	自评	互评	总评
检查任务完成情况	1. 完成任务的情况 2. 任务完成的质量 3. 在小组完成任务过程中所起的作用				
专业知识	1. 能描述汽车进气系统的组成与工作原理 2. 能描述热线式、热膜式空气流量传感器的工作原理与检修方法 3. 能描述 D 型进气系统进气压力传感器的工作原理与检测方法 4. 会描述节气门位置传感器的工作原理与检测方法 5. 会描述汽车进气系统的维护保养方法				
职业素养	1. 学习态度：积极主动参与学习 2. 团队合作：与小组成员一起分工合作，不影响学习进度 3. 现场管理：服从工位安排、执行实训室"5S"管理规定				
综合评议与建议					

任务 2.2　诊断与排除发动机辅助进气控制系统的故障

任务描述	有一款威驰车进厂维修，汽车行驶中的动力性下降、油耗明显增加；发动机怠速不良，运转不平稳，加速无力；车辆正常行驶中突然熄火；仪表板上发动机故障警告灯点亮。经检查该车的故障代码是 P1349，为 VVT-i 控制系统故障，因此需要进行检修。你是一位学徒你对发动机进气辅助控制系统了解多少
任务目标	1. 掌握丰田可变气门正时控制系统结构组成，VVT-i 控制系统配气提前、滞后与保持三种工作状态控制原理；掌握 VVT-i 控制系统的检修项目 （1）检查气门正时（检查正时链条是否松动和跳齿） （2）检查凸轮轴正时机油正时控制阀总成（OCV4） （3）检查机油控制阀滤清器并理解其检修的意义 2. 掌握 VTEC 可变配气相位及气门升程电子控制系统的组成、工作原理 3. 理解进气增压控制系统：进气惯性增压电子控制、废气涡轮增压电子控制的控制原理。掌握这些增压系统的检修方法

一、维修接待

按照表2-2-1完成待修车辆的维修接待,并准确填写接车问诊表。

表2-2-1 维修接待与接车问诊表

1. 通过询问客户了解汽车发动机最近的使用情况,填写接车问诊表
2. 车间检测初步确认结果:故障有可能出现在发动机进气辅助控制系统中

接 车 问 诊 表

车牌号:_____ 车架号:_____ 行驶里程:_____(km)

用户名:_____ 电 话:_____ 来店时间:_____/_____

用户陈述及故障发生时的状况:**汽车行驶中的动力性下降、油耗明显增加;发动机怠速不良,运转不平稳,加速无力;车辆正常行驶中突然熄火**

故障发生状况提示:**行驶速度、发动机状态、发生频度、发生时间、部位、天气、路面状况、声音描述**

接车员检测确认建议:**需要对汽车辅助进气系统进行检修**

车间检测确认结果及主要故障零部件:**需要对汽车辅助进气系统进行检修,必要时需要更换零部件**

车间检查确认者:_____

外观确认:

(请在有缺陷部位作标识)

功能确认:(工作正常√ 不正常×)
□音响系统 □门锁(防盗器) □全车灯光 □工具
□后视镜 □顶窗 □座椅 □点烟器
□玻璃升降器 □玻璃

物品确认:(有√ 无×)
□贵重物品提示
□工具 □备胎 □灭火器
□其他( )
旧件是否交还用户 □是 □否
用户是否需要洗车 □是 □否

· 检测费说明:本次检测的故障如用户在本店维修,检测费包含在修理费用内;如用户不在本店维修,请您支付检测费。本次检测费:¥_____元
· 贵重物品:在将车辆交给我店检查修理前,已提示将车内贵重物品自行收起并保存好,如有遗失恕不负责

接车员:_____ 用户确认:_____

二、信息收集与处理

按照表2-2-2完成任务2.2的信息收集与处理。

表2-2-2　信息收集与处理

1. VVT-i控制系统组成,传感器有:_____、_____、_____、_____、_____,执行器:_____
2. VVT-i控制系统控制过程分三个状态:_____、_____、_____
3. VTEC控制系统指的是什么含义?VTEC系统由_____、_____、_____组成
4. VTEC系统在低速工况时三个摇臂_____,处于_____、_____的工作状态。高速工况时三个摇臂_____,处于_____、_____的工作状态
5. 进气增压控制系统有通过控制进气歧管的_____和_____来控制进气压力,通过利用废气进行增压的系统是_____

1．可变气门控制系统

1）丰田轿车可变气门正时控制系统认识

丰田可变气门正时控制系统是智能正时可变气门(variable valve timing-intelligent, VVT-i)控制系统。发动机根据转速的变化要求气门正时随着变化,传统的发动机不具备这个功能,只有安装了 VVT-i 控制系统,才能达到这一要求。丰田可变气门正时控制系统是一种控制进气凸轮轴气门正时的机构,在进气凸轮轴与传动链轮之间装有油压离合装置,使进气门凸轮轴与链轮之间转动的相位差可以改变,通过调整凸轮轴转角对气门正时进行优化,从而提高发动机在所有转速范围内的动力性、燃油经济性、降低尾气的排放。

(1) VVT-i 控制系统的结构组成:如图2-2-1所示,VVT-i 控制系统由 VVT-i 控制器、凸轮轴正时机油控制阀和传感器三部分组成,其中传感器有曲轴位置传感器、凸轮轴位置传感器和 VVT 传感器3种。

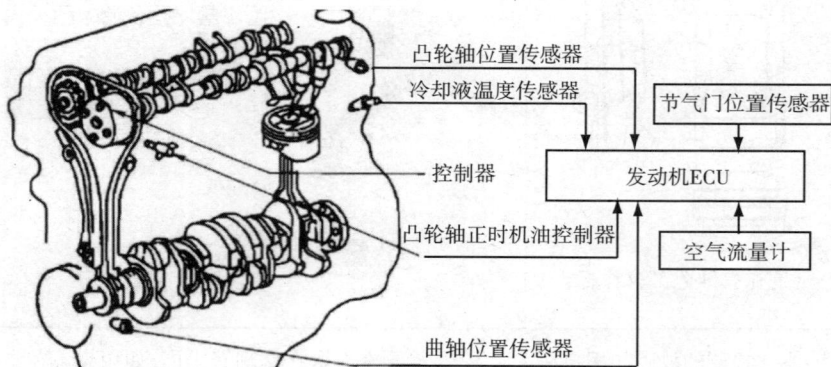

图2-2-1　VVT-I 控制系统组成

(2) VVT-i 正时控制器:由固定在进气凸轮轴上的叶片、与从动正时链轮一体的壳体以及锁销组成,其结构如图2-2-2所示。控制器有气门正时提前室和气门正时滞后室这两个液压室,由凸轮轴正时机油控制阀的控制,它可在进气凸轮轴上的提前或滞后在油路中传送机油压力,使控制器叶片沿圆周方向旋转,连续改变进气门正时,以获得最佳的配气相位。

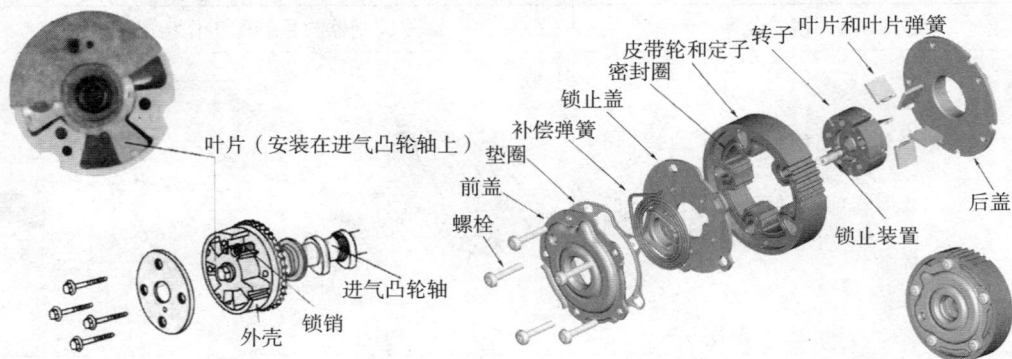

图 2 - 2 - 2 VVT-i 正时控制器结构组成

（3）VVT-i 控制系统的凸轮轴正时机油控制阀：用来转换机油通道的滑阀,用来控制移动滑阀的线圈、柱塞及回位弹簧组成,其结构如图 2 - 2 - 3 所示。工作时发动机 ECU 接收各传感器传来的信号,经分析、计算后发出控制指令给凸轮轴正时机油控制阀,凸轮轴正时机油控制阀以此控制滑阀的位置来控制机油液压,使 VVT-i 控制器处于提前、滞后或保持位置。当发动机停机时,凸轮轴正时机油控制阀多处在滞后状态,以确保启动性能。

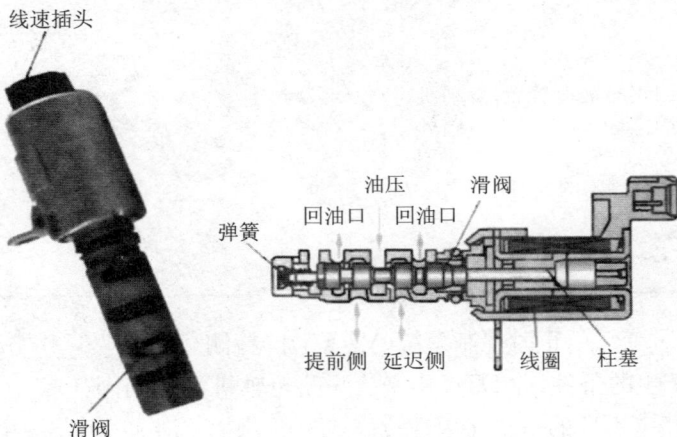

图 2 - 2 - 3 正时机油控制阀结构图

（4）VVT-i 控制系统控制原理：发动机 ECU 根据发动机转速、进气量、节气门位置和冷却液温度计算出一个最优气门正时,向凸轮轴正时机油控制阀发出控制指令。凸轮轴正时机油控制阀根据发动机 ECU 的控制指令选择至 VVT-i 控制器的不同油路,使之处于提前、滞后或保持这三种不同的工作状态。此外,发动机 ECU 根据来自凸轮轴位置传感器和曲轴位置传感器的信号检测实际的气门正时,从而尽可能地进行反馈控制,以获得预定的气门正时。其控制原理如图 2 - 2 - 1 所示,凸轮轴正时机油控制阀提前、滞后和保持这三种工作状态的具体情况如表 2 - 2 - 3 所示。

表 2-2-3　凸轮轴正时机油控制阀提前、滞后与保持这三种工作状态

状态	说　明	控制器与控制阀工作情况
提前	根据来自发动机 ECU 的提前信号,总油压通过提前油路作用到气门正时提前室,使叶片与凸轮轴一起向正时提前方向转动,气门正时被提前	
滞后	根据来自发动机 ECU 的滞后信号,总油压通过滞后油路作用到气门正时滞后室,使叶片与凸轮轴一起向正时滞后方向转动,气门正时被滞后	
保持	预定的气门正时被设置后,发动机 ECU 使凸轮轴正时机油控制阀处于空档位置(提前与滞后的中间位置),由此保持预定的气门正时	

2)丰田轿车可变气门正时控制系统(VVT-i)的检测

(1)故障码产生的条件:此 DTC 用于检测凸轮轴机油控制阀(OCV)电路断路或短路。发动机运转时,如果 OCV 的占空比因数过高或过低,则 ECM 使 MIL 亮并设置 DTC。

VVT-i(可变气门正时)系统调整进气门正时以提高操纵性能。机油压力使凸轮轴执行器转动以调整气门正时。OCV 为电磁阀并可开关机油管路。ECM 施加 12V 电压到电磁阀上时会移动此气门。ECM 根据凸轮轴位置、曲轴位置、节气门位置等改变到电磁阀的励磁时间(占空比因数)。可变气门正时故障码产生的条件与故障部位如表 2-2-4 所示。

表 2-2-4　可变气门正时故障代码产生的条件与故障部位

DTC 号	DTC 检测条件	故 障 部 位
P1349	发动机暖机且转速在 500r/min 和 4 000r/min 之间时,满足下面条件(1)和(2)5s(单程检测逻辑) (1)目标和实际进气门正时相差大于 5℃A(曲轴转角) (2)固定当前进气门正时	◆ 气门正时 ◆ OCV 滤清器 ◆ 凸轮轴正时齿轮总成 ◆ ECM

C11
凸轮轴正时机油
控制阀

ECM

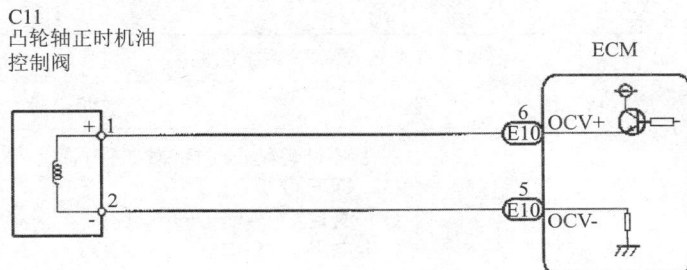

图 2 - 2 - 4　VVT-i 控制阀电路图

系统中某些部位内的机油中有异物时，可能会设置 DTC P1349。即使系统在短时间内恢复正常，此 DTC 仍然保留在记录中。

（2）丰田 VVT-i 可变气门正时控制系统的检测：丰田 VVT-i 可变气门正时控制系统的检测步骤与方法如表 2 - 2 - 5 所示。

表 2 - 2 - 5　丰田 VVT-i 可变气门正时控制系统的检测步骤与方法

检修项目	丰田 VVT-i 系统的检测	
	演 示 图	检 查 步 骤
操作要领		1. 检查 VVT-i 系统外的故障代码（除 DTC P1349 外） （1）将智能检测仪连接到 DLC3 （2）将点火开关扭至 ON 并打开检测仪 （3）选择下列菜单项目 Powetrain/Engine/DTC （4）读取 DTC ◆ 当检查到的故障代码 DTC 是 P1349 时进行气门正时检查气门正时
		2. 检查气门正时（检查正时链条是否松动和跳齿） （1）拆下气缸盖罩 （2）转动曲轴皮带轮，并将其凹槽与正时链条盖上的正时标记"0"对准 （3）检查凸轮轴正时链轮和凸轮轴正时齿轮上的正时标记是否如图所示向上 如果没有对准，则转动曲轴 1 圈（360°）然后如上所示对准标记。正时则正常，如果不对准正时齿轮调整 ◆ 不对准则异常：调整气门正时 ◆ 如果正常转到检查凸轮轴正时机油控制阀 （4）重新安装气缸盖罩

笔记

检修项目	丰田 VVT-i 系统的检测	
	演 示 图	检 查 步 骤
操作要领	 阀移动	3. 检查凸轮轴正时机油控制阀总成（OCV） （1）拆下 OCV （2）测量 OCV 端子的电阻 标准电阻：20℃时，6.9～7.9Ω （3）将蓄电池正极电压施加到端子 1，负极施加到端子 2，检查阀的工作情况 ◆ 如果正常：阀芯迅速移动 （4）重新安装 OCV ◆ 如果异常：更换凸轮轴正时机油控制阀总成
	 网眼 OCV滤清器	4. 检查机油控制阀滤清器 （1）拆下 OCV 滤清器 （2）检查滤清器是否未堵塞 ◆ 如果正常：滤清器未堵塞。更换凸轮轴正时齿轮总成，再检查是否仍输出 DTC （3）重新安装 OCV 滤清器 ◆ 如果异常：清洗机油控制阀滤清器
技术要求或标准	◆ 当发动机温度正常时，怠速时的机油压力一般应为 49kPa～78kPa ◆ 发动机转速在 2 500r/min 时，其压力应不低于 196kPa	

3）本田可变气门配气相位与气门升程控制系统

（1）可变气门配气相位与气门升程。

① 可变配气相位：普通的发动机是根据试验得到最佳配气相位，配气相位取决于凸轮的形线（轮廓）。在发动机运转过程中是不能改变凸轮的形线的，即配气相位是固定不变的，气门重叠角也是固定不变的。然而发动机转速的高低对进、排气气流的流动以及气缸内的燃烧过程是有影响的。转速高时，进气气流的流速高，惯性能量大，只有减小气门的重叠角，让气门提前开启和延时关闭的时间减少，才不会造成进、排气干涉，才能够使新鲜气体顺利充入气缸；反之，当发动机转速较低时，进气气流的流速较低，流动惯性能量变小，如果进气门过早开启，由于此时活塞正上行排气，很容易把新鲜空气挤出气缸，使进气量反而减少，造成发动机的工作不稳定。因此，固定的气门重叠角只能使发动机在某一种转速下的性能达到最佳，而不会使发动机在高低转速时都能保持良好的性能。

可变配气相位技术能够根据发动机转速的变化来改变配气相位。配气相位的改变途径有两种：一种是根据转速的高低，将凸轮转过一个角度，使之提前或者落后，例如日产的 CVTC 技术；另一种方法是根据转速的高低，更换高速凸轮和低速凸轮（根据形线的不同，凸轮可分为高速凸轮和低速凸轮），例如本田的 VTEC 和保时捷的 Vario Cam 技术。可变配气相位技术能使发动机在各种工况下都能得到充分的进气，提高发动机的工作效率，使发动机在低转速时有足够的转矩输出，高转速时能有强大的动力输出，并使发动机的输出变得更平稳。

② 可变气门升程：气门升程是指气门的开度，表示气门开启时的间隙的大小。

气缸进气的基本原理是由于"负压"的存在，即气缸内外的气体压强差。当发动机低速运转时,混合气的流速较慢,需要较大的负压,如果进气门的开启程度过大,会造成气缸内外压力均衡,负压减小,从而进气不够充分。当发动机高速运转时,混合气的流速很快,如果进气门的开启程度过小,则会增大进气阻力,此时需要较大的气门开度。

通过以上分析可知,发动机在低速和高速运转时,需要的气门升程是不同的。普通发动机的气门升程只能是一个定值,进入气缸的混合气并不能同时满足低速和高速时的需要,结果造成低速和高速时均会出现动力不足的现象。可变气门升程技术的出现就是为了解决这个问题。该技术可以使发动机气门的开度在低速时较小,高速时开度较大,以满足发动机在各种工况下的进气需求,从而保证了低速高转矩和高速高功率。

(2) 可变配气相位及气门升程电子控制系统的组成。

本田汽车公司在 1989 年推出了可变配气相位及气门升程电子控制系统(Variable valve timing and valve life electronic control system,VTEC),这是世界上第一个能同时控制气门开闭时间及升程的气门控制系统。VTEC 发动机能随发动机转速、负荷、冷却液温度等参数的变化,适当地调整配气相位和气门升程,即改变进气量和排气量,从而达到增大功率、降低油耗及减少污染的目的。

VTEC 系统的组成:如图 2-2-5 所示。与普通发动机相比,VTEC 发动机同样是每缸 4 个气门(2 进 2 排),由凸轮轴通过摇臂驱动;不同的是凸轮和摇臂的数目及其控制方法。VTEC 发动机的每个气缸上的 2 个进气门分为主进气门和次进气门。两个进气门上使用了 3 个凸轮及 3 个摇臂,除了原有控制两个进气门的一对凸轮(主凸轮和次凸轮)和一对摇臂(主摇臂和次摇臂)外,还增加了一个较高的中间凸轮和相应的摇臂(中间摇臂),中间摇臂不与任何气门直接接触,3 个摇臂并列在一起构成进气摇臂总成。

◆ 凸轮:凸轮轴上 3 个升程不同的凸轮分别驱动主进气摇臂、中间进气摇臂和次进气摇臂,相应地这 3 个凸轮被称为主凸轮、中间凸轮和次凸轮,如图 2-2-6 所示。3 个凸轮的形线设计要满足以下要求:

笔 记

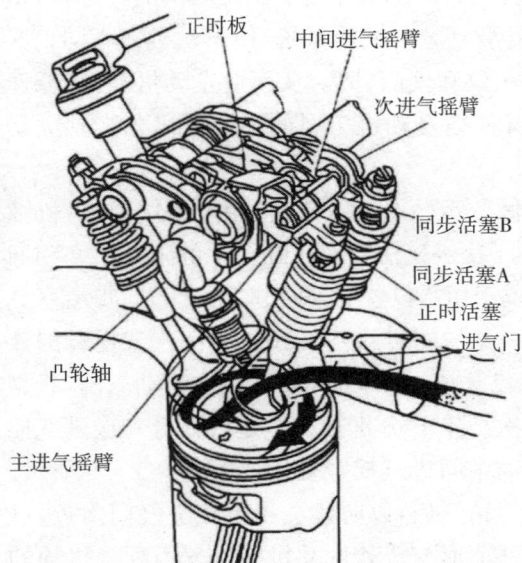

图 2-2-5 本田 VTEC 系统的组成

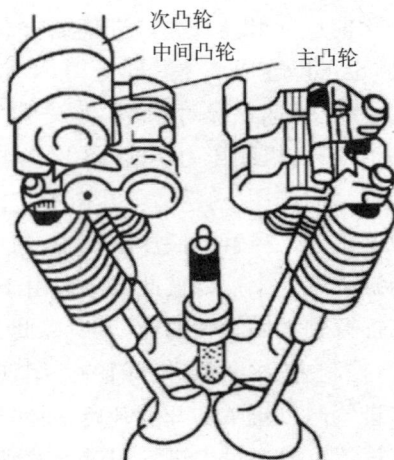

图 2-2-6 VTEC 系统的 3 个凸轮

➤ 中间凸轮的升程最大,次凸轮的升程最小。

➤ 主凸轮的形线适合发动机低速时、主进气门单独工作时的配气相位要求。

➤ 中间凸轮的形线适合发动机高速时主、次双进气门工作时的配气相位要求。

◆ 进气摇臂总成:如图 2-2-7 所示,在 3 个摇臂靠近气门的一端设有液压缸孔,内部装有由液压控制的、可以移动的小活塞,分别为正时活塞、同步活塞 A、同步活塞 B、阻挡活塞以及弹簧等。

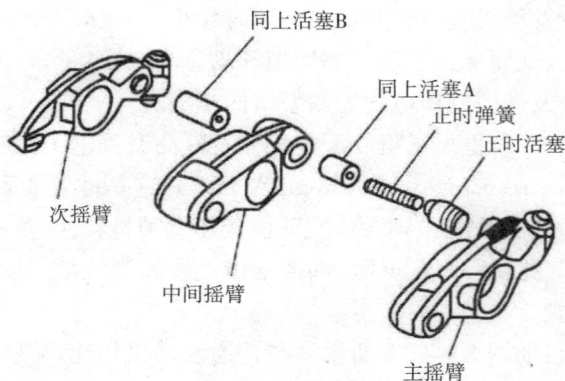

图 2-2-7 VTEC 系统的进气摇臂总成

◆ 正时板的作用:在回位弹簧的作用下,插入相应的槽中使正时活塞定位。由于进气门配气相位对发动机性能的影响比排气门大,所以 VTEC 发动机只对进气门的配气机构进行控制,而排气门的工作情况与普通发动机的配气机构相同。

(3) 可变配气相位及气门升程电子控制系统的工作与原理:本田雅阁的 VTEC 系统属于阶段式改变进气门配气相位及气门的升程,即其改变配气相位和气门的升程只是在某一转速下的跳跃,而不是在一定转速范围内连续可变。其工作原理是根据发动机的转速、负荷以及冷却液温度等参数的变化,通过电磁阀调节摇臂活塞的液压系统,使发动机在不同工况下由不同的凸轮控制,适当地调整进气门的配气相位和气门升程,从而使发动机在高、低速下均能达到最高效率。进气摇臂总成的 3 个摇臂根据发动机工况的不同可以各自独立运动,也可以连成一体共同运动。

① 低速工况时:如图 2-2-8 所示,发动机低速运转时,VTEC 控制电磁阀断电,机油油道断开,机油压力不能作用在正时活塞上,在位于次进气摇臂液压缸孔中的阻挡活塞和回位弹簧的作用下,摇臂液压缸孔中的 3 个活塞部位于初始位置上,即正时活塞和同步活塞 A 位于主进气摇臂的液压缸孔中,与中间进气摇臂等宽的同步活塞 B 位于中间进气摇臂的液压缸孔中 3 个摇臂彼此分离。由于 3 个摇臂之间已分离,中间进气摇臂无法顶动气门,只是在摇臂轴上做无效的运动,所以此时主凸轮 A 和次凸轮 B 分别推动主进气摇臂和次进气摇臂,控制主、次两个进气门的开闭,中间凸轮 C 驱动中间进气摇臂空摆,如图 2-2-9 所示。主进气门以正常的开度开启,而次进气门则只是稍稍开启,以防燃油积聚在进气门附近,进气气流主要通过主进气门进入发动机气缸内,这种情形与普通发动机的进气门配气机构的工作类似,处于单进、双排的工作状态。

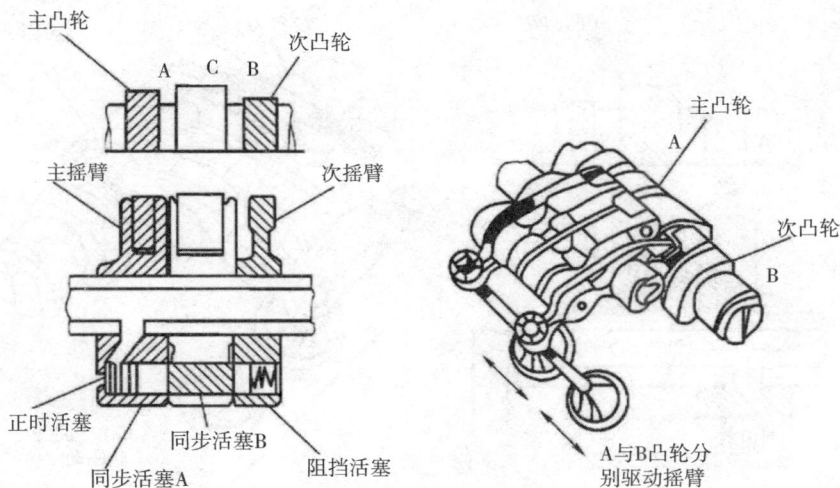

图 2-2-8 低速工况下 VTEC 系统的工作状态

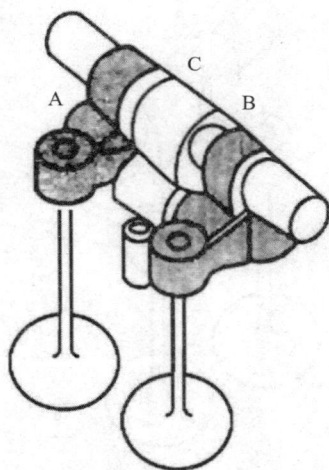

图 2-2-9 低速工况时进气摇臂总成

② 高速工况时:当发动机到达一个预先设定好的高转速(如 3 000r/min)值时,并且发动机的负荷、冷却液温度以及车速信号也达到某一设定值后,发动机 ECU 就会发出使 VTEC 电磁阀通电的控制信号,机油油道打开,机油压力作用在正时活塞的左侧,如图 2-2-10 所示。此时位于主进气摇臂液压缸孔中的正时活塞将克服位于次进气摇臂液压缸孔中回位弹簧的作用力推动同步活塞 A 和 B 以及阻挡活塞向右移动,从而在同步活塞 A 和 B 的作用下,主进气摇臂、次进气摇臂与中间进气摇臂被连接在一起,成为一个同步运动的组合摇臂。

由于 3 个摇臂已经成为一体,而中间凸轮 C 的升程最大,因此组合摇臂受到中间凸轮 C 的驱动,主、次两个进气门同步运动,如图 2-2-11 所示,改变了进气门的配气相位和气门升程(气门开启时间延长并且升程变大),使之适应发动机的高速运转工况,进气门配气机构处于双进、双排的工作状态。

笔记

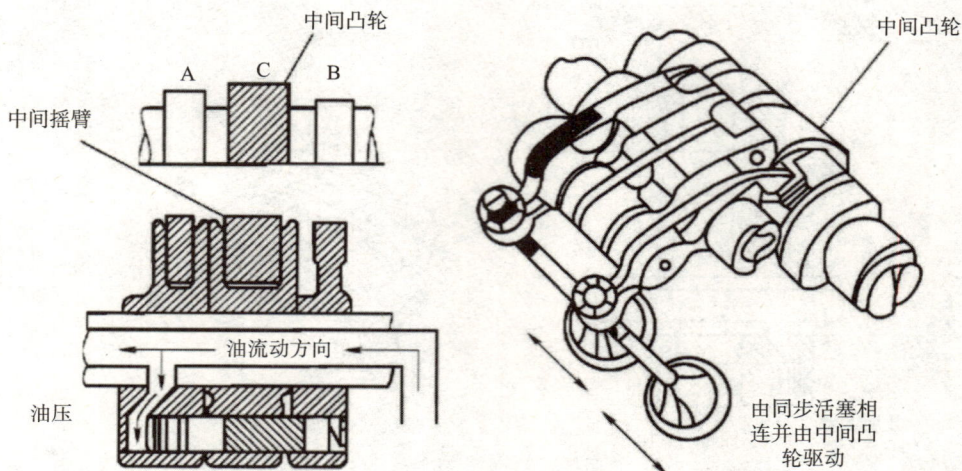

图 2 - 2 - 10　高速工况下 VTEC 系统的工作状态

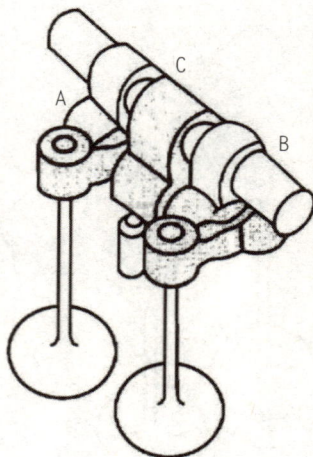

图 2 - 2 - 11　高速工况时的摇臂总成

　　当发动机的转速、冷却液温度或者车速不满足 VTEC 系统的控制条件时,发动机 ECU 将重新使 VTEC 控制电磁阀断电,切断机油通道,并使压力机油泄出,作用在正时活塞左侧的机油压力下降。此时在次进气摇臂液压缸孔中回位弹簧的作用下,正时活塞和同步活塞 A 和 B 复位,主进气摇臂、次进气摇臂与中间进气摇臂重新分开,进气门配气机构回到单进、双排的工作状态。

　　③ VTEC 系统的控制原理:VTEC 系统由发动机 ECU 控制,ECU 接收发动机传感器(包括转速、负荷、车速、冷却液温度等)的参数后进行处理,并决定何时输出相应的控制信号,控制电磁阀的通电和断电,改变进气门的配气相位和气门升程。图 2 - 2 - 12 所示为 VTEC 控制系统的原理图。

　　改变进气门的配气相位和气门升程的条件如下:

　　发动机转速:2 300～3 200r/min(根据负荷确定)。

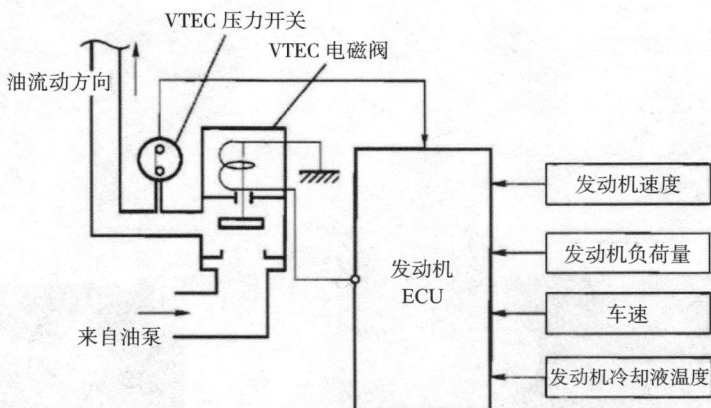

图 2 - 2 - 12 VTEC 控制系统原理图

车速:10km/h 或更高。

发动机冷却液温度:10℃ 或更高。

思 考

● 看了丰田 VVT-i 控制系统的检测方法和本田 VTEC 控制系统的检测方法,你可以发现什么规律吗?

对于气门正时控制系统或气门升程控制系统的检修,首先是检查控制系统使用的动力源机油,机油的品质或润滑系统是否存在故障;接着检查控制系统中的电路故障;最后调整正时皮带、凸轮轴正时。

2. 进气增压控制系统

1) 进气惯性增压电子控制系统

进气惯性增压是利用进气的惯性效应提高充气效率,从而提高发动机的动力性和经济性。进气惯性效应与进气压力波传播路线的长度有关,不同的转速要求不同的长度,电子控制的汽油机,可以通过改变进气管的长度或改变压力波的波长来实现。

(1) 可变进气歧管长度和横截面积惯性增压系统电子控制。

① 宝来发动机可变进气系统:图 2-2-13 所示为 Bora A4 1.8L 发动机可变进气系统的进气歧管的几何形状。在发动机进气歧管内设置进气转换阀,它接受 ECU 的控制。

可变进气歧管技术:随着负荷变化,调整进气歧管,来提高低速区的扭力和保持高速区的功率。

进气歧管内设置进气转换阀,它接受 ECU 的控制。在发动机转速低于 4 000r/min 时,每个气缸进气道中的转换阀门总是处于关闭位置,形成路径较长而截面较小的进气管道;当转速大于 4 000r/min 时,进气道中的转换阀门开启,形成路径较短而截面较大的进气管道。

② 丰田可变进气歧管控制。可变长度与截面积进气歧管控制:图 2-2-14 所示为日本丰田汽车公司采用的双进气管分别参加工作的可变进气系统原理图。图中显示每个气缸配

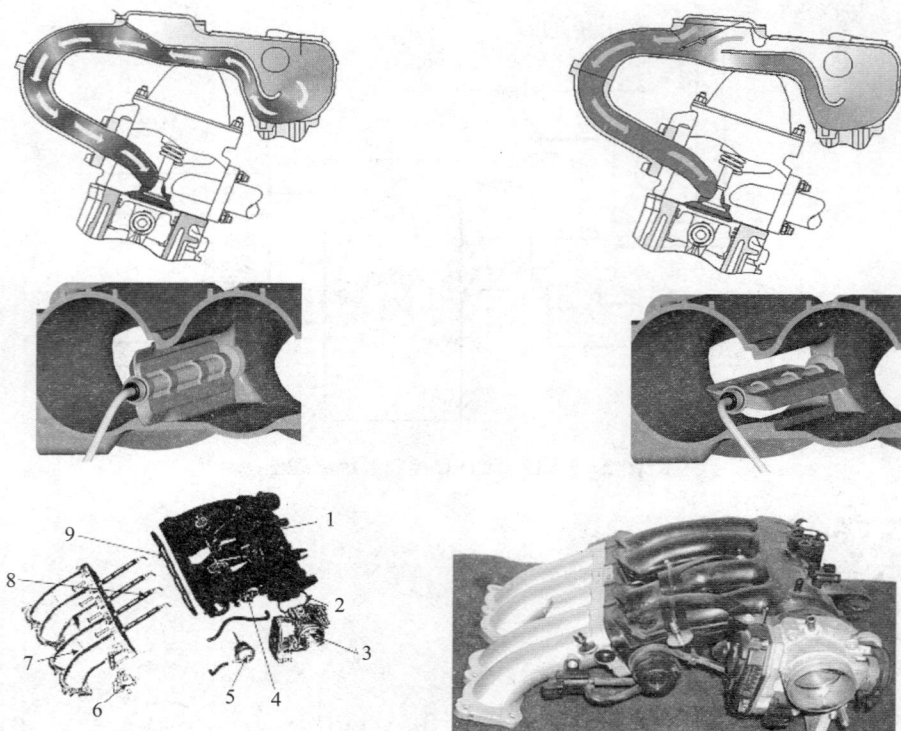

图 2 - 2 - 13　bora A4 1.8L 发动机可变进气系统

1—罩盖支架总成；　2—节流阀体密封垫；　3—电子节流阀体；　4—单向阀；

5—真空膜盒；　6—电磁阀；　7—中间歧管；　8—阀门；　9—密封垫

有 4 个气门。两个进气门各配有一个进气管道。其中一个进气通道中装有进气转换阀。在发动机低速中、小负荷工作时，转换阀关闭，只利用一个进气通路，将进气通路减半(见图 2 - 2 - 14(a))，此时进气流速提高，进气惯性大，可提高发动机转矩；当发动机高转速大负荷工作时，转换阀开启，进气通路为两条(见图 2 - 2 - 14(b))，此时进气截面大大增加，进气阻力减小，充气量增加，同时最佳动态转速也移向高速，使高转速大负荷时的动力性能得到很大提高。

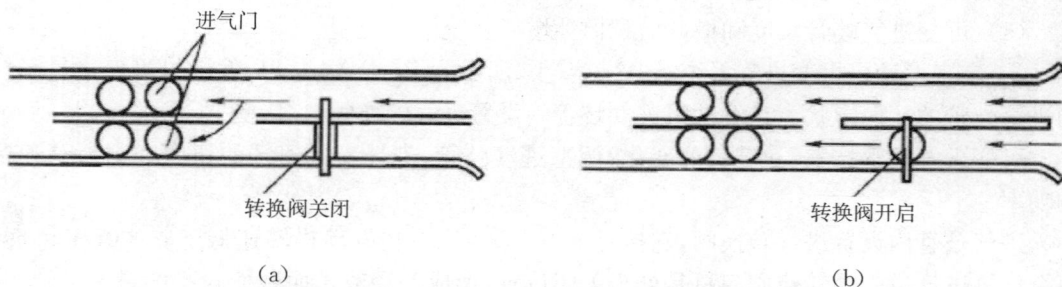

(a)　　　　　　　　　　　　　　　　　(b)

图 2 - 2 - 14　丰田双进气管可变进气系统原理图

(a) 低转速时；　(b) 高转速时

笔记

可变进气转换阀的控制方法各车并不完全一样,现以上面提到的丰田双进气管可变进气系统为例进行说明。图 2-2-15 所示为丰田发动机可变进气控制系统的构成原理图(图中只画带有转换阀的进气道,另一不带转换阀的进气道未画)。

图中进气道中的进气转换阀门的关闭和开启,是由膜片式执行器来完成的。执行器膜片室内的工作压力,则由三通电磁阀进行控制。三通电磁阀的工作则受 ECU 控制。总之,进气转换阀的开闭是由 ECU 进行控制。

三通电磁阀不通电时,膜片式执行器与三通电磁阀的空气滤清器(通大气)之间的通路被关断(OFF),膜片式执行器与真空罐之间形成通路(ON),此时真空罐的负压作用在执行器膜片室。当三通电磁阀通电时,膜片式执行器与空气滤清器之间形成通路(ON),而膜片式执行器与真空罐之间的通道则被关闭(OFF),此时大气压作用在执行器膜片室。

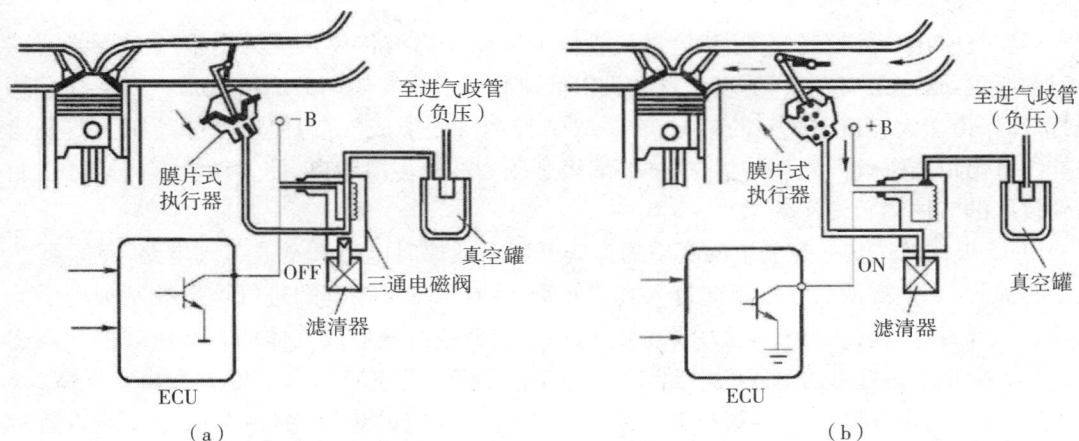

图 2-2-15　丰田发动机可变进气控制系统原理图
(a) 低转速时; (b) 高转速时

进气转换阀(通路)的控制过程如下。

当发动机中、低速(低于 5 200r/min)工作时,三通电磁阀不通电,关闭执行器与空气滤清器之间的通路,开启执行器与真空罐之间的通路;此时储存在真空罐的进气歧管负压,通过三通电磁阀作用到执行器的膜片室,吸力作用使执行器带动拉杆,关闭进气转换阀门,即关闭了各气缸中的一个进气通道,如图 2-2-15(a)所示。

当发动机高速(5 200r/min 以上)工作时,如图 2-2-15(b)所示。微机输出控制信号,使驱动电路晶体管导通,三通电磁阀通电工作。三通电磁阀通电后,关闭执行器与真空罐之间的通路,开启执行器与空气滤清器之间的通路,此时由空气滤清器进入的大气作用到执行器的膜片室,通过拉杆使进气转换阀打开,结果各气缸的进气通道扩大为两个。

(2) 可变波长惯性增压系统(acoustic control induction system,ACIS)电子控制。

丰田皇冠车型 ZJZ-GE 发动机即采用 ACIS。该发动机进气管长度虽不能变化,但由于在进气管中部加设了一个大容量的空气室和电控真空阀,实现了压力波传播路线长度的改变,从而兼顾了低速和高速的进气增压效果。

ACIS 系统的工作原理如图 2-2-16 所示,系统控制原理如图 2-2-17 所示。

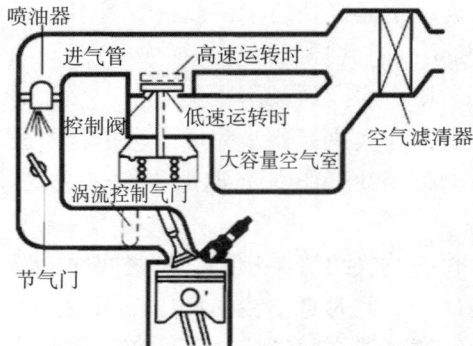

图 2 - 2 - 16　ACIS 工作原理图

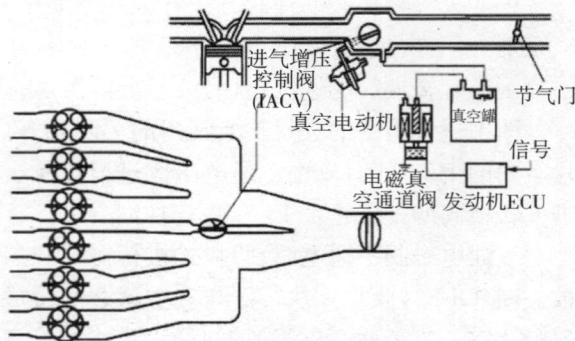

图 2 - 2 - 17　ACIC 控制原理图

当空气室出口的控制阀关闭时,进气管内的脉动压力波传递长度为由空气滤清器到进气门的距离,这一距离较长,适应于发动机中低速区域形成气体动力增压效果。当空气室阀门打开时,由于大容量空气室的参与,在进气道控制阀处形成气帘,使进气脉动压力波只能在空气室出口与进气门之间传播,这样便缩短了压力波的传播距离,使发动机在高速区也能得到较好的气体动力增压效果。

ECU 根据转速信号控制电磁真空通道阀开闭。低速时电磁真空通道阀电路不通,真空通道阀关闭,真空罐的真空度不能进入真空气室,受真空气室控制的进气增压控制阀处于关闭状态。此时进气管长度长,压力波波长大,以适应低速区域形成气体动力增压效果。高速时,ECU 接通电磁真空通道阀的电路,真空通道阀打开,真空罐的真空度进入真空气室,吸动膜片,从而将进气增压控制阀打开。由于大容量空气室的参与,缩短了压力波的传播距离,使发动机在高速区也能得到较好的气体动力增压效果。

2)涡轮增压电子控制系统

(1)涡轮增压控制系统的组成与原理:采用涡轮增压技术后,由于平均有效压力增加,发动机爆燃倾向增大,热负荷偏高。为了保证发动机在不同转速及工况下都能得到最佳增压值,以防止发动机爆燃和限制热负荷,对涡轮增压系统的增压压力必须进行控制。目前对增压压力的控制方案很多,但总的说来,多数是采用放气的方法,即调节进入动力涡轮室的废气。实践证明,这种方法比较简单有效。如图 2 - 2 - 18(a)涡轮增压器结构所示。当需要增加进气压力时,排气歧管排出的废气进入涡轮增压器,经动力涡轮排出;随着节气门开度增加和发动机转速的升高,动力涡轮的转速就会加快,与动力涡轮同轴的增压涡轮的转速也同样加快,致使进气增压压力增大。如果膜片式放气阀门打开,通过涡轮的废气数量和气压就会减小,动力涡轮转速降低,增压涡轮的进气增压压力就会减小。由此可见,通过控膜片式放气控制阀门,改变废气通路走向,使废气进入动力涡轮室或者旁路排出,就可以实现增压压力的控制。通常,放气阀门由膜片式放气控制阀控制,而放气控制阀则由 ECU 通过放气控制电磁阀 N75 控制。图 2 - 2 - 18(b)所示为一带有涡轮增压的汽油发动机电子控制系统示意图。

在 ECU 的存储器中,存储着发动机增压压力特性图的有关数据。增压压力理论值随发动机转速而变化。在发动机工作时,ECU 根据增压压力等传感器输入的信息,可以确定当时的实际进气增压压力,然后将实际进气压力与存储的理论值进行比较。若实际值与理论

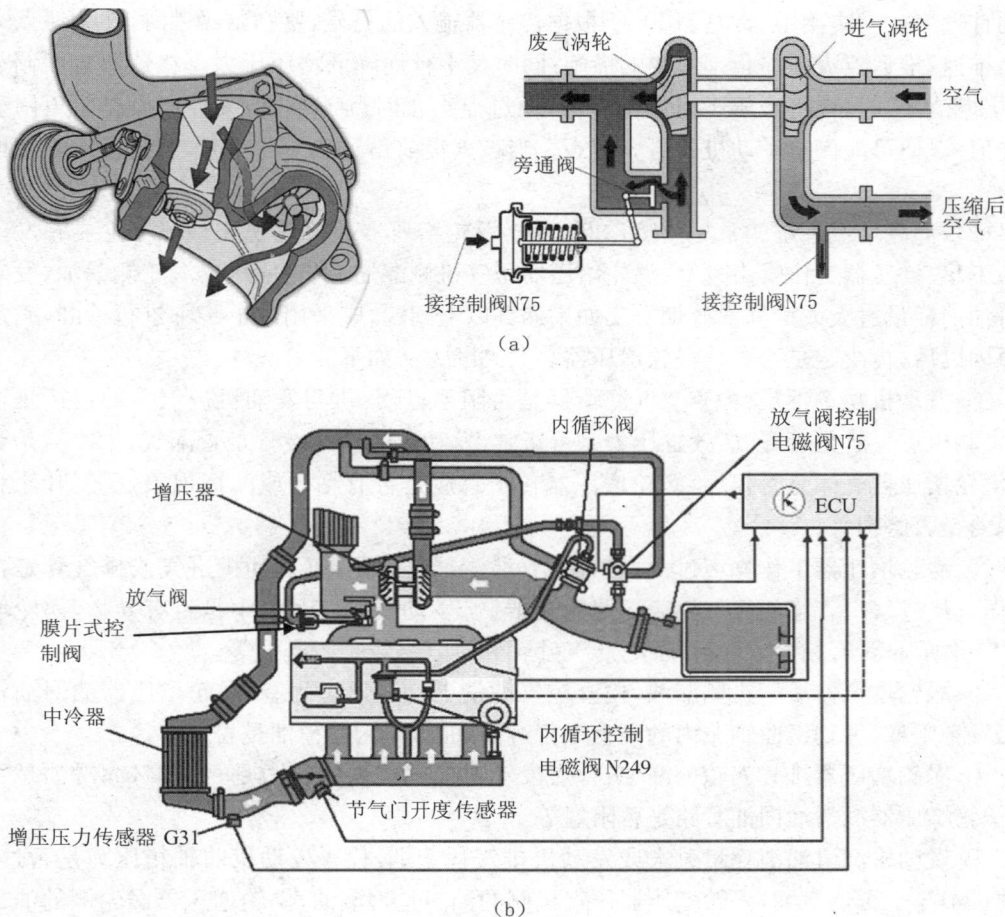

笔 记

图 2－2－18 涡轮增压控制系统结构与原理

(a) 涡轮增压器结构图；(b) 带有涡轮增压的汽油机电子控制系统

值不相符合，ECU 则输出控制信号，对放气控制电磁阀 N75 进行控制，改变膜片式控制阀上的压力，使放气阀门动作。当实际进气压力低于理论值时，放气阀门关闭；当进气压力高于理论值时，放气阀门打开。

废气涡轮增压压力电子控制是一种闭环控制，控制对象是增压压力，在节气门位置和发动机转速已经确定的情况下，实际上就是控制每次的循环吸气量，可用进气歧管绝对压力传感器、空气体积流量传感器或空气质量流量传感器的信号表征。所以在 ECU 中根据节气门转角和发动机转速储存着上述表征增压压力信号设定值的特性场。闭环控制回路将这个信号的设定值与测量到的实际值相比较。闭环控制回路输出的差值作为信号被送往放气控制电磁阀 N75，用于调节控制压力，进而控制增压压力。

在实际控制中，为了获得较好的控制效果，基本上都是采用调节点火正时和调节增压压力相结合的方法。因为单一地通过降低增压压力的方法，会引起发动机运行性能降低；另外由于采用涡轮增压后，发动机排气温度较高，也不适宜单独采用调节点火正时的方法来控制爆燃，否则由于温度的增高，对高温排气驱动的涡轮有不利影响。因此，两种方法并用，是它

笔记

们的首选模式。实用中,常是当ECU根据传感器输入的信号,鉴别出爆燃时,即刻使点火提前角推迟,推迟点火提前角是最快的措施;同时又平行地降低增压压力。在这两方面调节生效(爆燃消失)时,再将增压压力慢慢降低,通过点火正时调节装置,又将点火提前角调节至最佳值,以便可能保持发动机的更大转矩。当点火提前角到达最佳值时,再慢慢地增加增压压力。

(2) 涡轮增压系统的常见故障诊断方法:涡轮增压器故障表现在整车上主要有发动机功率不足、增压器工作噪声过大、涡轮增压器压气机侧漏油、涡轮增压器涡轮侧漏油、发动机润滑油消耗量过大或排气冒蓝烟等。如果遇到以上问题,应采用以下步骤进行诊断,确定故障原因以后,再决定是否更换涡轮增压器。其判断方法如下。

① 发动机功率不足:检查空气滤清器是否阻塞,压气机与发动机进气管的连接是否松动,发动机进气管是否漏气,气缸压力是否正常,发动机的排气歧管是否漏气,中冷器是否损坏,涡轮增压器壳体是否损坏,涡轮增压器转子总成是否有粘合或摩擦现象,压气叶轮和排气涡轮是否磨损等。

② 涡轮增压器工作噪声过大:检查空气滤清器是否阻塞,发动机进气或排气管是否松动,压气机进气口管道或压气机壳中是否有异物,发动机排气系统中是否有异物,涡轮增压器转子总成是否有粘合或摩擦现象,压气叶轮和排气涡轮是否磨损等。

③ 涡轮增压器压气机侧漏油:检查空气滤清器是否发生阻塞,涡轮增压器油回油管路是否发生阻塞,发动机曲轴箱内的压力是否过高,曲轴箱内润滑油是否过多等。

④ 涡轮增压器排气涡轮侧漏油:检查发动机曲轴箱内的压力是否过高,润滑油是否过多,涡轮增压器润滑油回油管路是否阻塞等。

⑤ 发动机润滑油消耗量过大或发动机排气冒蓝烟:检查发动机曲轴箱压力是否过高,发动机本身是否烧机油,涡轮增压器压气机侧的油封是否漏油,涡轮增压器涡轮侧的油封是否漏油等。

总之,在故障诊断中要积极使用检测计算机,有方向性地优先排除电气故障。在怀疑涡轮增压器损坏的故障诊断中,如果涡轮增压器的损坏可能不易检查,无法确定,则按排除法,先排除其他可能性原因,进而确定是否是涡轮增压器的故障;反之,则优先检查涡轮增压器。在使用当中,不宜将涡轮增压器汽车视同一般汽车进行操作。

三、制订检修计划

根据任务制订电控发动机系统故障诊断计划,如表2-2-6所示。

表2-2-6　制订电控发动机控制系统故障诊断检查计划

	项　目	内　容
1. 车辆信息描述	车辆型号(VIN码)	
	发动机型号	
	客户投诉	
2. 汽车自诊断系统的描述		

（续表）

3. 汽车电子控制系统故障原因分析，画出鱼刺图	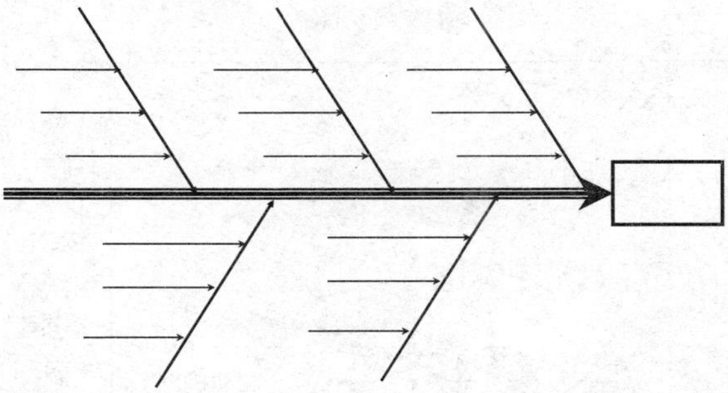
4. 汽车辅助进气控制系统增压控制准备	车辆、资料、工具的名称 数量 丰田电控发动机台架　5台 威驰/卡罗拉轿车　5辆 丰田电控发动机相关维修资料　5套 手持式汽车诊断电脑（解码仪）　5台 汽车专用电表　5个 汽车专用示波器　1台 维修导线　1把 常用拆装工具　1套 试灯　5把
5. 汽车发动机辅助进气控制系统故障检修工作准备	

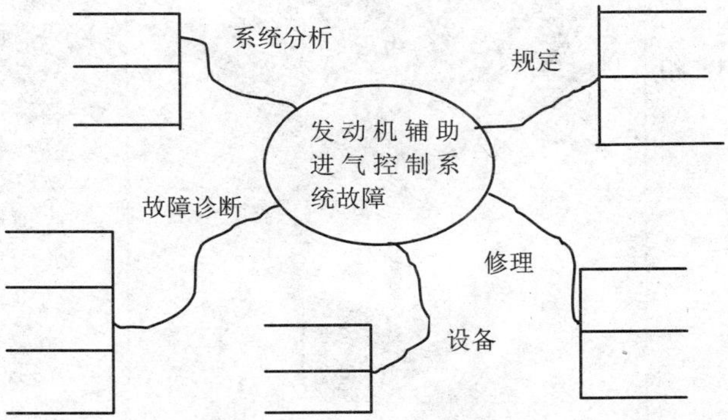

步骤	检修项目	操作要领	技术要求或标准	检修记录

6. 汽车发动机辅助进气控制系统检修流程

（续表）

名　称	示　意　图	特　点　说　明
智能可变气门升程（VVT-i）	发动机ECU　油压	VVT-i 使发动机低转速有高扭力,高转速有大功率。目前的丰田车系基本上装配了双 VVT-i VVT-i 系统故障现象: 当 VVT-i 系统发生故障时,将导致发动机不能启动或启动困难;发动机怠速不良,运转不平稳,加速无力;汽车行驶中的动力性下降、油耗明显增加;车辆正常行驶中突然熄火;仪表板上发动机故障警告灯点亮 VVT-i 系统发生故障的主要原因: 进排气凸轮轴正时机油控制阀的控制电路短路或断路;进排气凸轮轴正时机油控制阀阀芯卡滞或电磁线圈断路;机油控制阀滤清器堵塞;凸轮轴前端 VVT-i 控制器故障;正时链条跳齿或拉长;进排气凸轮轴位置传感器故障;ECU 故障
智能可变配气相位与气门升程（i-VTEC）		进气凸轮轴上分别有三个凸轮面,分别顶动摇臂轴上的三个摇臂 ◆ 当发动机处于低转速或者低负荷时,三个摇臂之间无任何连接,左边和右边的摇臂分别顶动两个进气门,使两者具有不同的正时及升程,以形成挤气作用效果。此时中间的高速摇臂不顶动气门,只是在摇臂轴上做无效的运动 ◆ 当转速在不断提高时,达到需要变换为高速模式时,电脑发出一个信号打开VTEC 电磁阀,使压力机油进入摇臂轴内顶动活塞,使三只摇臂连接成一体,使两只气门都按高速模式工作。当发动机转速降低达到气门正时需要再次变换时,电脑再次发出信号,打开VTEC 电磁阀压力开头,使压力机油泄出,气门再次回到低速工作模式

四、实施维修作业

排除 VVT-i 系统故障

07 款威驰 1.3GL 轿车发动机的 VVT-i 控制系统的检修如表 2-2-7 所示。

表 2 - 2 - 7　07 款威驰 1.3GL 轿车的 2SZ-FE 发动机 VVT-i 系统作业书

检测项目	演　示　图	操作要领及技术标准	我的检测记录	结果判断
1. 输出其他 DTC（除 DTC P1349 外）		(1) 检查输出其他 DTC（除 DTC P1349 外） (2) 将智能检测仪连接到 DLC3 (3) 将点火开关扭至 ON 并打开检测仪选择下列菜单项目 Powertrain/Engine/DTC (4) 读取 DTC 结果： 	显示(输出 DTC)	转至
---	---
P1349	A：转至检测项目 2
P1349 和其他 DTC	B：转至 DTC 表	 如果输出 P1349 以外的其他 DTC，则首先进行这些 DTC 的故障排除		
2. 检查气门正时（检查正时链条是否松动和跳齿）	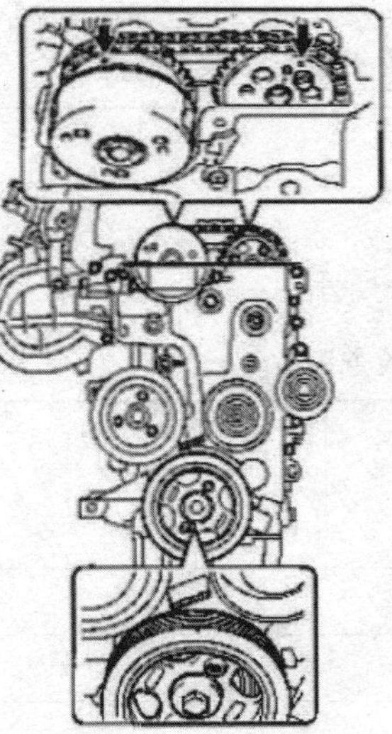	(1) 拆下气缸盖罩 (2) 转动曲轴皮带轮，并将其凹槽与正时链条盖上的正时标记"0"对准 (3) 检查凸轮轴正时链轮和凸轮轴正时齿轮上的正时标记是否如图所示向上 如果没有对准，则转动曲轴 1 圈（360°）然后如图所示对准标记。凸轮轴正时齿轮上的正时标记按图所示对准 (4) 重新安装气缸盖罩 结果： 异常：调整气门正时 正常：转至检测项目 3		
3. 检查凸轮轴正时机油正时控制阀总成(OCV)	阀移动	(1) 拆下 OCV (2) 测量 OCV 端子的电阻 标准电阻： 20℃ 时，6.9～7.9Ω (3) 将蓄电池正极电压施加到端子 1，负极施加到端子 2，检查阀的工作情况 正常：阀迅速移动 (4) 重新安装 OCV 结果： 异常：更换凸轮轴正时机油控制阀总成 正常：转至检测项目 4		

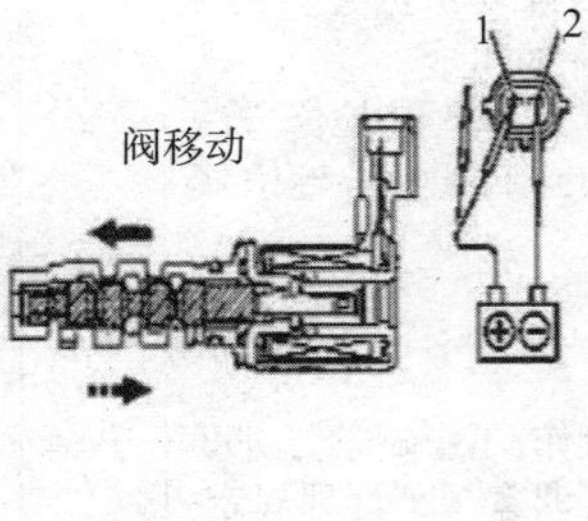

笔记

笔 记

检测项目	演 示 图	操作要领及技术标准	我的检测记录	结果判断
4. 检查机油控制阀滤清器	 网眼 OCV滤清器	（1）拆下 OCV 滤清器 （2）检查滤清器是否未堵塞 正常：滤清器未堵塞 （3）重新安装 OCV 滤清器 结果： 异常：清洗机油控制阀滤清器 正常：更换凸轮轴正时齿轮总成，检查完后再次检查 DTC 是否出现（P1349）VVT 系统故障		
电 路 图			检查正时控制阀控制电路的方法与步骤及检测值	
C11 凸轮轴正时机油控制阀 			1. 检测正时机油控制阀电路电阻值	
			2. 检测正时机油控制阀电压值	

五、检验评估

项目二中的任务 2.2 检验评估如表 2-2-8 所示。

表 2-2-8　检查评估

评价指标	检验说明	检验记录			
维护检查项目	对丰田 VVT-i 控制系统的检测 对本田 VTEC 系统进行检测				
汽车发动机运行情况					
评价内容	检验指标	权重	自评	互评	总评
检查任务完成情况	1. 完成任务的情况 2. 任务完成的质量 3. 在小组完成任务过程中所起的作用				
专业知识	1. 能描述汽车进气增压控制系统有哪些类型及组成 2. 能描述每种类型的进气增压系统的组成 3. 能描述丰田 VVT-i 控制系统的工作原理与检修方法 4. 会描述本田 VTEC 控制系统的结构原理与检修方法 5. 会描述其他增压系统的工作原理				
职业素养	1. 学习态度：积极主动参与学习 2. 团队合作：与小组成员一起分工合作，不影响学习进度 3. 现场管理：服从工位安排、执行实训室"5S"管理规定				
综合评议与建议					

想一想：

通过下面技术的学习与了解，你有哪些先进技术与同学们一起分享呢？

项 目 拓 展

可变气门技术：

可变气门技术，许多厂家都已经掌握，只不过名称和具体实施细节略有不同。例如：宝马公司的 Vanos，丰田的 VVT-i，本田的 VTEC，三菱的 MIVEC，日产的 CVTC，马自达的 S-VT 等等。最出名当数丰田的 VVT-I 与本田的 I-VTEC 技术。上面章节中已经进行了介绍与学习。下面简单地总结发动机的一些控制技术，以方便以后深入学习。

燃油分层直喷技术（FSI/TFSI/TSI/国产 TSI/SIDI/CGI/GDI）：

FSI 是 Fuel Stratified Injection 的词头缩写，意指燃油分层直喷技术。该技术利用一个高压泵，使汽油通过一个分流轨道（共轨）到达电磁控制的高压喷射气门。它的特点是在进气道中已经产生可变涡流，使进气气流形成最佳的涡流形态进入燃烧室内，以分层填充的方式推动，使混合气体集中在位于燃烧室中央的火花塞周围。如果稀燃烧技术的混合比达到 25∶1 以上，按照常规是无法点燃的，因此必须采用由浓到稀的分层燃烧方式。通过缸内空气的运动在火花塞周围形成易于点火的浓混合气，混合比达到 12∶1 左右，外层逐渐稀薄。浓混合气点燃后，燃烧迅速波及外层。

FSI 发动机与传统发动机相比拥有更低的油耗、更好的环保和更大的输出功率和扭力。燃油分层喷射技术是发动机稀燃烧技术的一种，可以让每一滴燃油都能更加充分的燃烧，从而节省汽车的燃油消耗量。

下面是一些大家通过网络可以学习到的发动机分层燃烧的相关技术：

TFSI——加了涡轮的 FSI；TSI——涡轮－机械增压发动机；TSI 国产版——实为TFSI；SIDI——来自通用的技术；CGI——分层汽油直喷。

可变排量控制技术（AFM/DOD/VCM/MDS）：

随着科学技术的发展，可变排量控制技术已经成为可能。2005 年上海通用推出全新的君越轿车，顶级版就搭载了一副 AFM V63.0L 发动机，AFM（Active Fuel Management）译为"智能燃油管理系统"，这副发动机的亮点就是采用先进的 DOD（Displacement on Demand）可变排量控制技术。当发动机负荷较小时，DOD 会发出指令关闭其中的 3 个气缸，以达到省油的目的。君越的 DOD 技术不仅可以节省最高达 8% 的油耗，而且气缸切换时非常平顺，完全没有振动，驾驶者已经感觉不到。

本田的 VCM 技术其指导思想与通用的 DOD 相类似。VCM（Variable Cylinder Management）是本田公司研发的一种可变汽缸管理技术。传统的可变气缸技术只是应用于V8，V12 等多气缸发动机，而且一般只能关闭双数的气缸。但本田开发的 VCM 技术，可通过关闭个别气缸的方法，使得 3.5L V6 发动机可在 3，4，6 缸之间变化，使得发动机排量也能在 1.75～3.5L 之间变化，从而大大节省燃油。

MDS 为 8 缸与 4 缸的完美转换。MDS 是英文 Multi Displacement System 的简称，翻译成中文就是多段式排气量调节系统。它作为奔驰特有的发动机技术，随着 1998 年戴姆勒·奔驰与克莱斯勒的合并，也逐渐被克莱斯勒旗下众多车型所采用，其中就包括 5.7 升 V型 8 缸 HEMI 发动机。

任务 2.3 诊断与排除发动机怠速控制系统的故障

任务描述	有一辆威驰车进厂维修,是因为发动机的冷车怠速不稳。车主描述:每天早上启动汽车发动机的转速总是不稳定,时高时低,也容易熄火 你是一位学徒你对发动机怠速控制系统了解多少
任务目标	1. 发动机怠速控制系统的作用与控制原理 2. 目前旁通空气式怠速控制执行机构有几种类型,其工作原理及其检修方法 3. 节气门直动式怠速空气调节器的结构原理及其检修方法 4. 占空比电磁阀式怠速空气调节器结构原理及其检修方法

一、维修接待

按照表2-3-1完成待修车辆的维修接待,并准确填写接车问诊表。

表 2-3-1 维修接待与接车问诊表

1. 通过询问客户了解汽车发动机最近的使用情况,填写接车问诊表
2. 车间检测初步确认结果:故障有可能出现在发动机怠速控制系统中

接 车 问 诊 表

车牌号:_____ 车架号:_____ 行驶里程:_____(km)

用户名:_____ 电 话:_____ 来店时间:_____/_____

用户陈述及故障发生时的状况:每天早上启动汽车发动的转速总是不稳定,时高时低,也容易熄火

故障发生状况提示:行驶速度、发动机状态、发生频度、发生时间、部位、天气、路面状况、声音描述

接车员检测确认建议:需要对怠速控制系统进行检修

车间检测确认结果及主要故障零部件:需要对怠速控制系统进行检修,必要时需要更换零部件

车间检查确认者:_____

外观确认:

(请在有缺陷部位作标识)

功能确认:(工作正常√ 不正常×)
- □音响系统 □门锁(防盗器) □全车灯光 □工具
- □后视镜 □顶窗 □座椅 □点烟器
- □玻璃升降器 □玻璃

物品确认:(有√ 无×)
- □贵重物品提示
- □工具 □备胎 □灭火器
- □其他(　　)
- 旧件是否交还用户 □是 □否
- 用户是否需要洗车 □是 □否

- 检测费说明:本次检测的故障如用户在本店维修,检测费包含在修理费用内;如用户不在本店维修,请您支付检测费。本次检测费:¥_____元
- 贵重物品:在将车辆交给我店检查修理前,已提示将车内贵重物品自行收起并保存好,如有遗失恕不负责

接车员:_____ 用户确认:_____

二、信息收集与处理

按照表2-3-2完成任务2.3的信息收集与处理。

表2-3-2　信息收集与处理

1. 汽车怠速控制系统需要什么传感器信号：_____、_____、_____、_____、_____、_____、_____、_____、_____、_____
2. 有什么类型的怠速旁通气道的控制：_____、_____、_____、_____
3. 节气门直动式怠速控制器工作原理：_____
4. 占空比电磁阀式怠速空气控制阀的控制原理：_____

1. 发动机怠速控制系统的认识

1）怠速控制定义

汽车的怠速不是一种速度，而是指一种工作状况。发动机空转时称为怠速，即汽车档位为空档。发动机怠速时的转速被称为怠速转速。怠速转速可以通过调整风门大小等来调整其高低。怠速即是发动机"出工不出力"。

2）怠速控制系统原理

怠速控制的实质是控制怠速时的充气量（进气量）。当发动机怠速负荷增大时或发动机启动后，冷却水未达正常温度之前，另外还有当发动机转速急剧降低到怠速时，ECU控制怠速控制阀使进气量增大，从而使怠速转速提高，防止发动机运转不稳或熄火；当发动机怠速负荷减小时，ECU控制怠速控制阀使进气量减少，从而使怠速转速降低，以免怠速转速过高。

3）怠速控制系统组成

怠速控制系统的组成如图2-3-1所示，由各种传感器、信号控制开关、电子控制器、怠速控制阀和节气门旁通空气道等组成，各元件的功能如表2-3-3所示。

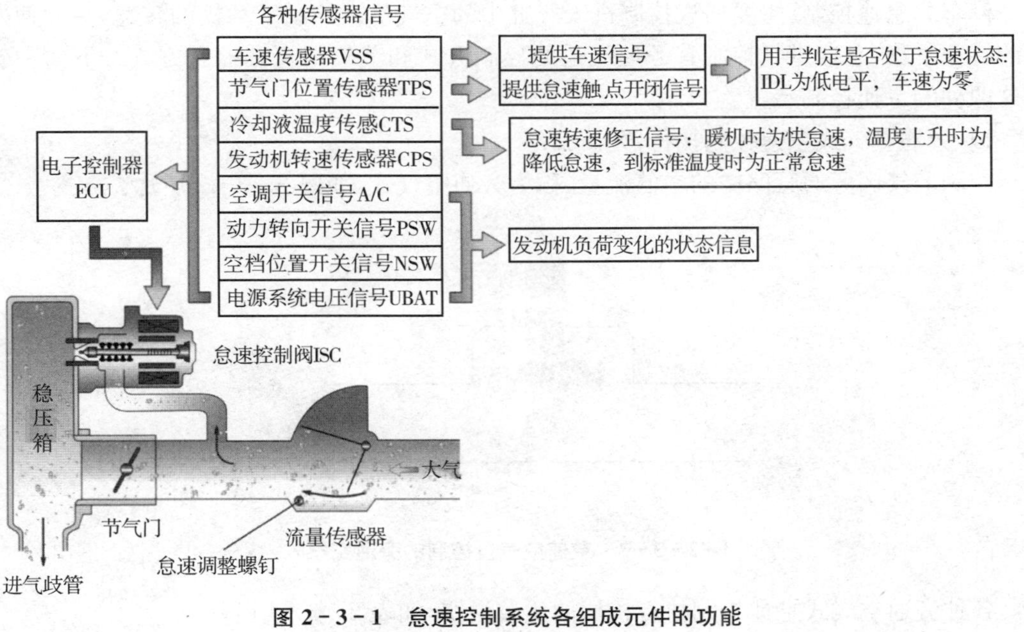

图2-3-1　怠速控制系统各组成元件的功能

表2-3-3　各元件的功能

组　件		功　能
传感器与信号开关	曲轴位置传感器（CKP）	检测发动机转速的大小
	节气门位置传感器（TPS）	检测发动机是否处于急速运行状态
	冷却液温度传感器（ECT）	检测发动机冷却液温度的高低
	启动开关信号（STA）	检测发动机是否处于启动工况
	空调开关信号（A/C）	检测空调压缩机是否处于工作状态
	空档启动开信号（P/N）	检测变速器是否有载荷加在发动机上
	液力变矩器负荷信号	检测液力变矩器的负荷变化特点
	动力转向开关信号（PS）	检测动力转向系统是否起作用
	发电机负荷信号	检测发电机负荷的变化
	车速传感器（VSS）	检测车速
执行器	急速空气控制阀（IACV）	控制急速时进气量的大小
发动机控制模块（ECU）		根据从各个传感器输入的信号，把发动机的实际转速与根据各个传感器输入的信号所决定的目标转速进行比较，根据比较得出的差值，确定相当于目标转速的控制量，去驱动急速空气控制机构，即急速空气控制阀，使发动机急速转速保持在目标转速附近

2. 旁通空气式急速控制执行机构的检修

汽车的急速控制，主要通过控制进入气缸中的空气量来控制发动机的转速，从而使发动机的转速平稳，急速进气控制有旁通气道的控制方式和节气门直接控制方式。下面主要介绍这两种的急速控制装置。

1）旁通空气式急速控制执行器

控制节气门旁通管路中的空气流量，称为旁通空气式，如图2-3-2所示。

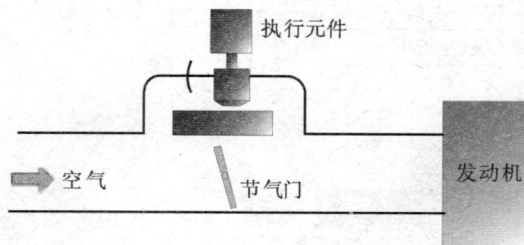

图2-3-2　急速空气量控制的旁通空气式

各种旁通空气式急速控制执行机构的比较说明，如表2-3-4所示。

表 2-3-4　各种旁通空气式怠速控制执行机构的比较

种　类	控制方式	功　能	说　明
双金属片式	机械式	只提供低温时的附加空气量	双金属片随温度的变形决定附加空气量的大小(相关技术省略讲述)
石蜡式	机械式	只提供低温时的附加空气量	石蜡的热胀冷缩决定附加空气量的大小(相关技术省略讲述)
平动电磁阀式	电子式	提供全部怠速空气量,并具备四种功能	ECU 用 PWN 信号控制空气量大小,或通过真空阀控制
旋转电磁阀式	电子式	提供全部怠速空气量,并具备四种功能	ECU 用 PWM 信号控制空气量大小
步进电机式	电子式	提供全部怠速空气量,并具备四种功能	ECU 通过控制旋转步数来控制空气量的大小

2) 旋转滑阀式怠速电磁阀的检修

(1) 旋转滑阀式电磁阀安装的位置:安装的位置如图 2-3-3 所示。旋转滑阀式电磁阀损坏后将引起怠速不稳、无怠速、怠速过高等故障。

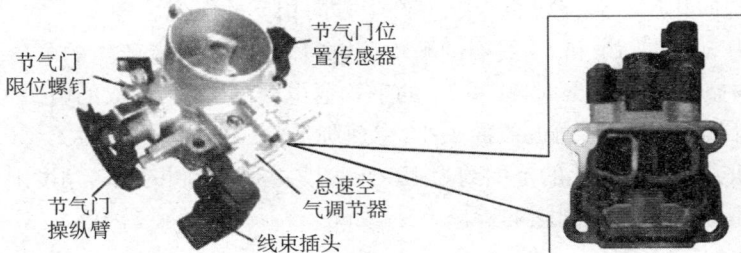

图 2-3-3　旋转滑阀式电磁阀的安装位置

(2) 旋转滑阀式电磁阀的工作原理:如图 2-3-4 所示。当给线圈通电时,就会产生磁场从而使电枢轴带动旋转滑阀转动,控制通过旁通空气道的空气。旋转滑阀根据控制脉冲

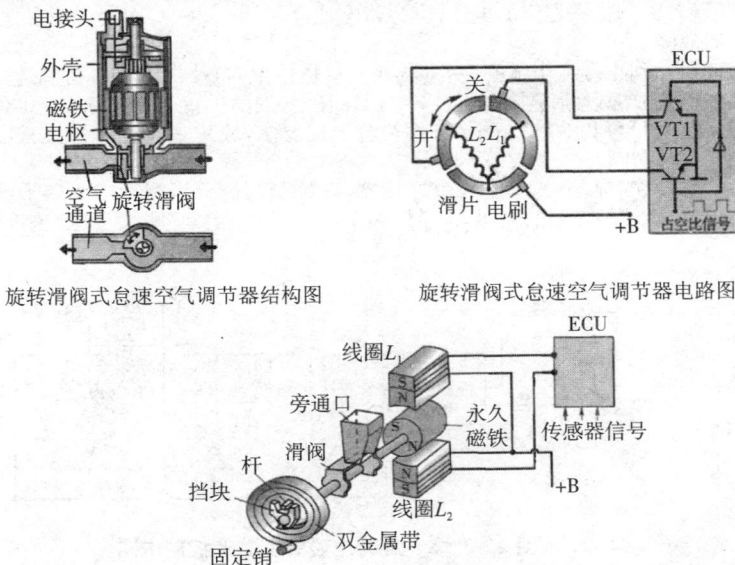

旋转滑阀式怠速空气调节器结构图　　　　旋转滑阀式怠速空气调节器电路图

图 2-3-4　旋转滑阀式电磁阀工作原理图

信号的占空比偏转,占空比的范围约为 18%(旋转滑阀关闭)～82%(旋转滑阀打开)之间。滑阀的偏转角度限定在 90°内。

旋转滑阀式怠速空气调节器 ISCV 由永久磁铁、电枢、旋转滑阀、螺旋复位弹簧和电刷及引线等组成。旋转滑阀固装在电枢轴上,与电枢轴一起转动,用以控制流过旁通道的空气量。永久磁铁固装在外壳上,其间形成磁场。电枢位于永久磁铁的磁场中,电枢铁心上缠有两组绕向相反的电磁线圈 L_1 和 L_2,当线圈 L_1 通电时,电枢带动旋转滑阀顺时针偏转,空气旁通道截面关小;当线圈 L_2 通电时,电枢带动旋转滑阀逆时针偏转,空气旁通道截面开大。L_1 和 L_2 的两端与电刷滑环相连,经电刷引出与发动机 ECU 相连接,电枢轴上的电刷滑环由三段滑片环合成,其上各有一电刷与之接触。电枢绕组 L_1 和 L_2 的两端分别焊接在相应的滑片上。

当点火开关旋至"ON"时,怠速空气调节器接线插头+B 上有蓄电池电压,电枢绕组 L_1 和 L_2 是否通电,则由电脑中控制 L_1 和 L_2 搭铁的三极管 VT1 和 VT2 的通断状态决定。由于占空比控制信号和三极管 VT1 的基极之间接有反相器,故三极管 VT1 和 VT2 集电极输出相位相反。因此,旋转滑阀式怠速空气调节器上的两个电枢绕组总是交替地通过电流。又因两组线圈绕向相反。致使电枢上交替产生方向相反的电磁力矩。

当占空比为 50%时,L_1 和 L_2 线圈的平均通电时间相等,两者产生的电磁力矩抵消,电枢轴停止偏动。占空比小于 50%时,线圈 L_1 的平均通电时间长,其合成的电磁力矩使电枢带动旋转滑阀顺时针偏转,空气旁通道截面关小,怠速降低;反之,当占空比大于 50%时,空气旁通道截面开大怠速升高。占空比的范围约为 18%～82%之间,滑阀的偏转角度限定在 90°之内。

(3) 旋转滑阀式怠速控制阀的检修方法,如表 2-3-5 所示。

表 2-3-5 旋转滑阀式怠速控制阀的检修

检修项目	旋转滑阀式怠速控制阀的检修方法
操作要领	旋转电磁阀型怠速控制阀电路图如图 2-3-5 所示 (1) 拆开怠速控制阀线束连接器,将点火开关转至"ON"但不启动发动机,在线束侧测量电源端子(+B)与搭铁之间的电压,应为蓄电池电压(9～14V),否则说明怠速控制阀电源电路有故障 (2) 发动机达到正常工作温度、变速器处于空档位置时,使发动机维持怠速运转,用专用短接线短接故障诊断座上的 BATT1 与 E1 端子,发动机转速应保持在 1 000～1 200r/min,5s 后转速下降约 200r/min。若不符合上述要求,应进一步检查怠速控制阀电路、ECU 和怠速控制阀 (3) 拆开怠速控制阀上的端子线束连接器,在控制阀侧分别测量中间端子(B)与两侧端子(ISC1 和 ISC2)之间的电阻,正常应为 18.8～22Ω,否则应更换怠速控制阀 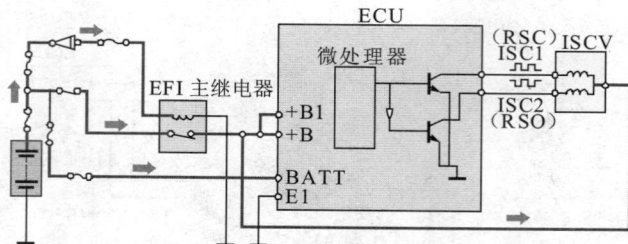 图 2-3-5 旋转电磁阀型怠速控制电路

3）步进电机式怠速控制阀的检修

（1）步进电机式怠速控制阀的安装位置：步进电机式怠速控制阀损坏后将造成无怠速、怠速不稳、怠速过高等故障。一般与节气门体并联安装，如图2-3-6所示。

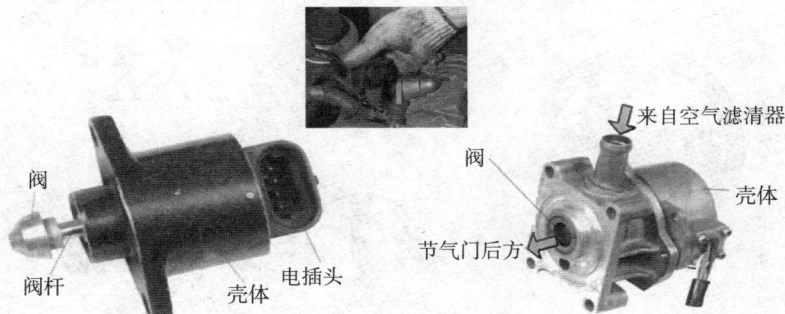

图2-3-6　步进电机((左)四线式、(右)六线式)

（2）步进电机的结构：步进电机与怠速空气调节器的控制阀作成一体其结构如图2-3-7所示，装在节气门体上或单独的旁通气道上，调节流过节气门旁通气道的空气量。该阀有125种不同的开启位置。该种怠速控制阀还可用来调节发动机的快怠速，而不需要辅助空气阀。

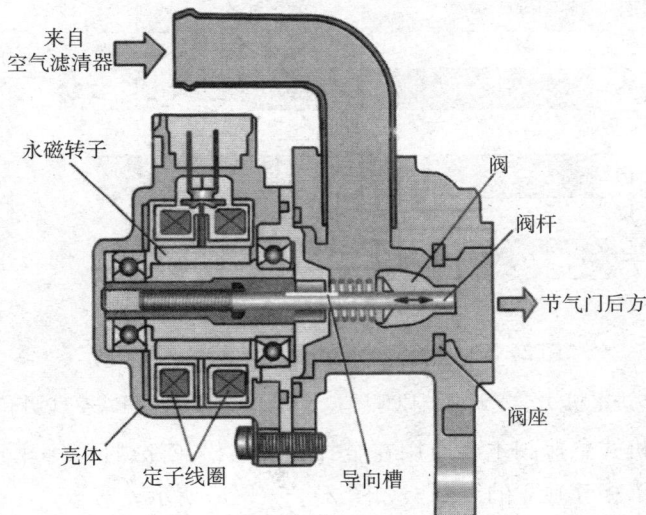

图2-3-7　步进电机式空气调节器结构图

步进电机式空气调节器主要由阀、阀杆、永磁转子、定子线圈、壳体等组成。

永磁转子内壁制有螺纹，它由多对永久磁铁组成，N极和S极沿圆周相向排列。定子铁心上绕有线圈，每组线圈的绕线方向相反。定子线圈被多对导磁性良好的爪极包围，通电后产生磁极（N,S）。电流方向可变，极性也可变，从而使转子正转和反转。

阀固定在阀杆的一端，阀杆另一端的螺纹旋入步进电机转子。转子只能转动，不能轴向移动。当转子转动时，与通过螺纹连接带动阀杆转动，但由于阀杆受导向槽的限制不能转动，所以当转子旋转时，阀随阀杆一起做轴向的移动，从而改变阀与阀座之间的间隙即可控制空气量的多少。

（3）步进电机的工作原理：

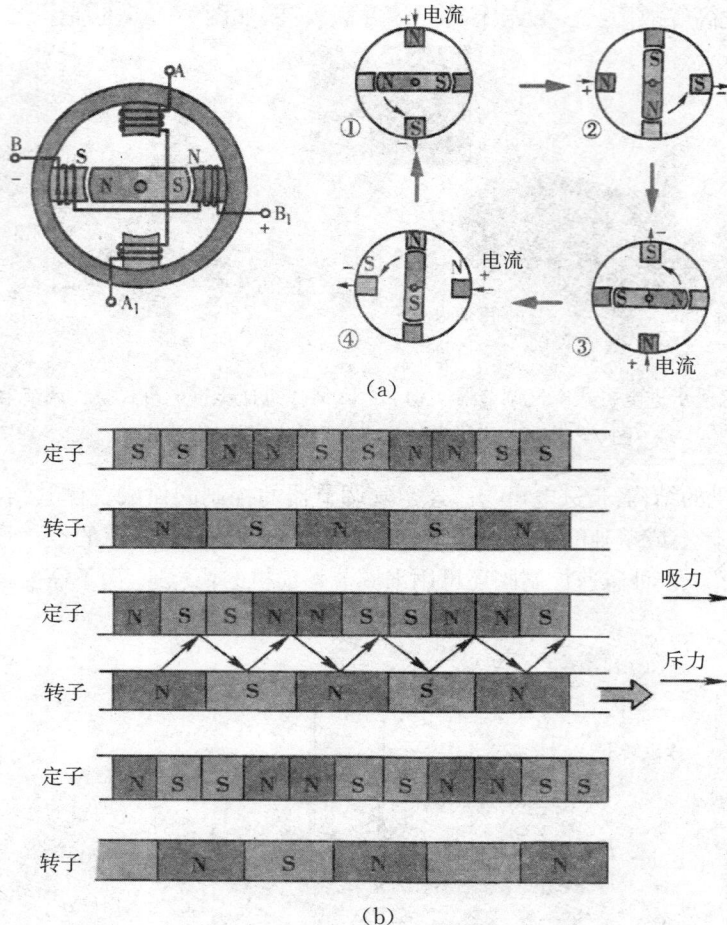

(a)

(b)

图 2-3-8 急速步进电机空气调节器原理图

（a）急速步进电机式空气调节器原理图；（b）急速步进电机式空气调节器原理图

线制的步进电机式急速阀主要应用在金杯、五菱、松花江、日产等车上。它具有一个永久磁铁的转子和两个相互独立的线圈。如图2-3-8(a)所示。

当电流从B1流向B时（脉冲信号），使N极在右，S极在左。由于同性相斥异性相吸的原理，使永磁铁转子的N极在左，S极在右如图2-3-8(a)①所示的位置。

当从B1流向B的脉冲电压消失后，电流再从A流向A1，使N极在上方，S极在下方，永磁铁转子将沿逆时针方向旋转90°使永久磁铁转子转至S极在上，N极在下，如图2-3-8(a)②所示的位置。

当从A流向A1的电流消失后，再从B流向B1，N极在左，S极在右，使永磁转子沿逆时针方向再旋转90°使永久磁铁转子转至S极在左，N极在右，如图2-3-8(a)③所示的位置。

当从B流向B1的电流消失后，再从A1流向A，N极在下，S极在上，使永磁转子继续沿逆时针旋转90°使永久磁铁转子转至S极在下，N极在上如图2-3-8(a)④所示的位置。

笔 记

步进电机的转子是用永久磁铁制成的 16 个磁极。定子是由两个带有 16 齿的铁心交错地装配在一起,每个铁心上有两组线圈,两组线圈的绕线方向相反。如图 2-3-8(b)所示。

如图 2-3-8(a)所示转子的转动。电机的旋转的方向可以通过改变 4 个线圈的通电的顺序来实现。当步进电机的励磁从①到②向右错开时,定子线圈电磁铁和转子永久磁铁的 N 极和 S 极相互吸引到最近距离,而 N 极与 N 极、S 极与 S 极相互排斥,所以转子转到②的位置 1/32 转(约 11°),这样交替改变通电的线圈和电流的方向,就可从③转到④再到①,如此的循环进行。转子转一圈约用 $\frac{1}{4}$ s。步进电机的工作范围为 125 步,锥阀总行程 10mm,旋转圈数为 3.9 圈,转速调节范围为 300r/min。

由此可见,急速步进电机是由 ECU 通过控制两个单独线圈的电流方向和通电顺序来控制螺杆的旋转方向和旋转量(转动角度),最终确定了阀芯和阀座所形成的旁通空气道的流通截面积,以达到精确控制急速转速的目的。

ECU 根据节气门位置传感器和车速传感器判断发动机处于急速工况时,按一定的顺序将 ISC1~ISC4 依次通电,驱动步时电机旋转,调节旁通空气的开度,从而调节旁通空气量,使发动机转速达到所要求的目标值。

(4) 步进电机式急速控制阀的检测方法:步进电机有四线和六线的,以六线式不进电机的检查为例讲明其检修方法,具体步骤与方法如表 2-3-6 所示。

表 2-3-6 步进电动机型急速控制阀

检修项目	检修步进电动机型急速控制阀的方法
操作要领	如表中下图所示六线式急速步进电机的检修 (1) 拆开急速控制阀线束连接器,将点火开关转至"ON"但不启动发动机,在线束侧分别测量 B1 与 B2 端子与搭铁之间的电压,均应为蓄电池电压(9~14V),否则说明急速控制阀电源电路有故障 (2) 发动机启动后再熄火时,2~3s 内在急速控制阀附近能听到内部发出的"嚓嚓"响声,否则应进一步检查急速控制阀、控制电路及 ECU (3) 拆开急速控制阀线束连接器,在控制阀侧分别测量端子 B1 与 S1 与 S3、B2 与 S2 与 S4 之间的电阻,阻值均应为 10~30Ω,否则应更换急速控制阀 (4) 拆下急速控制阀后,将蓄电池正极接至 B1 和 B2 端子,负极按顺序依次接通 S1-S2-S3-S4 端子时,随步进电动机的旋转,控制阀应向外伸出;蓄电池负极按相反顺序依次接通 S4-S3-S2-S1 时,则控制阀应向内缩回。若工作情况不符合上述要求,应更换急速控制阀 步进电动机急速控制阀工作情况检查图
技术要求或标准	注意事项: (1) 不要用手推或拉控制阀,以免损坏丝杠机构的螺纹 (2) 不要将控制阀浸泡在任何清洗液中,以免步进电动机损坏 (3) 安装时,检查密封圈不应有任何损伤,并在密封圈上涂少量润滑油

笔记

3. 节气门直动式怠速空气调节器的检修

1) 节气门直动式怠速控制调节器的结构与原理

没有怠速空气旁通道,直接控制节气门全关时的最小开度,这种节气门的形式称为节气门直动式,如图 2-3-9 所示。这种怠速机构一般装在电子节气门体上,任务 2.1 已经讲述了电子节气门体的相关理论知识。

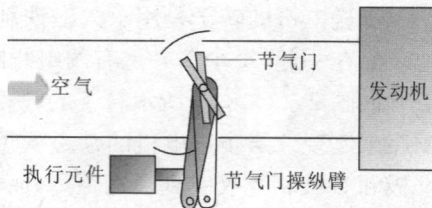

图 2-3-9　直动式节气怠速电机

从图 2-3-10 中可以看出,该怠速执行器主要由直流电动机、两级减速齿轮、传动轴等部件组成。执行器的输出使传动轴的前后运动,它与节气门操纵臂的全闭限位器相接触,决定了节气门的最小开度。

当微机控制直流电动机通电时,电动机产生旋转力矩,通过减速齿轮减速时,增大了旋转力矩,然后第二级从动减速齿轮带动节气门轴使节气门打开,在怠速时节气门被控制在一个较小的开度从而可以有效地控制发动机怠速。这种节气门直动式怠速控制执行机构具有较强的工作能力,控制稳定性好,但反应速度不是很快。同时,整个执行器的外形尺寸也较大,安装时受到一些限制,主要应用在大众、奥迪等欧洲车系中。

图 2-3-10　直动式节气怠速电机结构

2) 节气门直动式怠速控制调节器的检测方法

节气门直动式怠速控制执行机构的检修步骤与方法如表 2-3-7 所示。

表 2-3-7　节气门直动式怠速控制执行机构的检修

检修项目	节气门直动式怠速控制调节器的检测方法
操作要领	例如时代超人,其电路图如下所示。 时代超人节气门控制部件电路图

（续表）

检修项目	节气门直动式怠速控制调节器的检测方法
操作要领	（1）测节气门位置传感器（节气门电位计） ◆ 测量节气门电位计的供电电压拔下节气门控制部件的插头，用数字式万用表测量插头上4和7端子之间的电压值，打开点火开关，此电压值应接近5V（发动机 ECU 提供） ◆ 测量节气门电位计导线的导通情况用数字式万用表测量插头上的4,5和7端子分别至 ECU 线束插座端子62,75和67之间的电阻值，测得电阻值应小于1Ω ◆ 测量节气门电位计的信号电压：插上节气门控制部件的插头，用数字式万用表测量插头上5和7端子（端子5和7分别对应 ECU 插座上的端子75和67）之间的电压值，打开点火开关，使节气门开度变化，此电压值应在0.5～4.9V之间变化 （2）测节气门定位电位计 ◆ 测量节气门定位电位计的供电电压：拔下节气门控制部件的插头，用数字式万用表测量插头上4和7端子之间的电压值，打开点火开关，此电压值应接近5V ◆ 测量节气门定位电位计导线的导通情况：用数字万用表测量插头上的4,8和7端子分别至 ECU 线束插座端子62,74和67之间的电阻值，测得的电阻值应小于1Ω ◆ 测量节气门定位电位计的信号电压（万用表）：插上节气门控制部件的插头，用数字式万用表测量插头上8和7端子（端子8和7分别对应 ECU 插座上的端子74和67）之间的电压值，打开点火开关，使节气门开度变化，此电压值应在0.5～4.9V之间变化 （3）检查怠速开关 ◆ 测量怠速开关的电阻：将万用表两根表笔接触 ECU 插座上的69和67端子，当打开节气门时，测到的电阻值应为无穷大；当节气门关闭时，测得的电阻值应小于1Ω ◆ 测量怠速开关导线的导通情况：拔下节气门控制部件的插头，用数字式万用表测量节气门控制部件插头上的3和7端子至 ECU 线束插座69和67之间的电阻值，测得的电阻值应小于1Ω ◆ 测量怠速开关信号：可用诊断仪检测进入08功能读数据块。选择98显示组，屏幕显示及检查见"节气门电位计检查" （4）检查节气门定位器（怠速电机） ◆ 测量节气门定位器的供电电压：打开点火开关，用数字式万用表测量 ECU 上的66和59端子时电压值，66号端子的电压值应为蓄电池电压值（12V 左右），59号端子的电压值应为10V 左右 ◆ 测量节气门定位器导线的导通情况：数字式万用表测量 ECU 线束插座至节气门定位器电线插头间的电阻值，电阻值应小于1Ω
技术要求 或标准	注：以上怠速控制系统的检查还可用诊断仪和示波器来进行操作、诊断

4. 占空比电磁阀式怠速空气控制阀的检修

1）脉冲电磁阀式怠速控制阀的结构与原理

脉冲电磁阀式怠速空气调节器的实物及结构剖面如图2-3-11所示。

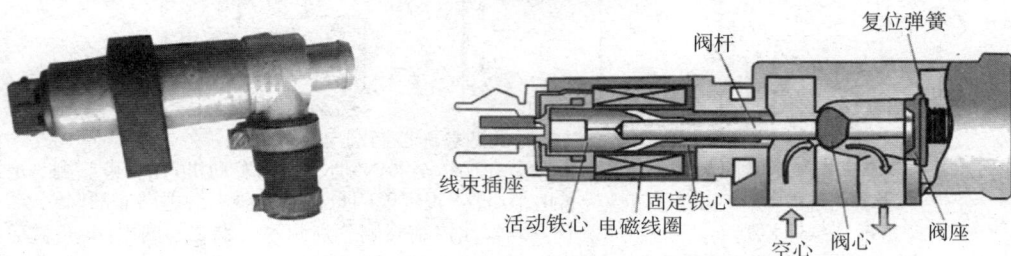

图2-3-11　脉冲电磁阀式怠速空气调节器

　　电磁线圈接通电流时就会产生电磁吸力。当电磁线圈产生的电磁吸力超过复位弹簧的弹力时,活动铁心在电磁吸力的作用下就会向固定铁心方向移动,使阀芯离开阀座将旁通空气道打开。当电磁线圈断电时,活动铁心与阀芯在复位弹簧的作用下左移复位,将旁通空气道关闭。旁通空气道的开启与关闭时间由发动机 ECU 发出的占空比信号控制。

　　占空比 R_c 是指在一个信号周期 T 内,高电平时间 t_{on} 所占的比率,t_{off} 为低电平所占的时间。即:

$$R_c = t_{on}/T = t_{on}/(t_{on}+t_{off})$$

　　占空比示意如图 2-3-12 所示,发动机工作时,ECU 根据怠速转速高低,向脉冲电磁阀发出频率相同而占空比不同的控制脉冲信号,通过改变阀芯开启与关闭的时间来调节旁通进气量。占空比在 $18\% \sim 82\%$ 之间的范围内变化,当怠速转速过低时,ECU 将减小占空比,使电磁线圈通电时间增长断点时间缩短,阀门开启时间增长,旁通进气量增多,怠速转速将升高,从而防止发动机熄火;当怠速转速过高时,ECU 将减小占空比,也就是电磁线圈通电时间缩短,断电时间增长,阀门开启时间缩短,旁通进气量减小,怠速转速将降低。

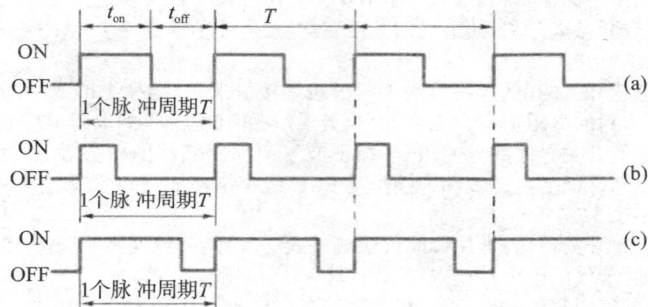

图 2-3-12　占空比示意图

　　2) 占空比电磁阀式怠速空气控制阀的检测

　　占空比电磁阀式怠速空气控制阀的检修步骤与方法如表 2-3-8 所示。

表 2-3-8　节气门直动式怠速控制执行机构的检修

检修项目	占空比电磁阀式怠速空气控制阀的检测方法
操作要领	占空比控制电磁阀型怠速控制阀电路原理图如下图所示 占空比控制电磁阀型怠速控制阀电路原理图 (1) 拆开怠速控制阀线速连接器,将点火开关转至"ON"但不启动发动机,在线束侧测量电源端子与搭铁之间的电压,应为蓄电池电压,否则说明怠速控制阀电源电路有故障 (2) 拆开怠速控制上的两端子线速连接器,在控制阀侧分别测量两端之间的电阻,正常应为 $10 \sim 15 \Omega$,否则应更换怠速控制阀

三、制订检修计划

根据任务制订电控发动机系统故障诊断计划,如表2-3-9所示。

表2-3-9 制订电控发动机控制系统故障诊断检查计划

项 目		内 容
1. 车辆信息描述	车辆型号(VIN码)	
	发动机型号	
	客户投诉	
2. 汽车自诊断系统的描述		
3. 汽车电子控制系统故障原因分析,画出鱼刺图		
4. 汽车怠速控制系统故障检修工具准备	车辆、资料、工具的名称	数量
	丰田电控发动机台架	5台
	威驰/卡罗拉轿车	5辆
	丰田电控发动机相关维修资料	5套
	手持式汽车诊断电脑(解码仪)	5台
	汽车专用电表	5个
	汽车专用示波器	1台
	维修导线	1把
	常用拆装工具	1套
	试灯	5把
5. 汽车怠速控制系统故障检修工作准备		

笔记

	步　　骤	检修项目	操作要领	技术要求或标准	检修记录
6. 汽车怠速控制系统故障检修流程					

名　　称	示　　意　　图	特　点　说　明
怠速控制系统	节气门　进气室　自空气滤清器　信号　ECM　阀门　IAC阀　至气缸	怠速控制系统主要控制进入发动机的空气量。而进入旁通气道的空气较小容易被积碳堵塞，也会造成怠速故障。所以怠速控制阀除有电路故障、阀芯卡滞外还有气道堵塞故障

四、实施维修作业

1. 快速判断怠速控制系统的故障

我们来设计一些简单快速的方法对怠速控制系统检查与判断。看你知多少？按照表2-3-10所示步骤进行操作并完成其中的空格。

表 2 - 3 - 10　无需汽车万用表快速判断怠速控制系统故障

检测项目	操作要点及步骤	我的检测记录	结果判断
1. 发动机怠速运转状况检测	在冷车状态下启动发动机后，暖机过程开始时，发动机的怠速转速应能达到规定的快怠速转速，转速通常为_____ r/min；在发动机达到正常工作温度后，怠速转速应能恢复正常通常为_____ r/min。如果汽车启动后怠速不能按上述规律变化，则说明怠速控制系统是否有故障_____ 发动机达到正常工作温度后，打开空调开关，怠速转速应能上升_____ r/min左右。若转速降低则说明是否有故障_____ 发动机怠速运转中，若对怠速调节螺钉作微量转动，发动机怠速转速会不会发生变化_____（转动后应使怠速调节螺钉恢复原来的位置）。若在转动中怠速转速发生变化，说明怠速控制系统工作是否正常_____		
2. 怠速控制阀的工作状况检查	（1）步进电动机式怠速控制阀 方法一： 在发动机熄火后的一瞬间倾听怠速控制阀是否有"嗡嗡"的工作声音（此时步进电动机应工作，直到怠速控制阀完全开启，以利发动机再启动）。如怠速控制阀发出"嗡嗡"声，则怠速控制阀良好 （2）你的检测是怎样的呢？按步骤检测填入右边表格中 方法二： 可以在发动机启动前拔下怠速控制阀线束连接器，待发动机启动后再插上，观察发动机转速是否有变化。如果此时发动机转速发生变化，则怠速控制阀工作是否正常_____ 脉冲线性电磁阀式怠速控制阀，可在发动机怠速运转中拔下怠速控制阀线束连接器，观察发动机的转速是否有变化。如此时发动机转速有变化，则怠速控制阀工作正常 （3）你检测到的发动机转速怎样变化呢？按步骤检测填入右边表格中		

2. 排除怠速控制系统的故障

汽车发动机怠速控制系统检修作业书如表 2-3-12 所示。

发动机的怠速故障是一个综合故障。故障排除较困难，除了进气系统的故障外还有可能是其他机械故障而引起的。对 07 款威驰 1.3GL 发动机怠速控制系统进行检查。该车型的怠速控制阀电路如图 2-3-13 所示。

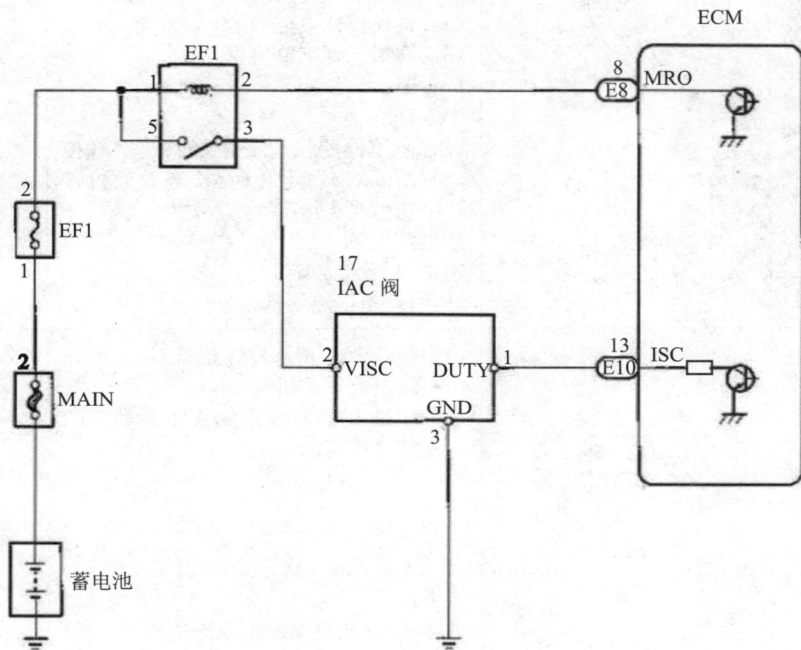

图 2-3-13　怠速控制阀控制电路图

电磁阀式的怠速空气控制（IAC）阀位于节气门侧。通过调节气门的进气，经怠速旁通气道流进 IAC 阀。此阀调节通过节气门的进气量并控制发动机怠速转速。

ECM 使用 IAC 阀进行怠速提升，其反馈信号作目标发动机转速调节的一个因素。怠速控制系统的产生故障的原因与故障部位如表 2-3-11 所示。

表 2-3-11　怠速控制阀故障代码产生的条件与故障原因

DTC 号	DTC 检测条件	故　障　部　分
P0505	发动机暖怠速运转时，IAC 阀电路断路或短路 3s 或更长时间（单程检测逻辑）	◆ IAC 阀电路断路或短路 ◆ IAC 阀 ◆ ECM

笔记

表 2-3-12　汽车发动机怠速控制系统检修作业表

检测项目	演　示　图	操作要领及技术标准	我的检测记录	结果判断
1. 使用智能检测仪进行主动测试（检查 IAC 阀的工作情况）		(1) 将智能检测仪连接到 DLC3 (2) 将点火开关扭至 ON 并打开检测仪 (3) 关闭所有的附件开关（打开处） (4) 关闭空调（打开处） (5) 将换档杆换至 N 档 (6) 选择下列菜单项目： Powertrain/Engine/Active Test/IAC Duty (7) 使用检测仪改变控制怠速空气控制(IAC)占空比时，检查发动机转速的变化情况 结果： 正常：间歇性故障 异常：转至检测项目 2		
2. 检查线束和连接器（电源电压）	⑰ IAC阀连接器 1　2　3 VISC(+)　　　GND(-) 前视图	(1) 断开 IAC 传感器连接器 I7 (2) 将点火开关扭至 ON (3) 测量 IAC 阀线束侧连接器端子间的电压值 检测仪连接：VISC(17-2)—GND(I7-3)　规定状态：11～14V (4) 重新连接 IAC 阀连接器 结果： 异常：修理或更换线束或连接器 正常：转至检测项目 3		
3. 检查线束和连接器（IAC 阀—ECM）	E10 ISC ECM连接器 线束侧 ⑰ IAC阀连接器 1　2　3 DUTY　　　GND 前视图	(1) 断开 IAC 传感器连接器 I7 (2) 断开 ECM 连接器 E10 (3) 检查电阻 标准电阻（断路检查）： 检测仪连接：DUTY（I7-1）—ISC(E10-13)；GND(I7-3)—车身搭铁　规定状态：小于 1Ω 标准电阻（短路检查） 检测仪连接：DUTY(I7-1) 或 ISC(E10-13)—车身搭铁　规定状态：10kΩ 或更大 (4) 重新连接 ECM 连接器 (5) 重新连接 IAC 阀连接器 结果： 异常：修理或更换线束连接器 正常：转至检测项目 4		
4. 更换 ECM				

五、检验评估

项目二的任务 2.3 检验评估如表 2 - 3 - 13 所示。

表 2 - 3 - 13　检查评估

评 价 指 标	检 验 说 明		检 验 记 录		
维护检查项目	➢ 对怠速控制系统进行故障判断 ➢ 检修发动机怠速控制系统的怠速不稳的故障				
汽车发动机运行情况					
评价内容	检 验 指 标	权重	自评	互评	总评
检查任务完成情况	1. 完成任务的情况 2. 任务完成的质量 3. 在小组完成任务过程中所起的作用				
专业知识	1. 能描述汽车怠速控制系统的组成 2. 能区分汽车各种类型怠速控制系统,描述其结构原理 3. 掌握旋转滑阀式、步进电机式、直动式怠速步进电机的检查方法 4. 掌握威驰车怠速控制系统的检修步骤与方法 5. 会描述汽车怠速控制系统的故障排除方法				
职业素养	1. 学习态度:积极主动参与学习 2. 团队合作:与小组成员一起分工合作,不影响学习进度 3. 现场管理:服从工位安排、执行实训室"5S"管理规定				
综合评议与建议					

笔记

项目三 诊断与排除发动机燃油供给控制系统的故障

Description 项目描述	一辆 07 款的威驰 1.3GL 轿车进厂维修,车主描述:该车最近油耗增加,加速性能不太好。维修技师检修发现发动机怠速较低,而发动机较抖。经检查没有故障代码,维修技师判断故障很可能出现在发动机的燃油供给系统。在确定了喷油器没有故障的情况之后,应该对燃油系统的油压进行检查,在检查油压的同时还检查油路其他部件是否有故障,然后再排除燃油供给系统的电路故障
Objects 项目目标	1. 理解汽车燃油供给系统的结构原理,会诊断与排除燃油系统压力异常故障 2. 理解喷油器的工作原理与燃油泵控制原理,会诊断与排除燃油供给系统的喷油不良或不喷油故障
Tasks 项目任务	任务 3.1 诊断与排除燃油供给系统燃油压力异常故障:通过检查发动机燃油系统压力,对燃油系统的油泵、燃油滤清器、油压调节器、脉动阻尼器进行检查 任务 3.2 诊断与排除喷油器喷油不良或不喷油故障:在任务 3.1 的基础上,对喷油器的工作性能进行检测,对油泵控制电路进行检测以排除故障
Implementation 项目实施	任务 3.1 诊断与排除燃油供给系统燃油压力异常故障 任务 3.2 诊断与排除喷油器喷油不良或不喷油故障

任务 3.1 诊断与排除燃油供给系统燃油压力异常的故障

任务描述	一辆 07 款的威驰 1.3GL 轿车进厂维修,车主描述:该车最近油耗增加,加速性能不太好。维修技师检修发现发动机怠速较低,而发动机抖动。经检查没有故障代码,维修技师判断故障很可能出现在发动机的燃油供给系统 对喷油器进行检查,对燃油泵进行检查,对燃油压力进行检查,对滤清器进行更换,对油泵控制电路进行检测 你是学徒你该怎样对燃油供给系统进行检查从而排除故障
任务目标	通过对汽车电控燃油系统的学习,学生要掌握 1. 燃油供给系统的组成与原理,每个零部件的结构原理与作用 2. 掌握燃油泵控制系统零部件的检测,并能按基本检查步骤与方法排除燃油供给系统的故障

一、维修接待

按照表 3-1-1 完成待修车辆的维修接待,并准确填写接车问诊表。

笔记

表 3-1-1 维修接待与接车问诊表

1. 通过询问客户了解汽车发动机最近的使用情况,填写接车问诊表
2. 车间检测初步确认结果:故障有可能出现在发动机燃油供给系统中

接 车 问 诊 表

车牌号:_____   车架号:_____   行驶里程:_____(km)

用户名:_____   电　话:_____   来店时间:_____ / _____

用户陈述及故障发生时的状况:**该车最近油耗增加,加速性能不太好**

故障发生状况提示:**行驶速度、发动机状态、发生频度、发生时间、部位、天气、路面状况、声音描述**

接车员检测确认建议:**通过初步确认,需要对发动机燃油供给系统进行全面检修**

车间检测确认结果及主要故障零部件:**需要对发动机燃油供给系统进行检修,必要时需要更换零部件**

车间检查确认者:_____

外观确认:

功能确认:(工作正常√ 不正常×)
□音响系统 □门锁(防盗器) □全车灯光 □工具
□后视镜 □顶窗 □座椅 □点烟器
□玻璃升降器 □玻璃

物品确认:(有√ 无×)
□贵重物品提示
□工具 □备胎 □灭火器
□其他(　　　　　　)
旧件是否交还用户 □是 □否
用户是否需要洗车 □是 □否

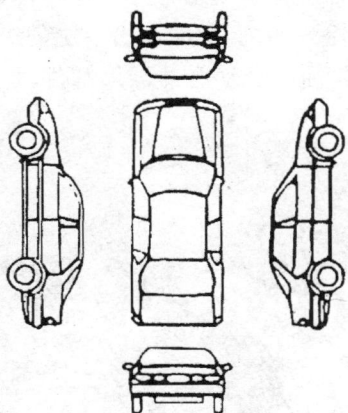

(请在有缺陷部位作标识)

- 检测费说明:本次检测的故障如用户在本店维修,检测费包含在修理费用内;如用户不在本店维修,请您支付检测费。本次检测费:¥_____元
- 贵重物品:在将车辆交给我店检查修理前,已提示将车内贵重物品自行收起并保存好,如有遗失恕不负责

接车员:_____   用户确认:_____

二、信息收集与处理

按照表3-1-2完成任务3.1的信息收集与处理。

表3-1-2 信息收集与处理

1.电控汽油机的燃油供给系统由_____、_____、_____、_____、_____等组成
2.燃油供给量由_____喷油量和_____喷油量组成
3.燃油箱的真空度过高时通过_____阀调节油箱压力平衡,燃油泵有_____和_____ 类型两种燃油泵的组成
4.燃油压力值,正常工作时是_____MPa;脉动阻尼器的作用

1．燃油供给系统的认识

1）组成

汽车燃油供给系统的任务是贮存、输送、清洁燃油,并根据发动机各种不同工况,将适量的燃油与空气混合,以供给气缸一定浓度和数量的可燃混合气。现代轿车燃料供给系统均已采用电子燃油喷射系统,采用化油器燃油系统的汽车不再生产。

电控汽油机的燃油供给系统由油箱、电动汽油泵、燃油滤清器、燃油分配管、喷油器、压力调节器等组成,如图3-1-1所示。对于不同类型的电控汽油机,燃油供给系统的组成部件可能会有些差异,如有的电控汽油机还有冷启动喷油器、油压脉动缓冲器等部件,但总体构成上基本相似。

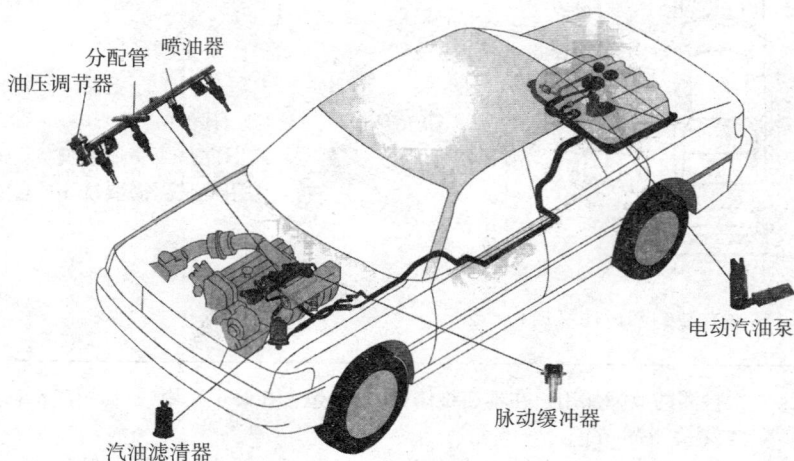

图3-1-1 汽车燃油供给系统

2）喷油原理

喷油量与喷油时刻控制原理如图3-1-2所示。喷油量由ECU控制。ECU根据进气压力传感器测量的信号计算出进气量(或根据进气空气流量计计算出进气量),再根据曲轴位置传感器测量的信号计算出发动机的转速,根据进气量和转速计算出相应的基本喷油量;

笔记

ECU 控制各缸喷油器,并通过控制每次喷油的持续时间来控制喷油量。喷油持续时间愈长,喷油量就愈大。一般每次喷油 2～10ms,各缸喷油器每次喷油开始时刻则由 ECU 根据曲轴位置传感器测得一缸上止点的位置来控制。由于这种类型的燃油喷射系统的每个喷油器在发动机一个工作循环中只喷射一次,故属于间歇喷射方式。

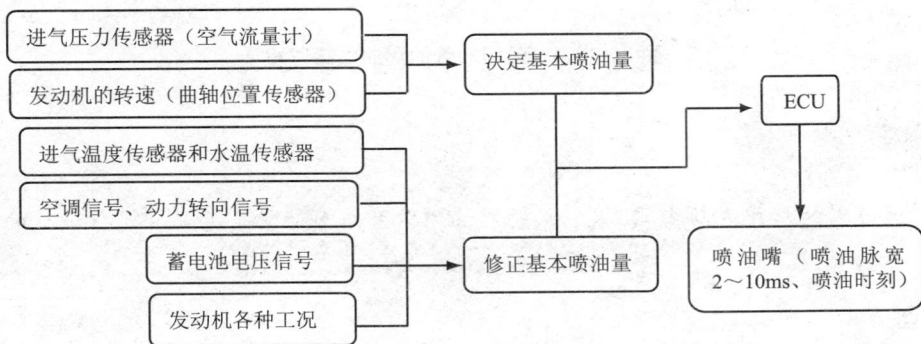

图 3-1-2 喷油量与喷油时刻控制原理

3) 喷油过程

(1) 有回油管的燃油供给系统的供油过程。

电控汽油泵燃油供给的过程如图 3-1-3 所示,电动汽油泵将汽油从油箱里泵出,先经汽油滤清器过滤,再经油压调节器调节油压,使油路中的油压高于进气管负压 300 ± 20 kPa,最后经燃油分配管分配到各缸喷油器。喷油器根据电控单元 ECU 的指令将汽油适时喷在进气门附近。在德国原 Motronic 系统中,设计有冷启动喷油器,当冷车启动发动机时,冷启动喷油器按电控单元 ECU 发出的控制指令喷油,用以改善发动机的低温启动性能。桑塔纳2000GLi、2000GSi、捷达 GTX 等型轿车引进的 Motronic 系统经过改进设计,取消了冷启动喷油器。

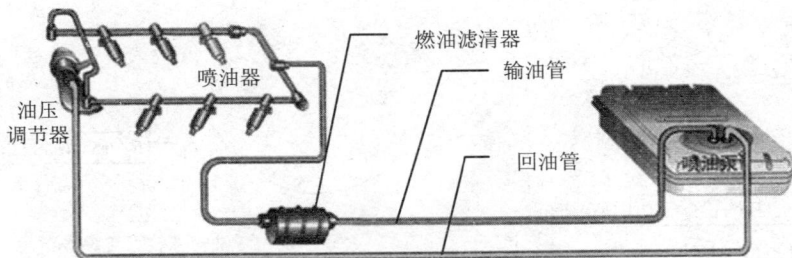

图 3-1-3 电控汽油泵燃油供给的过程

(2) 无回油管的燃油供给系统的供油过程。

如图 3-1-4 所示,无回油管的燃油供给系统,在油泵的输油路上设有油压调节器,当发动机的转速提高的时候油泵两端的电压也随着增大,油泵转速增加输油压力随着增加。当输出的油压压力大于油压调节器内的弹簧压力时,阀芯打开燃油压力泄压直接回到油箱中,因此不需要回油管。燃油压力经调节后输出一个较稳定的油压。

笔 记

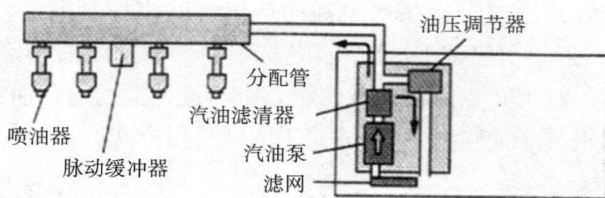

图 3-1-4 无回油管的燃油供给过程

思 考

● 油压调节器的外接式与内接式,它们的燃油供给系统喷油量是怎么样进行调节的?

2. 燃油箱

燃油箱的作用是贮存汽油(如图 3-1-5 所示)。在一般车辆中燃油箱一般造成简单的方形或圆柱体形状,但轿车燃油箱为了适应整车外观造型及车架的需要往往造成比较复杂的形状,油箱体一般采用薄钢板冲压焊接而成,为了提高其强度,其表面往往冲压成加强筋形式。油箱体上设有加油口和加油管,管内装有用金属网制成的滤网。为了防止汽车振动带来的燃油振荡,箱内装有隔板。油箱顶面装有输油管及油面传感器。

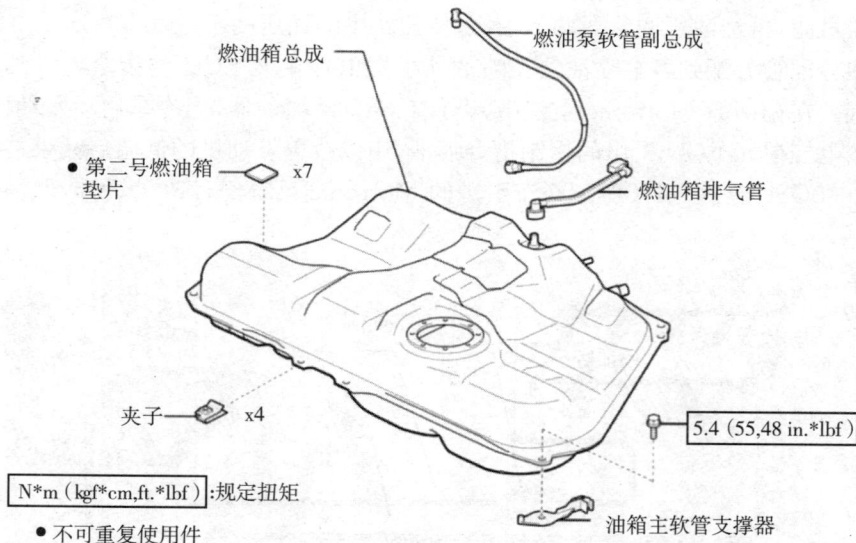

图 3-1-5 燃油箱及其附件

在密闭的油箱中,当汽油输出而油面降低时,箱内将产生一定的真空度,真空度过大时汽油将不能被汽油泵吸出而影响发动机的正常工作;另一方面,在外界温度高的情况下,汽油蒸气过多,将使箱内压力过大。这两种情况都要求油箱能在必要时与大气相通。为此,一般采用装有空气阀和蒸气阀的油箱盖。油箱盖内有垫圈用以封闭加油管口。当箱内汽油减少,压力降低到 98kPa 以下时,空气阀被大气压开,空气便进入油箱内,使燃油泵能正常供油。当油箱内汽油蒸气过多,其压力大于 110kPa 时,蒸气阀被顶开,汽油蒸气泄出,以保持油箱内的正常压力。

3. 电动燃油泵的检测

1) 电动燃油泵安装的位置

燃油泵一般采用油箱内置,如图 3-1-6 所示。油泵内置时,因浸泡在燃油里,这样可以防止产生气阻,且噪声小。同时,可以用汽油进行冷却和润滑,延长其使用寿命。油箱大多数安装在轿车的后排座椅下,掀开后排座椅就可以看到油泵了。

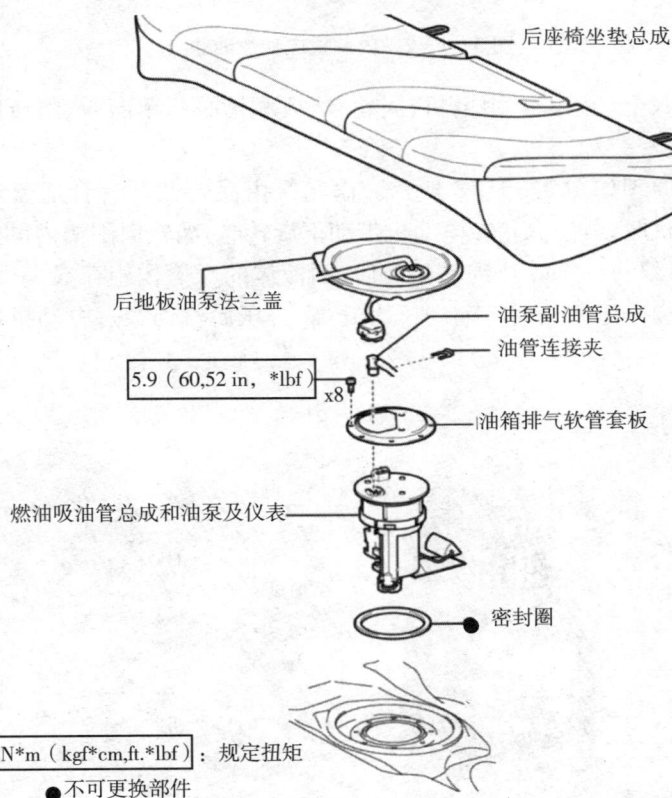

后座椅坐垫总成
后地板油泵法兰盖
油泵副油管总成
油管连接夹
5.9（60,52 in，*lbf）x8
油箱排气软管套板
燃油吸油管总成和油泵及仪表
密封圈
N*m（kgf*cm,ft.*lbf）：规定扭矩
●不可更换部件

图 3-1-6　电动汽油泵的安装位置

2) 电动燃油泵的构造与工作原理

电动燃油泵多安装在汽油箱内的液面以下或油箱的底部,淹没在汽油中,隔绝空气,无着火的危险。其目的是为了便于抽油、排气,防止气阻的产生。由于燃油是喷入负压的进气管中或混合室中,喷油压力要求低。多点喷射系统的喷油压力为 200~350kPa,单点喷射系统的喷油压力为 100kPa。电动燃油泵多采用涡轮式、滚柱式等。

电控汽车喷射系统中使用的电动燃油泵有内装式电动燃油泵和外装式电动燃油泵两种形式。目前内置电动燃油泵应用最广泛。

（1）内装式电动燃油泵的结构如图 3-1-7 所示。

电控燃油喷射发动机中使用的内装式电动燃油泵,其油泵大多采用叶片式的涡轮泵或

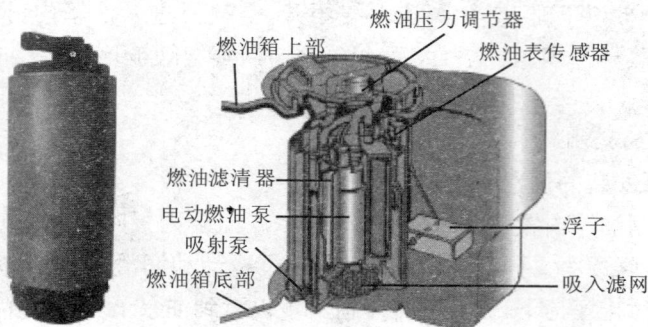

图 3 - 1 - 7　内装式电动燃油泵

侧槽泵。这种内装式电动燃油泵由电机、涡轮泵(或侧槽泵)、单向阀、限压阀及滤网等部件组成。

涡轮泵的工作原理如图 3 - 1 - 8 所示。涡轮泵由涡轮及开有合适流道的前后泵壳组成。涡轮泵由电动机驱动,当涡轮在电动机带动下旋转时,涡轮周围槽内的燃油与涡轮一直高速旋转,在涡轮外缘每一个叶片沟槽的前后,因液体的摩擦作用存在一个压力差,由很多叶片沟槽所产生的递升压力差使汽油的压力升高,升压后汽油通过电动机内部经单向阀从油泵出口排出。

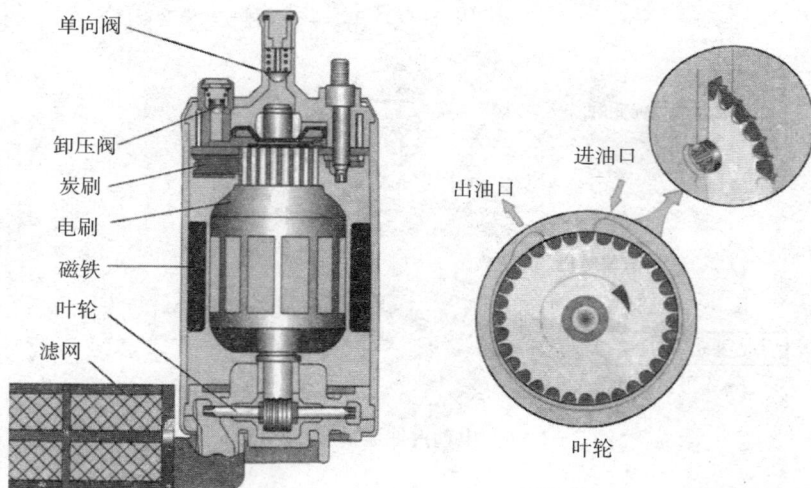

图 3 - 1 - 8　涡轮泵工作原理

(2)外装式电动燃油泵常采用滚柱泵和齿轮泵。外装式电动燃油泵的构造与内装式电动燃油泵基本相同,即由电动机、滚柱泵或齿轮泵、单向阀、限压阀、滤网和阻尼稳压器等组成,如图 3 - 1 - 9 所示。外装式电动燃油泵可安装在燃油管路中的任何位置上,故安装的自由度较大。

滚柱式转子泵主要由转子、与转子偏心的定子(即泵体)以及在转子和定子之间起密封作用的滚柱等组成,如表 3 - 1 - 3 的工作过程所示。

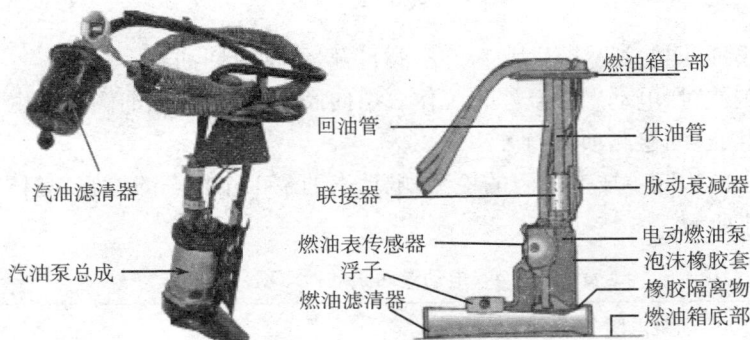

图 3-1-9 外装式电动燃油泵结构

表 3-1-3 滚柱式燃油泵的工作原理表

油 泵 工 作 图	工 作 状 态
	正常工作时 油泵的滚柱顺时针旋转,滚柱与泵体的容积逐渐增大,产生真空燃油被吸入油泵内。滚柱不断顺时针转动,容积逐渐压缩变小,燃油被压出油泵。单向阀的弹簧预紧力被克服,单向阀被打开,燃油进入输油管路
	卸压时 发动机转速逐渐增加,发电机的电压也逐渐增加,加载在油泵两端的电压增加。油泵转速增加泵油压力也增加,油泵的压力达到一定的时候卸压阀被压开泄压,燃油回到进油管
	不工作时 油泵停止工作时,单向阀在回位弹簧的作用下关闭了出油口。泄压阀也在关闭状态

滚柱式电动燃油泵主要由转子、泵体和滚柱组成。转子被偏心地安装在泵体内,并随着直流电机一同旋转。转子旋转时,位于凹槽内的滚柱在离心力的作用下,压靠在泵体的内表面上转动。利用转子、滚柱和泵体三者所包围部分的容积变化,使汽油在容积由小变大的一侧被吸入,容积由大变小的一侧油压升高被压出,燃油流过直流电机,压开单向阀,经输油管

笔记

输送到喷油器。

当油泵输出油压超过设定压力时,卸压阀打开,燃油流回油箱。

发动机不工作时,电动燃油泵停止工作。单向阀关闭,防止燃油倒流产生气阻。

3) 电动燃油泵的检测项目与方法

电动燃油泵的检测主要有电阻的检测、电动汽油泵工作状态的检查,具体检测步骤与方法如表 3-1-4 所示。

表 3-1-4　电动汽油泵的检测项目与方法

检修项目	电动燃油泵电阻的检测 电动燃油泵工作状态的检查
操作要领	拔下电动燃油泵的导线连接器,从车上拆下电动燃油泵进行检查 (1) 电动燃油泵电阻的检测:用万用表 Ω 档测量电动燃油泵上两个接线端子间的电阻,即为电动燃油泵直流电动机线圈的电阻,如电阻值不符,则须更换电动燃油泵 (2) 电动燃油泵工作状态的检查:按下图所示将电动燃油泵与蓄电池相接(正负极不能接错),并使电动燃油泵尽量远离蓄电池,如电动燃油泵不转,则应更换电动燃油泵 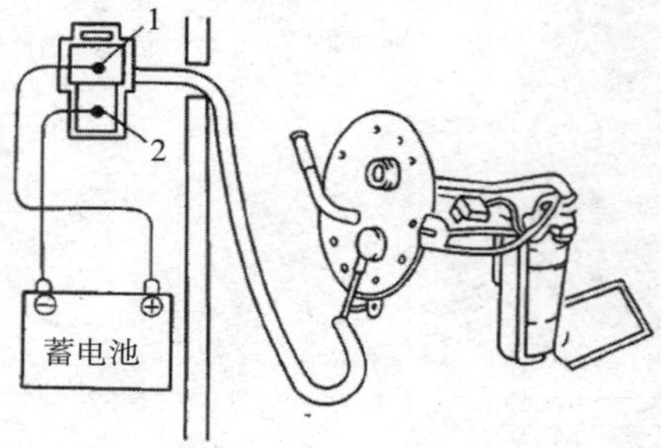 电动燃油泵工作状态的检查图
技术要求 或标准	◆油泵阻值应为 0.5～3Ω(20℃时) ◆工作状态检查时每次接通不超过 10s(时间过长会烧坏电动燃油泵电动机的线圈) ◆油泵工作性能试验不可用于泵油试验进行,以免发生安全事故

思 考

同学们,你们能想出一个比下面更好的方法检查燃油泵的工作性能吗?

采用就车检测法,通常燃油泵的供油量设计时为了实现供大于求而且维持一定的使用寿命,一般泵油量是最大需求量的 2～3 倍,所以即使在大负荷时回油管也应有大量的回油。将油压调节器上的回油管拆下来,用一个瓶子接住回油,在大负荷时观察回油量,大负荷时回油量都较大,说明油泵泵油量是供大于求的,大负荷无力不是油泵引起的;如果大负荷时回油量都很少,说明油泵或汽油滤清器性能不良,也可能是油泵控制电路接触不良,造成大负荷无力。当直接从蓄电池引正、负导线对油泵供电时大负荷回油量大,则为油泵电路接触不良故障。

对于没有回油管的供油系统呢?

4. 燃油滤清器的检查与更换

1) 燃油滤清器结构

燃油滤清器外壳有塑料和金属两种,如图3-1-10所示。其滤芯有尼龙布、聚合粉末塑料和纸质滤芯、金属片隙缝式以及多孔陶瓷式滤芯若干种。

多孔陶瓷式滤芯能够清洗,可重复使用,多用于高级轿车;金属滤芯由于滤清质量差,已趋于淘汰;纸质滤芯滤清效果好,抗水性强,成本低。目前汽车的汽油滤清器多采用纸质滤芯,大部分汽油滤清器都是整体更换。

金属外壳的燃油滤清器　　　　　塑料外壳的燃油滤清器

图3-1-10　燃油滤清器

2) 燃油滤清器的检查与更换方法

油压的不正常往往是由于燃油滤清器的阻塞造成的,应根据保养里程进行燃油滤清器的检查与更换。表3-1-5所示为燃油滤清器的检查、更换步骤与方法。

表3-1-5　燃油滤清器的检查、更换步骤与方法

检修项目	燃油滤清器的检查与更换
操作要领	 滤清器的安装示意图 燃油滤清器安装示意图如上图所示 更换警告: 必须在通气良好的地方更换燃油滤清器,且远离明火(如燃气热水器)。燃油滤清器安装在底盘上,靠近燃油箱,拔下燃油管路时应注意会有燃油流出。应定期更换燃油滤清器。安装时应注意燃油滤清器壳体上的安装标记

知识链接

想一想:

同学们,你们知道汽车的保养里程的划分吗?

新车首次保养为 2 500 ~ 3 000km 进行,首次保养后每 5 000km 进行一次机油保养;每 20 000km 更换空气滤清器、空调滤清器、汽油滤清器以及火花塞;每 40 000km 更换刹车油、变速箱油以及助力转向油。

5. 燃油压力调节器的检修

1) 燃油压力调节器的安装位置

外置式燃油压力调节器一般安装于进气管附近,如图 3-1-11 所示。

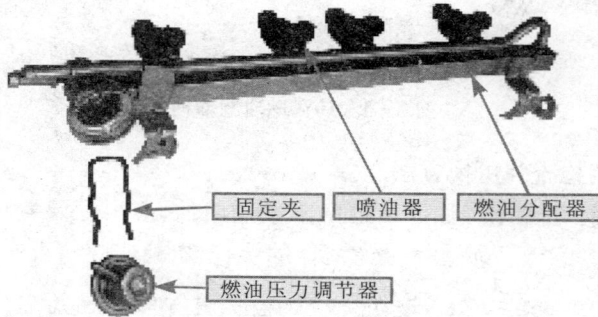

固定夹　喷油器　燃油分配器
燃油压力调节器

图 3-1-11　油压调节器位置

燃油压力调节器结构如图 3-1-12 所示,它由金属壳体、弹簧、膜片、阀等组成,一般安装在燃油分配管上。膜片将金属壳体的内腔分成两个腔室:一个是弹簧室,内装一个具有一定预紧力的螺旋弹簧,弹簧预紧力作用在膜片上,弹簧通过软管引入进气歧管的负压;另一个是燃油室,通过两个管接头与燃油分配管及回油管相连。

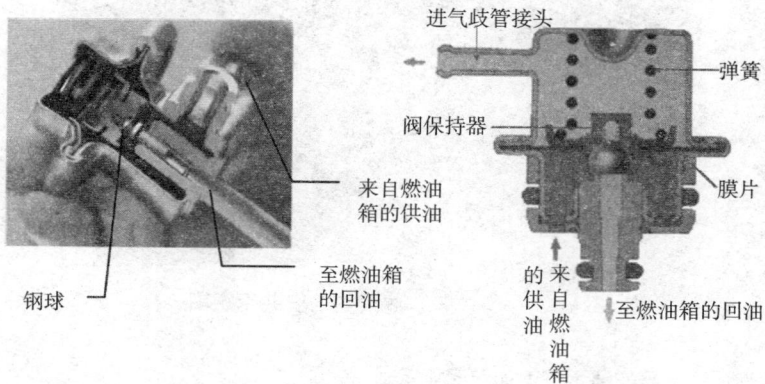

进气歧管接头
弹簧
阀保持器
膜片
来自燃油箱的供油
钢球
至燃油箱的回油
来自燃油箱的供油
至燃油箱的回油

图 3-1-12　燃油压力调节器结构

发动机运转时,进气歧管的负压和弹簧预紧力共同作用在膜片上。燃油泵供给的燃油同时输送到喷油器和压力调节器的燃油室,若油压低于预定值,球阀将回油孔关闭,燃油不再进一步流动。当油压超过预定值时,燃油压力推动膜片使阀向上移动,回油孔打开,燃油经回油管流回油箱,同时弹簧室的弹簧被进一步压缩。

　　一部分燃油经回油孔流回油箱,燃油分配管内的油压下降,膜片在弹簧力的作用下向下移动到原来位置,球阀将回油孔关闭,使燃油分配管内的油压不再下降。

　　作用在膜片上方的进气歧管负压用来调节燃油分配管内的压力。若弹簧的预紧力为0.25MPa,则进气歧管负压为零时,燃油分配管内的压力保持在0.25MPa。发动机在怠速工况时,进气歧管压力约为-0.054MPa,此时回油孔开启的燃油压力为0.196MPa。节气门全开时,进气歧管的压力约为-0.005MPa,这时回油孔开启的燃油压力变为0.245MPa,即节气门全开时的油压调整值自动调整为0.245MPa。燃油分配管内油压调整值随进气歧管压力而变化。电动燃油泵停止工作时,膜片在弹簧力的作用下,将回油孔关闭,使电动燃油泵与燃油压力调节器之间的油路内保持一定的残余压力。

知识链接

想一想:

内置式燃油压力调节器如图3-1-13所示。

内置式燃油压力调节器结构特点:无真空管、装在油泵内,调节燃油的压力是恒定的。

燃油管的压力保持在一个固定值;燃油管路只有输油管没有回油管;这种油路油压保持在304kPa～343kPa。

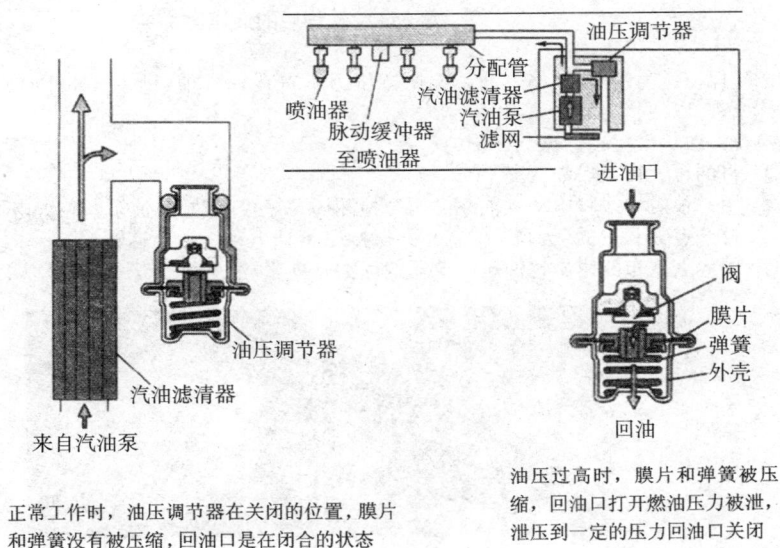

图3-1-13　内置式油压调节器的调压原理

2) 燃油压力调节器检测

　　油压调节器能使燃油系统的油压保持比较稳定的一个值,有利于更准确地控制喷油量。表3-1-6所示为燃油压力调节器的检测步骤与方法。

表 3-1-6   燃油压力调节器的检测步骤与方法

检修项目	外 置 式 油 压 调 节 器 检 测
操作要领	（1）工作状况的检查  **发动机工作的正常油压图** ① 发动机的正常油压，如上图所示。测量发动机怠速运转时的燃油压力应为 250kPa 左右 ② 如下图所示。拔下油压调节器真空软管，并检查燃油压力。此时的燃油压力应比怠速运转时的燃油压力高 60kPa 左右。如压力变化不符合要求，即说明油压调节器工作不良，应更换 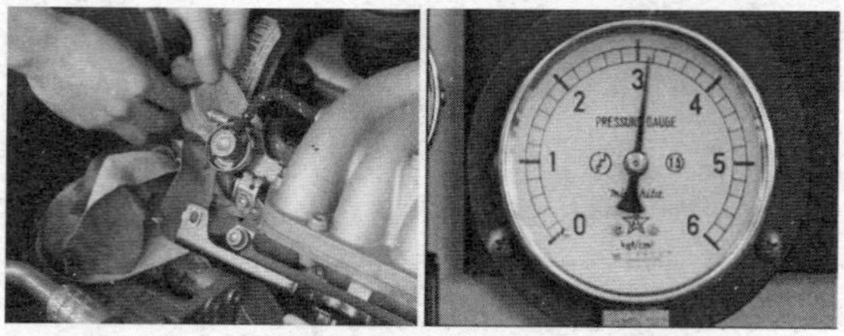 **拔下真空软管后的油压图** （2）保持压力的测量：当燃油系统保持压力不符合标准值（低于 147kPa）时，应作此项检查，以便找出故障原因 检查方法： ① 将油压表接入燃油管路 ② 用一根短导线将电动汽油泵的两个检测插孔短接（或短接油泵断路继电器） ③ 打开点火开关（旋至 ON 位置），并保持 10s，让电动汽油泵运转 ④ 用包上软布的钳子将油压调节器的回油管夹紧，油压应回升 400kPa 以上，如下图所示 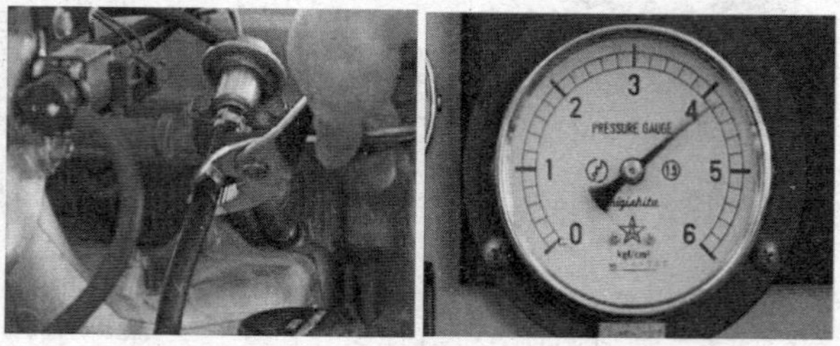 **回油管被夹紧的油压图** ⑤ 关闭点火开关，拔去检测插孔上的短接导线 ⑥ 5min 后观察燃油压力，该压力称为油压调节器保持压力。如果该压力仍然低于燃油系统保持压力的标准（147kPa），说明燃油系统保持压力过低的故障不在油压调节器；相反，若此时压力大于 147kPa，则说明油压调节器有泄漏，应更换

(续表)

检修项目	外置式油压调节器检测
技术要求或标准	注意: 接油压表时的安全措施: ◆ 接油压表前要把油管内的压力卸了 ◆ 在通风良好的环境下操作 ◆ 在接燃油压力表之前最好拆下蓄电池负极和泄掉燃油压力,同时在车前1m范围内放两个灭火器 ◆ 确保燃油压力表接好,试车几秒钟后检查压力表各接头有没有泄漏,否则更换接头重新接上燃油表,确定没泄漏燃油的情况下才能检测燃油压力

思考

● 你能设计一个方法,把油管里面的油压给卸了吗?

6. 脉动阻尼器

图3-1-14为脉动阻尼器结构图,在燃油分配管进油口处(或其他地方)设有脉动缓冲器,利用其膜片和弹簧的变形使容积随压力的大小而变化,缓和与衰减分配管内油压的脉动使油压稳定,保证了燃油准确的计量。

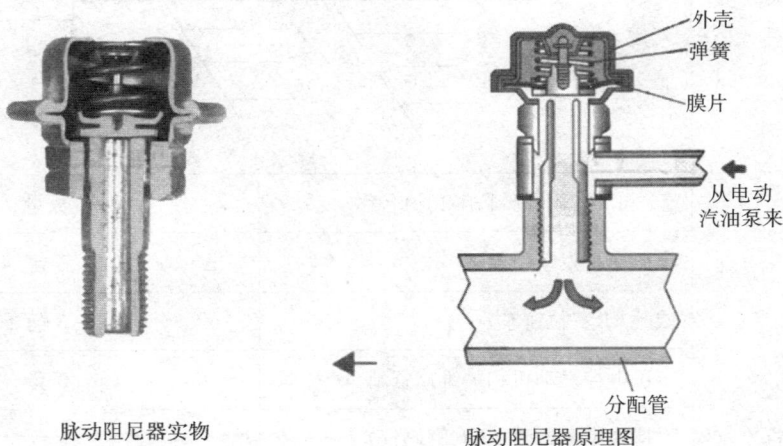

外壳
弹簧
膜片
从电动汽油泵来
分配管

脉动阻尼器实物　　脉动阻尼器原理图

图3-1-14　脉动阻尼器结构

燃油在分配管内呈脉动状态。原因有三:①泵油时油泵内容积变化形成的"泵油脉动";②回油时油压调节器阀门开闭形成的"回油脉动";③喷油器间歇喷油形成的"喷油脉动"。

思考

● 脉动阻尼器的调整原理与油压调压器的调整原理有什么区别?

笔记

三、制订检修计划

　　燃油供给系统故障会造成发动机怠速不稳、油耗增减、排放变差、缺缸,严重时甚至无法启动。

　　根据任务要求制订电控发动机系统故障诊断计划,如表3-1-7所示。

表3-1-7　制订电控发动机控制系统故障诊断检查计划

项　　目		内　　容
1. 车辆信息描述	车辆型号(VIN码)	
	发动机型号	
	客户投诉	
2. 汽车自诊断系统的描述		
3. 汽车电子控制系统故障原因分析,画出鱼刺图		
4. 汽车电子控制系统故障检修工具准备	车辆、资料、工具的名称	数量
	丰田电控发动机台架	5台
	威驰/卡罗拉轿车	5辆
	丰田电控发动机相关维修资料	5套
	手持式汽车诊断电脑(解码仪)	5台
	汽车专用电表	5个
	汽车专用示波器	1台
	维修导线	1把
	常用拆装工具	1套
	试灯	5把
	燃油压力表	5套

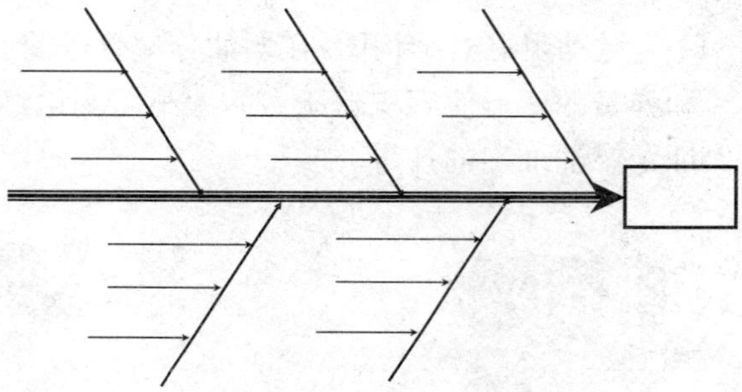

笔 记

(续表)

5. 汽车燃油供给系统油压异常故障诊断工作准备					

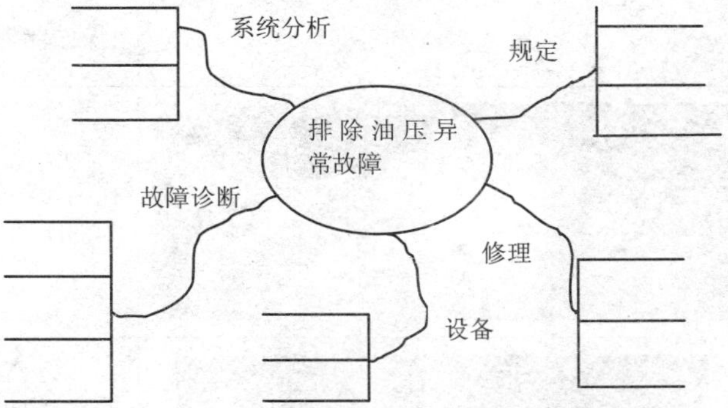

	步　骤	检修项目	操作要领	技术要求或标准	检修记录
6. 汽车燃油供给系统油压异常故障检修流程					

名　称	示　意　图	特点说明
油压表		油压表的读数如左图所示,它的单位为 kPa,指针所指的位置油压为270kPa
油压表安装的事项		首先释放燃油系统的油压,在燃油回路串入 400kPa 的压力表,比较简单的方法是将燃油滤清器取下,将压力表串入,或在燃油分配管与进油管相连的位置安装

四、实施维修作业

1. 检查燃油供给系统的油压

发动机燃油系统压力过高时,发动机不容易启动;发动机怠速运转不稳;排气管有"突突"声;发动机动力下降,油耗增加;火花塞有积碳等。

发动机燃油系统压力过低时,发动机启动后转速不容易提高;加速容易熄火;排气管放炮;汽车行驶动力不足;发动机过热等。

因此要学会对燃油供给系统压力进行检查的方法,如表3-1-8所示。

表 3-1-8　燃油供给系统压力检测步骤与方法

检测项目	演　示　图	操作要领及技术标准	我的检测记录	结果判断
步骤一		找到燃油供给系统管路和油压调节位置		
步骤二		拆下输油管与燃油分配器的接头,用专用接头把燃油压力表连接到输油管上		
步骤三		打开点火开关,启动发动机,保持怠速状态,标准的燃油压力值在304~343kPa之间(没有回油管:304~343kPa)		
步骤四		拔掉燃油压力调节器上的真空管,燃油压力值应上升到305~420kPa		
步骤五		把燃油压力调节器上的真空管插回原处,燃油压力值立即下降到265~304kPa之间(没有回油管:304~343kPa)		
步骤六		关闭发动机5分钟后,燃油的保持压力为147kPa		

注意事项:
◆ 燃油压力的检测必须在通风良好的环境下操作
◆ 在接燃油压力表之前最好拆下蓄电池负极和泄除燃油压力,同时在车前1m范围内放两个灭火器确保燃油压力表接好,试车几秒钟检查压力表各接头有没有泄漏,否则更换接头重新接上燃油表,确定没燃油泄漏的情况下才能检测燃油压力

2. 排除燃油供给系统油路部件的故障

燃油供给系统供给路线中重要零部件在进行故障排除时应该检修的项目如表3-1-9所示。相关操作的记录与要求请填写入表3-1-9中。

表3-1-9　燃油供给系统检修表

检查油箱空气阀与蒸气阀	在密闭的油箱中,当汽油输出而油面降低时,箱内将产生一定的真空度,真空度过大时汽油将不能被汽油泵吸出而影响发动机的正常工作;另一方面,在外界温度高的情况下,汽油蒸气过多,将使箱内压力过大。这两种情况都要求油箱能在必要时与大气相通		我的检测记录	结果判断
	操作要领及技术标准		我的检测记录	结果判断
	检查内容:检查燃油箱空气阀与蒸气阀气密性,和开启时是否卡滞	检查要领:		
检查油泵是否良好	油泵除了需要去检测其是否会工作,还需要检测其是否工作性能不良。工作性能良好的油泵燃油压力可以达到正常工作的油压			
	操作要领及技术标准		我的检测记录	结果判断
	检查的内容:	检查要领:		
检查燃油滤清器是否良好	燃油滤清器过滤燃油的杂质防止喷油器阻塞,因此燃油滤清器需要检查其是否会阻塞,滤清器的更换和安装应该要注意的事项			
	操作要领及技术标准		我的检测记录	结果判断
	检查的内容:	检查要领:		
检查油压调节器	油压调节器有外置式和内置式两种油压调节器,油压调节器失效会造成油路压力异常。进行油压调节器检查时要检查油压调节器的密封能力和调压能力			
	操作要领及技术标准		我的检测记录	结果判断
	检查的内容:	检查要领:		
检查脉动阻尼器	脉动阻尼器可以使燃油中的油压波动变得平缓,燃油压力平缓可以使燃油的喷射量更加准确			
	操作要领及技术标准		我的检测记录	结果判断
	检查的内容:	检查要领:		

五、检验评估

项目三中的任务 3.1 检验评估如表 3 - 1 - 10 所示。

表 3 - 1 - 10　检查评估

评价指标	检验说明	检验记录			
维护检查项目	➤ 燃油压力的检查 ➤ 燃油供给系统中油箱、动泵、燃油滤清器、油压调节器的检查				
汽车发动机运行情况					
评价内容	检验指标	权重	自评	互评	总评
检查任务完成情况	1. 完成任务的情况				
	2. 任务完成的质量				
	3. 在小组完成任务过程中所起的作用				
专业知识	1. 能描述汽车燃油供给系统的组成				
	2. 能描述汽车燃油供给系统各个组成部件的功能与原理				
	3. 能描述汽车燃油供给系统的各个零部件的检测方法				
	4. 会描述汽车燃油供给系统油压的检查方法				
	5. 会描述汽车燃油供给系统维护与检测作业安全事项				
职业素养	1. 学习态度：积极主动参与学习				
	2. 团队合作：与小组成员一起分工合作，不影响学习进度				
	3. 现场管理：服从工位安排、执行实训室"5S"管理规定				
综合评议与建议					

任务 3.2　诊断与排除喷油器喷油不良或不喷油故障

任务描述	一辆 07 款的威驰 1.3GL 轿车进厂维修，车主描述：该车最近油耗增加，加速性能不太好。维修技师检修发现发动机怠速较低，而发动机抖动。经检查没有故障代码，维修技师判断故障很可能出现在发动机的燃油供给系统 排除了燃油供给系统其他零部件故障后，对油泵控制电路进行检测，再检测喷油器工作性能进行检测
任务目标	1. 理解喷油器的结构原理，掌握喷油器性能的检测方法 2. 理解油泵控制电路的控制原理，熟记油泵控制电路并掌握油泵控制电路的检测方法

一、维修接待

按表3-2-1完成待修车辆的维修接待，并准确填写接车问诊表。

表3-2-1   维修接待与接车问诊表

1. 通过询问客户了解汽车发动机最近的使用情况，填写接车问诊表
2. 车间检测初步确认结果：故障有可能出现在发动机燃油供给系统中

接 车 问 诊 表

车牌号：_____   车架号：_____   行驶里程：_____（km）

用户名：_____   电 话：_____   来店时间：_____ / _____

用户陈述故障发生时的状况：**该车最近油耗增加，加速性能不太好**
故障发生状况提示：**行驶速度、发动机状态、发生频度、发生时间、部位、天气、路面状况、声音描述**
接车员检测确认建议：**通过初步确认，需要对发动机燃油供给系统进行全面检修**
车间检测确认结果及主要故障零部件：**需要对发动机燃油供给系统进行检修，必要时需要更换零部件**
车间检查确认者：_____

外观确认：

（请在有缺陷部位作标识）

功能确认：（工作正常✓   不正常✗）
□音响系统　　□门锁（防盗器）　□全车灯光　□工具
□后视镜　　　□顶窗　　　　　　□座椅　　　□点烟器
□玻璃升降器　□玻璃

物品确认：（有✓   无✗）
□贵重物品提示
□工具　□备胎　□灭火器
□其他（　　　　　　　）
旧件是否交还用户　　□是　□否
用户是否需要洗车　　□是　□否

- 检测费说明：本次检测的故障如用户在本店维修，检测费包含在修理费用内；如用户不在本店维修，请您支付检测费。本次检测费：¥_____元
- 贵重物品：在将车辆交给我店检查修理前，已提示将车内贵重物品自行收起并保存好，如有遗失恕不负责

接车员：_____   　　　　用户确认：_____

笔记

二、信息收集与处理

按照表3-2-2完成任务3.2的信息收集与处理。

表3-2-2 信息收集与处理

1. 根据喷射方式喷射系统的喷油器按结构分可分为：＿＿＿＿＿＿、＿＿＿＿＿＿，喷油嘴的结构功能可以分为：＿＿＿＿＿＿、＿＿＿＿＿＿；按阻值分可以分为＿＿＿＿＿＿它的阻值是：＿＿＿＿＿Ω和＿＿＿＿＿它的阻值是：＿＿＿＿＿Ω
2. 油泵控制电路有什么类型的：＿＿＿＿＿＿
3. 油泵控制电路中泵油延时指的是什么功能，喷油延时有什么作用
4. 燃油的喷射量由喷油器的＿＿＿＿＿＿、＿＿＿＿＿＿和燃油压力决定

1. 喷油器的认识

电控发动的喷射方式分为单点喷射、同时喷射、分组喷射、顺序喷射，所以根据喷射方式喷油嘴的结构功能可以分为单点喷射喷油嘴、多点喷射喷油嘴。单点喷射系统早已被淘汰，目前多点喷射系统使用最为广泛。以下是多点喷射系统喷油器的特点介绍。

（1）工作原理：不喷油时，回位弹簧通过衔铁使针阀紧压在阀座上，防止滴油。当电磁线圈通电时，产生电磁吸力，将衔铁吸起并带动针阀离开阀座，同时回位弹簧被压缩，燃油经过针阀并由轴针与喷口的环隙或喷孔中喷出。当电磁线圈断电时，电磁吸力消失，回位弹簧迅速使针阀关闭，喷油器停止喷油。在喷油器的结构和喷油压力一定时，喷油器的喷油量取决于针阀的开启时间，即电磁线圈的通电时间。回位弹簧弹力对针阀密封性和喷油器断油的干扰程度会产生影响。

（2）喷油器的分类：多点喷射系统中使用的电磁式喷油器形式较多，按其结构特点可分为轴针式喷油器和孔式喷油器。

① 轴针式喷油器。轴针式喷油器针阀的前端有一段轴针，喷油器关闭时轴针露出喷孔，其结构如图3-2-1所示。轴针式喷油器的主要特点是喷孔不易堵塞，但燃油的雾化质量稍逊于孔式喷油器，且由于针阀的质量较大，因此动态响应较差。

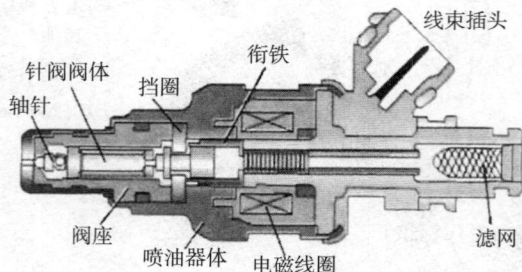

图3-2-1 轴针式电磁喷油器（丰田5A-FE发动机等）

② 孔式喷油器。如图3-2-2所示，孔式喷油器针阀的前端没有轴针，故针阀不露出喷孔。孔式喷油器的喷油嘴头部加工有1个或多个喷孔，有1个喷孔的称单孔喷油器，有2个喷孔的称双孔喷油器，有3个以上喷孔的称多孔喷油器。针阀头部为锥型或球型（也称球阀

式喷油器）。孔式喷油器的特点是燃料雾化质量较好，且球阀式针阀的质量仅为轴针式针阀的一半，故响应速度快；不足之处是喷孔易堵塞。目前孔式喷油器在汽油发动机上使用较广泛。

图 3-2-2　孔式喷油器

（3）按电磁线圈阻值分类。根据喷油器电磁线圈的阻值，可分为低阻喷油器和高阻喷油器。

① 低阻喷油器。低阻喷油器电磁线圈的匝数较少，电阻值约为 $0.6\sim3\Omega$。由于减少了电磁线圈的匝数，因此线圈的电感小，动态响应特性好。

当采用电压驱动方式时，需在驱动回路中串入附加电阻，增加回路的阻抗，如图 3-2-3 所示。因为是低阻喷油器，电磁线圈的电阻很小，在相同的电压下，流过线圈的电流较大，可能导致电磁线圈发热损坏。在电路中串入附加电阻，可以起到减小电磁线圈电流，防止电磁线圈过热损坏的作用。

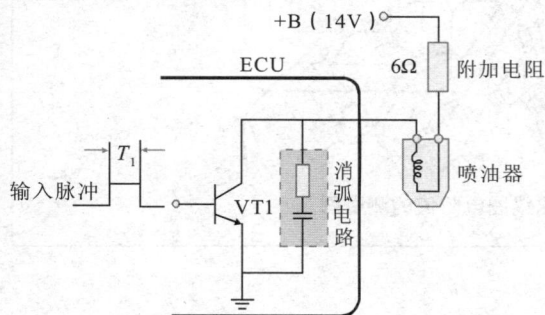

图 3-2-3　低阻喷油器电压驱动电路

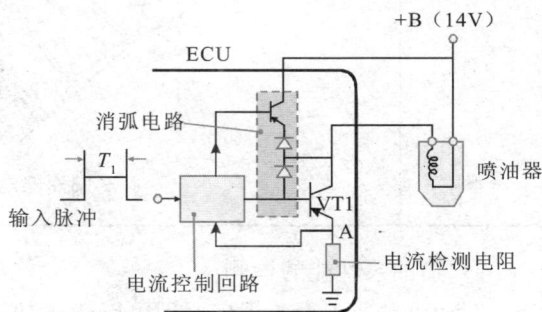

图 3-2-4　低阻喷油器电流驱动电路

当采用电流驱动方式时，喷油器直接与电源连接，ECU 通过检测回路电磁线圈的通过电流进行控制，如图 3-2-4 所示。这种驱动方式的回路阻抗很小，功率三极管 VT1 刚开始导通时，喷油器电磁线圈的通过电流在极短的时间内迅速增大，针阀能以最快的速度升起，使喷油器具有良好的动态响应特性，缩短无效喷射时间（迟滞喷射时间）。当针阀升至全开位置时，电磁线圈中的通过电流达到最大的峰值电流 I_p（一般为 $4\sim8A$）。在电磁线圈通过电流迅速增大的同时，电流检测电阻的电压也在迅速增大。如图 3-2-5 中 A 点的电压达到设定值时（此时针阀恰好全开），ECU 控制大功率三极管 VT1 在喷油期间以 20MHz 的频率交替导通截止，使电磁线圈的通过电流下降至保持电流 I_n，保持电流的平均值一般为 $1\sim2A$。该电流足以使针阀保持在全开位置，从而可防止线圈发热，减小电能无效损耗。

　　② 高阻喷油器。高阻喷油器电磁线圈的电阻值（或内装附加电阻）约为 $12 \sim 17\Omega$。高阻喷油器只能采用电压驱动方式,故驱动电路较简单,成本较低,但高阻喷油器无效喷射时间较长,响应特性较差。高阻喷油器的驱动电路与图 $3-2-4$ 相似,只是在电路中不需要串联附加电阻。在电压驱动电路中,当大功率三极管 VT1 截止时,线圈两端可能产生很高的感应电动势,此电动势与电源电压一直作用在功率管上,有可能将功率管击穿,故在电路中设有 CR 消弧电路。

　　2. 喷油器的检测

　　1）喷油器电磁线圈电阻的测量

　　喷油器不喷油或喷油性能下降,除了供电电路问题外还有可能是喷油器本身电路出了故障。如表 $3-2-3$ 所示为喷油器电磁线圈电阻的检测步骤与方法。

表 3 - 2 - 3　喷油器电磁线圈电阻的检测步骤与方法

检修项目	喷油器电磁线圈电阻的测量
操作要领	拔下喷油器的导线连接器,用万用表 Ω 档测量喷油器上两个接线端子间（电磁线圈）的电阻值（如下图所示）。在 20℃ 时,高电阻型喷油器的电阻值应为 $12 \sim 16\Omega$,低电阻型喷油器应为 $2 \sim 5\Omega$。如果电阻值不符,应更换喷油器 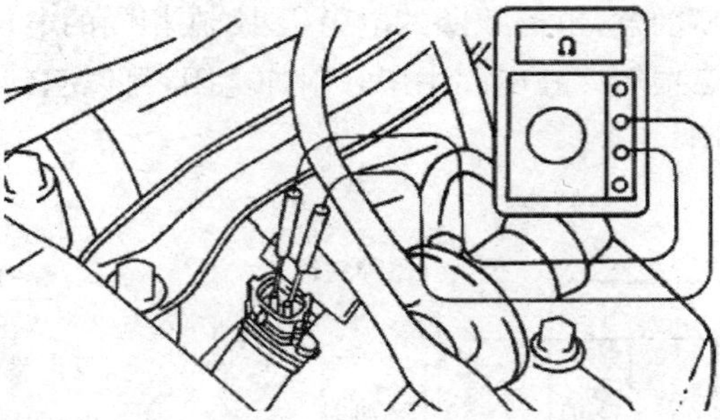 <p align="center">**喷油器电磁线圈电阻值的测量图**</p>

　　2）喷油泵性能的检测

　　发动机怠速不稳有很多原因可以造成,但其中的一种原因是由于喷油器造成的,所以这时候应对喷油器的原因进行排查,但是有以下几大困难造成难以排查:

　　◆ 喷油器装在进气歧管上难以拆下观察,耗时较多。

　　◆ 即使拆下观察,也看不到什么,因为喷油器本身并不可以拆开来观察。

　　◆ 将喷油器与供油总管拆下来做喷油观察试验也不可行,因为喷油器与供油总管之间多采用压紧式的,拆下后会自动脱开,无法做喷油试验。

　　◆ 将喷油器拆下后在喷油器专用测试仪上检测当然可以彻底检查喷油器的所有故障,但万一不是喷油器造成的怠速不稳则耗时太多。

　　◆ 开车听喷油器是否发出喷油的声音,但由于声音太嘈杂而无法准确判断。

　　那么如何更加快速地检测喷油器是否卡在全关、喷油器是否堵死、如何检测喷油器是否卡在全开。

　　（1）喷油器卡在全关位置的检测。发动机由于喷油器卡在全关的位置的而造成无法喷油而引起的发动机怠速发抖、缺缸的故障现象。如表3-2-4所示为喷油器是否卡在全关位置的检测步骤与方法。

表3-2-4　喷油器是否卡在全关位置的检测步骤与方法

检修项目	喷油器卡在全关位置的检测
操作要领	（1）熄火后，拔下所有喷油器的插头 （2）在发动机很安静的情况下，单独从蓄电池正、负极引导线对喷油器通电（触碰） （3）仔细听喷油器内是否发出"咔嗒"声，如果没有声音见表中判断结果 （4）结合喷油器线圈阻值是否正常，触碰时有无电火花，怠速不稳和该缸工作不良等现象，则可判断为该喷油器卡在全关位置 判断结果： 有声音则喷油器正常。怠速不稳也有可能是由于喷油器堵死而造成（注意：堵死不等于卡死） 注意：喷油器在接通电源时不可通电时间过长否则会烧坏喷油器的电磁线圈

（2）油器堵死的检测。怠速不稳也有可能是由于喷油器堵死而造成，对于是否是堵死的原因，在后面介绍详细的检测方法。大家注意，喷油器是否堵死和卡死是不同的，卡死时针阀是不能动作的，而堵死时针阀是可以动作且有响声。下面提供两种方法判断喷油器是否堵死。检查步骤如表3-2-5所示。

表3-2-5　喷油器堵死的检测步骤与方法

检修项目	喷油器堵死的检测
操作要领	方法一 （1）在供油总管上接上燃油压力表，开关几次点火开关（即 Key—off→Key—IG 几次）。使油泵工作几次，提供油压。然后拔下所有喷油器的插头 （2）单独从蓄电池正、负极引导线对喷油器通电（触碰）的同时观察燃油压力表的读数是否在喷油时下降。如果下降则喷油器没有堵死，也没有卡死；如果不下降则喷油器卡死或堵死 （3）再结合是否有触碰火花、喷油器动作声音就可判断喷油器是否堵死，有火花且有针阀动作声音、油压不降则为堵死 方法二 不接油压表，通过观察火花塞是否有油迹来判断喷油器是否堵死。步骤如下： （1）开关几次点火开关，即 Key—off→Key—On 几次，使油泵工作几次，提供油压 （2）拆下工作不良的汽缸的火花塞，观察黏附汽油的情况，以便下一次比较，然后将火花塞装回 （3）拔下所有喷油器的插头，单独从蓄电池引导线正、负极对所怀疑的喷油器通电（触碰）几次，让汽油通过喷油器喷入进气歧管 （4）启动几次发动机，让曲轴转几圈，这时刚才人工喷入进气歧管中累积的汽油一下涌入燃烧室，一定会把火花塞弄湿。如果喷油器堵死了则火花塞不会被弄湿。应特别注意的是，启动发动机之前一定要把所有气缸的高压线拔掉，否则可能因启动了车使汽油被烧掉而看不到火花塞被弄湿 （5）立刻（时间太久后，汽油蒸发，可能现象不明显）拆下火花塞，观察火花塞黏附汽油的情况，再与步骤2所看到的火花塞比较。如果更加湿了则可肯定该缸的喷油器没有堵死，如果没有明显弄湿则该缸喷油器堵死

（3）喷油器的喷油性能测试。即使喷油器判断出来不堵了，但是还不能说明喷油器的性能是良好的。一个良好的喷油器能够使气缸的燃烧达到极致。如表3-2-6所示喷油器的测试实验。

表 3 - 2 - 6　喷油器的测试实验

检修项目	喷 油 器 的 喷 油 性 能 测 试
操作要领	首先拔下各喷油器的导线连接器,从车上拆下主输油管,再从主输油管上拆下喷油器,按图 3 - 2 - 7 所示连接喷油器、油压调节器、进油管、检查用的软管以及专用的软管接头等 (1) 喷油量的检查:用连接线连接检查连接器的端子+B 与 FP,并按图 3 - 2 - 8 将蓄电池与喷油器连接好;通电 15s,用量筒测出喷油器的喷油量,并观察燃油雾化情况。每个喷油器测试 2～3 次。标准喷油量为 45～55 $[cm]^3$ (15s),各喷油器间的喷油量允许差值为 5 $[cm]^3$。如果喷油量不符合标准,则应清洗或更换喷油器 (2) 检查漏油情况:在检测喷油量后,脱开蓄电池与喷油器的连接线,检查喷油器喷嘴处有无漏油。要求每分钟漏油不多于 1 滴 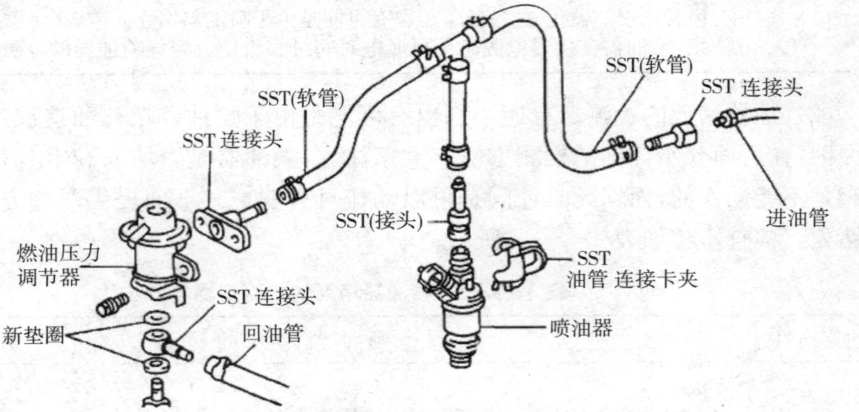 丰田车喷油器测试的右路连接图 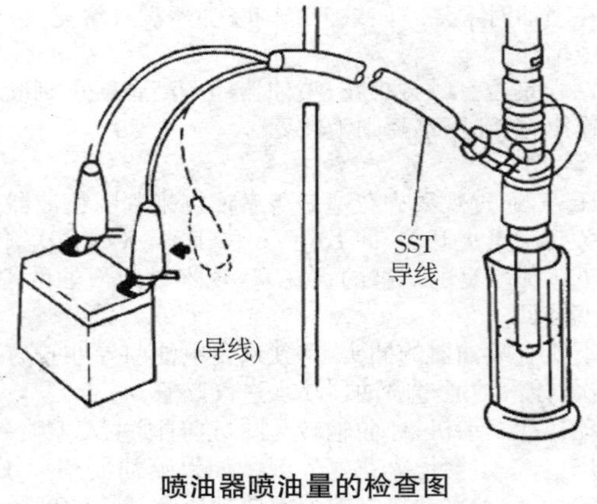 喷油器喷油量的检查图

思 考

● 喷油器的雾化能力对气缸的燃烧起到很关键的作用,你是怎么判断这个雾化能力的? 试说明喷油角的含义。

3. 燃油泵控制电路的认识

电控燃油泵需要拥有以下控制功能：发动机工作时，电动燃油泵工作；发动机不工作时，电动汽油泵不工作（有些发动机不转，点火开关置于点火档，电动汽油泵工作 2s，提高管路压力便于启动），以减小电动汽油泵的磨损和不必要的电能消耗。

1）ECU 控制的油泵控制电路控制原理

这种控制方法同样运用于油泵转速不变、输油量恒定的控制系统。它适用于 D 型 EFI 控制系统以及使用热线式空气流量计和卡门式空气流量计的 L 型 EFI 系统。

ECU 控制式系统电路如图 3-2-5 所示。电动燃油泵断路继电器由点火开关和 ECU 共同控制。断路继电器也有两组线圈，一组线圈 L_2 由点火开关启动档直接控制，在启动发动机时使油泵运转；一组线圈 L_1 由 ECU 中的三极管控制，在发动机启动后使燃油泵保持运转。当发动机运转时，分电器转速信号 N_e 输入 ECU 后，会使三极管导通，使 L_1 线圈通电，这时断路继电器触点闭合，使燃油泵不断地运转。如果 ECU 在 3s 内未收到发动机转速 N_e 信号，则会切断燃油泵继电器线圈的接地电路，使油泵停止运转。发动机在未启动前，接通 3s 的目的是为了增加燃油压力，以使发动机启动迅速；但当 ECU 在 0.5～2s 内未收到发动机运转信号时，又切断燃油泵继电器的通电接地电路，是为了保护油泵的安全。这样可以防止在如翻车后，发动机停转而点火开关仍处于"ON"位置使油泵继续泵油而发生危险。如果发动机正常运转，ECU 会一直保持继电器线圈通电接地，燃油泵会保持连续稳定运转。如果发动机停止运转三极管 VT 截止，断路继电器线圈 L_1 断电，触点断开，电动燃油泵则停止转动。

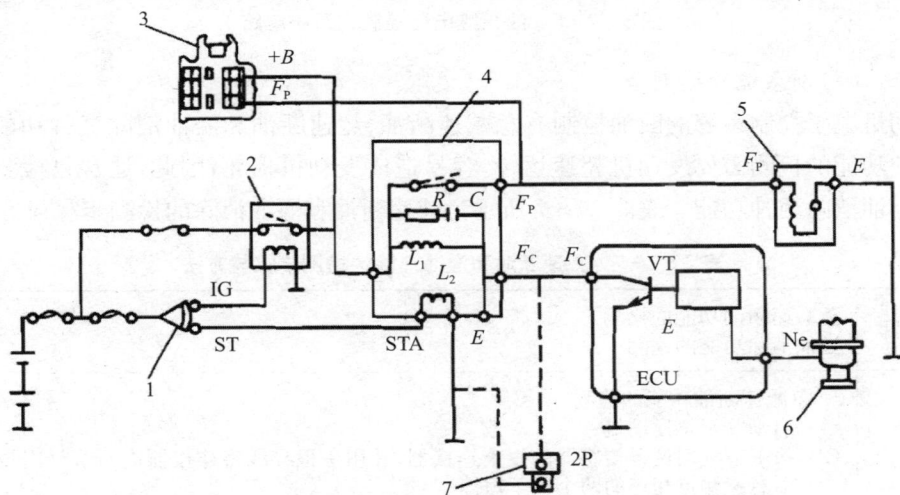

图 3-2-5 ECU 控制式油泵系统电路

1—点火开关；　2—主继电器；　3—检查插座；　4—燃油泵断路继电器；　5—燃油泵；
6—分电器；　7—燃油泵检查开关

2）具有转速控制的油泵控制电路

这种控制方法适用于两级转速燃油泵控制系统，ECU 根据发动机负荷和转速信号控制燃油泵低速或高速运转，以输出不同的燃油量，适应发动机负荷需要，它的电路控制系统如图 3-2-6 所示。

笔记

　　为实现油泵转速可变控制,该电路由 ECU、油泵继电器、电阻器、燃油泵断路继电器、主继电器等组成。当发动机工况处在启动、大负荷高速运转时,ECU 内的 Tr_2 三极管是截止的,燃油泵继电器触点 B 闭合,电流经点火开关、油泵断路继电器,经触点 B 直接加到燃油泵上,使燃油泵高速运转。当发动机处在小负荷工况运转时,ECU 内的 Tr_2 三极管导通,油泵继电器中的触点 A 闭合,电流要流经电阻器产生电压降后再流到燃油泵电路中,这时燃油泵低速运转,输出较少的燃油。

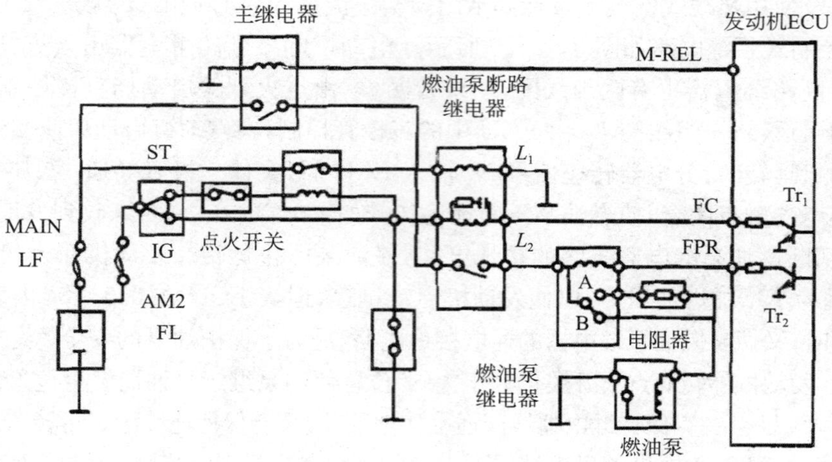

图 3-2-6　油泵继电器控制式系统电路

4. 断油控制系统的检测

　　发动机电子控制系统的断油控制有急减速断油、超速断油和溢油消除三种功能。由于超速断油功能的检测需要发动机超速运转,容易造成发动机损坏,因此,通常只检测急减速断油和溢油消除两种功能。表 3-2-7 所示为减速断油和溢油消除的检测步骤与方法。

表 3-2-7　减速断油和溢油消除的检测步骤与方法

检修项目	急减速断油功能的检测 溢油消除功能的检测
操作要领	1. 急减速断油功能的检测 (1) 启动并预热发动机 (2) 拔下节气门位置传感器的线束连接器,并用一根导线将连接器内与节气门位置传感器急速触点相连的两个端子短接 (3) 慢慢踩下油门踏板,使发动机转速逐渐提高,然后检查,发动机转速是否在升高至 1 700r/min 后会突然自行下降至 1 200r/min;此后,若踩住加速踏板不动,发动机转速是否在 1 700～1 200r/min 之间来回变化,即出现游车状态。若发动机的运转出现上述状况,则急减速断油控制系统工作正常;否则,急、减速断油功能不正常,应用万用表检测节气门位置传感器急速触点、发动机转速传感器(曲轴位置传感器)及其线路 2. 溢油消除功能的检测 (1) 拔下喷油器线束连接器,将万用表(V 档)两测试笔接在喷油器线束连接器两端子上 (2) 将加速踏板踩到底并启动发动机,万用表指针应无摆动(数字式万用表检查不出);否则,溢油消除功能已失效,应检测节气门位置传感器控制线路及 ECU 注意: 启动汽车时要注意安全。车轮要用三角木垫好,检查是否挂档启动,车前头不可站人

笔记

三、制订检修计划

　　燃油供给系统故障会造成发动机怠速不稳、油耗增减、排放变差、缺缸，严重时甚至无法启动。

　　喷油器及其控制电路的检测：工作情况检查，电路电压的检测，线束和连接器（喷油器－ECU）检查，电磁线圈电阻的测量，喷油量的检查、检查漏油情况。

　　根据发动机故障的位置制订电控发动机系统故障诊断计划，如表3－2－8所示。

表3－2－8　制订电控发动机控制系统故障诊断检查计划

项　　目		内　　容
1. 车辆信息描述	车辆型号（VIN 码）	
	发动机型号	
	客户投诉	
2. 汽车自诊断系统的描述		
3. 汽车电子控制系统故障原因分析，画出鱼刺图		
4. 汽车电子控制系统故障检修工具准备	车辆、资料、工具的名称	数　　量
	丰田电控发动机台架	5台
	威驰/卡罗拉轿车	5辆
	丰田电控发动机相关维修资料	5套
	手持式汽车诊断电脑（解码仪）	5台
	汽车专用电表	5个
	汽车专用示波器	1台
	维修导线	1把
	常用拆装工具	1套
	试灯	5把
5. 汽车燃油供给系统喷油不良或不喷油故障诊断分析工作准备		

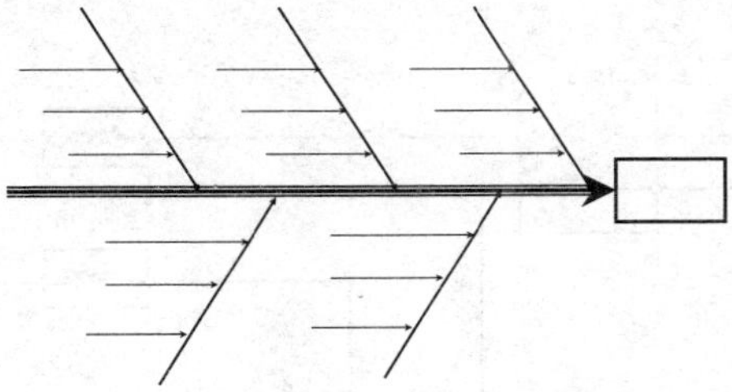

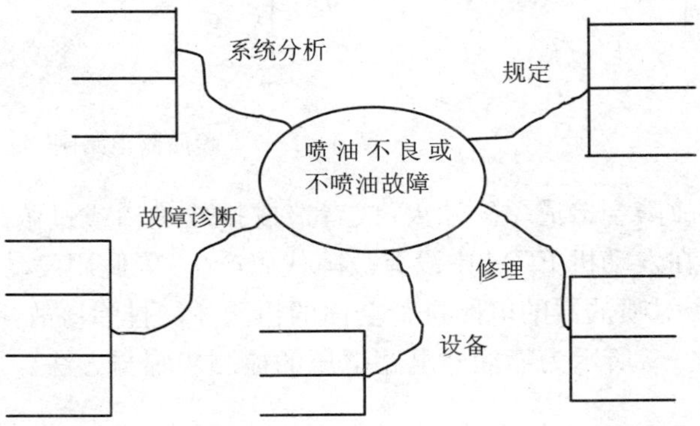

鱼刺图标注：系统分析、规定、喷油不良或不喷油故障、故障诊断、修理、设备

笔记

	步　骤	检修项目	操作要领	技术要求或标准	检修记录
6. 汽车燃油供给系统喷油不良或不喷油故障检修流程					

四、实施维修作业

1. 排除喷油器控制电路的故障

图 3-2-7 为 07 款威驰 1.3GL 轿车的喷油器控制电路图,根据电路图对喷油器控制电路进行检测以排除喷油器引起的故障。

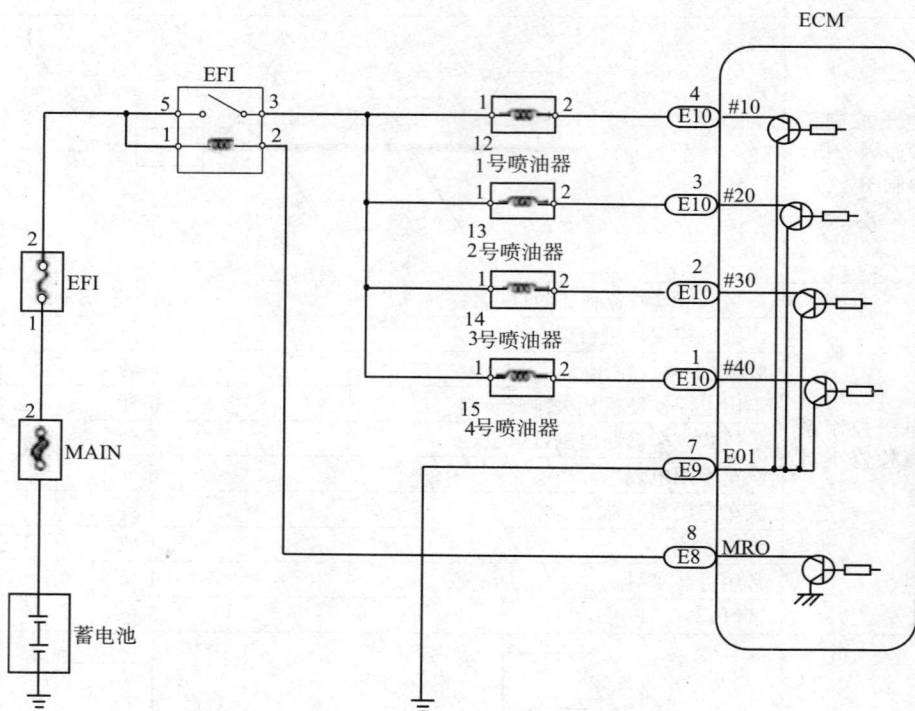

图 3-2-7　喷油器电路图

喷油器故障会造成单缸缺火,或者造成排放过稀或过浓故障。这些因喷油器故障造成的故障现象在发动机 ECM 中没有故障代码产生,因此用发动机故障诊断仪没办法读取故障代码,所以要对喷油器的电路进行全面的检测才能排除该故障。

表 3-2-9 所示为喷油器电路电压的检测步骤与方法。

表 3－2－9　喷油器电路电压检测项目作业书

检测项目	演示图	操作要领及技术标准	我的检测记录	结果判断
1. 喷油器电路电压的检测	E10　E9 E01(-) #10(+)　#30(+) #20(+)　#40(+)　ECM连接器 07 款威驰 GL 轿车 2SZ-FE 型发动机喷油器电脑端连接端子位置，E01 表示接地端子	检查缺火气缸的 ECM（即 ECU）端子（＃10、＃20、＃30 和/或＃40 电压） (1) 断开 ECM 连接器 E9 和 E10 (2) 将点火开关扭至 ON (3) 测量 ECM 连接器端子间的电压 标准电压 <table><tr><td>检测仪连接</td><td>规定状态</td></tr><tr><td>＃10(E10－4)—E01(E9－7)</td><td rowspan="4">11～14V</td></tr><tr><td>＃20(E10－3)—E01(E9－7)</td></tr><tr><td>＃30(E10－2)—E01(E9－7)</td></tr><tr><td>＃40(E10－1)—E01(E9－7)</td></tr></table> (4) 重新连接 ECM 连接器 结果： 正常：转至检测喷油器电阻 异常：转至检测项目 2		
2. 检查线束和连接器（喷油器—ECM）	喷油器连接器 12　13 14　15 1 2 前视图 威驰轿车 2SZ-FE 型发动机喷油器线束连接器 E10 #40 #30 #10　#20　ECM 连接器 07 款威驰 GL 轿车 2SZ-FE 型发动机喷油器电脑端连接端子	(1) 断开喷油器连接器（缺火气缸） (2) 断开 ECM 连接器 E10 (3) 将点火开关扭至 ON (4) 测量 ECM 连接器端子间的电阻和电压 标准电压 <table><tr><td>气缸</td><td>检测仪连接</td><td>规定状态</td></tr><tr><td>1 号</td><td>I2－1—车身搭铁</td><td rowspan="4">11～14V</td></tr><tr><td>2 号</td><td>I3－1—车身搭铁</td></tr><tr><td>3 号</td><td>I4－1—车身搭铁</td></tr><tr><td>4 号</td><td>I5－1—车身搭铁</td></tr></table> 标准电阻 <table><tr><td>气缸</td><td>检测仪连接</td><td>规定状态</td></tr><tr><td rowspan="2">1 号</td><td>I2－2—车身搭铁</td><td>10kΩ 或更大</td></tr><tr><td>I2－2—＃10(E10－4)</td><td>小于 1Ω</td></tr><tr><td rowspan="2">2 号</td><td>I3－2—车身搭铁</td><td>10kΩ 或更大</td></tr><tr><td>I3－2—＃20(E10－3)</td><td>小于 1Ω</td></tr><tr><td rowspan="2">3 号</td><td>I4－2—车身搭铁</td><td>10kΩ 或更大</td></tr><tr><td>I4－2—＃30(E10－3)</td><td>小于 1Ω</td></tr><tr><td rowspan="2">4 号</td><td>I5－2—车身搭铁</td><td>10kΩ 或更大</td></tr><tr><td>I5－2—＃20(E10－1)</td><td>小于 1Ω</td></tr></table> (5) 重新连接喷油器连接器 (6) 重新连接 ECM 连接器 结果： 异常：排除油泵控制电路故障 正常：检查缺火气缸的喷油器		

笔记

◆ 喷油器电阻值检测

你所检测的喷油器电阻值是_____Ω,喷油器属于高阻还是低阻喷油器_____

◆ 喷油器卡滞或堵塞的检测写出你检测步骤

2. 排除油泵控制电路的故障

图3-2-8所示为07款威驰1.3GL轿车燃油泵控制电路原理图。

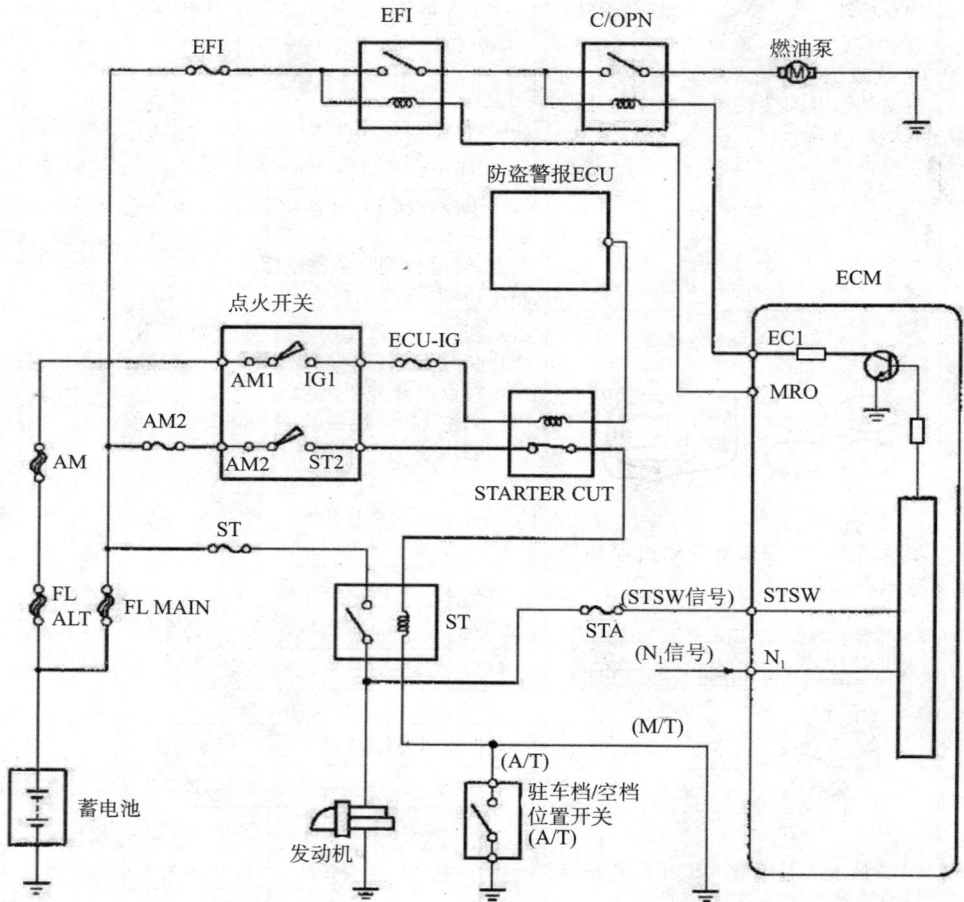

图3-2-8 07款威驰1.3GL轿车2SZ-FE型发动机燃油供给系统控制电路原理图

发动机运转时,电流从点火开关的端子ST2流向ST(启动机)继电器线圈。ST继电器打开,电流流向ECM端子STSW(STSW信号)。

ECM接收到STSW和N_1信号时,T_r(功率晶体管)接通,使电流流向电路断路继电器线圈。电路断路继电器闭合,给燃油泵供电并使燃油泵运行。

产生N_1信号(发动机运转)时,ECM使T_r保持ON,因此保持电路断路继电器ON,以使燃油泵继续运行。

如图 3-2-9 所示,根据 07 款威驰 1.3GL 轿车油泵控制电路图进行发动机的燃油泵控制电路的项目检测,根据表 3-2-10 完成项目任务。

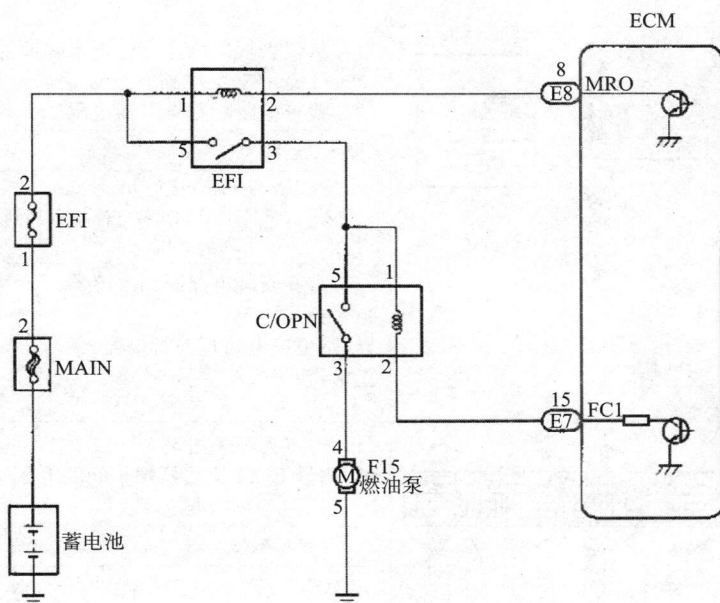

图 3-2-9　07 款威驰 1.3GL 轿车 2SZ-FE 型发动机油泵控制电路图

表 3-2-10　威驰 1.3GL 轿车燃油供给系统检测项目作业书

检测项目	演　示　图	操作要领及技术标准	我的检测记录	结果判断
1. 使用智能检测仪进行主动测试(电路断路继电器的操作)		(1) 将智能检测仪连接到 DLC3 (2) 将点火开关扭至 ON 并打开检测仪 (3) 选择下列菜单项目: Powertrain/Engine/ActiveTest/ Fuel Pump Relay (4) 使用检测仪操作继电器时,检查是否能听到继电器工作的声音 ◆ 若能听到继电器工作的声音则说明继电器工作正常 结果: 正常:转至检测项目 7 异常:转至检测项目 2		
2. 检查 ECM 电源电路		检查 ECM 电源电路(参见项目一中的任务 1.2 的维修作业) 结果: 异常:修理或更换电源电路 正常:转至检测项目 3		

笔记

（续表）

检测项目	演 示 图	操作要领及技术标准	我的检测记录	结果判断
3. 检查电路断路继电器（C/OPN 继电器）		（1）从仪表板接线盒上拆下电路断路（C/OPN）继电器 （2）检查电路断路继电器电阻 表： 检测仪连接 | 规定状态 3—5 | 10kΩ 或更大；小于 1Ω（蓄电池电压加到端子 1 和 2 时） （3）重新安装电路断路继电器 结果： 异常：更换电路短路继电器 正常：转至检测项目 4		
4. 检查 ECM（FC1 电压）		（1）将点火开关扭至 ON （2）测量 ECM 连接器端子间的电压 标准电压 检测仪连接 | 规定状态 FC1(E7-15)—E1(E9-32) | 11～14V 结果： 正常：更换 ECM 异常：转至检测项目 5		
5. 检查线束和连接器（EFI 继电器—电路断路继电器）		（1）从发动机室 1 号继电器盒上拆下 EFI 继电器 （2）从仪表板接线盒上拆下电路断路（C/OPN）继电器 （3）检查电阻 标准电阻（断路检查） 端子连接 | 规定状态 发动机室 1 号继电器盒（EFI 继电器端子 3）—仪表板接线盒（电路断路继电器端子 1） | 小于 1Ω 标准电阻（短路检查） 端子连接 | 规定状态 发动机室 1 号继电器盒（EFI 继电器端子 3）—仪表板接线盒（电路断路继电器端子 1）—车身搭铁 | 10kΩ 或更大 （4）重新安装电路断路继电器 （5）重新安装 EFI 继电器 结果： 异常：修理或更换线束连接器 正常：转至检测项目 6		

（续表）

检测项目	演 示 图	操作要领及技术标准	我的检测记录	结果判断
6. 检查线束和连接器(ECM—电路断路继电器)	 ECM连接器　FC1 仪表板接线盒: C/OPN继电器	(1) 断开 ECM 连接器 E7 (2) 从仪表板接线盒上拆下电路断路(C/OPN)继电器 (3) 检查电阻 标准电阻(断路检查) <table><tr><td>检测仪连接</td><td>规定状态</td></tr><tr><td>FC1(E7－15)—仪表板接线盒(电路断路继电器端子2)</td><td>小于 1Ω</td></tr></table> 标准电阻(短路检查) <table><tr><td>检测仪连接</td><td>规定状态</td></tr><tr><td>FC1(E7－15)或仪表板接线盒(电路断路继电器端子2)—车身搭铁</td><td>10kΩ 或更大</td></tr></table> (4) 重新安装电路断路继电器 (5) 重新安装 ECM 连接器 结果: 异常:修理或更换线束或连接器 正常:更换 ECM		
7. 检查燃油泵总成	零部件侧: 燃油泵 －　＋	(1) 检查燃油泵电阻 ◆ 检查端子间的电阻 标准电阻:20℃时,0.2～3.0Ω (2) 检查燃油泵工作情况 将蓄电池电压加到两个端子。检查燃油泵的工作情况 正常:燃油泵运行 小心: ◆ 这些测试必须迅速完成(10s 内),以防止线圈烧坏 ◆ 燃油泵尽量远离蓄电池 ◆ 务必在蓄电池侧进行操作 结果: 异常:更换燃油泵 正常:转至检测项目 8		

笔 记

检测项目	演　示　图	操作要领及技术标准	我的检测记录	结果判断
8. 检查线束和连接器（电路断路继电器—燃油泵，燃油泵—车身搭铁）	仪表板接线盒： C/OPN继电器 线束侧： F15 燃油泵连接器 前视图	（1）从仪表板接线盒上拆下电路断路（C/OPN）继电器 （2）断开燃油泵连接器 F15 （3）检查电阻 标准电阻（断路检查） <table><tr><td>检测仪连接</td><td>规定状态</td></tr><tr><td>仪表板接线盒（电路断路继电器端子 3）—燃油泵（F15－4）</td><td rowspan="2">小于 1Ω</td></tr><tr><td>燃油泵（F15－5）—车身搭铁</td></tr></table> 标准电阻（短路检查） <table><tr><td>检测仪连接</td><td>规定状态</td></tr><tr><td>仪表板接线盒（电路断路继电器端子 3）或燃油泵（F15－4）—车身搭铁</td><td>10kΩ 或更大</td></tr></table> （4）重新连接燃油泵连接器 （5）重新安装电路断路继电器 结果： 异常：修理或更换线束连接器 正常：检查并修理线束或连接器（EFI 继电器—C/OPN 继电器）		

五、检验评估

项目三中的任务 3.2 检验评估如表 3－2－11 所示。

表 3－2－11　检查评估

评价指标	检 验 说 明	检 验 记 录
维护检查项目	➢ 喷油器电路检测 ➢ 油泵控制电路检测	
汽车发动机运行情况		

（续表）

评价内容	检验指标	权重	自评	互评	总评
检查任务完成情况	1. 完成任务的情况				
	2. 任务完成的质量				
	3. 在小组完成任务过程中所起的作用				
专业知识	1. 能描述喷油嘴的结构与工作原理				
	2. 能描述喷油嘴的检测项目与检测方法				
	3. 能描述喷油嘴的性能的检测方法				
	4. 会描述燃油泵控制电路的控制原理				
	5. 会描述油泵控制电路的检测作业安全事项				
职业素养	1. 学习态度：积极主动参与学习				
	2. 团队合作：与小组成员一起分工合作，不影响学习进度				
	3. 现场管理：服从工位安排、执行实训室"5S"管理规定				
综合评议与建议					

想一想：

有一个台车在检修时发现油泵坏了，更换了油泵后发现燃油供给系统没有油，怀疑新油泵坏了，于是拆下检查，发现没有问题。而油泵控制电路是没有故障的。请问故障有可能是在哪里呢？（提示：油泵端子）

笔记

项目四　诊断与排除发动机电子点火控制系统的故障

Description 项目描述	有一辆 07 款威驰 1.3GL 轿车发动机怠速时抖动,加速时动力不足,在大负荷时该症状尤为明显。该故障多为发动机单缸或多缸不工作,有可能是单缸或多缸间歇跳火或喷油不良 你是一名学徒,你知道怎样进行该车的电控点火系统的检测吗
Objects 项目目标	通过对汽车电控点火系统的学习,学生需要掌握电控发动点火系统以下几方面: 1. 掌握发动机点火控制系统的组成与作用,理解点火提前角控制原理 2. 掌握有分电器式点火与单缸独立点火控制系统之间的区别与原理 3. 掌握爆震控制的原理与修正意义 4. 掌握电控点火系统的检修方法,并对点火系统的故障进行排除
Tasks 项目任务	对该车的点火系统进行全面检查,检测点火模块、点火器、点火线路。学会运用诊断仪和断火实验法对发动机单缸不工作进行故障排除
Implementation 项目实施	诊断与排除发动机电子点火系统故障

一、维修接待

按照表 4-1 完成待修车辆的维修接待,并准确填写接车问诊表。

笔记

表 4 - 1　维修接待与接车问诊表

1. 通过询问客户了解汽车发动机最近的使用情况,填写接车问诊表
2. 车间检测初步确认结果:故障有可能出现在发动机点火系统中

接 车 问 诊 表

车牌号:＿＿＿＿＿＿＿＿　车架号:＿＿＿＿＿＿＿＿　行驶里程:＿＿＿＿＿＿＿＿(km)

用户名:＿＿＿＿＿＿＿＿　电　话:＿＿＿＿＿＿＿＿　来店时间:＿＿＿＿/＿＿＿＿

用户陈述及故障发生时的状况:**发动机怠速时抖动,加速时动力不足,在大负荷时该症状尤为明显**
故障发生状况提示:**行驶速度、发动机状态、发生频度、发生时间、部位、天气、路面状况、声音描述**
接车员检测确认建议:**初步确认,需要对发动机的点火或燃油供给系统进行全面检修**
车间检测确认结果及主要故障零部件:**必要时更换点火器、火花塞、ECM 等零部件**

车间检查确认者:＿＿＿＿＿＿＿＿

外观确认:

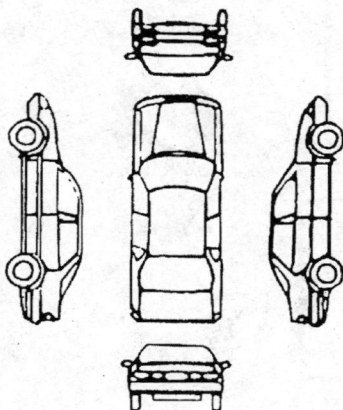

(请在有缺陷部位作标识)

功能确认:(工作正常√　不正常×)
□音响系统　　□门锁(防盗器)　□全车灯光　□工具
□后视镜　　　□顶窗　　　　　□座椅　　　□点烟器
□玻璃升降器　□玻璃

物品确认:(有√　无×)
□贵重物品提示
□工具　□备胎　□灭火器
□其他(　　　　　)
旧件是否交还用户　□是　□否
用户是否需要洗车　□是　□否

- 检测费说明:本次检测的故障如用户在本店维修,检测费包含在修理费用内;如用户不在本店维修,请您支付检测费。本次检测费:￥＿＿＿＿＿元
- 贵重物品:在将车辆交给我店检查修理前,已提示将车内贵重物品自行收起并保存好,如有遗失恕不负责

接车员:＿＿＿＿＿＿＿＿　　　　用户确认:＿＿＿＿＿＿＿＿

二、信息收集与处理

按照表 4 - 2 完成项目四的信息收集与处理。

表 4 - 2　信息收集与处理

1. 电子点火系统需要的传感器有＿＿＿＿＿＿＿＿＿＿＿＿＿＿＿＿＿＿＿＿＿＿＿＿＿＿
2. Ne 是＿＿＿＿＿＿＿＿＿信号,IGT 是＿＿＿＿＿＿＿＿＿信号,IGF 是＿＿＿＿＿＿＿信号;IGT 是由＿＿＿＿＿＿＿传感器产生,无此信号点火器会点火吗
3. 最佳点火提前角＝＿＿＿＿＿＿＿＿＋＿＿＿＿＿＿＿＿＋＿＿＿＿＿＿＿
4. 初始点火提前角是指:＿＿＿＿＿＿＿＿＿＿＿＿＿＿＿＿＿＿＿＿＿＿＿＿＿＿＿
   基本点火提前角是指:＿＿＿＿＿＿＿＿＿＿＿＿＿＿＿＿＿＿＿＿＿＿＿＿＿＿＿
   修正点火提前角修正有＿＿＿＿＿＿＿、＿＿＿＿＿＿＿、＿＿＿＿＿＿＿、＿＿＿＿＿＿＿
5. 点火控制中闭合角控制的闭合角指的是:＿＿＿＿＿＿＿＿＿＿＿＿＿＿＿＿＿＿＿＿
6. 爆震传感器分类有＿＿＿＿＿＿＿＿和＿＿＿＿＿＿＿＿。共振型和非共振型爆震传感器产生感应电压的原理＿＿＿＿＿＿＿＿＿＿＿＿＿＿＿＿＿＿＿＿＿＿＿＿＿＿＿＿＿＿＿＿＿

1. 电子点火系统的认识

电子控制点火系统也称微机控制的点火系统,是现代轿车广泛应用的一种新型点火系统。电子控制的点火系统主要由监测发动机运行状况的传感器、处理信号和发出点火指令的电控单元、对点火指令作出响应的点火器和点火线圈等组成,如图 4 - 1 所示。

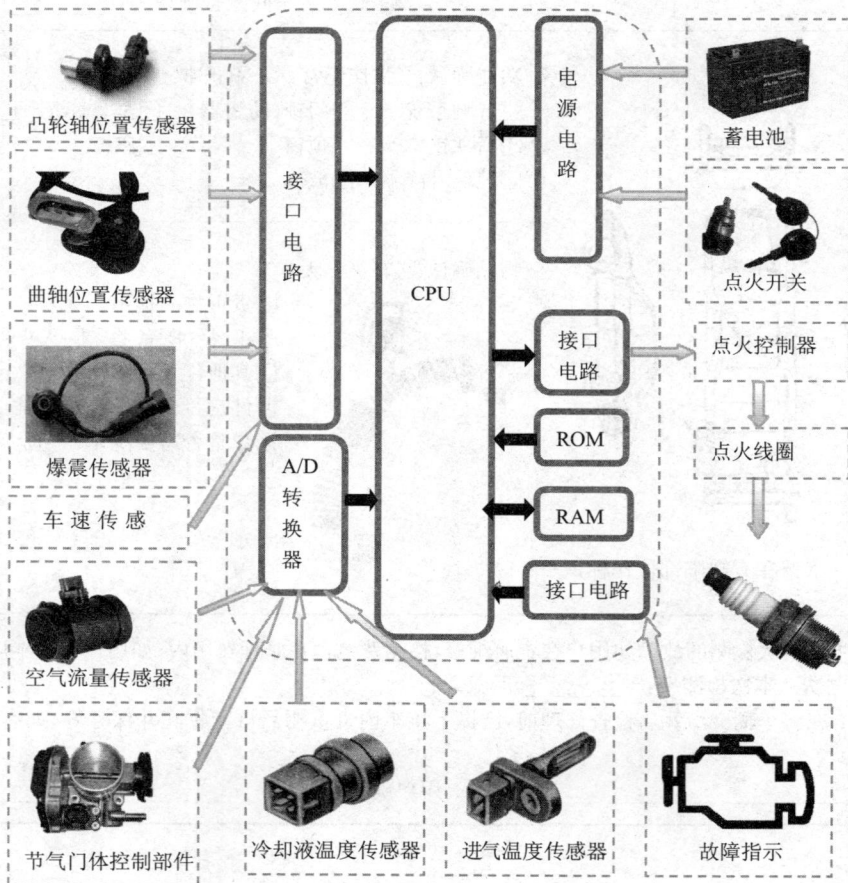

图 4 - 1　汽油机电控点火的组成

笔记

（1）传感器：传感器用来检测与点火有关的发动机工作的状况信息，并将检测结果输入ECU，作为计算和控制点火时刻的依据。这些传感器大多与燃油喷射系统、怠速控制系统等电子控制系统共用。

点火控制系统所需传感器的作用如表4-3所示。

表4-3　点火控制系统所需传感器作用

传　感　器	作　　用
凸轮轴位置传感器	提供的是判缸信号，从而确定准确的点火时机
曲轴位置传感器	提供的是曲轴位置信号同时也是点火的确认信号，没有曲轴位置传感器点火系统工作失效
爆震传感器	主要是提供一个修正信号，修正点火提前角
空气流量计、节气门位置传感器、冷却液温度传感器、进气温度传感器	提供的都是点火修正信号，调整点火提前角

（2）控制单元（ECU）：目前汽车发动机大多数都采用集中控制系统，其中微机控制点火系统仅是电子控制器的一个子系统。电子控单元（ECU）既是燃油喷射控制系统的控制核心，也是点火控制系统的控制核心。在ECU的只读存储器（ROM）中，除存储有监控和自检等程序之外，还存储有由台架试验测定的该型发动机在各种工况下的最佳点火提前角。随机存储器（RAM）用来存储微机工作时暂时需要存储的数据，如输入/输出数据、单片机运算得出的结果、故障代码、点火提前角修正数据等等，这些数据根据需要可随时调用或被新的数据改写。CPU不断接收上述各种传感器发送的信号，并按预先编制的程序进行计算和判断后，向点火控制器发出最佳点火提前角和点火线圈初级电路导通时间的控制信号。

（3）点火执行器的特性如表4-4所示。

表4-4　点火执行器的特性

元　件	特　性　描　述
点火器	是电控点火系统的执行元件，它可将电子控制系统输出的点火信号进行功率放大，驱动点火线圈工作
点火线圈	可将火花塞跳火所需的能量存储在线圈的磁场中，并将电源提供的低压电转变为足以在电极间产生击穿点火的15～20kV高压电。在有分电器的电控点火系统中，只有一个点火线圈，而无分电器点火系统中则有多个点火线圈
分电器	在有分电器的电控点火系统中，分电器根据发动机的点火顺序，将点火线圈产生的高压电依次输送给各缸火花塞
火花塞	主要是利用点火线圈产生的高电压产生电火花，点燃气缸内的混合气

2. 电子点火系统的检测

1）有分电器式

（1）主要特点：只有1个点火线圈，ECU根据传感器信号确定某缸点火时，向点火器发出指令信号（IGT信号）。点火器则根据ECU的指令控制点火线圈内初级电路通电或断电。当点火线圈中的初级电路断电时，次级线圈产生的高压电经分电器输送给点火缸的火花塞，以实现点火。

　　分电器的作用：就是按照发动机的点火顺序，将点火线圈产生的高压电依次输送给各缸火花塞。

　　（2）工作原理：如图 4-2 所示。点火开关接通 IG2，点火器、点火线圈和 ECU 通电，ECU 根据各种传感器输入的信号，确定出发动机最佳点火时刻，向点火器发出触发点火信号"IGT"，切断初级电路，使次级绕组感应出高压电经分电器送到各缸火花塞。发动机每点 1 次火，点火器向 ECU 反馈 1 个点火确认信号"IGF"，作为自诊断系统监控信号。若 ECU 连续 4 次未收到"IGF"信号，即判定点火系出现故障。

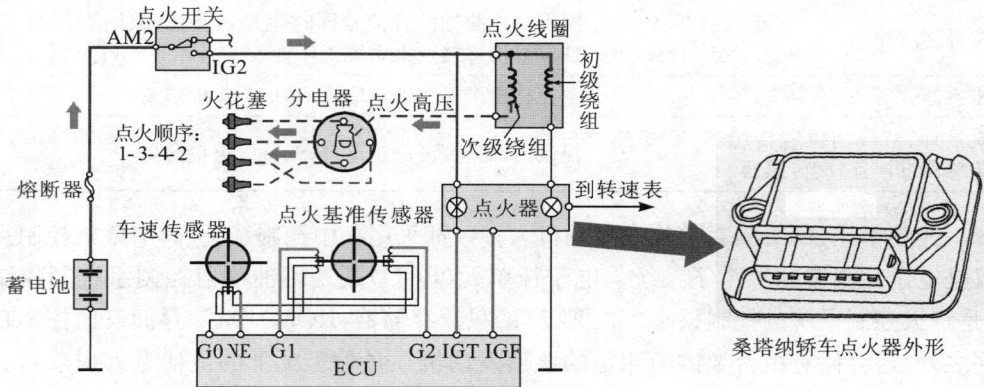

图 4-2　有分电器的电子点火系统的原理图

　2）独立点火

　　目前的轿车多以单缸独立点火为主。单缸独立点火的结构如图 4-3(a)所示。

　　无分电器单独点火方式的控制电路基本相同，但随车型不同也存在一些差异，图 4-3(b)所示为单缸独立点火系的电路控制原理图。它主要由各缸分别独立的点火线圈和电子

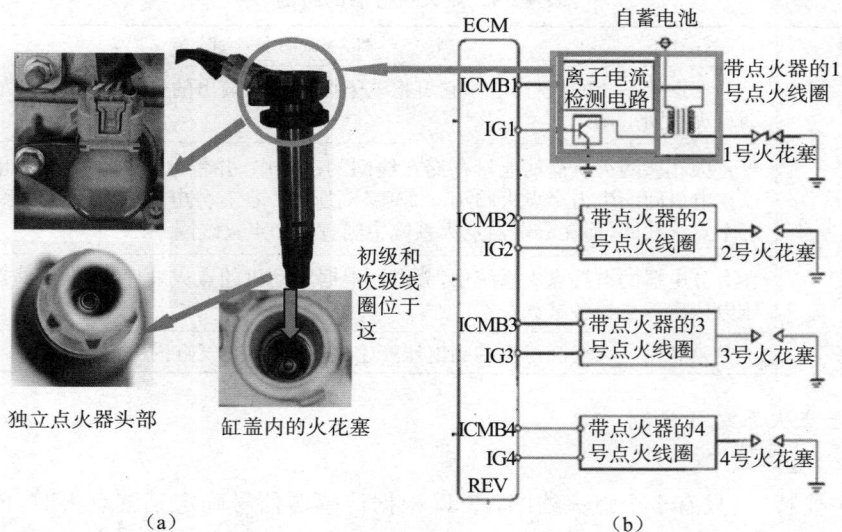

（a）　　　　　　　　　　　　　　　（b）

图 4-3　独立点火的电路原理图

（a）结构图；　（b）电路图原理

点火器及发动机 ECU 等组成。各缸点火线圈的初级绕组分别由点火器中的一个功率管控制,整个点火系统的工作由 ECU 控制。发动机工作时,发动机 ECU 根据曲轴位置及发动机与存储器中储存数据相比较分析,并经计算后适时地向点火器输出点火信号,由点火器中的功率管分别接通与切断各缸点火线圈的初级电路。

(1)无分电器点火系统的优点:

① 具有电子控制点火系统的全部优点。

② 由于废除了分电器,所以节省空间。

③ 由于废除了配电器,不存在分火头与分电器盖旁电极间产生的火花,因此可有效地降低点火系统对无线电的干扰,同时因点火系统高压电路中阻抗减小,点火更加可靠。

(2)单独点火方式的优点:

① 由于无机械分电器和高压导线,因而能量损失、漏电损失小,各缸的点火线圈和火花塞均由金属罩包覆,其电磁干扰大大减小。

② 由于采用了与气缸数相同的特制点火线圈,该点火线圈的充放电时间极短,能在发动机转速高达 9 000r/min 时,提供足够的点火电压和点火能量。

③ 由于无机械分电器,又恰当地将点火线圈安装在双凸轮轴的中间,充分利用了有限空间,因而节省了发动机周围的安装空间。

3)离子流装置的检测

现代轿车电子点火系统的电路原理图如图 4-4 所示。

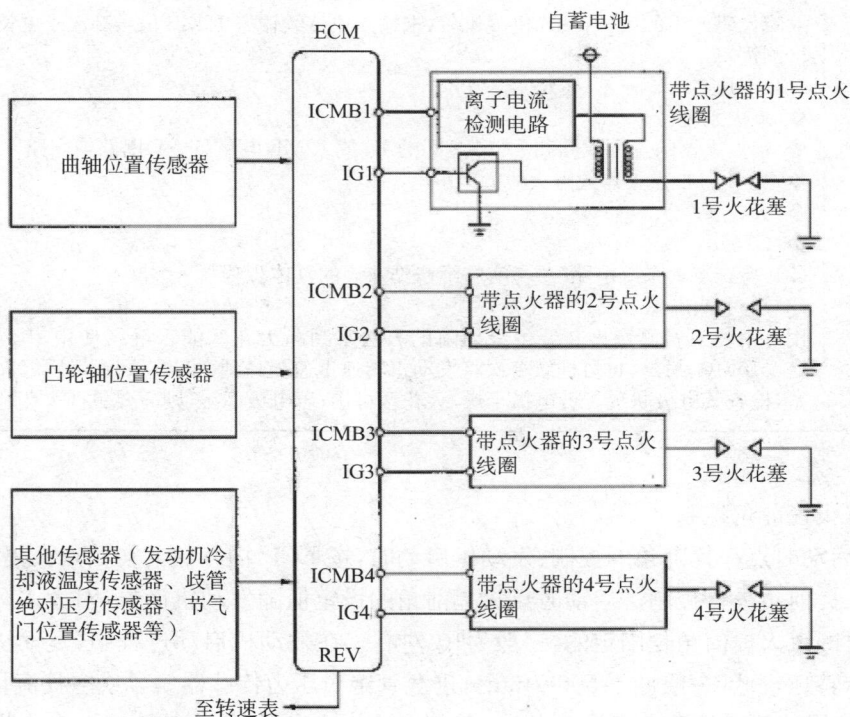

图 4-4 电子流装置图

（1）电子流装置的原理：现在的轿车采用直接点火系统（DIS）。DIS 为单缸点火系统，该系统用一个点火线圈给各气缸点火，一个火花塞连接到各次级线圈的端部。次级线圈中产生的高电压直接作用到各火花塞上。火花塞产生的火花通过中央电极到达搭铁电极。

离子电流装置利用由于燃烧压力产生的离子电流有相同的波形这一特点来检测发动机缺火情况。带点火器的点火线圈有内置式离子电流检测电路。离子电流检测电路将检测到的离子电流转换成矩形波信号并传送到发动机控制模块（ECM）。

如果发生缺火，则不产生离子电流。因此，传送到 ECM 的电压低于规定值时，ECM 判定发生缺火。但是，如果长时间未输入离子电流检测信号，则 ECM 判定离子电流装置内发生故障。ECM 使 MIL 亮起并设置故障代码（DTC）。

思 考

● 该电子点火器 ICMB 端子有什么作用？与发动机电脑进行什么沟通？

（2）独立式点火系统的检测步骤与方法如表 4-5 所示。

表 4-5　独立式电子点火系统的检测步骤与方法

检修项目	独立式电子点火系统的检测步骤与方法
操作要领	（1）读取故障码 故障代码产生的条件：发动机暖机后，未输入或持续输入 ICMB 信号 30s 或更长时间（双程检测逻辑） 故障部位： ◆ 点火系统 ◆ 带点火器的点火线圈和 ECM 之间的 IG 或 ICMB 电路（1~4）断路或短路 ◆ 1~4 号带点火器的点火线圈 ◆ 火花塞 ◆ ECM （2）检查点火系统电路（参考实施维修作业表的具体步骤） （3）检查火花塞 用万用表 Ω 档测量火花塞绝缘内阻的方法来判断火花塞能否继续使用，其绝缘电阻值应≥10MΩ。另外，也可连续 5 次将发动机转速迅速提高到 4 000r/min，然后熄火，拆下火花塞，检查其电极状况。若电极干燥，火花塞可用；若电极潮湿，则需要更换火花塞

3. 点火控制内容

1）点火提前角控制

（1）启动时点火提前角的控制：发动机启动时，按 ECU 内存储的初始点火提前角（设定值）对点火提前角进行控制。启动时点火提前角的设定值随发动机而异，对大多数发动机而言，启动时的点火提前角是固定的，一般为 10°左右。在发动机启动过程中，发动机转速变化大，且由于转速较低（一般低于 500r/min），进气管绝对压力传感器信号或空气流量计信号不稳定，ECU 无法正确计算点火提前角，一般将点火时刻固定在设定的初始点火提前角。此时的控制信号主要是发动机转速信号（N_e 信号）和启动开关信号（STA 信号）。

（2）启动后点火提前角的控制：发动机正常运转时（启动后），发动机 ECU 根据发动机的转速和负荷信号,确定基本点火提前角,并根据其他有关信号进行修正,最后确定实际的点火提前角,并向电子点火控制器输出点火指令信号,以控制点火系的工作。最佳点火提前角的具体功能与原理如表 4 - 6 所示。

最佳点火提前角＝初始点火提前角＋基本点火提前角＋修正点火提前角(或点火延迟角)

表 4 - 6　最佳点火提前角的功能与原理列表

(1) 初始点火提前角
为了控制点火正时,电控单元根据上止点位置来确定点火提前角。在一些微电子控制点火系统中,有些发动机电控单元把 G_1 或 G_2 信号出现后第一个 N_e 信号过零点定为压缩行程上止点前10°,并以这个角度作为点火正时计算的基准点,称之为初始点火提前角,其大小随发动机而异

(2) 基本点火提前角
◆ 发动机正常运转时,电控单元按怠速工况和非怠速工况两种情况,确定基本点火提前角 ◆ 发动机处于怠速工况时,电控单元根据节气门位置信号(怠速触点闭合)、发动机转速信号及空调开关信号,确定基本点火提前角,如左下图所示 ◆ 发动机处于非怠速工况时,电控单元根据发动机转速和节气门位置信号,从预置在储存器中的数据表中查出相应的基本点火提前角,如右下图所示

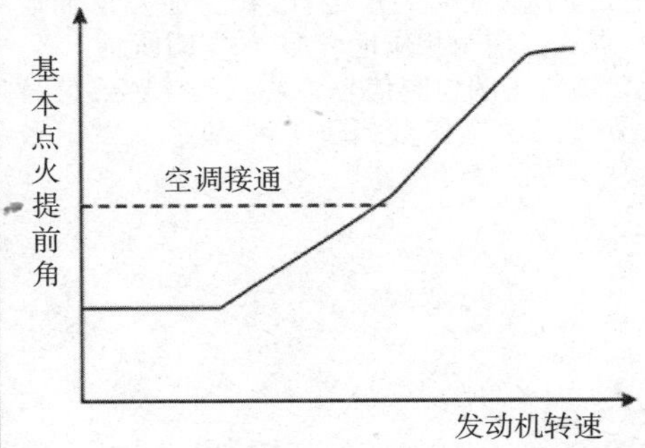

怠速工况基本点火提前角随
发动机转速度的变化规律图

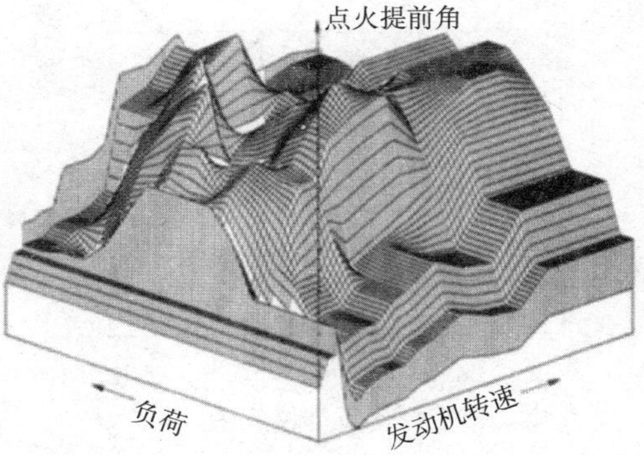

非怠速工况基本点火提前角与
发动机转速和负荷的关系图

(3) 修正点火提前角(或点火延迟角)	
◆ 暖机修正 暖机点火提前角修正图	发动机冷车启动后,冷却水温度较低时,应增大点火提前角。在暖机过程中,随冷却水温度的升高,点火提前角修正值逐渐减小,如左图所示。修正值的变化规律及大小随发动机暖机修正的主要控制信号包括冷却水温度信号(THW)、空气流量信号、节气门位置信号(IDL)等

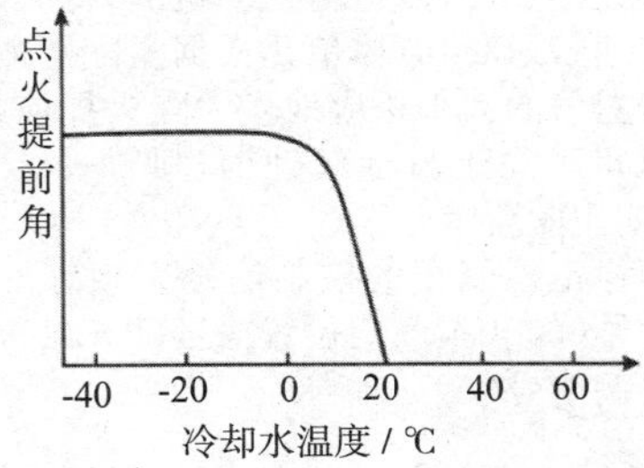

笔记

◆ 过热修正 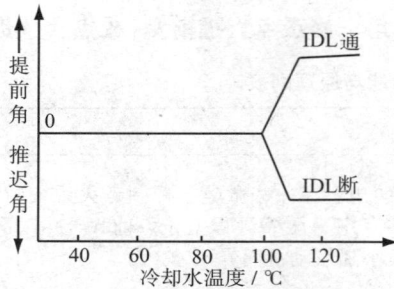 过热点火提前角修正图	发动机处于正常运行工况时（怠速触点断开），若冷却水温度过高，为了避免产生爆震，应将点火提前角推迟。发动机处于怠速工况时（怠速触点闭合），若冷却水温度过高，为了避免发动机长时间过热，应将点火提前角增大。过热修正值的变化规律如左图所示 过热修正的主要控制信号包括冷却水温度信号（THW）、节气门位置信号（IDL）等
◆ 空燃比反馈修正 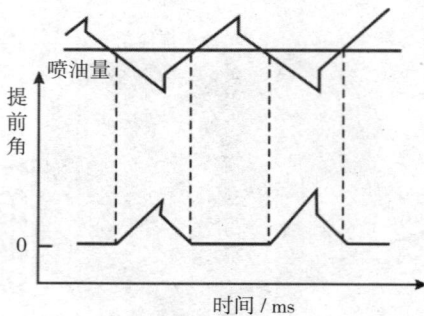 空燃比反馈修正图	装有氧传感器的电控汽油喷射系统，其电控单元根据氧传感器的反馈信号空燃比进行修正。随着修正喷油的增加或减少，发动机转速在一定范围内波动。为了高怠速的稳定性，在反馈修正油量减少时，点火提前角相应地增加，如左图所示 空燃比反馈修正的控制信号主要有氧传感器信号（OX）、节气门位置信号（IDL）、冷却水温度信号（THW）、车速信号等
◆ 怠速稳定性修正 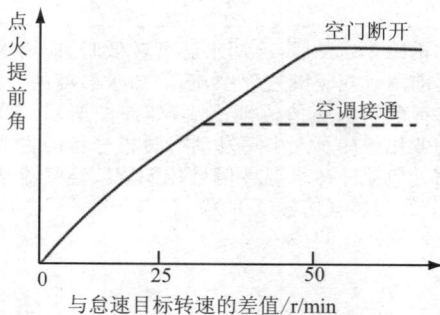 怠速稳定性修正图	◆ 发动机在怠速工况运行时，由于负荷变化使发动机转速发生变化，电控单元要调整点火提前角，使发动机在规定的怠速转速下稳定运转 ◆ 发动机处于怠速工况时，电控单元不断地计算发动机的平均转速，当发动机的转速低于规定的怠速转速时，电控单元根据实际转速与目标转速差值的大小相应地增大点火提前角；当发动机转速高于目标转速时，则减小点火提前角，如左图所示 ◆ 怠速稳定性修正的控制信号主要有发动机转速信号（N_e）、节气门位置信号（IDL）、车速信号和空调信号（A/C）等

（续表）

◆ 爆燃修正

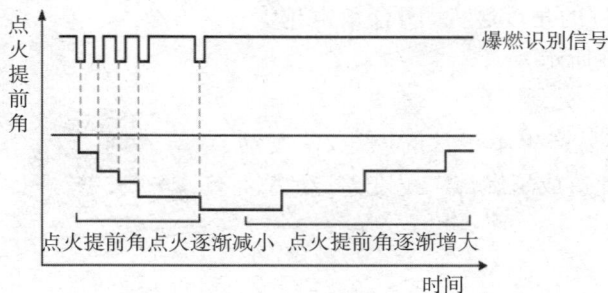

爆震点火修正图

◆ 爆震传感器安装在气缸体上，用来检测发动机爆震状况，将检测的信号输送至 ECU，并在 ECU 内进行计算。ECU 根据发动机爆燃情况作出是否滞后或提前点火时间的指令

◆ 爆震，是指燃烧中本应逐渐燃烧的部分混合气突然自燃的现象。它通常发生在离火花塞较远区域的末端混合气中。当电火花跳火后，火焰开始传播，燃烧室内最后燃烧部分的末端气体受到已燃气体的压缩和热辐射，温度和压力不断升高。当末端混合气温度超过它的发火温度，即引起自燃，形成新的火焰核心，产生新的火焰传播。爆震能使发动机部件受高压，会使燃烧室和冷却系统过热，严重的可使活塞顶部熔化；爆震还会使功率下降，燃油消耗率上升

◆ 点火时间过早是产生爆震的一个主要原因。由于要求发动机能够发出最大功率，点火时刻应能提早到刚好不至于发生爆震的角度。但在这种情况下发动机的工况微有改变，就可能发生爆震。过去为避免这种危险，通常采用减小点火提前角的办法，但这样就要损失发动机的功率，为了不损失发动机的功率而又不产生爆震，就需要用爆震传感器来解决这一问题

◆ EUC 对点火提前角的闭环控制过程，如上图所示。当发动机产生爆燃时，ECU 根据爆燃信号的强弱，控制推迟角度的大小。爆燃强，推迟的角度大；爆燃弱，推迟的角度小。每一次的反馈控制调整都以一固定的角度递减，直到爆燃消失为止。当爆燃消失后，ECU 又以一固定的提前角度，逐渐增大点火提前角。当再次出现爆燃时，ECU 又再次逐渐减小点火提前角。在需要对点火提前角进行闭环控制的工况，这种反馈控制调整过程是反复进行的。ECU 通过对点火提前角的反馈控制，可以使实际的点火提前角始终保持最佳，使发动机的动力性、经济性和控制有害物的排放都达到较佳的水平

2）通电时间控制

点火系统的闭合角决定了点火能量。而点火能量又取决于点火线圈通电电流（或电压）和通电时间（即闭合角）。

在汽油机的点火系统中，流过点火线圈初级绕组的电流都有一个导通和截止的过程。从初级线圈电流截止到导通再到截止这一周期，四冲程多缸发动机每缸所占的凸轮轴转角称为闭合角。

为了使发动机在每一工况下点火系统都能产生一定强度的高压火花，要求初级线圈在开关断开时的电流具有稳定的值。而决定初级线圈中电流大小的因素主要是线圈通电时间和发动机系统电压。因此要求初级线圈电路接通时间能随电源电压的变化而变化，当电源电压降低时增加通电时间（电源电压为 10V 时通电时间约为 10ms；电源电压为 15V 时通电时间为 5~6ms）；当电源电压升高时能够缩短通电时间。

对于闭合角控制来说,就是要求其值不但能够随着电源电压的变化而变化,而且要随着发动机转速的变化而变化。因为在对应同样的时间,发动机转速越高,凸轮轴转过的角度越大,闭合角也越大;反之则然。如图 4-5 所示。

3)爆燃控制

发动机燃烧时容易产生不正常的燃烧,使发动机燃烧变得猛烈,因此造成了燃烧工况变差,动力性与经济性下降。

(1)爆燃传感器。

① 磁致伸缩式爆燃传感器。

◆ 结构:磁致伸缩式爆燃传感器的外形和结构如图 4-6 所示。它由高镍合金的磁芯、永久磁铁、感应线圈、壳体等构成。

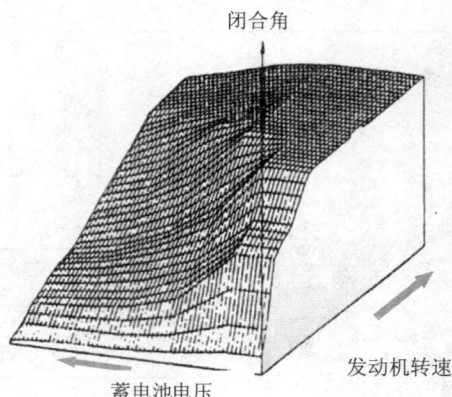

图 4-5　闭合角与发动机转速
与蓄电池电压的关系

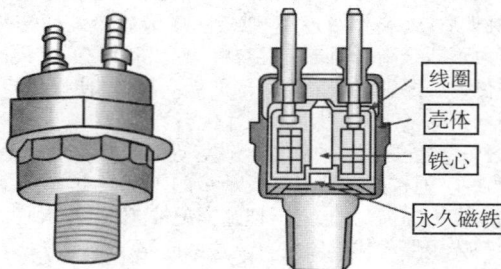

图 4-6　电感式爆燃传感器

◆ 原理:当机体振动时,磁芯受到机体振动的影响,在传感器内产生轴向振动,使通过感应线圈的磁通量发生变化,在感应线圈产生感应电动势,此电动势即是爆燃传感器输出电压信号。传感器输出的电压信号的大小与发动机振动的频率有关,当传感器自振频率与设定爆燃强度时发动机的振动频率产生谐振时,传感器的输出电压将达到最大值,ECU 根据该传感器的输出电压,就可以判断发动机是否爆燃。

② 压电式爆燃传感器。

◆ 共振型压电式爆燃传感器:共振型压电式爆燃传感器,是利用产生爆燃时的发动机振动频率与传感器本身的固定频率"合拍"时产生共振现象,来检测爆燃是否发生的,其结构如图 4-7 所示。该传感器由压电元件、振荡片、基座等构成。压电元件紧密贴合在振荡片上,振荡片则固定在传感器的基座上。发动机工作时,振荡片随机体的振动而振荡,振荡片的振荡使与它紧密贴合的压电元件变形,并产生电压信号,此电压信号即是传感器的输出信号。

当发动机爆燃时的振动频率与振荡片的固有频率基本一致时,振荡片产生共振,此时压电元件将产生最大的电压信号,如图 4-8 所示。这种传感器在爆燃发生时的输出电压比非共振(即无爆燃)时的输出电压高得多,因此不需要滤波器,ECU 即可判别是否发生爆燃。

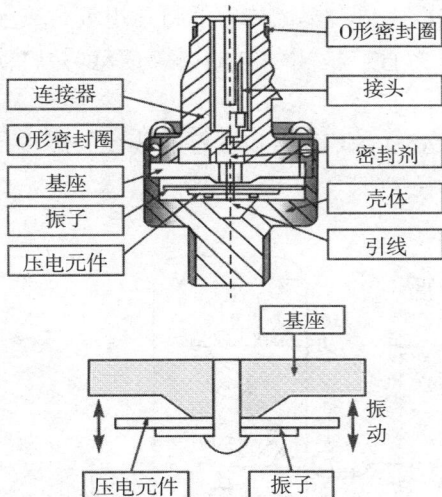

图 4-7　压电式共振型爆燃传感器实物与结构图

◆ 非共振型压电式爆燃传感器：非共振型压电式爆燃传感器以接收加速度信号的形式来判断是否产生爆燃，其结构如图 4-9 所示。它由两个同极性相向对接的压电元件和配重构成。

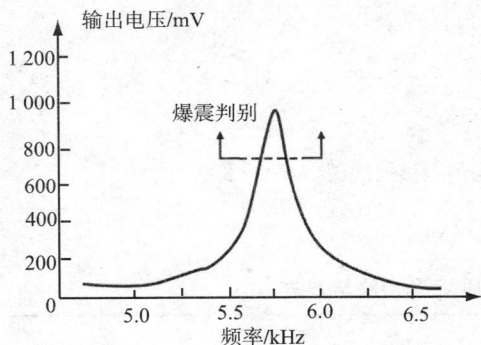

图 4-8　共振型压电爆震传感器输出特性

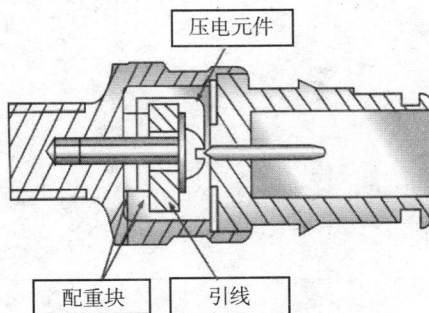

图 4-9　电压式非共振型爆燃传感器

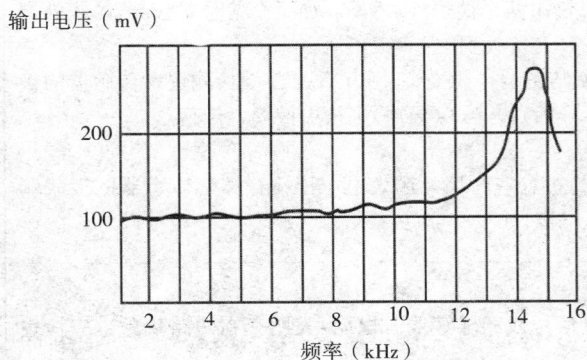

图 4-10　非共振型压电式爆燃传感器输出特性

发动机机体振动时，传感器内部的配重受机体振动的影响而产生加速度，压电元件就会受到配重加速时惯性力的作用而产生电压信号。在爆燃发生时的频率及该频率附近，这种传感器输出的信号不会很大，而是具有平的输出特性，如图 4-10 所示。因此，为了能够根据该传感器输出的电压识别出发动机是否发生爆燃，必须将反映发动机振动频率的输出电压信号送到识别爆燃的滤波器中，以判别是否有爆燃信号产生。

笔 记

◆ 火花塞座金属垫型：压电式火花塞座金属垫型爆燃传感器将压电元件安装在火花塞的垫圈处，每缸安装一个，根据各缸的燃烧压力直接检测各缸的爆燃信息，并转换成电信号输送给 ECU。

（2）爆震传感器的检测。如图 4-11 所示为有屏蔽线和没有屏蔽线的爆震传感器电路原理图。

二线式：

三线式：

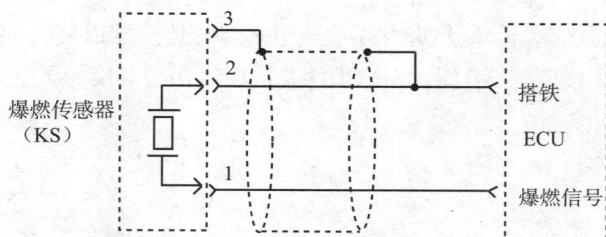

图 4-11　爆震传感器的电路原理图

爆震传感器检测项目的步骤与方法如表 4-7 所示。

表 4-7　爆震传感器检测项目的步骤与方法

检修项目	电阻检测 输出信号的检查
操作要领	（1）电阻检测 三线式爆燃传感器除了搭铁和信号输出两个端子外，另外多加了个信号屏蔽端，防止外来信号的干扰导致发动机控制单元（ECU）接收到不正确的信号 点火开关置于"OFF"位置，拔开爆燃传感器导线接头，用万用表 Ω 档检测爆燃传感器的接线端子与外壳间的电阻，应为∞（不导通）；若为 0（导通）则须更换爆燃传感器 （2）输出信号的检查 拔开爆燃传感器的连接插头，在发动机怠速时用万用表电压档检查爆燃传感器的接线端子与搭铁间的电压。应有脉冲电压输出，如没有，应更换爆燃传感器
技术要求或标准	注：在爆震传感器电阻检测时，如果信号线和屏蔽线有电阻，表明存在短路现象。应检查后更换

4. 曲轴与凸轮位置传感器的检测

曲轴位置传感器即曲轴位置与转角传感器,它是电喷发动机的重要传感器之一,主要用于检测发动机曲轴转角和活塞上止点位置,以便于发动机控制装置发出点火及喷油指令,提供最佳的点火时刻及最合理的燃油供给,从而提高车辆的经济性及排放的环保性。除此之外,曲轴位置传感器还承担着发动机转速的信号检测功能。根据传感器产生信号的原理不同,曲轴位置传感器类型大致可分为磁感应式、霍尔式及光电式三种类型。

凸轮轴位置传感器主要是提供判缸信号,通过判断缸体在压缩上止点已解决喷油时刻、点火时刻。凸轮轴位置传感器和曲轴位置传感器的结构与工作原理是相同的。

1) 曲轴位置传感器安装的位置

分电器式点火系统的汽车曲轴传感器大多数安装在分电器内,对于单缸独立点火系统的汽车曲轴位置传感器大多数安装曲轴皮带轮处,如图 4-12 所示。

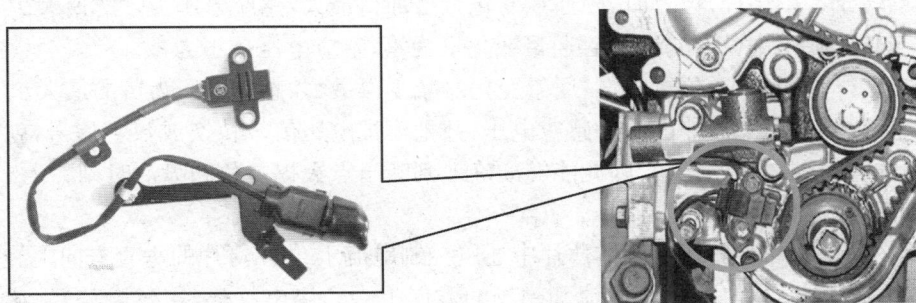

图 4-12　曲轴位置传感器安装的位置

2) 曲轴位置传感器的原理

思 考

● 省略了光电式曲轴位置传感器的讲解,同学们通过网络和翻阅资料完成对光电式曲轴位置传感器的学习。

(1) 磁感应式曲轴位置传感器:其实物与结构简图如图 4-13 所示。

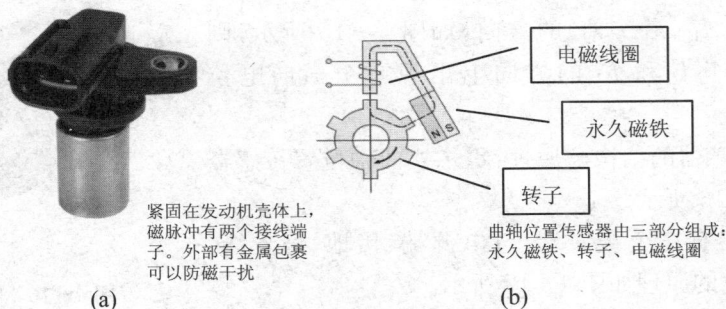

电磁线圈

永久磁铁

转子

紧固在发动机壳体上,磁脉冲有两个接线端子。外部有金属包裹可以防磁干扰

曲轴位置传感器由三部分组成:永久磁铁、转子、电磁线圈

(a)　　　　　　　　　　(b)

图 4-13　磁脉冲式曲轴位置传感器实物与结构图

(a) 磁脉冲式实物图;　(b) 图磁脉冲式结构图

磁脉冲式车速传感器感应电压产生的原理如图4-14所示。

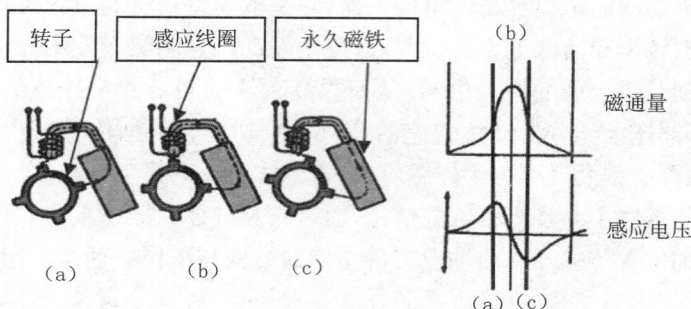

图4-14　磁脉冲式曲轴位置传感器原理图

◆ 当转子在图中(a)位置时,磁通量变化量增加得最大,感应电压为正的最大。
◆ 当转子在图中(b)位置时,磁通量变化量为零,感应电压最小为零。
◆ 当转子在图中(a)位置时,磁通量变化量减少得最大,感应电压为负的最大。

电脑接收到这个有规律的脉冲感应电压,并把模拟电压信号转换成数字信号,就可以计算出曲轴的转速和曲轴的转角,因此能够准确地判断出点火提前角和喷油时刻。

(2) 霍尔式曲轴位置传感器。

① 霍尔原理:在金属或半导体薄片中通以控制电流 I,并在薄片的垂直方向上施加磁感应强度为 B 的磁场,则在垂直于电流和磁场的方向上会产生电动势(霍尔电势)。这种现象称为霍尔效应,如图4-15所示为霍尔效应原理图。

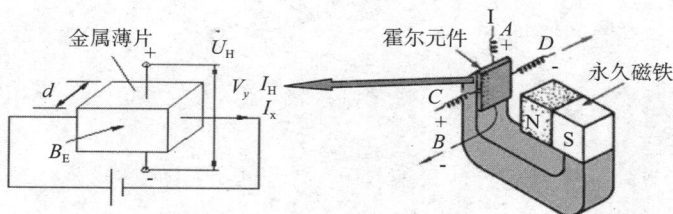

图4-15　霍尔效应原理图

若将通有电流的导体置于磁场 B 之中,磁场 B(沿 z 轴)垂直于电流 I_H(沿 x 轴)的方向,如图4-15所示,则在导体中垂直于 B 和 I_H 的方向上出现一个横向电位差 U_H。

② 霍尔传感器的结构与原理:霍尔式曲轴位置传感器实物图如图4-16所示。

霍尔传感器有三个接线端子:电源端、接地、信号线。其感应电压产生的原理如图4-17所示。

图4-16　霍尔式实物图

笔记

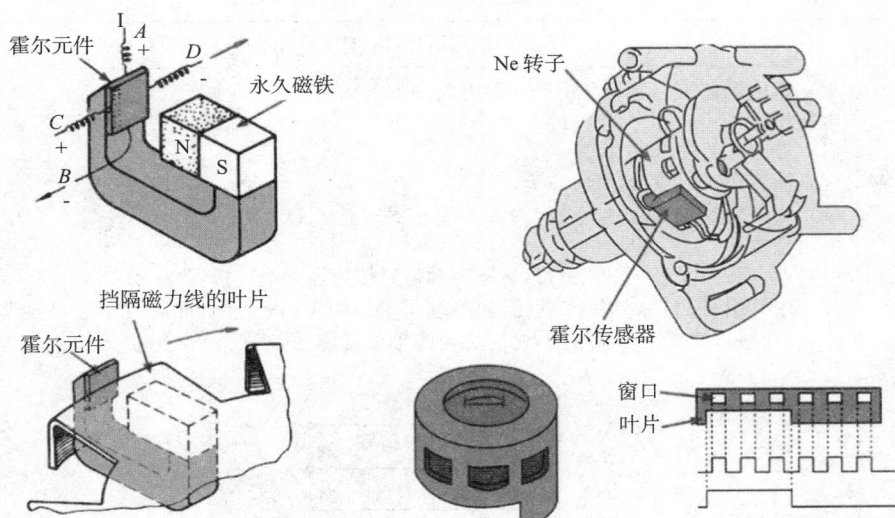

图4-17 霍尔式曲轴位置传感器结构原理图

思 考

● 对比磁脉冲式曲轴位置传感器和霍尔式曲轴位置传感器在实物上的异同。能够区分某台车上的曲轴位置传感器是什么类型的。

◆ 当叶片转子的缺口转到霍尔元件处时,永久磁铁磁场的回流量最大时,霍尔元件产生的感应电压最大。

◆ 当叶片转子的叶片挡住了霍尔元件,永久磁铁磁场的回流量为零时(磁场通过金属叶片导回永久磁铁的S级),产生的感应电压最小。

电脑接收到这个有规律的感应电压时就可以计算出曲轴的转速和曲轴的转角,因此能够准确地判断出点火提前角和喷油时刻。

2) 曲轴与凸轮位置传感器的检修

霍尔式曲轴位置传感器的信号类型为脉冲频率信号。霍尔式曲轴位置传感器产生的信号特性与发动机转速有关。发动机转速越高信号振幅不变(即感应电压不变),信号频率增高。

磁脉冲式曲轴位置传感器的信号类型为脉冲频率信号。磁脉冲式曲轴位置传感器产生的信号特性与发动机转速有关。发动机转速越高信号振幅越大,信号频率增高。

根据曲轴位置传感器的检测步骤与方法如表4-8所示。

表 4-8 曲轴位置传感器的检测步骤与方法

检修项目	电 压 与 电 阻 检 测
操作要领	霍尔式曲轴位置传感器与电脑连接电路图如下图所示 电压检测: (1) 点火开关转至 ON 位 (2) 检测 A,C 之间的电压应为 8V (3) B,C 间输出的信号电压应为 5～0V 交替变化 电阻检测: (1) 点火开关置于"OFF"位置,拔下曲轴位置传感器导线连接器 (2) 用万用表 Ω 档跨接在传感器侧的端子 A—B 或 A—C 间,此时万用表显示读数为∞ (开路),如果指示有电阻,则应更换曲轴位置传感器 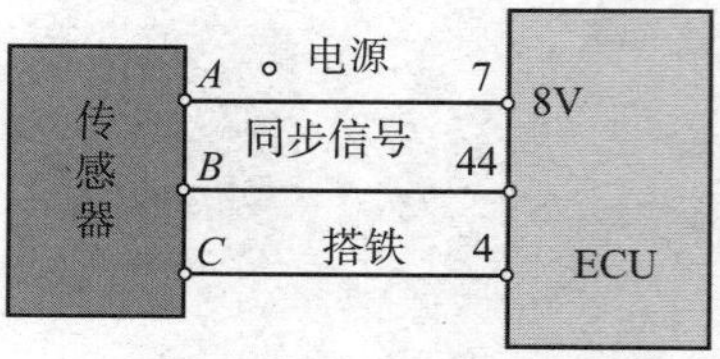 **霍尔式曲轴位置传感器电路图**
技术要求或标准	注意: ◆ 测量霍尔传感器信号端子 B 与搭铁端子 C 之间的电压选择万用表直流电压档 ◆ 良好的霍尔传感器的电源端子与搭铁端子之间、同步信号端子与搭铁端子之间的电阻值是集成电子元件的电阻,集成元件的电阻值很大,因此测量的电阻值接近∞(好比是开路)

三、制订检修计划

根据任务要求制订电控发动机系统故障诊断计划,如表 4-9 所示。

表 4-9 制订电控发动机控制系统故障诊断检查计划

项 目		内 容
1. 车辆信息描述	车辆型号(VIN 码)	
	发动机型号	
	客户投诉	
2. 汽车自诊断系统的描述	因点火系统故障而造成的故障现象:不能启动、怠速不稳、加速不良、熄火、排放超标 点火控制系统目前以单缸独立点火为主,独立点火模块内装了离子流装置,可检测点火器在点火时是否产生高压电子流,离子流装置如果检测到电子流则说明点火模块良好 没故障码的点火控制系统的故障还可能有点火正时不准确,火花塞的间隙不当、积垢、烧蚀、绝缘体有裂纹、电极融化	

(续表)

3. 汽车电子控制系统故障原因分析，画出鱼刺图	

车辆、资料、工具的名称	数　　量
丰田电控发动机台架	5 台
威驰/卡罗拉轿车	5 辆
丰田电控发动机相关维修资料	5 套
手持式汽车诊断电脑（解码仪）	5 台
汽车专用电表	5 个
汽车专用示波器	1 台
维修导线	1 把
常用拆装工具	1 套
试灯	5 把

4. 汽车电子点火系统故障检修工具准备

5. 汽车发动机电子点火系统故障诊断工作准备

系统分析　　规定

电子点火系统故障排除

故障诊断　　修理　　设备

步　骤	检修项目	操作要领	技术要求或标准	检修记录

6. 汽车电子点火系统故障检修流程

四、实施维修作业

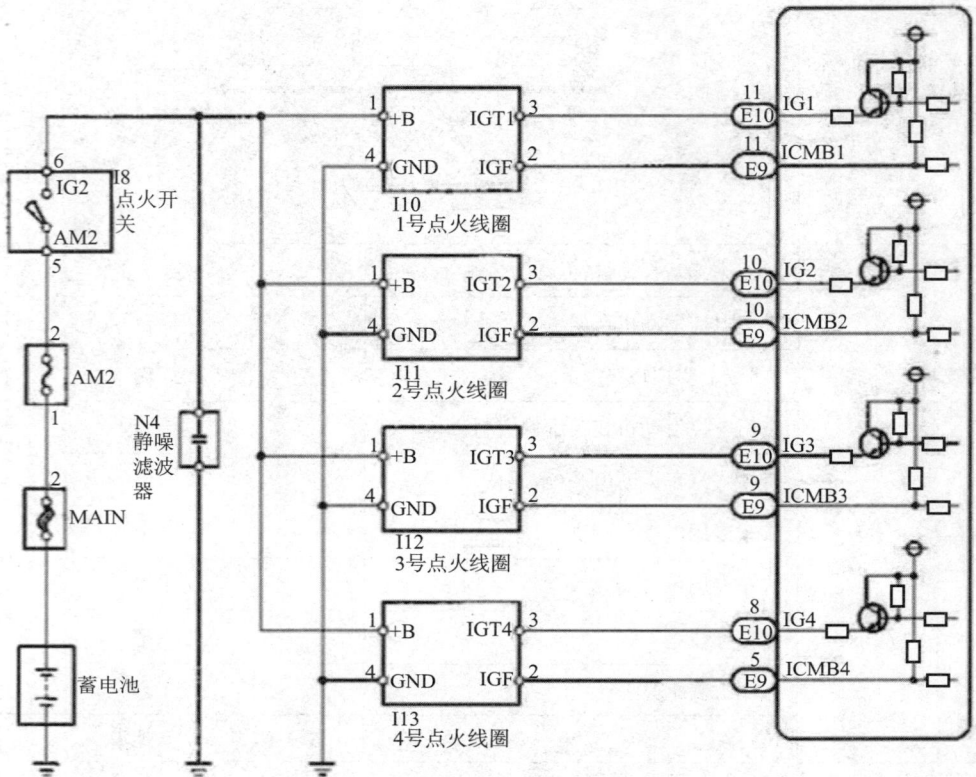

图 4-18 07 款威驰 GL 轿车单缸独立点火电路图

注:ECM(Engine Control Module)发动机控制模块,ECM 就是我们所讲的 ECU。

单缸独立点火的离子电流装置会产生故障代码存储在 ECM 中吗?_____

如果可以那么产生 DTC 的需要什么条件才产生故障代码呢?_____

_____

1. 检测点火系统电路,排除缺缸故障

根据 07 款威驰 1.3GL 轿车单缸独立点火器控制电路(如图 4-18 所示),完成点火系统故障的排除。

笔 记

表 4-10 威驰 1.3GL 轿车点火控制系统检测项目作业书

检测项目	演 示 图	操作要领及技术标准	我的检测记录	结果判断
1. 检查火花和点火（确认缺火气缸）		（1）断开喷油器连接器以避免发动机启动 （2）将火花塞安装到点火线圈上 （3）将火花塞靠到汽缸盖上 （4）运转发动机时间不超过 2s,检查火花 结果： 正常:电极间隙间跳火。转至检测项目 6 异常:转至检测项目 2 （5）重新连接喷油器连接器		
2. 检查火花和点火（互换缺火气缸的火花塞）		（1）断开喷油器连接器以避免发动机启动 （2）互换火花塞的排列（1～4 号气缸间） 小心:切勿互换连接器位置 （3）将火花塞安装到点火线圈上 （4）将火花塞安装到汽缸盖上 （5）运转发动机时间不超过 2s,检查火花 结果： 正常:电极间隙间跳火 异常:转至检测项目 3 （6）重新连接喷油器连接器		
3. 检查火花和点火（互换缺火气缸的点火线圈）		（1）断开喷油器连接器以避免发动机启动 （2）互换带点火器的点火线圈的排列（1～4 号气缸间） 小心:切勿互换连接器位置 （3）将火花塞安装到点火线圈上 （4）将火花塞安装到气缸盖上 （5）运转发动机时间不超过 2s,检查火花 结果： 正常:电极间隙间跳火。更换点火线圈总成 异常:转至检测项目 4 （6）重新连接喷油器连接器		

笔记

检测项目	演 示 图	操作要领及技术标准	我的检测记录	结果判断

4. 检查点火线圈总成（电源）	线束侧：
	带点火器的点火线圈连接器
	⑩ ⑪
	⑫ ⑬　1 2 3 4
	+B(+)　　GND(-)
	前视图
		(1) 断开带点火器的点火线圈连接器 I10,I11,I12 或 I13
		(2) 检查电阻
		标准电阻（短路检查）
		
		  检测仪连接 ／ 规定状态
		GND(I10-4)—车身搭铁
		GND(I11-4)—车身搭铁
		GND(I12-4)—车身搭铁　小于1Ω
		GND(I13-4)—车身搭铁
		
		(3) 将点火开关扭至 ON
		(4) 测量线束侧连接器端子间的电压
		标准电阻
		
		  检测仪连接 ／ 规定状态
		+B(I10-1)—GND(I10-4)
		+B(I11-1)—GND(I11-4)
		+B(I12-1)—GND(I12-4)　11~14V
		+B(I13-1)—GND(I13-4)
		
		(5) 重新连接带点火器的点火线圈连接器
		结果：
		正常：转至检测项目 5
		异常：修理或更换线束或连接器		

5. 检查线束和连接器（点火线圈总成—ECM）	线束侧：
	带点火器的点火线圈连接器
	⑩ ⑪
	⑫ ⑬　1 2 3 4 — IGT1至4
	前视图
	
	E10
	　IG4
	IG1
	IG2　IG3　ECM连接器
		(1) 断开带点火器的点火线圈连接器 I10,I11,I12 或 I13
		(2) 断开 ECM 连接器 E10
		(3) 检查电阻
		标准电阻（断路电阻）
		
		  检测仪连接 ／ 规定状态
		IGT1(I10-3)—IG1(E10-11)
		IGT2(I11-3)—IG2(E10-10)
		IGT3(I12-3)—IG3(E10-9)　小于1Ω
		IGT4(I13-3)—IG4(E10-8)
		
		标准电阻（短路检查）
		  检测仪连接 ／ 规定状态
		IGT1(I10-3) 或 IG1(E10-11)—车身搭铁
		IGT2(I11-3) 或 IG2(E10-10)—车身搭铁
		IGT3(I12-3) 或 IG3(E10-9)—车身搭铁　10kΩ 或更大
		IGT4(I13-3) 或 IG4(E10-8)—车身搭铁
		
		(4) 重新连接 ECM 连接器
		(5) 重新连接带点火器的点火线圈连接器
		结果：
		正常：更换 ECM
		异常：修理或更换线束或连接器		

（续表）

检测项目	演 示 图	操作要领及技术标准	我的检测记录	结果判断
6. 检查线束和连接器（点火线圈总成—ECM）	线束侧： 带点火器的点火线圈连接器 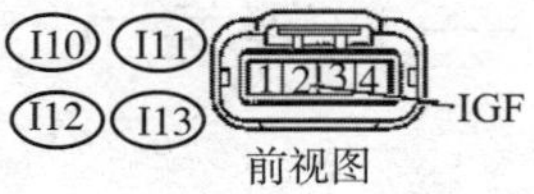 I10 I11 I12 I13 1 2 3 4 —IGF 前视图 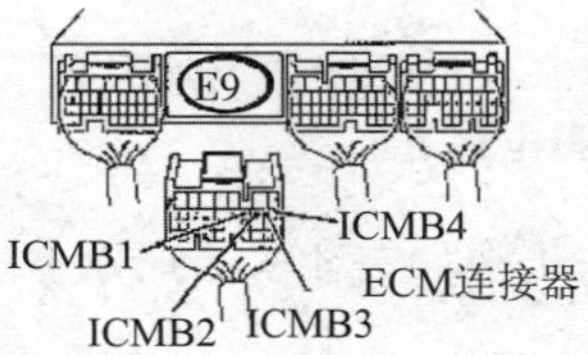 E9 ICMB1　ICMB4 ICMB2 ICMB3 ECM连接器	(1) 断开带点火器的点火线圈连接器 I10,I11,I12 或 I13 (2) 断开 ECM 连接器 E9 (3) 检查电阻 标准电阻（断路检查） （表见下） (4) 重新连接 ECM 连接器 (5) 重新连接带点火器的点火线圈连接器 结果： 正常：检查间隙性故障 异常：修理或更换线束或连接器		

标准电阻（断路检查）

检测仪连接	规定状态
IGF(I10－2)—ICMB1(E9－11)	小于 1Ω
IGF(I11－2)—ICMB2(E9－10)	
IGF(I12－2)—ICMB3(E9－9)	
IGF(I13－2)—ICMB4(E9－8)	

检查电阻（短路检查）

检测仪连接	规定状态
IGF(I10－2)或 ICMB1(E9－11)—车身搭铁	10kΩ 或更大
IGF(I11－2)或 ICMB2(E9－10)—车身搭铁	
IGF(I12－2)或 ICMB3(E9－9)—车身搭铁	
IGF(I13－2)或 ICMB4(E9－8)—车身搭铁	

2. 排除爆震传感器的故障

1) 爆震传感器特性描述

平面型爆震传感器（非谐振型）的结构可以检测较宽内（6～15kHz）的振动，并具有以下特点：

爆震传感器装在气缸上用来检测发动机的爆震。此传感器包含一个压电元件，当其发生变形时会产生电压。在气缸体因爆震而振动时出现上述情况。如果发动机出现爆震，点火正时将延迟以抑制爆震。爆震传感器失效产生个故障代码与故障部位如表4-11所示。

表4-11　爆震传感器故障代码与故障部位产生条件表

DTC 号	DTC 检测条件	故 障 部 位
P0325	爆震传感器电路断路或短路至少0.9s（单程检测逻辑）	◆ 爆震传感器电路断路或短路 ◆ 爆震传感器 ◆ 安装爆震传感器 ◆ ECM

2）爆震传感器失效保护

如果 ECM 检测到 DTC P0325，则进入失效保护模式以使修正延迟角度值设定为最大值。

根据 07 款威驰 1.3GL 轿车爆震传感器电路图，如图 4-19 所示，对爆震传感器进行检测并排除传感器故障。

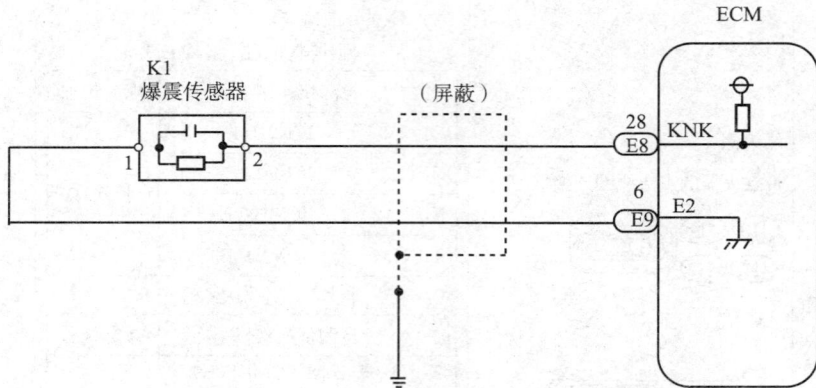

图 4-19 爆震传感器电路图

爆震传感器元件和控制电路的检测作业方法与步骤如表 4-12 所示。

表 4-12 07 威驰 1.3GL 轿车爆震传感器检测项目作业任务书

检测项目	演 示 图	操作要领及技术标准	我的检测记录	结果判断
1. 检查线速和连接器(ECM—爆震传感器)		(1) 断开 ECM 连接器 E9 (2) 测量 ECM 连接器 E9 端子间的电阻 标准电阻 {检测仪连接 / 规定状态} KNK(E9-28)—E2(E9-8) / 20℃时，120～280kΩ (3) 重新连接 ECM 连接器 结果： 正常:转至检测项目 2 异常:转至检测项目 4		
2. 检查爆震传感器		(1) 检查爆震传感器的安装情况 扭矩:20N·m(204kgf·cm,15ft·1bf) 结果： 正常:转至检测项目 3 异常:重新牢固和安装传感器		

（续表）

笔记

检测项目	演 示 图	操作要领及技术标准	我的检测记录	结果判断
3. 读取输出 DTC		（1）将智能检测仪连接到 DLC3 （2）将点火开关扭至 ON 并打开检测仪 （3）消除 DTC （4）启动发动机 （5）选择下列菜单项目： Powertrain/Engine/DTC （6）读取 DTC 结果： <table><tr><td>显示（输出 DTC）</td><td>转至</td></tr><tr><td>P0325</td><td>更换 ECM</td></tr><tr><td>未输出</td><td>检查间隙性故障</td></tr></table>		
4. 检查爆震传感器	欧姆表	（1）拆下爆震传感器 （2）测量端子间的电阻 标准电阻 <table><tr><td>检测仪连接</td><td>规定状态</td></tr><tr><td>1—2</td><td>20℃时，120～280kΩ</td></tr></table>（3）重新安装爆震传感器 结果： 异常：更换爆震传感器 正常：修理或更换线束或连接器		

3. 排除曲轴位置传感器的故障

威驰 1.3GL 轿车曲轴位置（CKP）传感器系统由 CKP 信号盘和耦合线圈组成。信号盘有 30 个齿，安装在曲轴上。耦合线圈由铜线绕组、铁芯和磁铁组成。

信号盘旋转时，随着各齿经过耦合线圈，便产生一个脉冲信号。发动机每转一圈耦合线圈产生 30 个信号。ECM 根据这些信号计算出曲轴位置传感器和发动机转速。利用这些计算结果，可以控制燃油喷射时间和点火正时。

曲轴位置传感器失效故障代码产生的条件与故障部位，如表 4-13 所示。

表 4-13 曲轴位置传感器故障部位与故障代码产生的条件

DTC 号	DTC 检测条件	故 障 部 位
P0335	启动机运行期间，无 CKP 传感器信号发送到 ECM 2s 或更长时间（单程检测逻辑）	◆ CKP 传感器电路短路或断路 ◆ CKP 传感器 ◆ CKP 信号盘 ◆ ECM

笔记

根据 07 款威驰 1.3GL 轿车曲轴位置传感器电路图如图 4-20 所示,排除曲轴位置传感器故障。

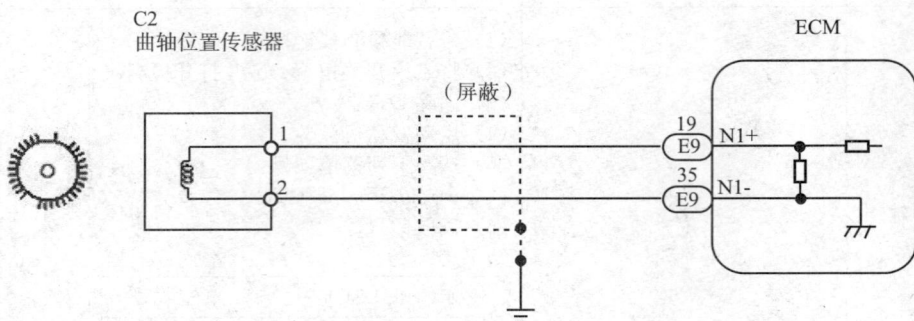

图 4-20 曲轴位置传感器电路

曲轴位置传感器元件和控制电路的检测作业方法与步骤如表 4-14 所示。

表 4-14 威驰 1.3GL 轿车曲轴位置传感器检测项目作业任务书

检测项目	演 示 图	操作要领及技术标准	我的检测记录	结果判断
1. 使用智能检测仪读取值（发动机转速）		(1) 将智能检测仪连接到 DLC3 (2) 将点火开关扭至 ON 并打开检测仪 (3) 选择下列菜单项目: Powertrain/Engine/Data List/Engine SPD (4) 启动发动机 结果: 正常:显示正确的值,检查间隙性故障 异常:如果检测仪上显示的发动机转速持续为零,则曲轴位置传感器电路短路或断路,转至检测项目 2		
2. 检查曲轴位置传感器（电阻）	零部件侧: CKP传感器 前视图	(1) 断开曲轴位置（CKP）传感器连接器 C2 (2) 测量端子 1 和 2 间的电阻 标准电阻 <table><tr><td>检测仪连接</td><td>条件</td><td>规定状态</td></tr><tr><td>1—2</td><td>冷态</td><td>1 630~2 740Ω</td></tr><tr><td>1—2</td><td>热态</td><td>2 065~3 225Ω</td></tr></table>提示:冷态和热态是指线圈的温度,冷态:-10~50℃,热态:50~100℃ (3) 重新连接 CKP 传感器连接器 结果: 正常:转至检测项目 3 异常:更换曲轴位置传感器		

（续表）

检测项目	演　示　图	操作要领及技术标准	我的检测记录	结果判断
3. 检测线束和连接器（曲轴位置传感器—ECM）	线束侧： 曲轴位置传感器连接器 C2 ① ② 前视图 E9 N1+ N1　ECM连接器	（1）断开 CKP 传感器连接器 C2 （2）断开 ECM 连接器 E9 （3）检测电阻 　　　　标准电阻（断路检查） <table><tr><td>检测仪连接</td><td>规定状态</td></tr><tr><td>CKP 传感器（C2－1）—N1＋（E9－19）</td><td rowspan="2">小于 1Ω</td></tr><tr><td>CKP 传感器（C2－2）—N1－（E9－35）</td></tr></table>标准电阻（短路检查） <table><tr><td>检测仪连接</td><td>规定状态</td></tr><tr><td>CKP 传感器（C2－1）或 N1＋（E9－19）—车身搭铁</td><td rowspan="2">10kΩ 或更大</td></tr><tr><td>CKP 传感器（C2－2）或 N1＋（E9－35）—车身搭铁</td></tr></table>（4）重新连接 ECM 连接器 （5）重新连接 CKP 传感器连接器 结果： 正常：转至检测项目 4 异常：修理或更换线束连接器		
4. 检查传感器的安装情况（曲轴位置传感器）	正常　间隙　异常	（1）检查 CKP 传感器的安装情况 左边图：所示其连接情况是否正常 结果： 异常：重新固牢地安装传感器 正常：转至检测项目 5		
5. 检查曲轴位置信号盘（信号盘齿）		检查信号盘齿有无缺齿变形 结果： 异常：更换曲轴位置传感器 正常：更换 ECM		

4. 排除凸轮轴位置传感器的故障

凸轮轴位置（CMP）传感器由磁铁和缠有铜线的铁芯组成，并安装在气缸上，凸轮轴传动时，凸轮轴上的 3 格齿都要经过 CMP 传感器。这激活了传感器的内置磁铁，因此在铜线中产生电压。凸轮轴与曲轴同步转动。曲轴转动连两圈时，在 CMP 传感器内产生 3 次电压。传感器中产生的电压作为一个信号，ECM 据此确定凸轮轴位置。此信号用于控制点火正时和 VVT 系统。

笔记

凸轮轴位置传感器失效故障代码产生的条件和故障的部位如表4-15所示。

表4-15 凸轮轴位置传感器故障部位与故障代码产生的条件

DTC	DTC检测条件	故 障 部 位
P0340	发动机运转时,在2s或更长时间内来输入一定数目的CMP传感器型信号(单程检测逻辑)	◆ CMP传感器电路断路或短路 ◆ CMP传感器 ◆ 凸轮轴 ◆ ECM

根据图07款威驰1.3GL轿车凸轮轴位电路图如图4-21所示,排除凸轮轴位置传感器的故障。

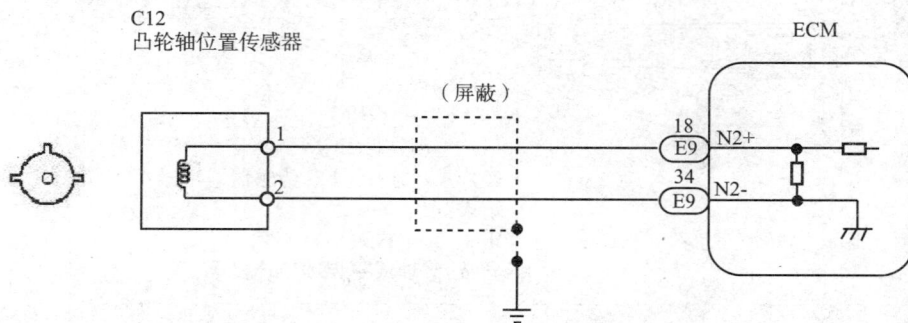

图4-21 凸轮轴位置传感器电路

凸轮轴位置传感器元件和控制电路检测作业方法与步骤如表4-16所示。

表4-16 威驰1.3GL轿车凸轮轴位置传感器检测项目作业任务书

检测项目	演 示 图	操作要领及技术标准	我的检测记录	结果判断
1. 检查凸轮轴位置传感器(电阻)	零部件侧: CMP传感器 2 1 前视图	(1)断开凸轮轴位置(CMP)传感器连接器C12 (2)测量端子1和2之间的电阻 标准电阻 <table><tr><td>检测仪连接</td><td>条件</td><td>规定状态</td></tr><tr><td>1—2</td><td>冷态</td><td>835~1 400Ω</td></tr><tr><td>1—2</td><td>热态</td><td>1 080~1 645Ω</td></tr></table> 结果: 正常:转至检测项目2 异常:更换凸轮轴位置传感器		

（续表）

检测项目	演示图	操作要领及技术标准	我的检测记录	结果判断
2. 检查线束和连接器（凸轮轴位置传感器—CMP）	线束侧：凸轮轴位置传感器连接器 C12 前视图 E9 N2+ N2- ECM连接器	(1) 断开 CMP 传感器连接器 C12 (2) 断开 ECM 连接器 E9 (3) 检查电阻 标准电阻（断路检查） 	检查仪连接	规定状态
---	---
CMP 传感器（C12－1）—N2＋（E9－18）	小于 1Ω
CMP 传感器（C12－2）—N2－（E9－34）		 标准电阻（短路检查） 	检测仪连接	规定电阻
---	---
CMP 传感器（C12－1）—N2＋（E9－18）—车身搭铁	10kΩ 或更大
CMP 传感器（C12－2）—N2－（E9－34）—车声搭铁		 (4) 重新连接 ECM 连接器 (5) 重新连接 CMP 传感器连接器 结果： 正常：转至检测项目 3 异常：修理或更换线束连接器		
3. 检查传感器的安装情况（凸轮位置轴传感器）	正常　　　异常 间隙	检查 CKP 传感器的安装情况 左边图：所示其连接情况是否正常 结果： 异常：重新固牢地安装传感器 正常：转至检测项目 4		
4. 检查凸轮轴		检查凸轮轴轴齿 凸轮轴轴齿没有任何破裂或变形 结果： 正常：更换 ECM 异常：更换凸轮轴		

五、检验评估

项目四的检验评估如表 4-17 所示。

表 4 - 17　检查评估

评 价 指 标	检 验 说 明	检 验 记 录
维护检查项目	➤ 对点火器控制电路进行检查与排除故障 ➤ 对爆震传感器进行检查与排除故障 ➤ 对曲轴与凸轮轴位置传感器进行检查与 　排除故障	
汽车发动机 运行情况		

评价内容	检 验 指 标	权重	自评	互评	总评
检查任务完成情况	1. 完成任务的情况 2. 任务完成的质量 3. 在小组完成任务过程中所起的作用				
专业知识	1. 能描述电子点火系统的组成 2. 能描述电子点火的控制原理与内容 3. 能描述电子点火系统的检测步骤与方法 4. 会描述电子点火系统相关零部件的检测方法				
职业素养	1. 学习态度:积极主动参与学习 2. 团队合作:与小组成员一起分工合作,不影响学习 　进度 3. 现场管理:服从工位安排、执行实训室"5S"管理 　规定				
综合评议与建议					

项目五　诊断与排除发动机排放控制系统的故障

Description 项目描述	目前紧凑型车、经济型车或中高档车在汽车的尾气控制系统中都装有尾气排放监测的装置和尾气转化处理的装置。在燃油蒸发控制系统中装有回收燃油蒸气的装置。前者的失效会造成尾气排放超标,后者多造成发动机怠速不稳。该项目提出了两个典型的故障现象
Objects 项目目标	1. 掌握氧化锆式和氧化钛式传感器的结构与工作原理,并掌握检测氧传感器方法 2. 掌握三元催化剂的结构与工作原理,并掌握三元催化器的检测方法 3. 掌握废气再循环的结构组成与工作原理,并掌握蒸发控制系统的检测方法 4. 掌握二次燃烧和曲轴箱通风的工作原理,并知道如何进行检测 5. 掌握蒸发控制系统的结构组成与工作原理,并掌握蒸发控制系统的检测方法与步骤
Tasks 项目任务	任务 5.1　诊断与排除尾气排放控制系统的故障,通过诊断发动机的氧传感器的反馈电压电路和加热电源电路排除由氧传感器故障造成的故障;如果故障未排除,再排除三元催化转化器转化效率低的故障 任务 5.2　诊断与排除燃油蒸发控制系统的故障,通过检测燃油蒸发控制系统电路故障,排除由蒸发控制系统引起的怠速不稳故障
Implementation 项目实施	任务 5.1　诊断与排除尾气排放控制系统的故障 任务 5.2　诊断与排除燃油蒸发控制系统的故障

任务 5.1　诊断与排除尾气排放控制系统的故障

任务描述	一辆 07 款 1.3 威驰 GL 轿车,用户反映该车发动机故障警告灯点亮。经读取故障码为 P0133,氧传感器电路响应较慢。清除故障码后,待发动机运转几分钟后,发动机故障警告灯再次点亮。利用故障诊断仪再次调取故障,同样的故障代码再现 　　你是学徒,你该怎样对尾气排放控制系统故障进行排除
任务目标	1. 理解发动机氧传感器的结构与原理,掌握检测氧传感器及控制电路的检测方法,并排除氧传感器故障 2. 掌握三元催化转换器的结构与原理,排除三元催化转换器的故障 3. 掌握废气再循环控制系统的故障排除方法

一、维修接待

　　按照表 5-1-1 完成待修车辆的维修接待,并准确填写接车问诊表。

表 5-1-1 维修接待与接车问诊表

1. 通过询问客户了解汽车发动机最近的使用情况,填写接车问诊表
2. 车间检测初步确认结果:故障有可能出现在发动机排放控制系统中

接 车 问 诊 表

车牌号: _____   车架号: _____   行驶里程: _____ (km)

用户名: _____   电 话: _____   来店时间: _____ / _____

用户陈述及故障发生时的状况:**汽车发动机故障指示灯亮了,但是发动机没有什么不良现象**

故障发生状况提示:**行驶速度、发动机状态、发生频度、发生时间、部位、天气、路面状况、声音描述**

接车员检测确认建议:**需要调取故障代码与定格数据流分析故障部位和原因**

车间检测确认结果及主要故障零部件:**需要更换氧传感器**

车间检查确认者: _____

外观确认:

(请在有缺陷部位作标识)

功能确认:(工作正常√ 不正常×)
- □音响系统 □门锁(防盗器) □全车灯光 □工具
- □后视镜 □顶窗 □座椅 □点烟器
- □玻璃升降器 □玻璃

物品确认:(有√ 无×)
- □贵重物品提示
- □工具 □备胎 □灭火器
- □其他( )
- 旧件是否交还用户 □是 □否
- 用户是否需要洗车 □是 □否

- 检测费说明:本次检测的故障如用户在本店维修,检测费包含在修理费用内;如用户不在本店维修,请您支付检测费。本次检测费:¥_____元
- 贵重物品:在将车辆交给我店检查修理前,已提示将车内贵重物品自行收起并保存好,如有遗失恕不负责

接车员: _____   用户确认: _____

<<<< ----------------------------------

二、信息收集与处理

按照表 5-1-2 完成任务 5.1 的信息收集与处理。

表 5-1-2 信息收集与处理

---

1. 氧传感器分＿＿＿＿＿＿和＿＿＿＿＿＿两种，＿＿＿＿＿＿传感器输出的信号是电压值，电压值范围＿＿＿＿＿＿ V；＿＿＿＿＿＿传感器输出的信号是电阻值，电阻值范围＿＿＿＿＿＿ Ω

2. 氧传感器工作温度是＿＿＿＿＿＿℃时工作性能最好；而理论空燃比是依靠＿＿＿＿＿＿传感器的信号进行控制的

3. TWC 三元催化转化器是怎样对尾气进行控制的？需要空燃比是＿＿＿＿＿＿时才有利于转化

---

1. 排放系统的总体认识

汽油机的有害排放包括因混合气燃烧不完全产生的碳氢化合物（HC）、一氧化碳（CO）、在高温燃烧中产生的氮氧化物（NO_x）、油箱内汽油蒸发产生的蒸气和曲轴箱漏气等。常见的减少排放污染的装置有三元催化转化器、燃油蒸气回收系统、废气再循环系统、曲轴箱强制通风系统、二次空气喷射系统等。排放控制系统的基本组成如图 5-1-1 所示。

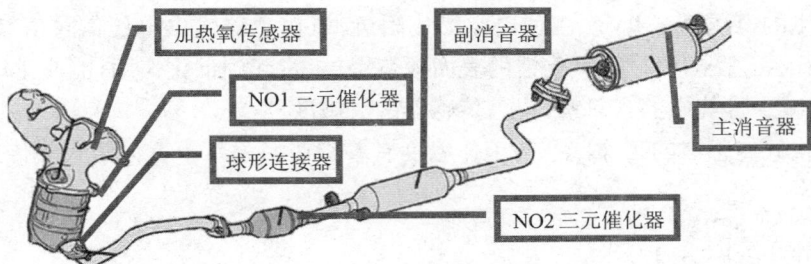

图 5-1-1 排放控制系统的基本组成

2. 氧传感器的检测

在电控汽油发动机中应用较广泛的氧传感器，主要有氧化锆（ZrO_2）氧传感器和氧化钛（TiO_2）氧传感器两种。

1) 氧化锆式（ZrO_2）氧传感器

（1）结构：氧化锆式氧传感器的结构如图 5-1-2 所示，主要由钢质护管、二氧化锆制成的陶瓷管和电极引线等组成。

钢质护管：起到保护锆管的作用。

锆管：内外有两层金属铂膜，中间夹着锆管，能使正价氧离子与负电子依附在两层膜上形成电压差。

电极：分别接锆管中的内外层金属铂膜把电压差反馈至发动机控制单元。

（2）工作原理：氧化锆式氧传感器可认为是一个由氧浓度差驱动的"微电池"（如图 5-1-3 所示）。中间的陶瓷氧化锆为电离式导体，其两个表面各镀一层铂膜作为电极。在接触

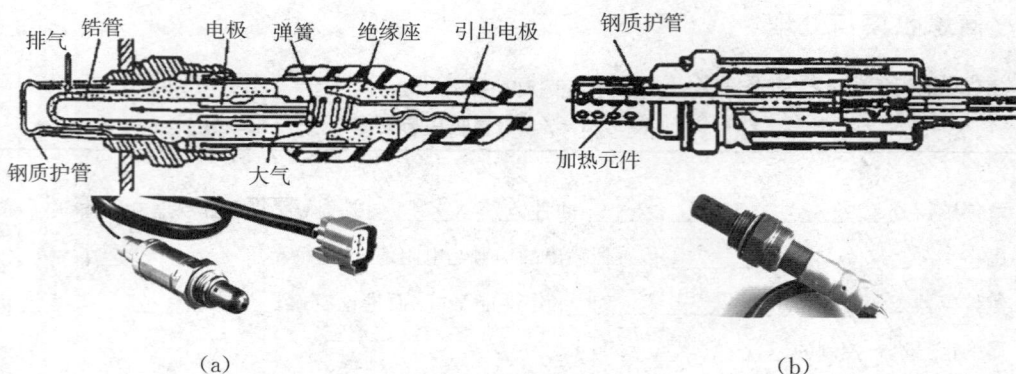

图 5 - 1 - 2 氧传感器结构

(a) 非加热型； (b) 加热型

排气的一侧带有多孔性的陶瓷保护层，另一侧直接接触大气。在 400℃ 以上的高温时，若氧化锆内表面处空气中氧的浓度与外表面处排气中氧的浓度有很大差别，氧化锆元件内外侧两个铂电极之间将会产生电压。当混合气稀(空燃比大)时，排气中氧的含量高，传感器元件内侧与外侧氧浓度差小，氧化锆元件内外侧两电极之间产生的电压很低接近 0V；反之，混合气浓(空燃比小)时，在排气中几乎没有氧，传感器元件内侧与外侧氧浓度差很大，内外侧两电极之间产生的电压高 0.9V。在理论空燃比附近，氧传感器输出电压信号值有一突变，如图 5 - 1 - 3 所示。在陶瓷材料氧化锆的表面覆盖铅层，它起到催化作用，能使排气中的氧 O_2 与 CO 反应，减少排气中的含氧量，提高传感器的灵敏度。

氧化锆式氧传感器的工作状态与工作温度有着密切的关系。氧化锆式氧传感器在温度

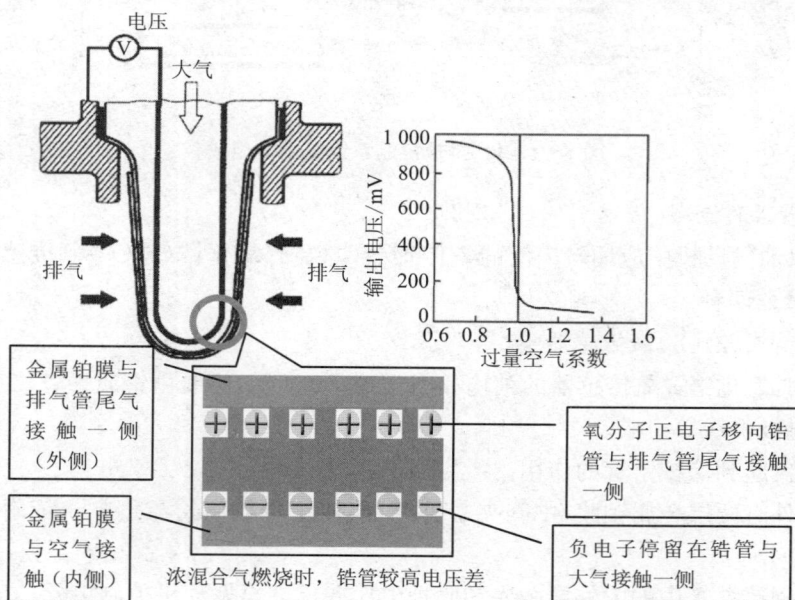

图 5 - 1 - 3 氧化锆式氧传感器的工作原理与输出特性

笔记

低于300℃时,无信号电压输出,而在 300℃~800℃ 的温度范围内最敏感,输出信号最强。虽然可利用排气热量对其进行加热,但其工作温度不稳定,而且发动机启动后数分钟才能达到正常工作温度。因此,目前大部分氧化锆式氧传感器内都增设了陶瓷式电热元件,由汽车电源进行加热,通电后可使氧传感器温度保持在300℃附近。加热式氧传感器的结构如图5-1-2(b)所示。加热式氧传感器的线束插接器一般有 4 个端子(也有的是 3 个),其中两个是传感器信号输出端子,另外两个是电加热元件的电源输入端子。

在氧化锆式氧传感器的使用过程中,氧传感器的外侧铅电极会因汽油和润滑油硫化产生的硅酮等颗粒物质附着在其表面上而逐渐失效,内侧铅电极也会被传感器内部端子处用于防水的橡胶逐渐污染,因此氧化锆式氧传感器应定期更换。

在闭环控制过程中,当实际空燃比比理论空燃比小、混合气浓时,氧传感器向 ECU 输出的是高电压信号(0.75~0.9V)。此时 ECU 将减小喷油量,使空燃比增大,当空燃比刚增大到理论空燃比 14.7 时,氧传感器输出电压信号将突变下降至 0.1V 左右。此信号输入 ECU 后,ECU 立即控制增加喷油量,空燃比开始减小。当空燃比刚减到理论空燃比以下时,氧传感器输出电压信号又突变,上升至 0.75V 以上,反馈给 ECU 后,ECU 又将减小喷油量。如此反复,就能将空燃比精确地控制在理论空燃比 14.7 附近一个极小的范围内。

(3) 下列工况即由 ECU 根据有关信号采用开环控制:

◆ 节气门全开、大负荷时。

◆ 减速断油时。

◆ 发动机启动时。

◆ 发动机冷却水温度低或氧传感器温度未达到工作温度(400℃)时。

◆ 氧传感器失效或其导线发生故障时。

2) 氧化钛式氧传感器的结构与工作原理

氧传感器的内部结构如图 5-1-4 所示,主要由二氧化钛、钢质壳体和加热元件相接线端子等组成。二氧化钛是一种 N 型半导体材料,其阻值取决于周围环境中氧离子浓度的大小。

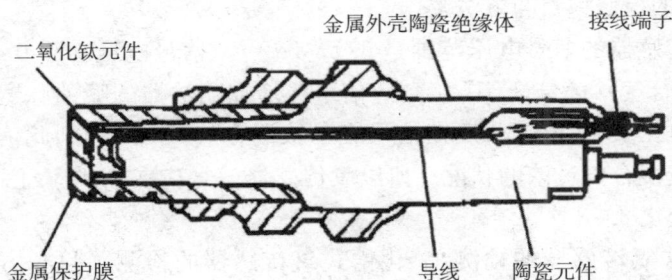

图 5-1-4 氧化钛式氧传感器的结构

将其制成管状,以便排气中的氧离子能够均匀扩散与渗透。纯净的二氧化钛材料在常温下呈现高阻状态,但当表面一旦缺氧,其晶格就会出现缺陷,阻值随之减小。钛管的内表面与氧离子浓度较高的大气相通,外表面与氧离子浓度较低的排气相通。在铁管的内、外表面上覆盖一层铂金,并各引出一个电极,作为传感器的信号正极与信号负极。外表面的铂金还有催化作用,当混合气偏浓时,由于燃烧不完全,排气中会剩余一定的氧气,铂金可使剩余氧离子与排气中的一氧化碳产生化学反应,生成二氧化碳,将排气中的氧离子进一步消耗掉,从而提高传感器的灵敏度。钢质壳体上制有螺纹,以便于传感器安装。

(1) 工作原理:由于二氧化钛半导体材料的电阻具有随排气中氧离子浓度的变化而变化的特性,因此二氧化钛氧传感器的信号源相当于一个可变电阻,当发动机的可燃混合气浓(空燃比小于 14.7)时,排气中氧离子含量较少,氧化铁管外表面氧离子很少或没有氧离子,二氧化铁呈现低阻状态,如图 5 - 1 - 5 所示。

当发动机混合气稀(空燃比大于 14.7)时,排气中氧离子含量较多,氧化钛管外表面的氧离子浓度较大,二氧化钛呈现高阻状态。由此可见,氧化钛式氧传感器的电阻将在混合气空燃比 A/F 约为 14.7(过量空气系数 A 约为 1)时产生突变。

由于氧化钛式氧传感器只能在 300℃ 以上的高温时才能正常工作,因此将其安装在温度较高的排气管上。同时,为保证发动机在进气量少、排气温度低时也能使氧传感器迅速达到工作温度而投入工作,采用了加热元件对钛管进行加热。加热元件采用热敏电阻,其上绕有钨丝并引出两个电极直接与汽车电源 12～14V 相通,加热器的工作由 ECU 控制。

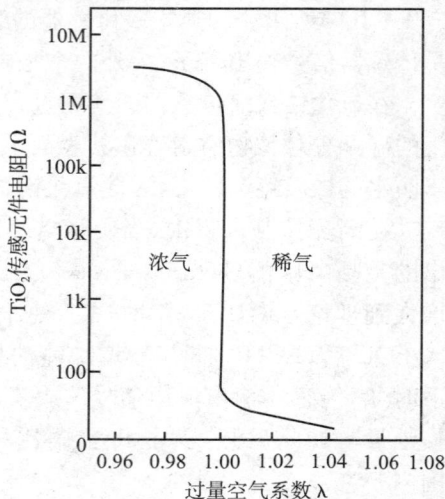

图 5 - 1 - 5　氧化钛式氧传感器的输出特性

思 考

● 氧传感器的失效形式主要有哪些? 描述每种失效的原因有哪些?

3) 氧传感器的检修项目与方法

氧化锆式氧传感器的信号电压范围是 0.1～0.9V。信号电压小于 0.45V,氧传感器反馈给 ECU 的是混合气稀信号,ECU 接到此信号将增加喷油器的喷油脉宽来补偿混合气过稀的状况。信号电压大于 0.45V,反馈信号表示浓混合气,ECU 接到此信号将减少喷油器的喷油脉宽来改变混合气过浓的状况。所以氧传感器信号应在 0.45V 上下变动,变动频率一般每 10s 至少变化 6～8 次。

(1) 氧化锆式氧传感器的检测:氧化锆式氧传感器的检测项目与方法如表 5 - 1 - 3 所示。

表 5-1-3　氧化锆式氧传感器的检测项目与方法

检修项目	氧化锆式氧传感器的诊断
操作要领	(1) 电压信号诊断法判断氧传感器好坏 在测试氧传感器之前,发动机必须处在正常的工作温度范围内。必须用数字式电压表测试氧传感器,如果使用其他类型的电压表,可能损坏传感器。测试时,将一数字式电压表连在氧传感器的信号线与接地端之间,如下图所示。当发动机怠速和温度正常时,氧传感器电压从 0.3~0.8V 周期地变化 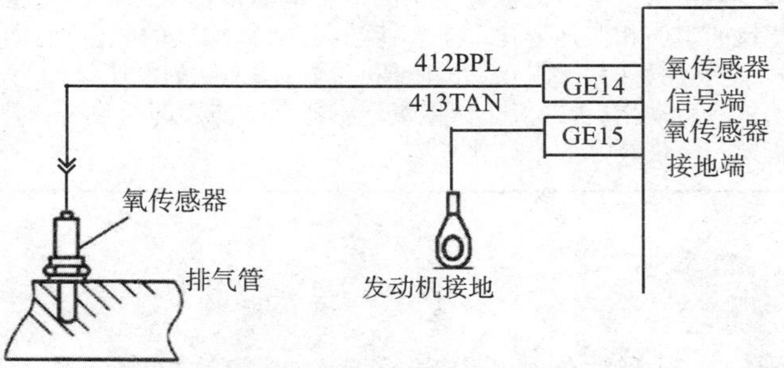 **氧传感器与 ECU 之间的连线图** ◆ 电压读数过高,可能是混合气过浓,或是传感器被污染。氧传感器可能被室温硅密封胶或防冻剂污染,也可能被含铅汽油中的铅污染 ◆ 若电压读数过低,可能是混合气过稀,或是传感器故障,或是传感器与 ECU 之间导线电阻过大等原因 ◆ 如果电压信号保持为一个中间值,可能是 ECU 回路不通或传感器损坏 把氧传感器从发动机上拆下,将氧传感器的敏感元件放到丙烷焊枪的火焰上加热。丙烷火焰可以使敏感元件与氧气隔离,这样,将导致传感器产生电压。传感器的敏感元件处在火焰中时,输出电压应该接近 1V;而把敏感元件从火焰中拿出时,输出电压应立刻降至 0V。如果传感器输出电压没有按上述变化,应予更换 (2) 氧传感器导线的诊断 如果怀疑氧传感信号线有故障,在发动机处于怠速时,在 ECU 和传感器两处用探针刺破导线测量电压。传感器和 ECU 两处电压差不应超出汽车制造厂家给的规定值。这两者间的标准平均电压差为 0.2V。超过 0.2V,修理搭铁线或传感器在排气管处的搭铁线 (3) 氧传感器上加热器的诊断 如果氧传感器上的加热器不工作,传感器的预热时间就要延长,ECU 处在开环状态的时间也将延长,ECU 将误传出一个浓混合气指令 ◆ 拆下传感器接线器,在加热器供电导线和搭铁之间接上数字式电压表(或 12V 试灯)。在点火开关接通时,这段导线间应为 12V 电压(或试灯亮);如果电压不足 12V(或试灯不亮或发暗),应检查电源线或熔断器 ◆ 拆下传感器,在加热器的接线端上连接一只欧姆表如下图所示,如果加热器没有正常的电阻值,应更换传感器 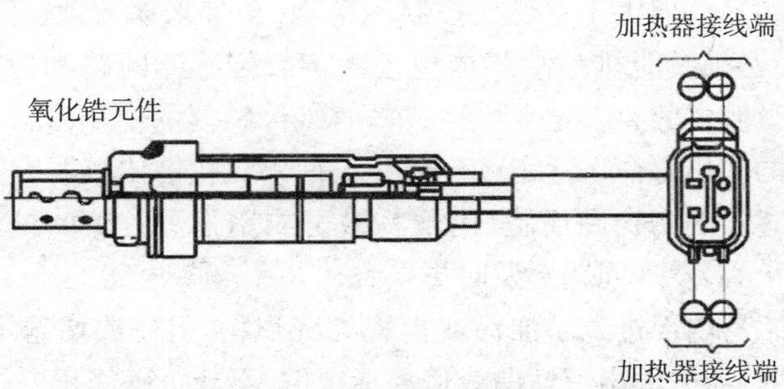 **加热器型氧化锆式传感器结构图**

（2）氧化钛式氧传感器的检修：氧化钛式氧传感器的检测项目与方法如表5-1-4所示。

表5-1-4　氧化钛式氧传感器的检测项目与方法

检修项目	氧化钛式氧传感器的诊断
操作要领	某些汽车现在装备二氧化钛型氧传感器。氧化钛型传感器中包含一个可变电阻,可变电阻根据周围的空燃比变化而改变电阻值,以变换电压的方式工作,ECU读取电阻两端的电压降。而二氧化锆型传感器则以产生电压的方式工作。ECU把蓄电池的电压供给二氧化钛传感器,不过,这个电压值被电路中的一个电阻值降低了。随着空燃比周期性地浓稀变化,二氧化钛的阻值相应地变化。空燃比浓时,二氧化钛的阻值低,向ECU提供一个较高的电压信号;空燃比稀时,二氧化钛的阻值高,输到ECU的电压就低 发动机冷启动之后,二氧化钛型氧传感器几乎能立即提供令人满意的信号,这就能在发动机暖机期间提供较好的空燃比控制

思　考

● 氧化锆式氧传感器和氧化钛式氧传感器的工作原理有什么不同？你能设计出更简单的检修方法吗？

（3）氧传感器的外观检查：氧传感器外观的检查方法如表5-1-5所示。

表5-1-5　氧传感器外观的检查方法

检修项目	氧传感器的外观检查
操作要领	从排气管上拆下氧传感器,观察端部的颜色,可以判断其技术状况的变化及变化的原因,方法如下 （1）当端部为淡灰色时,氧传感器技术状况正常 （2）当端部为黑色时,系由积碳造成,在清除积碳并排除气缸上机油和混合气过浓等原因后,可继续使用 （3）当端部为棕色时,系由铅污染（铅"中毒"）造成,应更换氧传感器并应避免使用含铅汽油 （4）当端部为白色时,系由硅（维修中使用硅密封胶或燃油、润滑油中的硅化合物燃烧后生成的二氧化硅）污染造成,应更换氧传感器并应避免使用硅密封胶

知识链接

氧传感器反馈信息出现异常时,微机控制系统会自动切断氧传感器的调节作用,因而短期内表现并不明显。但由于空燃比控制不精确,会带来动力性、经济性降低,尤其是排气净化的恶化,因而必须及时排除故障或更换。将氧传感器断路和短路的办法都是不可取的。必须按制造厂说明书的要求定期更换。普通氧传感器的使用寿命为5年或5～8万km,加热型氧传感器的使用寿命可达10万km。下面以氧化锆传感器为例分析其故障原因。

（1）氧传感器的陶瓷硬而脆,用硬物敲击或用强烈气流吹洗都可能使其碎裂而失效。处理时要特别小心,发现问题要及时更换。

（2）氧传感器内部进入了油污或尘埃等沉积物,阻碍或堵塞了外部空气进入氧传感器内部,会使氧传感器的输出特性曲线偏离标定值,不能正确修正空燃比。表现为燃油消耗上升,排放浓度明显增加。此时,若将沉积物除净就会恢复正常工作。

（3）氧传感器中毒是经常出现且难防治的，尤其是经常使用加铅汽油，即使新的氧传感器也只能工作几千千米；若是轻微中毒，用完一箱不含铅的汽油就能清除氧传感器表面的铅，使其正常工作。但往往由于过高的排气温度（890℃以上）而使铅侵入其内部，阻碍了氧离子的扩散，使传感器失效，这时只能更换。

另外，氧传感器发生硅中毒也是常有的事。汽油和润滑油中含有的硅化合物燃烧后生成的二氧化硅，硅橡胶密封垫使用不当散发出的有机硅气体，都会使传感器失效，因而，要使用质量好的燃油和润滑油。修理时要正确使用和安装橡胶垫，不要在传感器上涂制造厂没规定使用的溶剂和防黏剂等。

（4）对于加热型氧传感器，如果加热器电阻烧蚀，很难使传感器达到正常工作温度，从而失去作用。一般加热电阻为 $5\sim70\Omega$，如果为无穷大应更换。

3. 三元催化转化器与空燃比反馈控制系统的检测

1）三元催化转化器的结构

三元催化转化器（Three-way catalyst convertor，TWC）是利用转化器中的三元催化剂，将发动机排出废气中的有害气体转变为无害气体。它安装在排气管中部。根据催化剂载体的结构特点，TWC 可分为颗粒型和蜂巢型两种类型，前者将催化剂沉积在颗粒状氧化铅载体表面，后者将催化剂沉积在蜂巢状氧化铝载体表面，氧化铝表面有形状复杂的表层，可增大催化剂与废气的实际接触面积。

载体在 TWC 中主要承载涂层、催化剂、助催化剂，是提供废气转化反应场所的多孔洞陶瓷体。常见载体的形状有球形、多棱体形和蜂窝状 3 种，如图 5-1-6 所示。较新的革青石质（铝硅酸镜）蜂窝状陶瓷载体每平方厘米 18 000 个孔，壁厚仅为 0.075mm。它具有机械强度高、热稳定性好、排气阻力小、表面利用率高、热传导性能优良、几何面积大以及可以明显地改善催化剂的转化效率等优点。

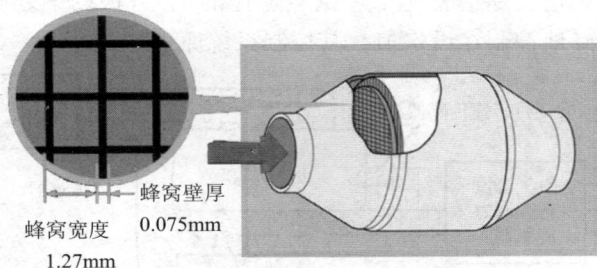

蜂窝壁厚 0.075mm

蜂窝宽度 1.27mm

图 5-1-6　三元催化器内部结构

（1）催化剂：均布在载体上的催化剂又称为"触媒"，可以促进 CO，HC 氧化反应及 NO_x 还原反应的速度，而催化剂本身在反应过程中不被消耗和改变。

（2）外壳：密封催化剂载体的容器，常由不锈钢冲压而成，能经受高温和耐氧化的作用。

（3）密封垫：密封垫套在催化剂载体的外面，置于壳体内，起到保持催化剂载体免受冲击、振动，散热，热补偿，保持载体正确的位置的作用。

2）三元催化转化器、氧传感器与闭环控制的工作原理

从图 5-1-7 中可看出三元催化转化器转化效率与空燃比的关系曲线，只有当发动机

在标准的理论空燃比 14.7 运转时,三元催化转化器的转化效率最佳,因此必须对空燃比进行精确地控制,使其保持在理论值附近很窄的范围内。在发动机开环控制过程中,ECU 只是根据转速、进气量、进气压力和进气温度等信号确定喷油量,从而控制混合气空燃比的。因为系统是开环的,所以它的控制是不可能很精确的,很难将实际空燃比控制在 14.7 附近很窄的范围内。

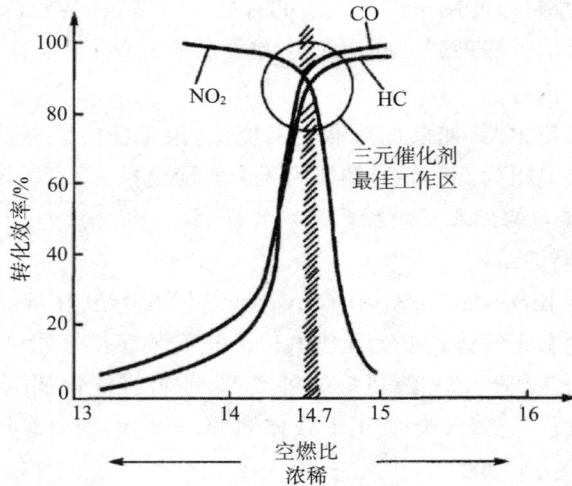

图 5 - 1 - 7　三元催化转化器转化效率与空燃比的关系

为了将实际空燃比精确地控制在 14.7 附近,发动机控制系统中现已普遍采用了由氧传感器组成的空燃比反馈控制方式,即闭环控制方式。在三元催化转化器前面的排气歧管或排气管内装设氧传感器,检测排气中的氧气含量,向 ECU 反馈相应的电压信号;ECU 根据氧传感器反馈的信号确定实际空燃比与理论空燃比的偏差;根据偏差确定喷油量应增加或减少实际空燃比被精确地控制在设定值。其控制系统原理如图 5 - 1 - 8 所示。

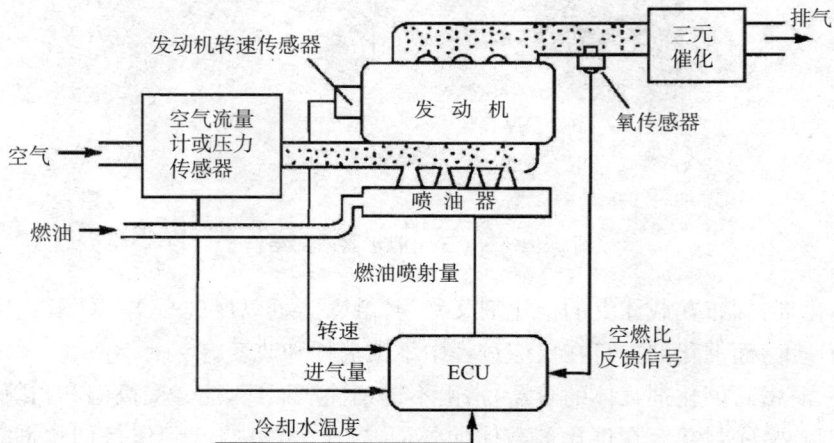

图 5 - 1 - 8　三元催化转化器、氧传感器与闭环控制原理图

3) 三元催化转化器的检修

三元催化转化器的检查项目与方法如表 5 - 1 - 6 所示。

笔记

表 5 - 1 - 6　三元催化转化器的检查项目与方法

检修项目	三元催化转化器的检查
操作要领	（1）利用废气分析仪测量撬拨管废气 测试三元催化转化器性能好坏的最精确方法是用废气分析仪测量排气管废气。三元催化转化器有故障时，会导致废气中的 HC、CO 和 NO_x 成分的含量升高。当然，其他系统，如燃油系统、点火系统和排放系统，也会影响排气管废气成分 （2）利用排气温度的测量进行诊断 由于尾气中的 CO 和 HC 在催化转化器中进行氧化反应，该反应过程将生成反应热，因此可使用远红外式温度计在催化转化器的进出口分别测量温度，一般两者应相差 $20\sim100\,^{\circ}\mathrm{C}$，若前后的温度相差很小，说明催化转化器的转化效率不良。通常相差较大，说明催化剂的转化效率较高。但温度过高也不正常，因有大量的 CO 和 HC 进行反应才会产生大量的反应热，这通常说明燃烧过程或控制系统出现了问题，如燃烧不完全、混合气控制失调、点火不正确以及因燃烧不良造成的失火等 （3）检查三元催化转化器是否堵塞 检测进气歧管真空度判断是否堵塞将废气再循环阀（EGR）上的真空管取下，将管口塞住，将真空表接到进气歧管上，让发动机缓慢加速到 2 500r/min。若真空表读数瞬间又回到原有水平（47.5～74.5kPa）并能维持 15s，则说明三元催化转化器没有堵塞。否则应该怀疑是 TWC 或排气管堵塞 （4）使用 OBD - Ⅱ 的方法 OBD - Ⅱ 系统中对该系统的检测接口的形式、位置、端子的定义、故障码的形式和定义、与诊断仪器通信的协议以及对某些系统的强制监测等都做了明确的规定。其中对催化转化器转化效率的监测，要求用前后（上下游）氧传感器信号的变化进行判断，如下图所示。因此，对装有此系统的车型可直接用诊断仪对催化转化器的好坏作出判断。对于性能良好的催化转化器，前后两个氧传感器信号的变化频率至少相差 1/2 以上 **装有前后氧传感器的三元催化转化器系统示意图**
技术要求或标准	尾气分析判断故障位置如下表所示 表格如下：

CO	HC	CO_2	O_2	故障原因
低	很高	低	低	间歇性失火
低	很高	低	低	气缸压力不正常
很高	很高/高	低	低	混合气浓
很低	很高/高	低	低	混合气稀
高	低	正常	正常	点火太迟
低	高	正常	正常	点火太早

思 考

● 你会使用尾气分析仪吗？请你课后查找资料，与同学们分享你所学习的尾气分析仪的使用方法。

4. 废气再循环系统的检测

1）废气再循环（EGR）系统的作用

在高温下（高于 1 370℃），氮和氧气化合生成 NO_x。在其他条件相同的情况下，发动机的燃烧温度越高，燃烧后产生的 NO_x 就越多。NO_x 与燃烧温度的关系如图 5-1-9 所示。废气再循环（Exhaust Gas Recirculation，EGR）就是将发动机排出的部分废气引入进气管，与新鲜混合气混合后进入气缸，利用废气中所含的 CO_2 吸收发动机内的热量、大量的 CO_2 不参与燃烧却能吸收热量的特点，降低燃烧温度，以减少 NO_x 的排放。

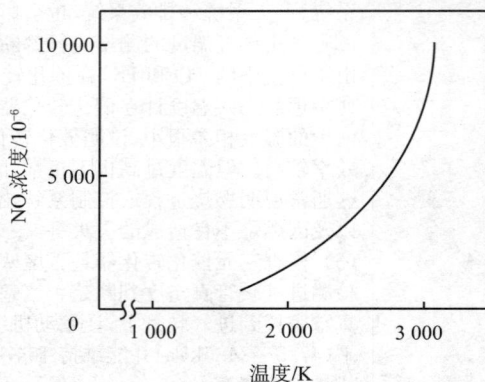

图 5-1-9　燃烧温度对 NO_x 排放量的影响

为更有效地抑制 NO_x 的生成，可增加 EGR 气体量，使燃烧温度进一步降低。但 EGR 气体量过多，将导致混合气的着火性变差，造成发动机的燃油经济性与动力性下降，HC 排放上升。因此，必须控制废气引入量。通常以 EGR 率来衡量废气的引入量，定义如下：

$$EGR\ 率 = EGR\ 气体流量/(吸入空气量 + EGR\ 气体流量) \times 100\%$$

废气再循环控制装置通过控制 EGR 率来保证发动机运转性能良好的同时，达到最佳的 NO_x 净化效果。

2）电子控制 EGR 系统的构成原理

电子控制 EGR 系统的组成如图 5-1-10 所示，其主要部件的结构原理与工作过程如下：

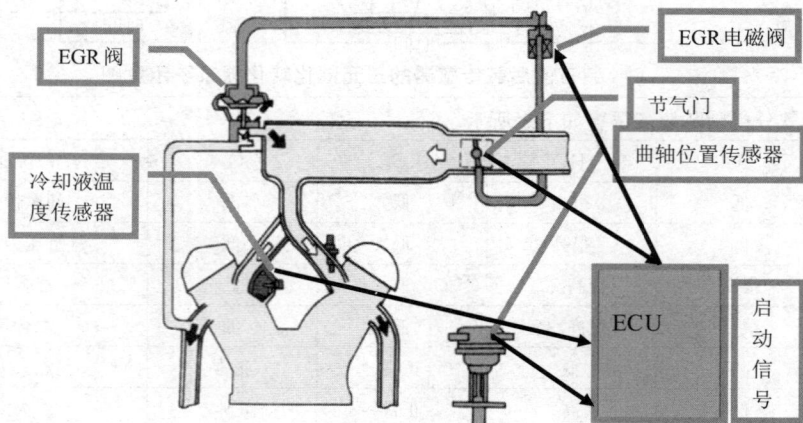

图 5-1-10　电子控制 EGR 的系统组成

　　在 ECU 的存储器中存储有各种工况下的最佳 EGR 流量值,通常以 EGR 电磁阀占空比参数的方式储存。发动机工作时,ECU 根据各传感器信号,查找出相应工况下的电磁阀占空比值,并输出相应的占空比脉冲信号。通过控制 EGR 电磁阀的占空比,来调节 EGR 阀的开度,以实现最佳的 EGR 率的控制。

　　有些系统通过 EGR 阀开度传感器反馈 EGR 阀的开度信息,相应地在 ECU 中存储的是各工况下的 EGR 阀开度参数。发动机工作时,ECU 根据各传感器信号查找出最佳的 EGR 阀开度,并与当前 EGR 阀开度比较。如果不相等,EGR 将调整占空比控制脉冲,将 EGR 阀的开度调整至最佳状态。

　　(1) 有关传感器。电子控制废气再循环系统的有关传感器信号及其作用如下:

　　◆ 曲轴转速传感器:提供曲轴转速信号,是 ECU 计算 EGR 率的重要参数之一。此外,当曲轴转速低于 900r/min 或高于 3 200r/min(高低值限值因车型而不同),不进行废气再循环。

　　◆ 空气流量传感器或进气压力传感器:提供发动机负荷信息,是 ECU 确定 EGR 率的另一重要参数。

　　◆ 发动机冷却液温度传感器:提供发动机温度信号,在发动机温度低时,ECU 输出控制信号,不进行废气再循环。

　　◆ 节气门位置传感器:向 ECU 提供发动机怠速信号。当发动机处于怠速工况时,ECU 输出控制信号,不进行废气再循环。

　　◆ 点火启动开关:点火启动开关提供启动信号。在发动机启动时,ECU 输出控制信号,不进行废气再循环。

　　(2) EGR 执行机构:

　　◆ EGR 阀:EGR 阀结构如图 5 - 1 - 11 所示,膜片的一边(下部)通大气,装有弹簧的另一边为真空室,其真空度由 EGR 电磁阀控制。当真空度增大时,膜片克服弹簧力向上顶起,EGR 阀的开度增大,EGR 流量也就增大。当真空度减小时,膜片在弹簧力的作用下向下压而使阀关闭,隔断废气再循环。

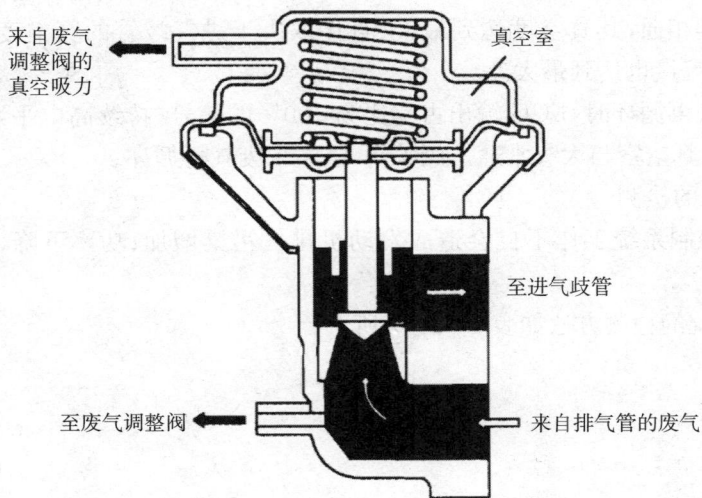

图 5 - 1 - 11　EGR 阀结构剖视图

◆ EGR 电磁阀:EGR 电磁间有 3 个通气口,如图 5-1-12 所示。当 EGR 电磁阀线圈不通电时,弹簧将阀体向上压紧,通大气口被关闭,进气歧管与 EGR 阀真空室相通;当线圈通电时,产生的电磁力使阀体下移,将通进气歧管的真空通道关闭,而上端的通大气阀口打开,于是就使 EGR 阀的真空室与大气相通。

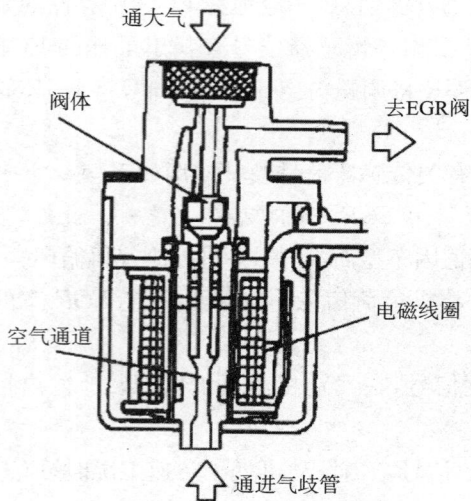

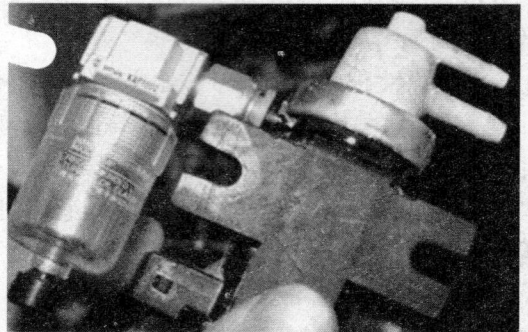

图 5-1-12　EGR 电磁阀的结构图

(3) EGR 控制系统工作过程:ECU 确定出 EGR 流量后,便输出相应的占空比脉冲信号至 EGR 电磁阀,调整 EGR 阀真空室的真空度,使 EGR 阀有相应的开度。

当需要增大 *EGR* 流量时,ECU 输出信号的占空比减小,EGR 电磁阀的通电时间减小,EGR 阀真空室通进气歧管的时间增大,其真空度增大而使阀开度增大,使废气再循环流量相应增大。

当 ECU 输出占空比为 0 的信号(持续低电平)时,EGR 电磁阀断电。这时,EGR 阀真空室与进气歧管持续相通,其真空度达到最大(直接取决于进气歧管的真空度),阀的开度最大,废气的再循环流量也达到最大。

当不需要废气再循环时,ECU 输出占空比为 100% 的信号(持续高电平),使 EGR 电磁阀常通电,EGR 阀真空室与大气常通。阀关闭,阻断了废气再循环。

3) EGR 系统的检测

废气再循环控制系统工作不良会造成发动机排气污染增加、功率下降、怠速运转不稳定,甚至熄火。

(1) EGR 系统的检测方法如表 5-1-7 所示。

表 5-1-7　EGR 系统的检测方法

检修项目	EGR 系统的检测
操作要领	（1）检查其真空软管有无破损，接头处有无松动、漏气等 判断：若无松动、漏气，再做进一步检查 （2）启动发动机，使发动机怠速运转 （3）将手指按在废气再循环阀上，如下图所示，检查废气再循环阀有无动作 （4）在冷车状态下踩下加速踏板，使发动机转速上升至 2 000r/min 左右，此时手指上应感觉不到废气再循环阀膜片动作（废气再循环阀不工作） （5）在发动机热车（水温高于 50℃）后再踩下加速踏板，使发动机转速上升至 2 000r/min 左右，此时手指应能感觉到废气再循环阀膜片的动作（废气再循环阀开启） 判断：若废气再循环阀不能按上述规律动作，则废气再循环控制系统工作不正常，应检查该系统的各零部件 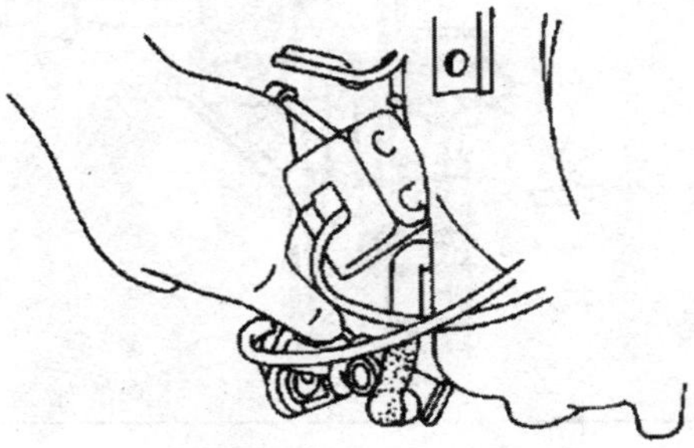 **EGR 系统的就车检查图**

（2）废气再循环控制电磁阀的检测方法如表 5-1-8 所示。

表 5-1-8　废气再循环控制电磁阀的检测方法

检修项目	废气再循环控制电磁阀的检测
操作要领	（1）将点火开关置于"OFF"位置，拔下废气再循环控制电磁阀线束连接器，用万用表欧姆档测量电磁阀电磁线圈的电阻 判断：电阻值应符合规定（一般为 20～50Ω）否则，应更换废气再循环控制电磁阀 （2）拔下与废气再循环控制电磁阀相连的各真空软管，从发动机上拆下废气再循环控制电磁阀 （3）在废气再循环控制电磁阀的电磁线圈不接电源时检查各管口之间是否通气。此时，电磁阀上的管接口 A 与 B，A 与 C 之间应不通气，但管接口 B 与 C 之间应通气，如下图(a)所示 判断：电磁阀应符合上述条件，否则，废气再循环控制电磁阀损坏，应更换 （4）在废气再循环控制电磁阀线圈接上电源，如下图(b)所示。此时，电磁阀管接口 A 与 B 之间应通气，而管接口 A 与 C、B 与 C 之间应不通气 判断：电磁阀应符合上述条件，否则，废气再循环控制电磁阀损坏，应更换 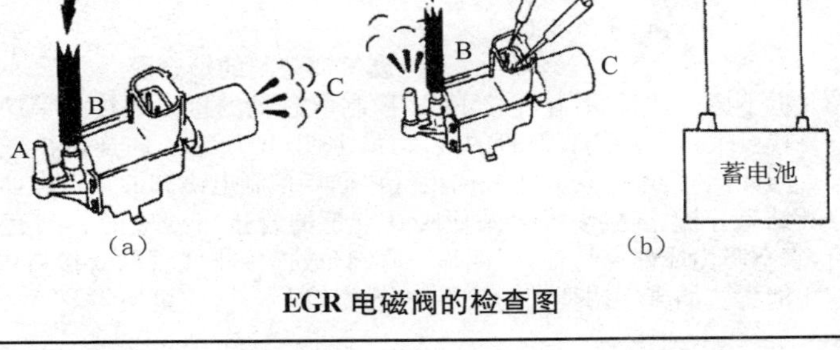 **EGR 电磁阀的检查图**

笔记

（3）废气再循环阀的检测方法如表 5 - 1 - 9 所示。

表 5 - 1 - 9　废气再循环阀的检测方法

检修项目	废气再循环阀的检测
操作要领	（1）启动发动机，使发动机怠速运转 （2）拔下连接废气再循环阀与废气调整阀的真空软管 （3）用手动真空泵对废气再循环阀真空室施加 19.95kPa 的真空度如下图所示。判断：若此时发动机怠速运转情况变坏甚至熄火，说明废气再循环阀工作正常；若发动机运转情况无变化，则是废气再循环阀损坏，应更换 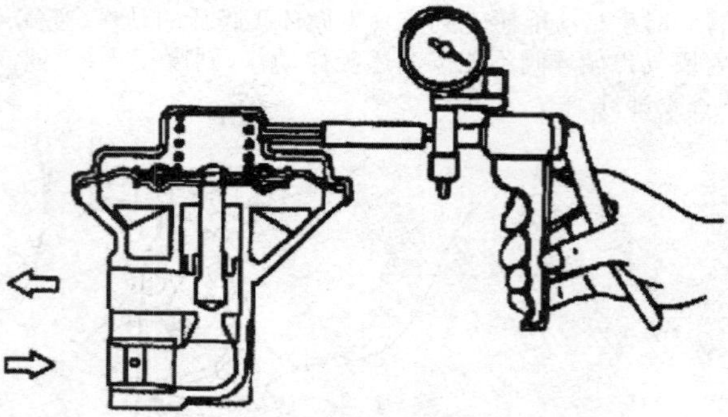 **废气再循环阀的检查图**

（4）废气调整阀的检测方法如表 5 - 1 - 10 所示。

表 5 - 1 - 10　废气调整阀的检测方法

检修项目	废气调整阀的检测
操作要领	（1）启动发动机，并将其预热至正常工作温度 （2）拔下废气调整阀与废气再循环阀的真空软管，用手指按住真空管接口，如下图（a）所示，然后检查管接口内是否有真空吸力 诊断结果分析：发动机怠速运转时，管接口内应无真空吸力；当踩下加速踏板使发动机转速升至 2 000r/min 左右时，管接口内应有真空吸力。如废气调整阀的状态与上述情况不符，则为废气调整阀工作不正常，应拆下该阀作进一步检查 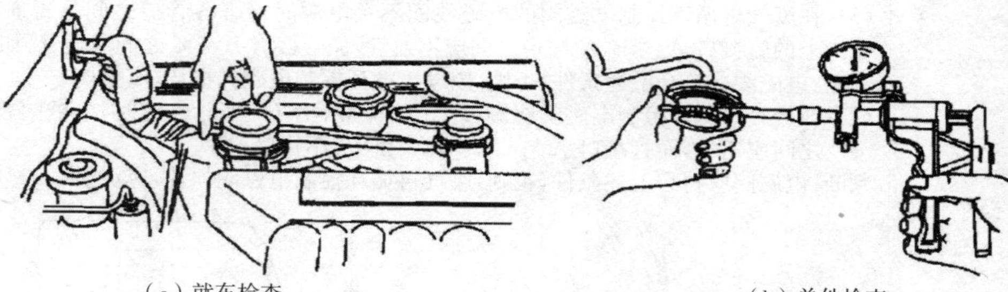 （a）就车检查　　　　　　　　　　　　　　（b）单件检查 **废气调整阀的检查图** （3）拆下废气调整阀，在连接 EGR 控制电磁阀的接口处接上手动真空泵，再用手指堵住连接废气再循环阀真空管的接口，如上图（b）所示。向连接排气管的管接口内泵入空气，与此同时，用手动真空泵向废气再循环控制电磁阀的接口内抽真空 诊断结果分析：连接废气再循环阀真空管的管接口处应能感到有真空吸力；在停止抽真空后，真空吸力应能保持住，无明显下降；释放连接排气管的管接口内的压力后，真空吸力也应随之消失。如废气调整阀的状态与所述情况不符，应更换

笔记

5. 二次空气供给系统的检测

1）功用

在一定工况下，将新鲜空气送入排气管，促使废气中的一氧化碳与碳氢化合物进一步氧化，从而降低一氧化碳和碳氢化合物的排放量，同时加快三元催化转化器的升温。

2）组成与工作原理

如图 5-1-13 所示。在一定工况下，将新鲜空气送入排气管，促使废气中的一氧化碳和碳氢化合物进一步氧化，从而降低一氧化碳和碳氢化合物的排放量，同时加快三元催化转换器的升温。

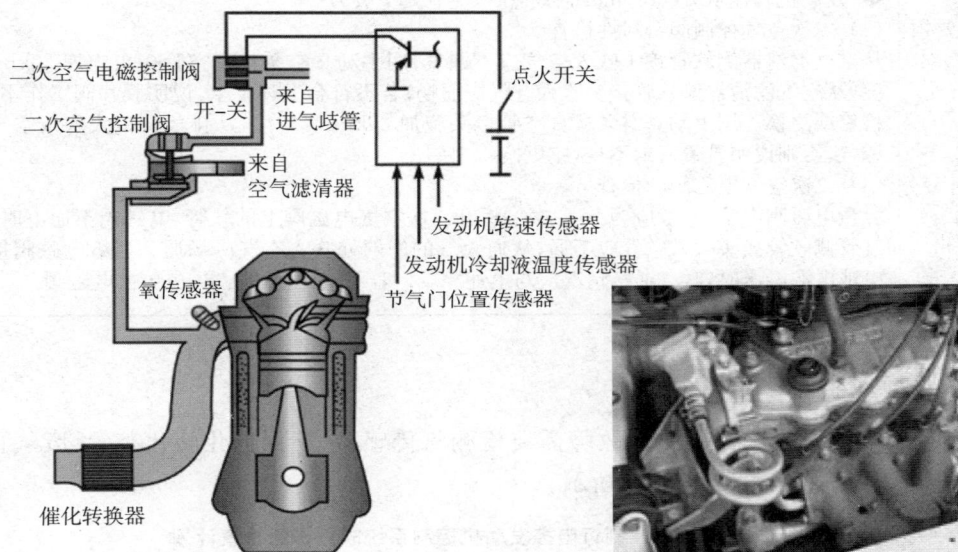

二次空气电磁控制阀
二次空气控制阀
开-关
来自进气歧管
来自空气滤清器
点火开关
发动机转速传感器
发动机冷却液温度传感器
节气门位置传感器
氧传感器
催化转换器

图 5-1-13　二次空气供给系统组成

点火开关接通后，蓄电池即向二次空气电磁阀供电，ECU 控制电磁阀搭铁回路。电磁阀不通电时，关闭通向膜片阀真空室的真空通道，膜片阀弹簧推动膜片下移，关闭二次空气供给通道，不允许向排气管内提供二次空气。ECU 给电磁阀通电，电磁阀开启膜片阀真空室的真空通道，进气管真空度将膜片阀吸起，排气管内的脉动真空即可吸开舌簧阀，使二次空气进入排气管。有些发动机的二次空气供给系统，利用空气泵将新鲜空气强制送入排气管。

测量电磁阀电阻，一般应为 36～44Ω；拆开二次空气电磁阀上的软管，电磁阀不通电时，从进气管侧软管接头吹入空气应不通，从通大气的滤网处吹入空气应畅通。当给电磁阀接通蓄电池电源电压时，吹气通畅情况应与上述相反。若不符合上述要求，应更换电磁阀。

3）二次空气供给系统检测

二次空气供给系统的检测项目与方法如表 5-1-11 所示。

表 5 - 1 - 11   二次空气供给系统的检测项目与方法

检修项目	二次空气供给系统检测
操作要领	（1）舌簧阀工作性能检查 当发动机低温启动，拆下空气滤清器盖时应能听到舌簧阀发出的"嗡、嗡"声 （2）二次空气控制阀工作性能检查 ◆ 从空气滤清器上拆下二次空气供给软管 ◆ 用手指盖住软管口检查，应符合下列要求：发动机温度在 18～63℃ 范围内怠速运转时，有真空吸力 ◆ 发动机温度在 63℃ 以上，启动后 70s 内应有真空吸力，启动 70s 后应无真空吸力 ◆ 发动机转速从 4 000r/min 急减速时，应有真空吸力 （3）二次空气控制阀密封性检查 从空气滤清器侧软管接头吹入空气应不漏气；用手动真空泵从真空管接头施加 20kPa 真空度，从空气滤清器侧软管接头吹入空气应通畅；若不符合上述要求，说明膜片阀工作不良，应检修或更换。用手动真空泵从真空管接头施加 20kPa 真空度，从排气管接头吹入空气应不漏气，否则说明舌簧密封不良，应更换 （4）二次空气电磁阀的检查 测量电磁阀电阻，一般应为 36～44Ω；拆开二次空气电磁阀上的软管，电磁阀不通电时，从进气管侧软管接头吹入空气应不通，从通大气的滤网处吹入空气应畅通。当给电磁阀接通蓄电池电源电压时，吹气通畅情况应与上述相反。若不符合上述要求，应更换电磁阀

三、制订检修计划

　　排除汽车废气排放控制系统故障需要检测氧传感器、三元催化转化装置、废气再循环阀。制订检修计划如表 5 - 1 - 12 所示。

表 5 - 1 - 12   制订电控发动机控制系统故障诊断检查计划

	项　目	内　容
1. 车辆信息描述	车辆型号（VIN 码）	
	发动机型号	
	客户投诉	
2. 车辆废气排放控制系统类型描述		
3. 车辆废气排放控制系统故障原因分析，画出鱼刺图		

（续表）

	车辆、资料、工具的名称	数　量
4. 汽车废气排放系统故障检修工具准备	丰田电控发动机台架（威驰汽车/或卡罗拉）	1台
	丰田电控发动机相关维修资料	1套
	手持式汽车诊断电脑（解码仪）	1台
	汽车专用电表	1个
	汽车专用示波器	1台
	转速表	1个
	维修导线	1把
	常用拆装工具	1套
5. 汽车废气排放系统故障检修工作准备	系统分析　规定　电子点火系统故障排除　故障诊断　修理　设备	
6. 汽车废气排放系统故障检修流程	步　骤　检修项目　操作要领　技术要求或标准　检修记录	

四、实施维修作业

1. 排除氧传感器的故障

1）排除列1氧传感器1电路故障

列1氧传感器1的故障代码产生的原因与故障部位如表5－1－13所示。

◆ 传感器1指安装在三元催化净化器（TWC）前，位于发动机总成附近的传感器。

◆ 传感器2指距发动机最远的传感器。

表5－1－13　故障码出现的条件与故障部位

DTC号	DTC检测条件	故　障　部　分
PO130	发动机启动后，满足下列条件（a）和（b）持续400s或更长时间（双型检测逻辑） （1）如热型氧传感器的输出电压持续低于0.3V或高于0.6V （2）发动机暖机后其发动机转速低于2 500r/min	◆ HO2 传感器（传感器1）电路断路或短路 ◆ HO2 传感器（传感器1） ◆ HO2 传感器加热器（传感器1） ◆ EFI继电器 ◆ 进气系统 ◆ 燃油压力 ◆ 喷油器 ◆ ECM

确认行驶模式:行驶模式确认原理如图 5-1-14 所示。

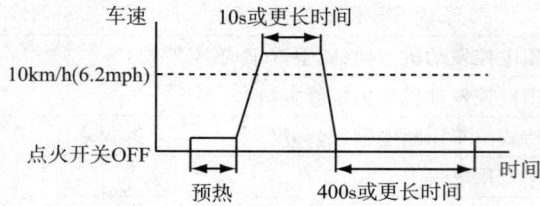

图 5-1-14　行驶模式原理图

    经过下列诊断步骤排除故障后或在检测故障过程中,使用"执行确认行驶模式",判断故障是否彻底排除。下列步骤为"执行确认行驶模式"步骤:

(1) 将智能检测仪连接到 DLC3。

(2) 将点火开关扭到 ON 并打开检测仪。

(3) 消除 DTC。

(4) 启动发动机。

(5) 以高于 10km/h 的速度驱动车辆 10s 或更长时间。

(6) 使发动机怠速大约 100s 或更长时间。

(7) 将点火开关扭到 OFF。重复步骤(4)至(6),以设置 DTC(使用双程检测逻辑)。

提示:如果仍存在故障,则在步骤(6)中 MIL 亮起。

注意:如果不严格遵循此测试中的条件,则可能检测不到故障。

根据 07 款威驰 1.3GL 轿车氧传感器控制电路图(如图 5-1-15 所示)排除氧传感器故障。

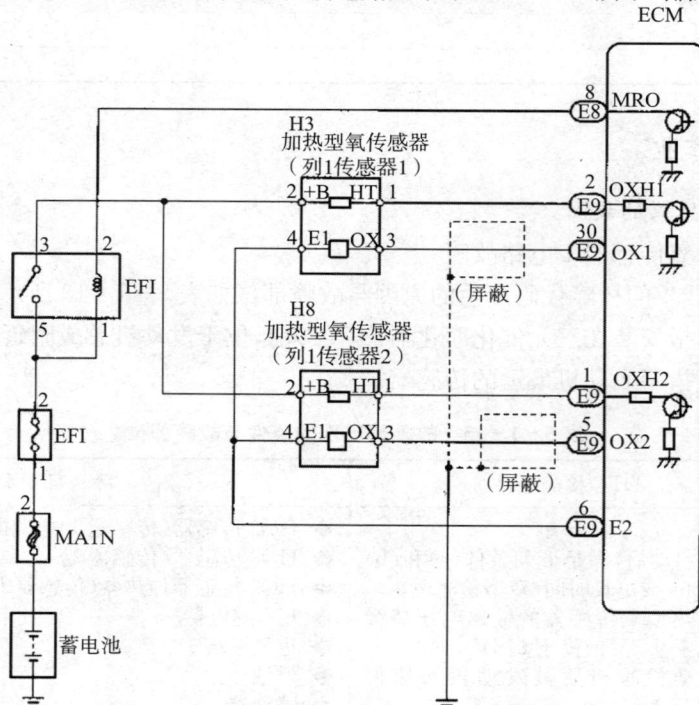

图 5-1-15　07 款威驰 GL 轿车氧传感器控制电路图

氧传感器电路检测项目作业书如表5-1-14所示。

表5-1-14　氧传感器电路检测项目作业书

检测项目	演示图	操作要领及技术标准	我的检测记录	结果判断
1. 检查输出其他DTC（除DTC P0130外）		(1) 将智能检测仪连接到DLC3 (2) 将点火开关扭至ON并打开检测仪 (3) 选择下列菜单项目： Powertrain/Engine/DTC (4) 读取DTC 结果：<table><tr><td>显示（输出DTC）</td><td>转至</td></tr><tr><td>P0130</td><td>A</td></tr><tr><td>P0130和其他DTC</td><td>B</td></tr></table>提示：如果输出P0130以外的其他DTC,则首先进行这些DTC的故障排除 A:转至检测项目2 B:转至DTC表		
2. 使用智能检测仪读取值〔加热型氧传感器的输出电压（传感器1）〕		(1) 将智能检测仪连接到DLC3 (2) 将点火开关扭到ON并打开检测仪 (3) 选择下列菜单项目： Powertrain/Engine/Data List/O2SB1 S1 (4) 使发动机暖机 (5) 使发动机以2 500r/min的转速运转90s (6) 发动机怠速时读取加热型氧传感器电压 正常： 加热型氧传感器电压在低于0.3V和高于0.6V之间交替（见左边图形） 则转至检测项目九 异常:转至检测项目3		
3. 检查加热型氧传感器（加热器电阻）	零部件侧： 加热型氧传感器（传感器1） +B ┤2 1├ HT 　　4 3 E1　前视图	(1) 断开加热型氧（HO2）传感器（传感器1）连接器H3 (2) 测量电阻 标准电阻 <table><tr><td>检测仪连接</td><td>规定状态</td></tr><tr><td>HT(1)—+B(2)</td><td>20℃时,4.7~7.2Ω</td></tr><tr><td>HT(1)—E1(4)</td><td>10kΩ或更大</td></tr></table>(3) 重新连接HO2传感器连接器 结果： 异常:更换加热型氧传感器 正常:转至检测项目4		

（续表）

检测项目	演　示　图	操作要领及技术标准	我的检测记录	结果判断
4. 检查 EFI 继电器		（1）从发动机 1 号继电器盒上拆下 EFI 继电器 （2）检查 EFI 继电器 （3）重新安装 EFI 继电器 标准电阻 表见下		
5. 检查线束和连接器（加热型氧传感器（传感器 1）—ECM）	线束侧： HO2传感器连接器 HT H3 传感器1 OX E1 E9 OXH1 E2 OX1 ECM连接器	（1）断开 HO2 传感器（传感器 1）连接器 H3 （2）断开 ECM 连接器 E9 （3）检查电阻（参考威驰车氧传感器控制电路图） 标准电阻（断路检查） 标准电阻（短路检查） （4）重新连接 HO2 传感器（传感器 1）连接器 （5）重新连接 ECM 连接器 结果： 异常：修理或更换线束或连接器 正常：转至检测项目 6		
6. 检查进气系统		检查进气系统是否有真空漏气 结果： 异常：修理或更换进气系统 正常：进气系统没有泄漏。转至检测项目 7		

检测项目 4 标准电阻：

检测仪连接	规定状态
3—5	10kΩ 或更大
	小于 1Ω（蓄电池电压加到端子 1 和 2 时）

结果：
异常：更换 EFI 继电器
正常：转至检测项目 5

检测项目 5 标准电阻（断路检查）：

检测仪连接	规定状态
OX(H3−3)—OX(E9−30)	小于 1Ω
HT(H3−1)—OXH1(E9−2)	
E1(H3−4)—E2(E9−6)	

标准电阻（短路检查）：

检测仪连接	规定状态
OX(H3−3)或 OX1(E9−30)—车身搭铁	10kΩ 或更大
HT(H3−1)或 OXH1(E9−2)—车身搭铁	

（续表）

检测项目	演　示　图	操作要领及技术标准	我的检测记录	结果判断
7. 检查燃油压力		检查燃油压力 标准：304～343kPa（3.1～3.5kg/cm²，44.1～49.7psi1psi＝1lbf/in²＝6.895×10³Pa） 结果： 异常：修理或更换燃油系统 正常：转至检测项目8		
8. 检查喷油器（喷射情况和喷油量）		检查喷油器喷射情况（喷油量高低以及喷射模式是否良好） 标准：47～58[cm]³（2.9～3.5cu in.）/15s 结果： 异常：更换喷油器 正常：更换加热型氧传感器		
9. 执行确认行驶模式		提示：执行确认行驶模式前应清除所有DTC		
10. 检查是否再次输出DTC（DTC PO130）		（1）将智能检测仪连接到DLC3 （2）将点火开关扭至ON并打开检测仪 （3）选择下列菜单项目：Powertrain/Engine/DTC （4）读取DTC 结果： <table><tr><td>显示（输出DTC）</td><td>转至</td></tr><tr><td>P0130</td><td>A</td></tr><tr><td>未输出</td><td>B</td></tr></table> B：检查间歇性故障 A：更换加热型氧传感器		

思　考

● 列1氧传感器2电路故障的排除方法参照列1氧传感器1的检测方法与步骤。

2）排除氧传感器加热器电路故障

ECM提供ON/OFF控制电路以调节通过加热器的电流，加热型氧传感器加热器电路使用电路＋B侧的继电器。氧传感器电路如图5-1-16所示。

氧传感器的故障代码产生的条件与故障部位如表5-1-15所示。

笔记

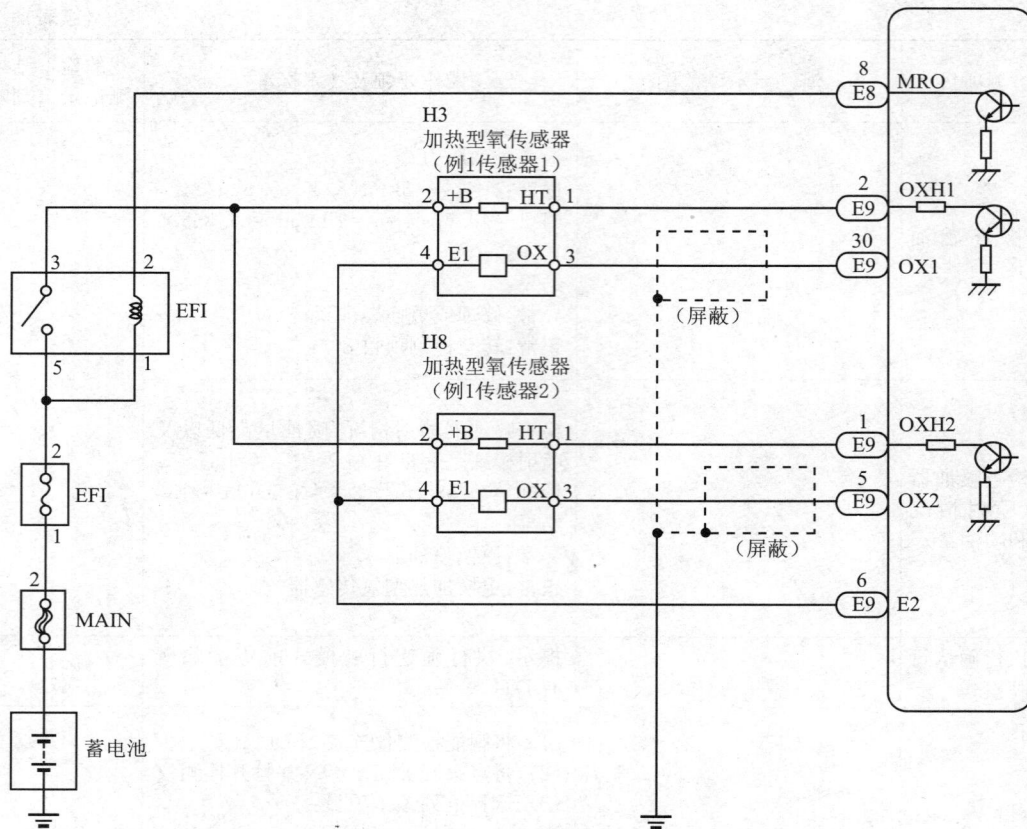

图 5-1-16 氧传感器电路图

表 5-1-15 氧传感器的故障代码产生的条件与故障部位

DTC 号	DTC 检测条件	故 障 部 位
P0135：氧（A/F）传感器加热器电路故障（列 1 传感器 1）	加热型氧传感器加热器电路断路或短路 1.2s 或更长时间（双程检测逻辑）	◆ 加热型氧传感器加热器（传感器 1）电路断路 ◆ 加热型氧传感器加热器（传感器 1） ◆ EFI 继电器 ◆ ECM
P0141：氧传感器加热器电路故障（列 1 传感器 2）	加热型氧传感器加热器电路断路或短路 1.2s 或更长时间（双程检测逻辑）	◆ 加热型氧传感器加热器（传感器 2）电路断路 ◆ 加热型氧传感器加热器（传感器 2） ◆ EFI 继电器 ◆ ECM

氧传感器加热器电路检测项目作业书如表 5-1-16 所示。

表 5－1－16　氧传感器加热器电路检测项目作业书

检测项目	演　示　图	操作要领及技术标准	我的检测记录	结果判断
1. 检查加热型氧传感（加热器电阻）	零部件侧： 加热型氧传感器 +B　　　HT 2 1 4 3 前视图	(1) 断开加热型氧传感器连接器 H3 或 H8 (2) 测量加热型氧传感器端子之间的电阻 (3) 重新连接加热型氧传感器连接器 标准电阻（传感器 1） 检测仪连接／规定状态 HT(1)—+B(2) ／ 20℃时,4.7～7.2Ω 标准电阻（传感器 2） 检测仪连接／规定状态 HT(1)—+B(2) ／ 20℃时,11～16Ω 结果： 异常:更换加热氧传感器 正常:转至检测项目 2		
2. 检查 EFI 继电器	3　5 1　2 3 5 2　1	(1) 从发动机 1 号继电器盒上拆下 EFI 继电器 (2) 检查 EFI 继电器电阻 标准电阻 检测仪连接／规定状态 3—5 ／ 10kΩ 或更大 3—5 ／ 小于 1Ω(蓄电池电压加到端子 1 和 2 时) (3) 重新安装 EFI 继电器 结果： 异常:更换 EFI 继电器 正常:转至检测项目 3		
3. 检查 ECM（OXH1 和 OXH2 的电压）	E9 E1(-) OXH1(+) OXH2(+)	(1) 将点火开关扭至 ON (2) 测量 ECM 连接器的电压 标准电压 检测仪连接／规定状态 OXH1(E9－2)—E1(E9－32) ／ 11～14V OXH2(E9－1)—E1(E9－32) ／ 11～14V 提示： ◆ "OXH1"是加热型氧传感器(列 1 传感器 1)加热器的端子 ◆ "OXH2"是加热型氧传感器(列 1 传感器 2)加热器的端子 结果： 异常:转至检测项目 4 正常:检查间歇性故障		

笔记

检测项目	演 示 图	操作要领及技术标准	我的检测记录	结果判断
4. 检查线束和连接器（加热型氧传感器—ECM、加热型氧传感器—EFI继电器）	 OXH1　OXH2 ECM连接器 线束侧： 加热型氧传感器 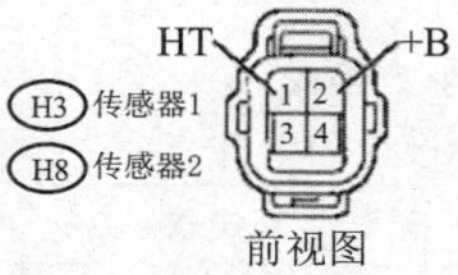 HT　+B H3 传感器1 H8 传感器2 1 2 3 4 前视图 发动机室1号继电器盒： 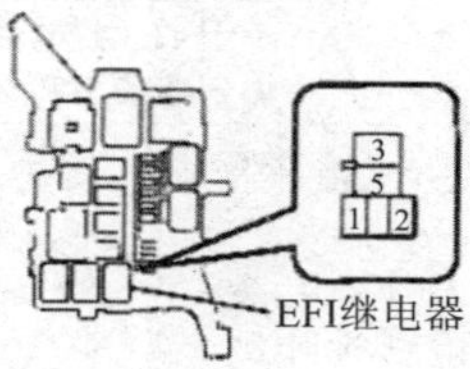 EFI继电器 Y	◆ 检查 ECM 和加热型氧传感器之间的线束 （1）断开 ECM 连接器 E9 （2）断开加热型氧传感器连接器 H3 或 H8 （3）检查电阻 标准电阻（断路检查） {检测仪连接: OXH1(E9−2)—HT(H3−1) / OXH2(E9−1)—HT(H8−1), 规定状态: 小于1Ω} 标准电阻（短路检查） {检测仪连接: OXH1(E9−2)—HT(H3−1)—车身搭铁 / OXH2(E9−1)—HT(H8−1)—车身搭铁, 规定状态: 10kΩ或更大} （4）重新连接 ECM 连接器 （5）重新连接加热型氧传感器连接器 ◆ 检查加热型氧传感器和 EFI 继电器间的线束 （1）断开加热型氧传感器连接器 H3 或 H8 （2）从发动机室 1 号继电器盒上拆下 EFI 继电器 （3）检查电阻 标准电阻（断路检查） {检测仪连接: +B(H3−2)—EFI 继电器端子 3 / +B(H8−2)—EFI 继电器端子 3, 规定状态: 小于1Ω} （4）重新连接加热型氧传感器连接器 （5）重新安装 EFI 继电器 结果： 异常：修理或跟换线束或连接器 正常：更换 ECM		

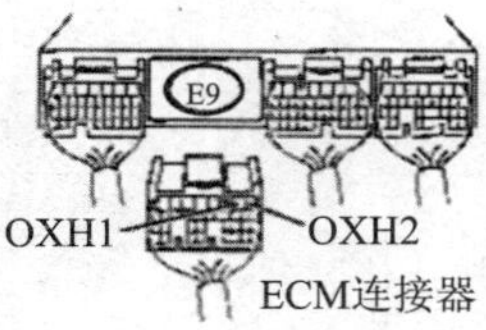

2. 排除催化剂系统效率低于下限值（列 1）的故障

如图 5−1−23 所示，ECM 利用分别安装在三元催化净化器（TWC）前方和后方的两个加热型氧传感器来监测其效率。第一个传感器即传感器 1，向 ECM 发送催化处理之前的信息。第二个传感器即传感器 2，向 ECM 发送催化处理之后的信息。ECM 通过比较这两个传感器发送的信息，来确认 TWC 的工作效率和储氧能力。

TWC工作正常时,废气通过TWC后氧浓度变化很小。在这种情况下,传感器2的输出电压在浓和稀信号电压间缓慢变化(如图5-1-17所示)。TWC的工作效率下降时,其储氧能力降低,废气中的氧浓度变化会增加。结果,传感器的输出电压就会频繁波动。

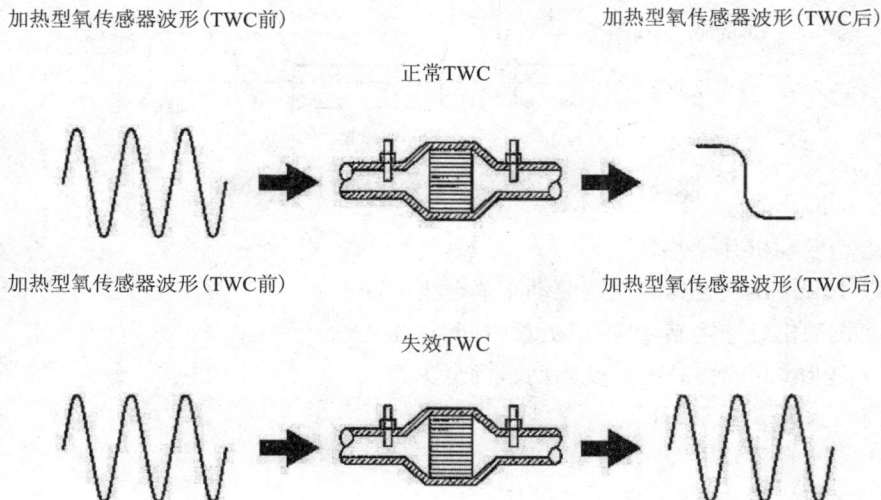

图 5-1-17　三元催化器检测

如果催化剂劣化,则后HO2传感器信号与前HO2传感器相似,会在短期内重复浓和稀信号。因此,计算的来自后HO2传感器的浓和稀信号的电压正时会与来自前HO2传感器的浓和稀信号作比较。如果此电压超过了预设的限值,且后HO2传感器对来自HO2传感器信号的响应比预设的值快,则ECM会认为TWC发生了故障,此时ECM使MIL亮起并设置DTC。

催化系统故障代码产生的条件与故障部位如表5-1-17所示。

表 5-1-17　催化系统故障代码产生的条件与故障部位

DTC	DTC检测条件	故 障 部 位
P0420	在条件(a)和(b)下,后加热型氧(HO2)传感器输出电压高,且快速响应40s,或更长时间(双程检查逻辑) (a) 预热发动机和三元催化器(TWC) (b) 以50km/h(31mph)的速度驾驶车辆	◆ 排气系统漏气 ◆ HO2传感器(传感器1或2) ◆ TWC

1) 确认行驶模式

执行此确认模式将激活催化剂监控器。这有助于验证修理是否完成。执行确认模式原理图如图5-1-18所示。

(1) 将智能检测仪连接到DLC3。

(2) 将点火开关扭至ON并打开检测仪。

(3) 清除DTC(设置处)。

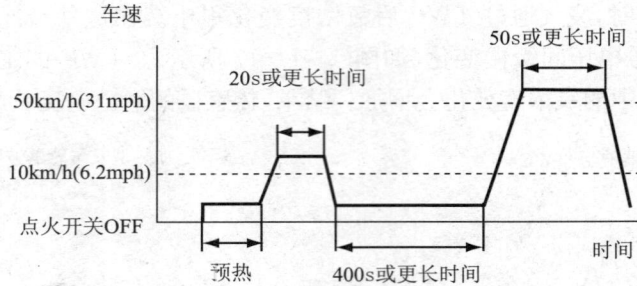

图 5 - 1 - 18　催化转换器确认行驶模式原理图

（4）启动发动机并预热。

（5）以 10km/h 或更高的速度驱动车辆至少 20s。

（6）使发动机怠速运转 400s 或更长时间。

（7）以 50km/h 或更高的速度驱动车辆至少 50s。

（8）将点火开关扭至 OFF。

（9）重复步骤（4）至（7），以设置 DTC（使用双程检测逻辑）。

如果仍存在故障，则在步骤（7）中 MIL 亮起。

如果不严格遵循此测试中的条件，则可能检测不到故障。

2）用前氧与后氧波形判断催化器转化效率

氧传感器 1 和 2 反馈电压波形测试的条件如图 5 - 1 - 19 所示。

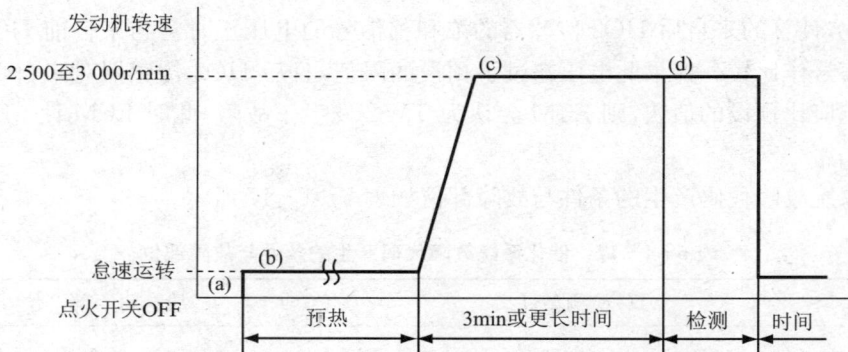

图 5 - 1 - 19　氧传感器 1 与 2 反馈电压波形测试的条件原理图

（1）将智能检测仪连接到 DLC3。

（2）关闭所有附件开关、启动发动机并预热，直至发动机冷却液温度稳定。

（3）使发动机以 2 500～3 000r/min 运转大约 3min。

（4）确认反馈给 ECM 过程中，加热型氧传感器（传感器 1）的波形围绕 0.5V 波动，如图 5 - 1 - 20 所示。然后再检查与加热型氧传感器（传感器 2）的波形是否相同（反馈过程中电压为 0.5V）。

如果 TWC 中存在故障，则加热型氧传感器（传感器 2）与加热型氧传感器（传感器 1）的波形几乎相同。

前HO2传感器信号(OX1)波形

0.2V/格
1.0V

搭铁
(0V)

200ms/格

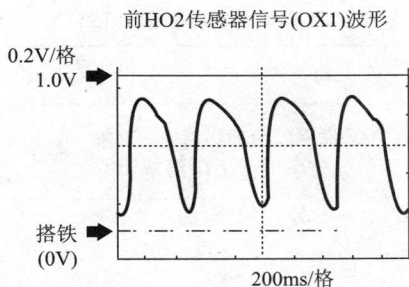

图 5 - 1 - 20　前氧(HO2)传感器信号(OX1)波形

三元催化转化器的检测项目作业书如表 5 - 1 - 18 所示。

表 5 - 1 - 18　三元催化转化器的检测项目作业书

检测项目	演　示　图	操作要领及技术标准	我的检测记录	结果判断
1. 检查输出其他DTC（除 P0420外）		(1) 将智能检测仪连接到 DLC3 (2) 将点火开关扭至 ON 并打开检测仪 (3) 选择下列菜单项目： Powertrain/Engine/DTC (4) 读取 DTC 结果： <table><tr><td>显示（输出 DTC）</td><td>转至</td></tr><tr><td>P0420</td><td>A</td></tr><tr><td>P0420 和其他 DTC</td><td>B</td></tr></table> A:转至检测项目 2 B:进行这些 DTC 的故障排除		
2. 检查废气泄漏		(1) 检查废气是否泄漏 结果： 正常:无气体泄漏,转至项目 3 异常:修理或更换废气泄露零件		
3. 使用智能检测仪读取值[加热型氧传感器的输出电压(传感器 1)]		参照:氧传感器检查项目 结果： 异常:更换加热型氧传感器(传感器 1) 正常:转至检测项目 4		
4. 使用智能检测仪读取值[加热型氧传感器的输出电压(传感器 2)]		参照:氧传感器检查项目 结果： 异常:更换加热型氧传感器(传感器 2) 正常:则更换三元催化净化器(排气歧管)		

五、检验评估

项目五中的任务 5.1 检验评估如表 5 - 1 - 19 所示。

表 5 - 1 - 19   检查评估

评 价 指 标	检 验 说 明	检 验 记 录			
检修检查项目	➢ 排除汽车氧传感器电路与加热器电路故障 ➢ 排除催化剂系统效率低于下限值故障				
汽车发动机 运行情况					
评价内容	检 验 指 标	权重	自评	互评	总评
检查任务完成情况	1. 完成任务的情况 2. 任务完成的质量 3. 在小组完成任务过程中所起的作用				
专业知识	1. 能描述汽车尾气排放控制系统的组成 2. 能描述汽车氧传感器结构与原理与三元催化器的结构与原理 3. 能描述氧传感器的检测方法 4. 能描述汽车三元催化器的检测方法 5. 会描述汽车排放控制系统维护作业安全事项				
职业素养	1. 学习态度:积极主动参与学习 2. 团队合作:与小组成员一起分工合作,不影响学习进度 3. 现场管理:服从工位安排、执行实训室"5S"管理规定				
综合评议与建议					

任务 5.2   诊断与排除蒸发排放控制系统的故障

任务描述	一辆07款威驰1.3GL轿车,用户反映最近车子有时启动后加油即熄火,严重时无法启动,甚至热车熄火,有时热车不易启动。维修人员推断故障有可能在燃油蒸发排放控制系统里 你是一名学徒,你该怎么对蒸气排放控制系统故障进行排除
任务目标	1. 能够描述发动机燃油蒸发控制系统的结构组成与工作原理 2. 能够检测燃油蒸发控制系统,排除燃油蒸发控制系统故障 3. 能够描述发动机曲轴箱通风系统的结构组成及检测方法

一、维修接待

按照表5-2-1完成待修车辆的维修接待,并准确填写接车问诊表。

笔记

表 5-2-1　维修接待与接车问诊表

1. 通过询问客户了解汽车发动机最近的使用情况,填写接车问诊表
2. 车间检测初步确认结果:故障有可能出现在发动机燃油蒸发排放控制系统中

接 车 问 诊 表

车牌号: _____　车架号: _____　行驶里程: _____ (km)

用户名: _____　电　话: _____　来店时间: _____ / _____

用户陈述及故障发生时的状况:**启动后加油即熄火,严重时无法启动;甚至热车熄火,有时热车不易启动**
故障发生状况提示:**行驶速度、发动机状态、发生频度、发生时间、部位、天气、路面状况、声音描述**
接车员检测确认建议:**需要进行综合性检测**
车间检测确认结果及主要故障零部件: 　　　　　　　　　　　　　　　　　　　车间检查确认者: _____

外观确认: （请在有缺陷部位作标识）	功能确认:（工作正常√　不正常×） □音响系统　　□门锁(防盗器)　□全车灯光　□工具 □后视镜　　　□顶窗　　　　　□座椅　　　□点烟器 □玻璃升降器　□玻璃 物品确认:（有√　无×） □贵重物品提示 □工具　□备胎　□灭火器 □其他(　　　　) 旧件是否交还用户　□是　□否 用户是否需要洗车　□是　□否

- 检测费说明:本次检测的故障如用户在本店维修,检测费包含在修理费用内;如用户不在本店维修,请您支付检测费。本次检测费:¥_____元
- 贵重物品:在将车辆交给我店检查修理前,已提示将车内贵重物品自行收起并保存好,如有遗失恕不负责

接车员: _____　　　　　　用户确认: _____

二、信息收集与处理

按照表 5-2-2 完成任务 5.2 的信息收集与处理。

表 5-2-2　信息收集与处理

1. 燃油蒸发系统的组成_____
燃油蒸发系统的作用_____
燃油蒸发系统的控制过程_____
_____
2. 曲轴箱通风系统的组成：_____
曲轴箱通风系统的作用：_____

1. 蒸发排放控制系统的检测

1）蒸发排放控制系统的作用

燃油蒸发排放控制（Evaporative control，EVAP）系统用来防止因汽油蒸气泄漏而造成的污染。它可收集燃油蒸气，并将它们适时送入进气歧管与空气混合，然后进入燃烧室燃烧。这不仅减少了污染，还能提高燃油经济性。

2）EVAP 系统的基本组成

电子控制的 EVAP 系统主要由燃油箱、活性炭罐、炭罐清洗电磁阀以及连接管路等部件组成，如图 5-2-1 所示。

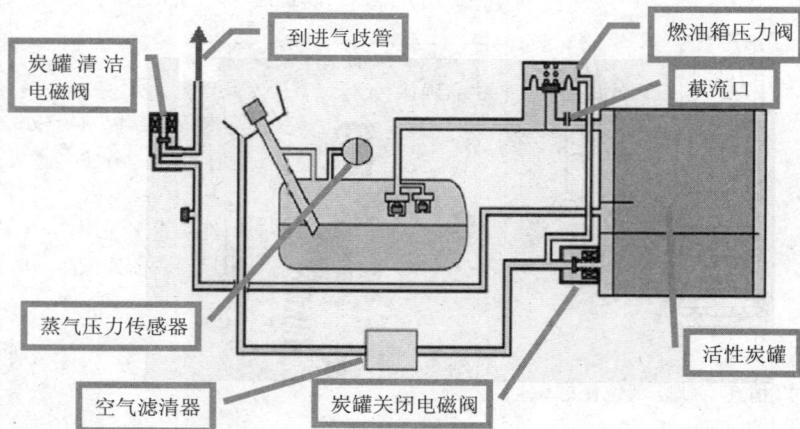

图 5-2-1　EVAP 系统的组成

（1）高压油箱盖。为防止因油箱内燃油压力波动而引起燃油溅出和燃油蒸气逸出使大气造成污染，必须安装密封性好的油箱盖(高压油箱盖，并能自动调节油箱内的气压)。

（2）过满限制装置。安装在油箱内侧上表面，该装置为占油箱容积 1/10 的膨胀箱。膨胀箱上加工有一系列的小孔——节流孔，节流孔使加油时约需 15min 才能充满膨胀箱。当燃油表显示加满时，膨胀箱还留有一定空间，以补偿燃油箱置于阳光曝晒时燃油膨胀，此空间还可作为燃油蒸气的收集区。

（3）油气分离器。燃油蒸发控制系统需要安装一个或几个燃油-蒸气分离器，即油气分离器。设置油气分离器的作用是防止液态燃油进入活性炭罐(因为液态燃油进入活性炭罐就会使活性炭粒失效)。

(4)倾翻漏油保护装置。安装在从油箱到活性炭罐的燃油蒸气管路上,此装置可保证车辆倾翻后没有液态燃油从油箱漏出引起着火。倾翻漏油保护装置是一个气体流动单向阀,允许燃油蒸气从油箱流向活性炭罐而不允许反向流动。

(5)活性炭罐。位于燃油箱通风管的末端。炭罐中的活性炭可以吸附燃油蒸气,只让空气流入到大气中。因此,活性炭罐不仅能阻止燃油蒸气向大气中排放,还可以作为油箱减压装置。

为了保证活性炭粒具有再生功能,用一根管子将炭罐与进气管连接起来。当发动机工作时,进气管中形成一定的真空度,将活性炭罐中的燃油蒸气连同外界的清洁空气吸入进气歧管内。活性炭罐的管路连接原理与蒸气流向如图 5-2-2 所示。

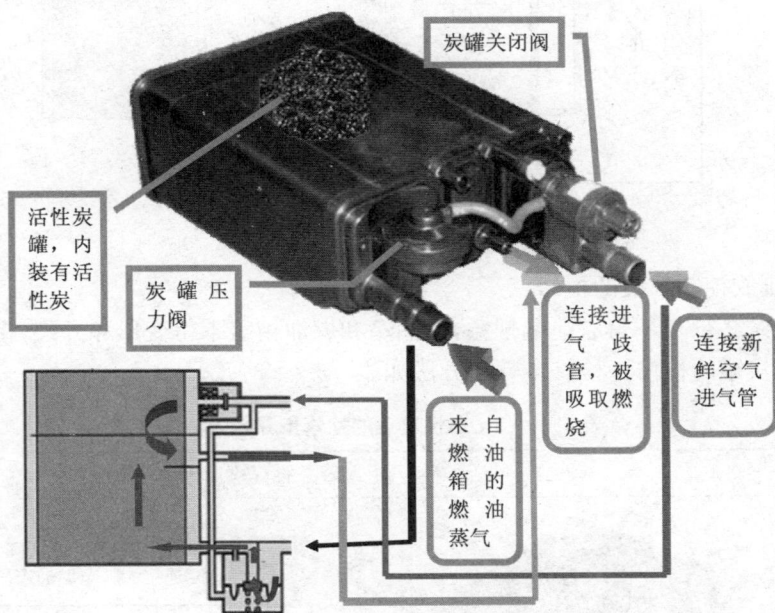

图 5-2-2 活性炭罐的管路连接原理与蒸气流向图

(6)活性炭罐电磁阀。在 ECU 控制下,接通或断开燃油蒸气进入发动机的进气歧管的通道。

3)EVAP 系统的控制原理

发动机工作时,ECM 根据有关传感器的信号判断发动机工况与状态,并输出相应的控制脉冲,通过控制炭罐清洗电磁阀的开关占空比,使清洁气体流量适应发动机运行状况的需要。

通常,当发动机处于停机、启动、暖机以及怠速等工况时,ECM 使炭罐清洗电磁阀的阀门处于关闭状态。由于没有空气流通,燃油蒸气暂时储存在活性炭罐内。

当发动机在正常温度下中、高速运转时,ECM 使炭罐清洗电磁阀的阀门开启,储存在炭罐内的燃油蒸气被外界空气吹入发动机燃烧,如图 5-2-3 所示。这股清洁气流是成分难以确定的燃油蒸气与空气的混合物,若仅仅由新鲜空气构成则会使混合气稀释1%,而含有大量汽油蒸气的清洁气流有时可将混合气加浓 30%。为了使空燃比控制不受干扰,ECM 必

须能根据发动机工况的不同,对 EVAP 系统的清洁气体流量进行控制。ECM 所参考的传感器信号一般有以下几种:

(1) 曲轴传感器的曲轴转速信号。

(2) 进气管压力(或空气流量)传感器的发动机负荷信号。

(3) 水温传感器的发动机温度信号。

(4) 节气门位置传感器的怠速识别信号(怠速触点接通)。

(5) 氧传感器的空燃比反馈信号。

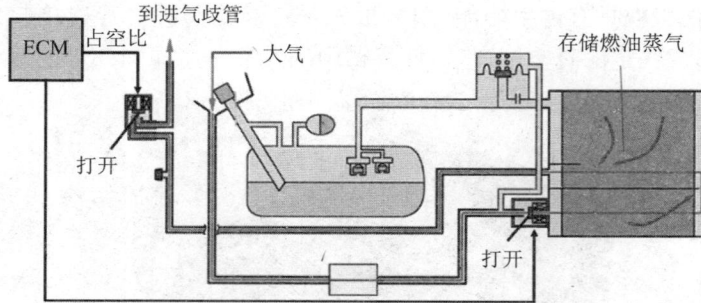

图 5-2-3　燃油蒸气控制原理图

4) 蒸发排放控制系统的检修

EVAP 系统各部位不得有泄漏现象,燃油箱和燃油箱盖不得变形和开裂,密封垫良好。

(1) 活性炭罐的检修。检修步骤与方法如表 5-2-3 所示。

表 5-2-3　活性炭罐的检修步骤与方法

检修项目	活 性 炭 罐 的 检 修
操作要领	 C: 连接至大气进气口 D: 连接大气至燃油箱压力阀 **活性炭罐燃油蒸气流动原理图** 拆下炭罐,外表检查应无破损。从 A 端(燃油蒸气输入端)吹入约 5kPa 的压缩空气,应能无阻地从箭头方向流出。从 B 端反向吹气时应不通,如上图所示 (1) 用手堵住 B 端,用 300kPa 的压缩空气从 A 端吹入,即可清洁过滤片 (2) 如上述检查不符合要求,应更换活性炭罐

（2）燃油蒸气控制电磁阀（真空开关阀）的检修。检测步骤与方法如表 5-2-4 所示。

表 5-2-4　真空开关阀的检测步骤与方法

检修项目	活 性 炭 罐 的 检 修
操作要领	用电阻表测量 VSV 电控连接器两端子的电阻，其标准值（20℃时）为 30～34Ω。检查电控端子与外壳应保证绝缘。如下图所示，从 E 端吹入压缩空气，F 端应不通；将蓄电池电压加到电控端子上，从 E 端吹入压缩空气，F 端应畅通。如上述检查不符合要求，应更换 EVAP VSV 燃油蒸气控制电磁阀检测图

2. 曲轴箱通风装置的检测

1）曲轴箱通风装置的结构及工作原理

在发动机运转时，有极少量的可燃混合气和燃烧后的废气经活塞和活塞环窜入曲轴箱中，如果让这些气体直接排放到大气中去，会造成大气污染。如果不及时将这些窜气排出曲轴箱，它们会使曲轴箱内压力升高，使各处油封及密封垫泄漏。另外，这些气体中含有的酸性物质会令润滑油变稀、变质及黏度下降，使润滑性能变坏。为此，发动机采用了曲轴箱强制通风（PCV）装置，既保证了窜气及时排除曲轴箱，又不会令这些窜气污染大气。

PCV 系统结构示意如图 5-2-4 所示，PCV 装置由 PCV 阀、通风管等组件构成。PCV 阀一般安装在气门室盖上，通过软管和进气歧管相连。PCV 阀由阀体、带锥形体的阀芯、弹

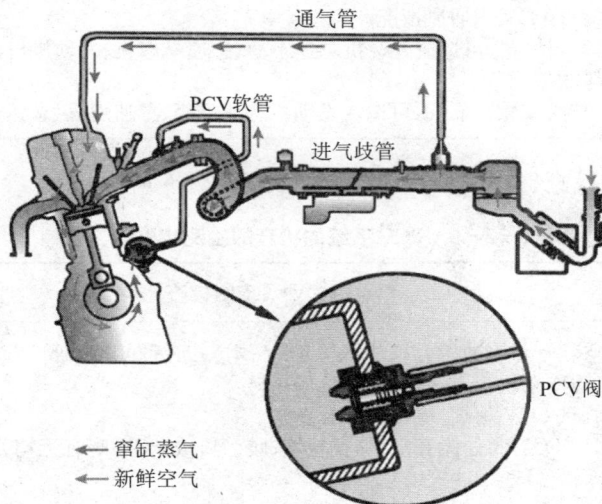

图 5-2-4　PCV 系统的结构

笔记

簧和阀座组成。现代车辆上普遍采用这种结构的 PCV 阀。这种 PCV 阀的结构保证了在怠速时通风量较小,以保证怠速稳定;而在中高负荷时,通风量变大。怠速时,进气歧管内的真空度较大,使阀芯上移,其锥形面接近阀座,使通风量减小以保证怠速的稳定;发动机负荷大时,进气歧管真空度变小,阀芯受弹簧的作用力下移,阀芯的锥面离开阀座,通风量增大,曲轴箱中的窜气和新鲜空气的混合气经 PCV 阀被吸入进气道,然后经气门进入燃烧室燃烧。

2) 曲轴箱强制通风(PCV)装置的检修

PCV 阀是靠真空度控制的机械阀体,因此,PCV 阀出现故障时,ECM 并不会检测到 PCV 阀。但由于 PCV 阀会影响到进气管的进气量,PCV 装置出现 PCV 阀发涩、PCV 阀卡死、PCV 真空泄漏、PCV 装置堵塞等故障时,会有较明显的故障现象。当有下列故障现象时,应考虑 PCV 装置是否有故障:

◆ 油消耗量过大。(以别克君威 3.0L/V6 LW9 为例,机油消耗量为 0.28L/1 000km,超过此数值可视为机油消耗量过大)。

◆ 出现燃油系统调解过稀故障码(以别克君威 3.0L/V6 LW9 为例,出现故障码 P0171,应考虑 PCV 装置的真空泄漏问题)。

◆ 燃油经济性变差,油耗过高。

◆ 发动机回火、放炮。

◆ 发动机怠速不稳。

◆ 发动机缺火。

(1) PCV 阀的维护。维护步骤与方法如表 5 - 2 - 5 所示。

表 5 - 2 - 5　PCV 阀的维护步骤与方法

检修项目	PCV 阀的维护
操作要领	提示: (1) 因 PCV 阀内通过的气体很容易造成 PCV 阀堵塞,PCV 阀需定期清理。每 10 000km 保养时应检查 PCV 阀通风情况 (2) 如果 PCV 阀堵塞,可造成发动机怠速不稳、怠速易熄火、发动机机油泄漏、机油进入空气滤清器等故障现象 (3) 如果 PCV 阀或软管漏气,可造成发动机怠速不稳、怠速熄火、怠速过高等情况

(2) PCV 系统的检查。检测步骤与方法如表 5 - 2 - 6 所示。

表 5 - 2 - 6　PCV 系统的检查的检测步骤与方法

检修项目	PCV 系统的检查
操作要领	(1) 断开真空软管与燃油压力调节器与 PCV 阀连接,拆卸 PCV 阀 (2) 将 PCV 阀连在软管上,使发动机怠速运转 (3) 将手指放在 PCV 阀端,检查是否有真空 结果分析:如果 PCV 阀处无真空,检查软管、歧管口或 PCV 阀有无堵塞。如有,更换或清洁软管、PCV 阀

三、制订检修计划

根据发动机尾气排放控制系统结构原理,结合维修故障现象制订检修计划表,如表5-2-7所示。

表5-2-7　制定电控发动机控制系统故障诊断检查计划

项　目		内　容
1. 车辆信息描述	车辆型号(VIN码)	
	发动机型号	
	客户投诉	
2. 车辆废气排放控制系统类型描述	排放控制系统故障:氧传感器故障而造成故障指示灯常亮,排放变差;氧传感器的故障和劣质燃油会造成三元催化剂催化效率降低;废气再循环故障与燃油蒸气系统的故障会造成发动机怠速不稳、排放变差,严重时会造成熄火、无法启动的故障	
3. 车辆燃油蒸气排放控制系统故障原因分析	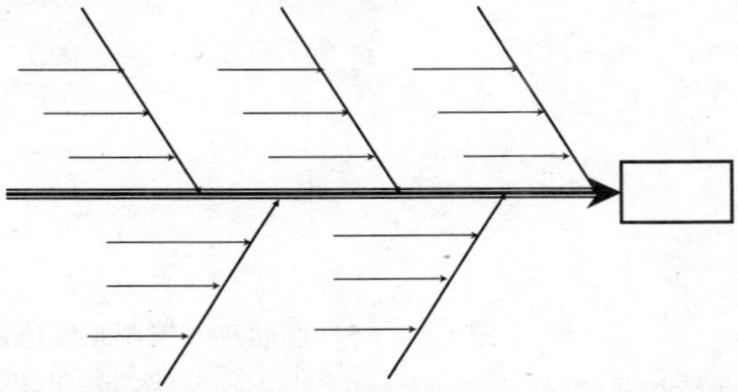	
4. 汽车燃油蒸气排放控制系统故障检修工具准备	车辆、资料、工具的名称	数　量
	丰田电控发动机台架(威驰汽车/或卡罗拉)	1台
	丰田电控发动机相关维修资料	1套
	手持式汽车诊断电脑(解码仪)	1台
	汽车专用电表	1个
	汽车专用示波器	1台
	转速表	1个
	维修导线	1把
	常用拆装工具	1套

四、实施维修作业

排除燃油蒸气排放控制系统净化控制阀电路的故障

为了减少HC排放,从燃油箱蒸发的燃油蒸气经过炭罐进入进气歧管,然后在气缸内燃烧。

发动机暖机后,ECM改变发送到EVAP的VSV占空信号,以使HC排放的量和进气量与行驶状态(发动机负载、发动机转速、车速等)相适应。

如图5-2-5所示为燃油蒸气控制系统电路图,根据该电路图排除燃油蒸气控制系统净化控制阀电路故障。当净化控制阀电路出现故障时会产生故障代码(DTC),代码产生的条件与部位如表5-2-8所示。

笔记

表 5-2-8 故障代码产生的条件与部位

DTC 号	DTC 检测条件	故 障 部 位
P0443	ECM 输出电路的端子电压与 ECM 至 EVAP VSV 的驱动信号不一致（双程检测逻辑）	◆ EVAP 的 VSV 电路断路或短路 ◆ EVAP 的 VSV ◆ ECM

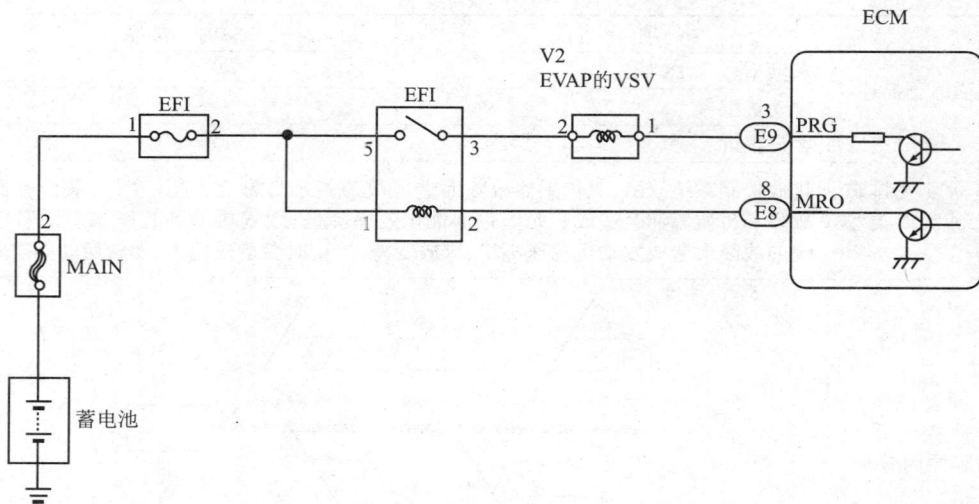

图 5-2-5 燃油蒸气控制系统电路图

燃油蒸气排放控制系统净化控制阀电路故障检测项目作业书如表 5-2-9 所示。

表 5-2-9 燃油蒸气排放控制系统净化控制阀电路故障检测项目作业书

检测项目	演 示 图	操作要领及技术标准	我的检测记录	结果判断
1. 使用智能检测仪进行主动测试（EVAP VSV）		（1）将智能检测仪连接到 DLC3 （2）从炭罐上拆下 EVAP 的 VSV 的真空软管 （3）启动发动机并打下检测仪 （4）选择下列菜单项目：Powertrain/Engine/Actice Test/EVAP VSV （5）使用智能检测仪操作 EVAP 的 VSV 时,检查断开的软管是否吸住了手指 标准 	检测仪操作	规定状态
VSV ON	断开的软管吸住了手指
VSV OFF	段开的软管吸不住手指	 结果： 异常:转至检测项目 2 正常:检查间歇性故障		

（续表）

检测项目	演示图	操作要领及技术标准	我的检测记录	结果判断
2. 检查真空转换阀（EVAP 的 VSV)	零部件侧： EVAP的VSV 前视图	（1）断开 EVAP 的 VSV 的连接器 V2 （2）测量 EVAP 的 VSV 端子间的电阻 标准电阻 20℃(68 °F)时，30～34Ω （3）重新连接 EVAP 的 VSV 连接器 结果： 异常：更换真空转换阀 正常：转至检测项目 3		
3. 检查真空转换阀（EVAP 的 VSV 电源电压）	线束侧： EVAP的VSV连接器 V2 1 2 前视图	（1）断开 EVAP 的 VSV 连接器 V2 （2）将点火开关扭至 ON （3）测量线束侧连接器端子和车身搭铁之间的电压 标准电阻 {检测仪连接：EVAP 的 VSV（V2－2)—车身搭铁；规定状态：11～14V} （4）重新连接 EVAP 的 VSV 连接器 结果： 正常：转至项目 5 异常：转至项目 4		
4. 检查线束和连接（EVAP 的 VSV-EFI 继电器）	发动机室1号继电器盒： EFI继电器 线束侧： EVAP的VSV连接器 V2 1 2 前视图	（1）从发动机室 1 号继电器盒上拆下 EFI 继电器 （2）断开 EVAP 的 VSV 连接器 V2 （3）检查电阻 标准电阻（断路检查） {检测仪连接：EVAP 的 VSV（V2－2)—EFI 继电器(3)；规定状态：小于 1Ω} 标准电阻（短路检查） {检测仪连接：EVAP 的 VSV（V2－2)—EFI 继电器(3)—车身搭铁；规定状态：10kΩ 或更大} （4）重新安装 EFI 继电器 （5）重新连接 EVAP 的 VSV 连接器 结果： 正常：修理或更换电源电路零部件 异常：修理或更换线束或连接器		

笔记

（续表）

检测项目	演　示　图	操作要领及技术标准	我的检测记录	结果判断
5. 检查线束和连接器（EVAP 的 VSV-ECM）	线束侧： EVAP的VSV连接器 V2 ⬚1|2⬚ 前视图 E9 PRG ECM 连接器	（1）断开 ECM 连接器 E9 （2）断开 EVAP 的 VSV 连接器 V2 （3）检查电阻 　　　标准电阻（断路检查） {表见下}		

标准电阻（断路检查）

检测仪连接	规定状态
EVAP 的 VSV（V2－1）—PRG(E9－3)	小于 1Ω

标准电阻值（短路检查）

检测仪连接	规定状态
EVAP 的 VSV（V2－1）或 PRG(E9－3)—车身搭铁	小于 1KΩ 或更大

（4）重新连接 ECM 连接器
（5）重新连接 EVAP 的 VSV 的连接器
结果：
异常：修理或更换线束或连接器
正常：更换 ECM

五、检验评估

项目五中的任务 5.2 检验评估如表 3－2－10 所示。

表 3－2－10　检查评估

评价指标	检验说明			检验记录		
检修检查项目	➤ 排除燃油蒸气排放控制系统净化控制阀电路故障					
汽车发动机运行情况						
评价内容	检验指标			权重	自评	互评	总评
检查任务完成情况	1. 完成任务的情况 2. 任务完成的质量 3. 在小组完成任务过程中所起的作用						
专业知识	1. 能描述 EVAP 燃油蒸发系统的结构原理 2. 能描述 EVAP 燃油蒸发系统的检测方法与步骤 3. 能描述 PCV 曲轴箱通风系统的结构原理 4. 会描述 PCV 曲轴箱通风系统的检测方法与步骤						
职业素养	1. 学习态度：积极主动参与学习 2. 团队合作：与小组成员一起分工合作，不影响学习进度 3. 现场管理：服从工位安排、执行实训室"5S"管理规定						
综合评议与建议						

项目六	**诊断与排除柴油发动机控制系统的故障**

Description 项目描述	本项目主要通过学生对柴油发动机控制系统的学习,认识柴油发动机控制系统组成及作用,掌握柴油发动机控制系统结构的原理与检测方法
Objects 项目目标	1. 了解柴油机控制系统与汽油机控制系统的区别 2. 认识柴油发动机控制系统的组成、作用 3. 能操作柴油发动机控制系统的传感器与执行器检测 4. 掌握柴油发动机控制系统故障检测与排除方法
Tasks 项目任务	一辆柴油汽车发动机功率下降,行驶过程中加速无力,并出现轻度冒黑烟的现象
Implementation 项目实施	诊断与排除柴油发动机控制系统故障

一、维修接待

按照表 6-1 完成待修车辆的维修接待,并准确填写接车问诊表。

表 6 - 1 维修接待与接车问诊表

1. 通过询问客户了解汽车发动机最近的使用情况,填写接车问诊表
2. 车间检测初步确认结果:故障有可能出现在发动机控制系统中

接 车 问 诊 表

车牌号:＿＿＿＿＿＿＿ 车架号:＿＿＿＿＿＿＿ 行驶里程:＿＿＿＿＿＿(km)

用户名:＿＿＿＿＿＿＿ 电 话:＿＿＿＿＿＿＿ 来店时间:＿＿＿＿/＿＿＿

用户陈述及故障发生时的状况:**一辆柴油汽车行驶过程中功率下降,加速无力,拖进维修厂维修**

故障发生状况提示:**行驶速度、发动机状态、发生频度、发生时间、部位、天气、路面状况、声音描述**

接车员检测确认建议:**需要进行综合维修**

车间检测确认结果及主要故障零部件:**需要进行综合故障诊断与排除,必要时还需要更换相应部件**

车间检查确认者:＿＿＿＿＿＿＿

外观确认:

(请在有缺陷部位作标识)

功能确认:(工作正常√ 不正常×)
□音响系统 □门锁(防盗器) □全车灯光 □工具
□后视镜 □顶窗 □座椅 □点烟器
□玻璃升降器 □玻璃

物品确认:(有√ 无×)
□贵重物品提示
□工具 □备胎 □灭火器
□其他(   )
旧件是否交还用户 □是 □否
用户是否需要洗车 □是 □否

· 检测费说明:本次检测的故障如用户在本店维修,检测费包含在修理费用内;如用户不在本店维修,请您支付检测费。本次检测费:￥＿＿＿＿元
· 贵重物品:在将车辆交给我店检查修理前,已提示将车内贵重物品自行收起并保存好,如有遗失恕不负责

接车员:＿＿＿＿＿＿＿ 用户确认:＿＿＿＿＿＿＿

二、信息收集与处理

按照表 6 - 2 完成任务 6.1 的信息收集与处理。

笔记

表 6-2 信息收集与处理

1. 柴油发动机控制系统主要组成是：_____

_____

2. 加速踏板位置传感器的作用：_____

ECU 的失效保护形式：_____

3. 针阀升程传感器的作用：_____

ECU 的失效保护形式：_____

4. 调节活塞运动传感器的作用：_____

ECU 的失效保护形式：_____

5. 燃油温度传感器的作用：_____

ECU 的失效保护形式：_____

1. 柴油发动机控制系统的认识

1）柴油发动机控制系统的组成

柴油机控制系统由传感器、电控单元、执行器三大部分组成，如图 6-1 所示。

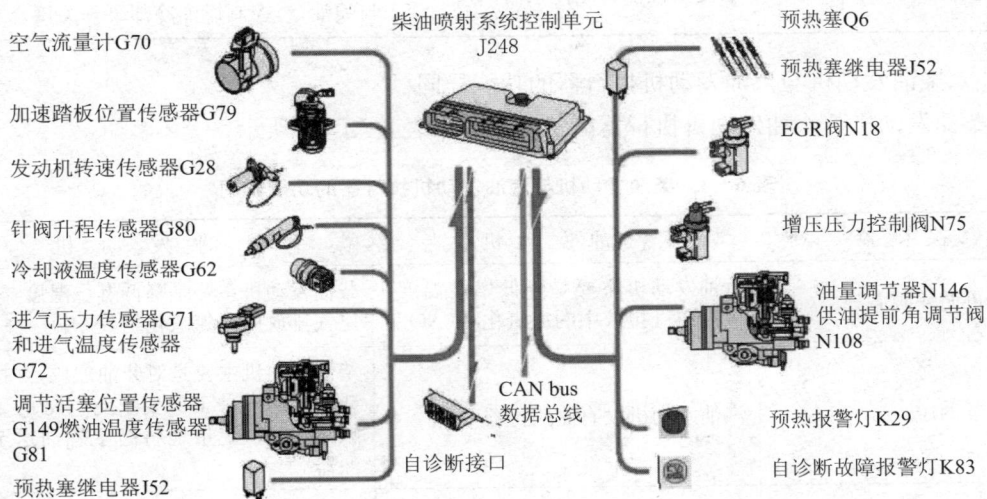

图 6-1 柴油发动机电控系统的组成

2）柴油发动机与汽油发动机传感器的功能异同

柴油发动机与汽油发动机传感器的功能异同如表 6-3 所示。

表 6 - 3　柴油发动机与汽油发动机传感器的功能异同

传感器	汽油发动机	柴油发动机
发动机转速传感器 G28	汽油发动机的信号主要是控制点火正时与喷油正时	柴油发动机的信号主要是控制喷油正时
冷却液温度传感器 G62	汽油发动机的信号主要是修正点火提前角与喷油脉宽	柴油发动机的信号主要是修正喷油量
进气温度传感器 G72	汽油发动机的信号主要是修正点火提前角与喷油脉宽	柴油发动机的信号主要是修正增压压力
进气歧管压力传感器	汽油发动机的信号主要是控制喷油器的喷油量	柴油发动机的信号主要是控制喷油泵的喷油量
空气流量传感器 G70	汽油发动机的信号主要是控制喷油量	柴油发动机的信号主要是控制喷油量与废气再循环率
加速踏板位置传感器 G79	汽油发动机没有此传感器	柴油发动机的信号主要是控制喷油泵的喷油量
针阀升程传感器 G80	汽油发动机没有此传感器	柴油发动机的信号主要是采集喷油始点信号与喷油持续时间信号,控制循环喷油量,间接检测柴油机负荷
调节活塞运动传感器 G149	汽油发动机没有此传感器	柴油发动机的信号主要是采集分配泵油量控制套的位置信号,反馈给发动机控制单元,实现喷油量的精确控制
燃油温度传感器 G81	汽油发动机没有此传感器	柴油发动机的信号主要是计算喷油始点与喷油量,控制燃油冷却泵开关接合

3) 柴油发动机与汽油发动机执行器的功能异同

柴油发动机与汽油发动机执行器的功能异同如表 6 - 1 - 4 所示。

表 6 - 4　柴油发动机与汽油发动机执行器的功能异同

执行器	汽油发动机	柴油发动机
废气再循环阀 N18	汽油发动机主要是降低燃烧温度,减低尾气排放中的氮氧化物(NO_x)	柴油发动机主要是降低燃烧温度,减低尾气排放中的氮氧化物(NO_x)
喷油泵 N108	汽油发动机没有此执行器	柴油发动机主要是对柴油加压,并按照柴油机的各种工况要求与气缸的工作顺序,定时、定量地将高于燃油送至喷油器
燃油切断阀 N109	汽油发动机没有此执行器	柴油发动机主要是使低压腔的油不能进入高压腔,供油停止,使发动机熄火
油量调节器 N146	汽油发动机没有此执行器	柴油发动机主要是控制喷油量的大小
进气歧管翻板电机 V157	汽油发动机没有此执行器	柴油发动机主要是防止发动机启动时进气歧管内压力下降

4) 柴油发动机电控系统的工作原理

柴油发动机电控系统的工作原理如图 6-2 所示。VE 泵电子控制柴油喷射系统（VE——Electronic Diesel Control）属于位置控制的第一代柴油电控系统。

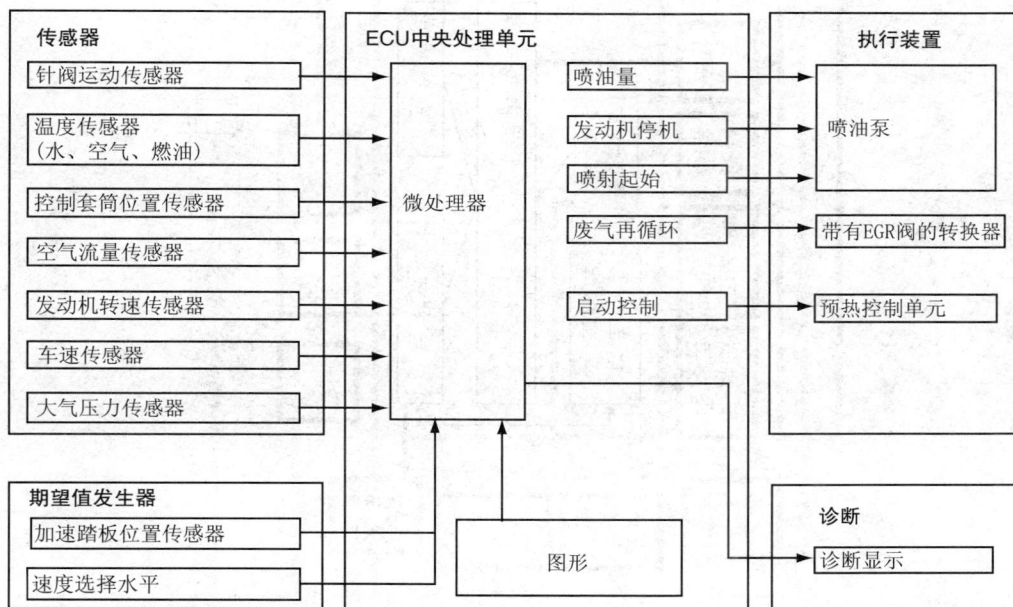

图 6-2　柴油发动机电控系统的工作原理

传感器检测出柴油发动机或喷油泵本身的运行状态；柴油发动机电控单元（ECU）根据各种传感器实时检测到的柴油发动机运行参数，与 ECU 中预先已经存储的参数值或参数图谱（称为 MAP 图）相比较，按其最佳值或计算后的目标值，把指令输送到执行器。执行器根据 ECU 的指令，控制发动机的最佳喷油量、最佳喷油时间；柴油发动机电控系统还可使用整车传动装置的 ECU、制动防抱死系统（ABS）的 ECU，以及其他系统的 ECU 通信数据，从而实现整车的电子控制。

柴油发动机闭环控制系统。柴油发动机实行闭环控制模式，如图 6-3 所示。

（1）喷油量闭环控制。喷油量对启动、怠速、功率输出、操纵性能和微粒排放有着决定性的影响。因此相应的启动喷油量、怠速、全负荷、加速踏板特性、冒烟极限和泵油特性脉谱都写在 ECU 内。驾驶员通过加速踏板传感器输入它的需求（扭矩和发动机转速），ECU 查出脉谱图的相应数据并接受实际传感器的值，计算出用于确定泵内旋转执行器位置的设定值。旋转执行器配备有核对信号装置，确保控制套正确定位。

（2）喷射始点闭环控制。喷射始点影响确定、噪声、油耗和排放。ECU 中也有喷射始点脉谱图，喷油嘴内的针阀动作传感器直接识别实际的喷油始点并和脉谱中的喷油始点比较。如有偏差，ECU 通过改变正时器电磁阀的占空比来缩小偏差直到 0。发动机超速断油和启动时，喷油始点信号不可用或不合适，闭环控制关掉，开环模式被选择。正时器电磁阀的占空比由脉谱读出。

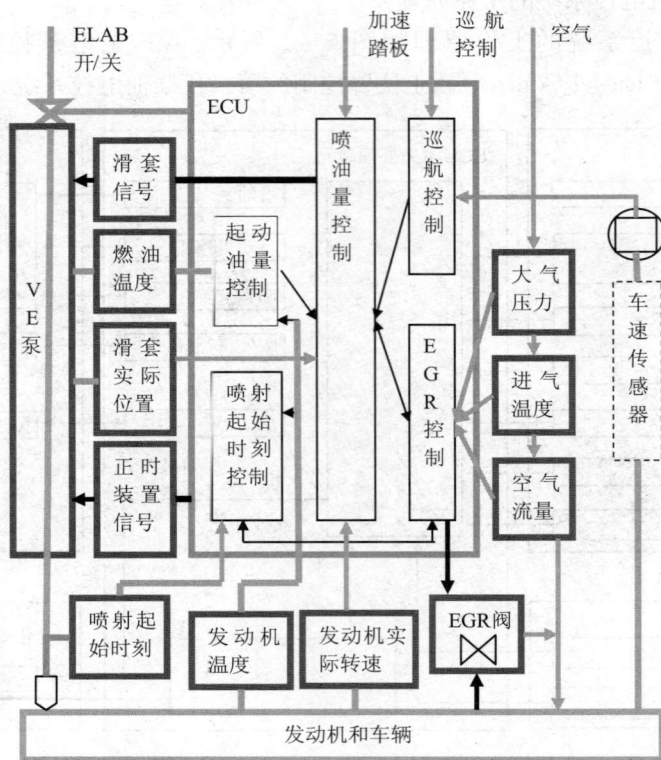

图 6-3　柴油发动机闭环控制系统

2. 柴油发动机电控系统的传感器

1）燃油温度传感器

燃油温度传感器如表 6-5 所示。

表 6-5　燃油温度传感器

实 物 图	作 用	安 装 位 置	信号失效影响
	监测柴油温度。因为柴油的密度会随温度不同，密度也不同。柴油发动机电控单元利用这个信号来计算喷油始点与喷油量，另一个作用是利用此信号来控制燃油冷却泵开关接合	该传感器安装在油泵或燃油冷却器的回油管中。燃油温度传感器是负温度系数热敏电阻（NTC）。当燃油温度升高时，传感器电阻值下降	信号失效时，柴油发动机功率下降，废气排放恶化，电控单元以−5.4℃的替代值

2）冷却液温度传感器

冷却液温度 G62 如表 6-6 所示。

表6-6　冷却液温度传感器

实 物 图	作 用	安 装 位 置	信号失效影响
	监测冷却液的温度,柴油发动机电控单元利用冷却液温度传感器信号修正喷油量	该传感器安装在缸盖的冷却液接头上	信号失效时,柴油发动机启动时有黑烟,预热时间约为20s,电控单元利用燃油温度传感器产生的信号修正喷油量

3）进气歧管温度传感器

进气歧管温度传感器如表6-7所示。

表6-7　进气歧管温度传感器

实 物 图	作 用	安 装 位 置	信号失效影响
	监测进气歧管内的温度,由于不同温度下增压空气密度不同,柴油发动机电控单元利用该信号来修正增压压力	该传感器安装在进气管内,与进气歧管压力传感器集成为一体	信号失效时,柴油发动机功率下降,电控单元以136.8℃的替代值

4）进气歧管压力传感器

进气歧管压力传感器如表6-8所示。

表6-8　进气歧管压力传感器

实 物 图	作 用	安 装 位 置	信号失效影响
	用于检查增压压力。柴油发动机控制单元将实际测量值与增压压力图上的设定值进行比较。若实际值偏离设定值,柴油发动机控制单元通过电磁阀调整增压压力,实现增压压力控制	该传感器安装在进气管内,与进气歧管温度传感器集成一体	信号失效时,增压压力不能被调节,柴油发动机功率下降

5）发动机转速传感器

发动机转速传感器如表6-9所示。

表6-9　发动机转速传感器

实 物 图	作 用	安 装 位 置	信号失效影响
	能快速启动识别。为了让发动机快速启动,柴油发动机控制单元计算来自霍尔传感器与发动机转速传感器的信号	发动机转速传感器是一个感应式传感器,位于缸体上	信号失效时,柴油发动机不能启动,熄火,预热指示灯闪烁,转速表不显示转速

6) 空气流量传感器

空气流量传感器如表 6-10 所示。

表 6-10　空气流量传感器

实 物 图	作　用	安 装 位 置	信号失效影响
	柴油发动机控制单元利用它测量值计算喷油量和废气再循环率。空气流量的信号越小,喷油量也越小	该传感器位于进气管内。该空气流量计是热膜式,具有反向空气流量识别功能,可测定反方的空气流量,修正后将信号传给发动机控制单元,以便精确测量进气量	信号失效时,柴油发动机控制单元用一个固定值来代替

7) 加速踏板位置传感器

加速踏板位置的大小反映了柴油发动机负荷的大小,柴油发动机在转速一定时,进气量基本不变,而供油量随负荷的大小而变化,负荷增大,供油量就增大。

加速踏板位置传感器如表 6-11 所示。

表 6-11　加速踏板位置传感器

实 物 图	作　用	安 装 位 置	信号失效影响
	监测驾驶员踩踏板的位置,将位置信号传给柴油发动机控制单元。在自动变速器车辆上,强制低档开关提供给控制单元车辆加速的信息	该传感器安装在加速踏板上,怠速开关和强制低档开关也集成在该传感器上	信号失效时,柴油发动机控制单元不能识别加速踏板位置。此时,柴油发动机在很高的怠速转速下运转

8) 针阀升程传感器

针阀升程传感器是柴油发动机系统中重要的传感器之一,如表 6-12 所示。

表 6-12　针阀升程传感器

实 物 图	作　用	安装位置	信号失效影响
电磁线圈　针阀	采集喷油始点信号和喷油持续时间信号;作为调整柴油发动机正时活塞及喷油时刻的主要信号;传递喷油持续时间信号;可以作为判缸信号	该传感器安装在第三缸喷油器上	如果传感器失效,喷油阀喷油始点信号转换到开环控制(根据发动机转速与发动机负荷)。在正常操作过程中,喷油阀喷油始点信号由闭环功能控制(根据发动机转速、发动机负荷与温度)。发动机运转有响声,功率下降,废气排放恶化,无废气再循环功能,预热指示灯闪烁

笔 记

9）活塞位置传感器

活塞位置传感器如表 6-13 所示。

表 6-13　活塞位置传感器

实 物 图	作 用	安 装 位 置	信号失效影响
活塞位置传 感器G149	调整活塞位置传感器被 油量调节器轴驱动,采集 分配泵油量控制套的位 置信号,反馈给柴油发动 机控制单元,实现喷油量 的精确控制	该传感器安装在喷油泵 体内	如果传感器失效,汽 车行驶性能突然下 降,甚至使发动机熄 火,预热指示灯闪烁

3．柴油发动机电控系统的执行器

1）废气再循环系统 EGR

废气再循环系统 EGR(Exhaust Gas Recirculation)的作用是减少排放气体中的 NO_x 的含量,其系统原理如图 6-4 所示。

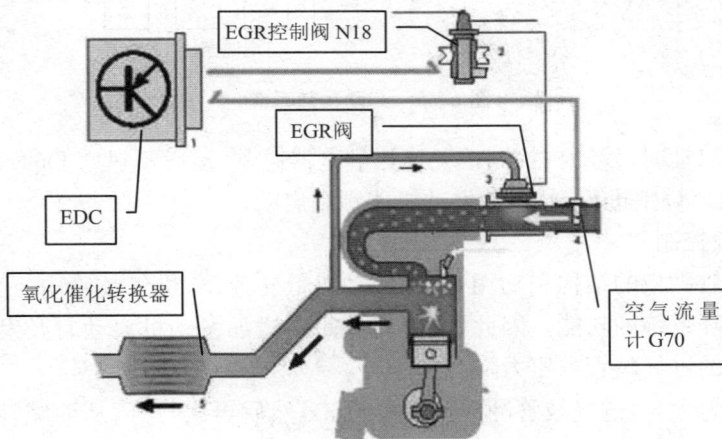

图 6-4　废气再循环系统

EGR 控制阀 N18 如图 6-5 所示,EGR 控制阀是一种电磁阀。柴油发动机根据工况,向 EGR 控制阀输送脉冲信号,控制通向 EGR 机械阀的真空通道。

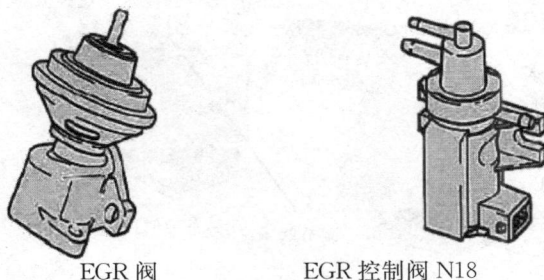

EGR 阀　　　　　EGR 控制阀 N18

图 6-5　EGR 控制阀

笔记

EGR 机械阀如图 6-5 所示。当 EGR 控制阀通电,阀门打开。EGR 机械阀(真空膜片式)膜片上移,阀打开。废气经过 EGR 机械阀流向进气管,与空气一起进入气缸燃烧,降低了燃烧的温度,减少了 NO_x 的排放。

2) 启动预热系统

为了解决柴油发动机启动困难问题,现代柴油发动机装配了启动预热系统。柴油发动机启动预热系统如图 6-6 所示。

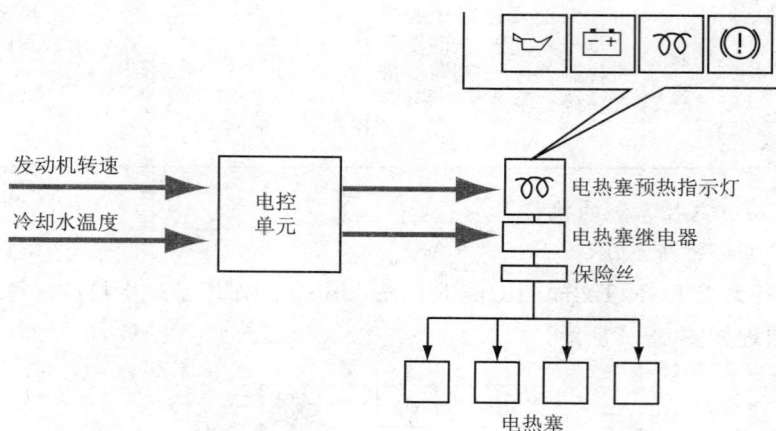

图 6-6　启动预热系统

当发动机冷启动时,发动机控制单元预热继电器通电,接通预热塞 Q6。同时,预热报警灯 K29 点亮。对燃烧室进行预热,使发动机能顺利启动。

3) 进气翻板控制

(1) 进气歧管翻板的结构和功用:柴油发动机低转速下,进气歧管内压力下降不足,无法保证废气再循环系统的功能。因此,节气门关闭以增加发动机启动时及发动机在部分负荷条件下运行时的进气歧管内压力降。

柴油发动机熄火时,进气歧管翻板关闭大约 3s,然后再次打开,从而减轻发动机停转时产生的振动。进气歧管翻板的结构如图 6-7 所示。

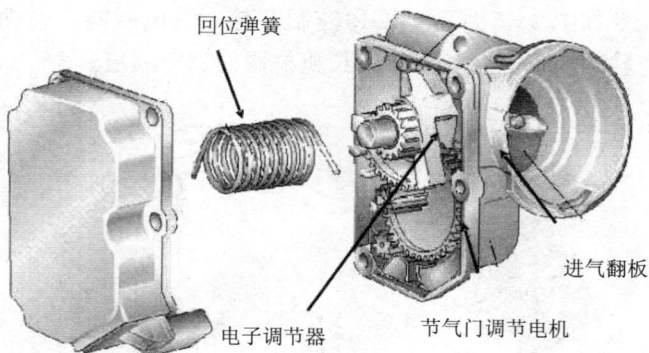

图 6-7　进气歧管翻板的结构

（2）进气歧管翻板控制框图。如图 6-8 所示。电控单元根据发动机的运转情况,来控制进气翻板的开度的大少。

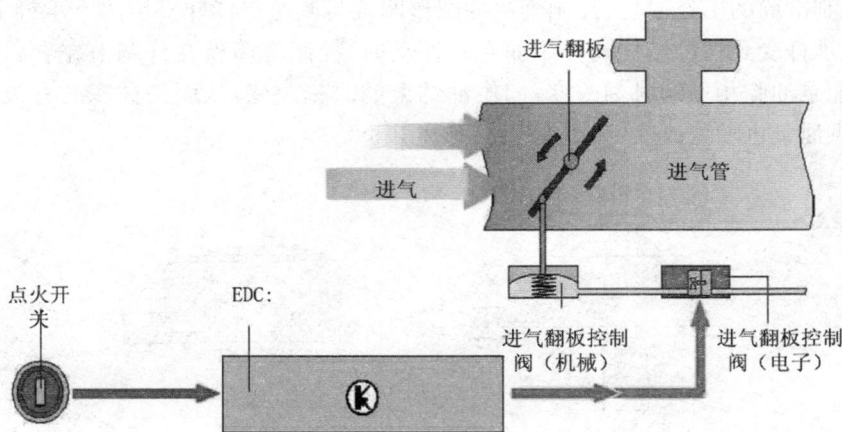

图 6-8　进气歧管翻板控制框图

4）VE 喷油泵

作用于中、小型高速柴油机上,与直列泵相比具有体积小,重量轻,噪声低等优点。

（1）VE 喷油泵的结构如图 6-9 所示。

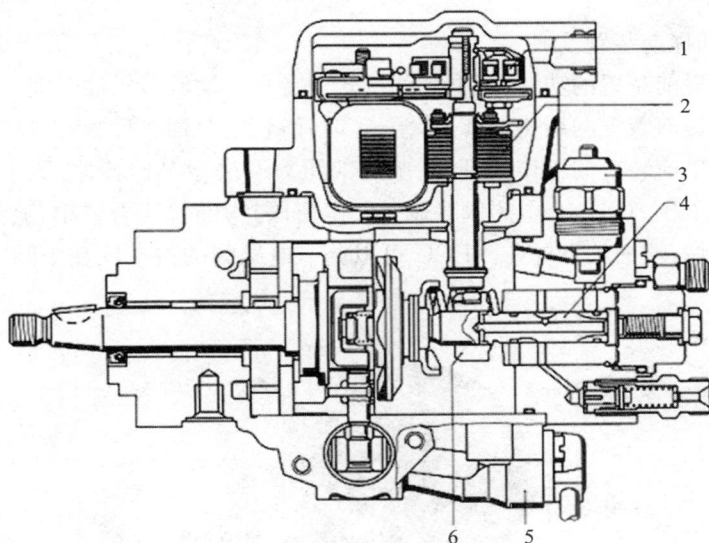

图 6-9　VE 泵的结构

1—控制套位置传感器;　2—喷油量控制电磁执行器;　3—断油电磁阀;
4—分配柱塞;　5—喷油始点电磁阀;　6 控制套

（2）VE 喷油泵的工作原理;单个柱塞在端面凸轮的作用下,既作往复运动又做旋转运动,往复运动产生高压燃油,旋转运动是在规定的时间内将一定数量的燃油、按柴油机的工作顺序分配各个气缸的喷油器,喷入燃烧室内,同时实现既泵油又分配供油的作用。

（3）控制滑筒。

① 控制滑筒的作用：控制套筒用来调节分配泵的供油量。

② 控制滑筒的工作原理：控制套筒的圆形凹坑与调速器杠杆机构的支承杆下端的球头连接，当支承杆受到杠杆结构的作用而左右摆动时，控制套筒就在柱塞上左右移动，柱塞溢油口与分配泵油腔相通的时刻改变，即供油结束的时刻改变，从而使柱塞的有效行程改变，分配泵的供油量也随之改变，如图 6-10 所示。

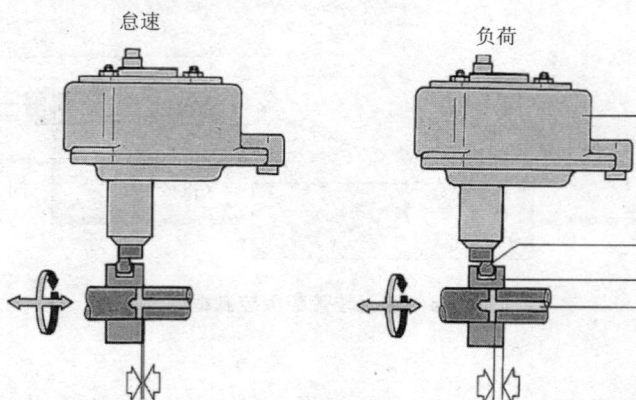

图 6-10　控制滑筒

（4）供油自动提前装置。

① 供油自动提前装置的功用：根据柴油机转速变化自动调节供油时间。

② 供油自动提前装置的结构：定时活塞、定时弹簧、定时销、喷油始点控制阀。

③ 供油自动提前装置的工作原理：泵腔内的压力取决于泵的转速，这个压力作用于正时活塞的一端，这个压力用一个电磁阀来调整。电磁阀打开时，压力减小，喷油始点延迟；完全关闭时，压力增加，喷油始点提前。ECU 可以调节电磁阀的占空比在中间范围变化，如图 6-11 所示。

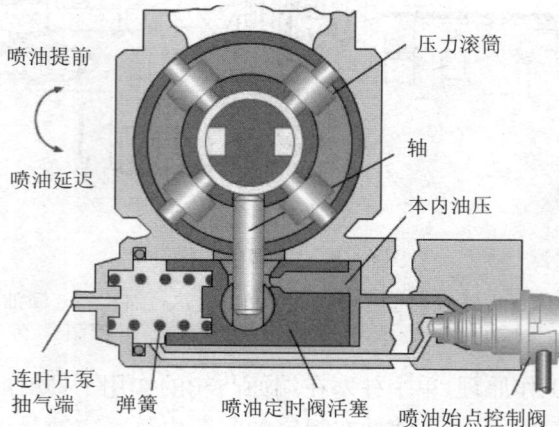

图 6-11　供油自动提前装置

4. 柴油发动机控制系统的检测

1）加速踏板位置传感器的检测

加速踏板位置传感器分为电位器式和霍尔式两种,加速踏板位置传感器最初大多采用电位器式角位移传感器。电位器式加速踏板传感器是依靠可以相互滑动的电阻元件和滑臂之间的相互接触工作的,因而寿命短。采用非接触式的角度位置传感器,其寿命可大大提高。

加速踏板的检测项目与方法如表6-14所示。

表 6-14 加速踏板位置传感器的检测

检修项目	加速踏板位置传感器的电阻检测
操作要领	◆ 检查加速踏板位置传感器是否已经连接到发动机线束上,检查线束和加速踏板位置传感器连接器端子是否完好无损。如上述两项检查都合格,再进行下一项检查 ◆ 检查加速踏板位置传感器端子与端子间有无断、短路故障。在释放和踩下加速踏板时测量B端子与A端子间电阻,释放踏板时,电阻为1 500～3 000Ω;踩下加速踏板时,电阻为250～1 500Ω。若不合格,则应更换加速踏板位置传感器 ◆ 检查传感器电源线是否短路。测量加速踏板位置传感器的A端子与接地间电阻,应大于100kΩ。若不合格,则应更换加速踏板位置传感器 ◆ 检查信号线是否短路。测量加速踏板位置传感器的B端子与接地间电阻,阻值应大于100kΩ。若不合格,则应更换加速踏板位置传感器 ◆ 检查OEM线束中的电源、信号和回路导线是否开路。分别测量29端子与C端子、30端子与B端子、19端子与A端子之间的电阻,阻值应小于10Ω。否则,应更换OEM线束 ◆ 检查5V电源线和OEM线束中任何导线间是否短路。测量29端子与OEM线束连接器内的所有其他端子间电阻,阻值应大于100kΩ。否则,应更换OEM线束
检修项目	加速踏板位置传感器的电压值检测
操作要领	◆ 检查加速踏板位置传感器电源电压。测量OEM线束的19端子与29端子之间的电压,应为4.75～5.25V。若不合格,应更换ECM ◆ 检查加速踏板位置传感器信号电压。测量OEM线束的30端子与29端子之间的电压,应在0.75～5.25V。若不合格,应更换加速踏板位置传感器 ◆ 检查加速踏板位置传感器怠速信号电压。测量OEM线束的26端子与接地线之间的电压,应有12V或0V的变化。若不合格,应更换加速踏板位置传感器

2) 针阀升程传感器的检测

当喷油器有重压燃油时,喷油器针阀传动杆上升,改变电磁线圈的磁阻,输出信号电压,将反馈喷油器的喷油始点传送给 ECU,从而确定喷油阀的喷油始点。若针阀升程传感器失效,则喷油阀喷油始点转换为开环控制(根据发动机转速和发动机负荷)。在正常操作过程中,喷油阀喷油始点为闭环控制(根据发动机转速、发动机负荷和温度)。

针阀升程的检测项目与方法如表 6 - 15 所示。

表 6 - 15　针阀升程传感器的检测

检修项目	针 阀 升 程 传 感 器 的 检 测
操作要领	◆ 关闭点火开关,拔出针阀升程传感器连接器 ◆ 检测针阀升程传感器连接器端子间的电阻,应为 80~120Ω。若阻值不符合要求,则更换针阀升程传感器 G80 的喷油嘴 ◆ 检查接线盒插口 109 与针阀升程传感器连接器端子 1 间及接线盒插口 101 与针阀升程传感器连接器端子 2 间的电路是否断路或短路。若正常,则更换发动机电控单元 J248 ◆ 检查接线盒插口 109 与 101 端子,并运转发动机是否有感应电压。若无感应电压,则更换针阀升程传感器 G80 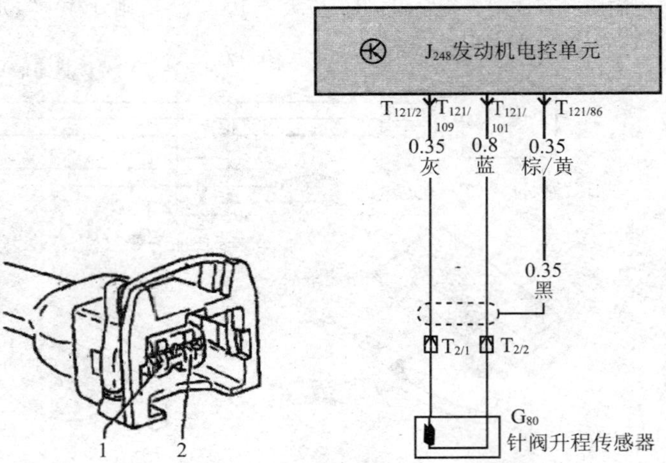

3) 调节活塞运动传感器与油量调节器的检测

油量调节器是一个电磁转动电位计,由发动机电控单元通过定向的占空循环(开-关比例)进行控制。油量调节器上的偏心轴在高压活塞上移动调节活塞,以达到调节喷油量的作用。

调节活塞运动与油量调节器的检测项目与方法如表 6 - 16 所示。

表 6-16　调节活塞运动传感器与油量调节器的检测

检修项目	调 节 活 塞 运 动 传 感 器 与 油 量 调 节 器 的 检 测
操作要领	（1）调节活塞运动传感器的检测 ◆ 关闭点火开关，拔出喷油泵连接器 ◆ 检测喷油泵连接器端子 1 与 2 间及端子 2 与 3 间的电阻，应为 4.9～7.51Ω。若阻值不符合要求，则更换喷油泵 ◆ 检查接线盒插口 108 与喷油泵连接器端子 1 间、接线盒插口 106 与喷油泵连接器端子 2 间及接线盒插口 99 与喷油泵连接器端子 3 间的电路是否断路或短路。若不正常，则更换发动机电控单元 J248 （2）油量调节器的检测 ◆ 关闭点火开关，拔出喷油泵连接器 ◆ 检测喷油泵连接器端子 5 与 6 间的电阻，应为 0.5～2.5Ω。若阻值不符合要求，则更换喷油泵 ◆ 检查接线盒插口 1,2 与喷油泵连接器端子 5 间及接线盒插口 121,116 与喷油泵连接器端子 6 间的电路是否断路或短路。若不正常，则更换发动机电控单元 J248 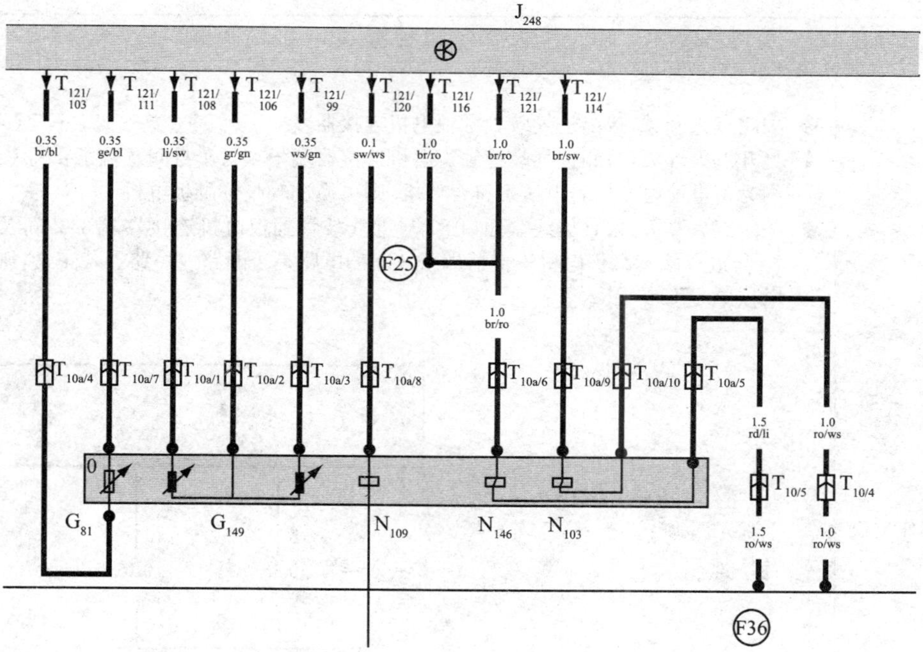

4）燃油温度传感器的检测

燃油温度传感器是负温度系数热敏电阻（NTC），燃油温度升高时，传感器电阻值下降。燃油温度传感器的输出电压是随温度升高而逐渐降低的。

燃油温度的检测项目与方法如表 6-17 所示。

笔记

表 6-17　燃油温度传感器的检测

检修项目	燃油温度传感器的检测
操作要领	◆ 关闭点火开关,拔出燃油温度传感器连接器 ◆ 检测燃油温度传感器连接器端子 4 与 7 间的电阻,在 30℃测量,电阻值在 1 500～2 000Ω 范围内;在 80℃测量,电阻值在 275～375Ω 范围内。若电阻值没有变化,则更换燃油温度 传感器 ◆ 检测燃油温度传感器连接器端子 4 与 7 间的电压,电压值应随温度的升高而变小。若电 压没有变化,则更换燃油温度传感器 ◆ 检查接线盒插口 111 与燃油温度传感器连接器端子 7 间及接线盒插口 103 与燃油温度传 感器连接器端子 4 间的电路是否断路或短路。若正常,则更换发动机电控单元 J248(参 见表 6-16 插图)

5) 进气歧管翻板电机的检测

进气歧管翻板电机的检测项目与方法如表 6-18 所示。

表 6-18　进气歧管翻板电机的检测

检修项目	进气歧管翻板电机的检测
操作要领	◆ 关闭点火开关,拔出进气歧管翻板电机连接器 ◆ 打开点火开关,检测进气歧管翻板电机连接器端子 4 与车身间及端子 4 与 1 间的电压,应 约为蓄电池电压。若电压不符合要求,则更换进气歧管翻板电机 ◆ 关闭点火开关,检查接线盒插口 81 与进气歧管翻板电机连接器端子 2 间及接线盒插口 75 与进气歧管翻板电机连接器端子 3 间的电路是否断路或短路。若正常,则更换发动机 电控单元 J248 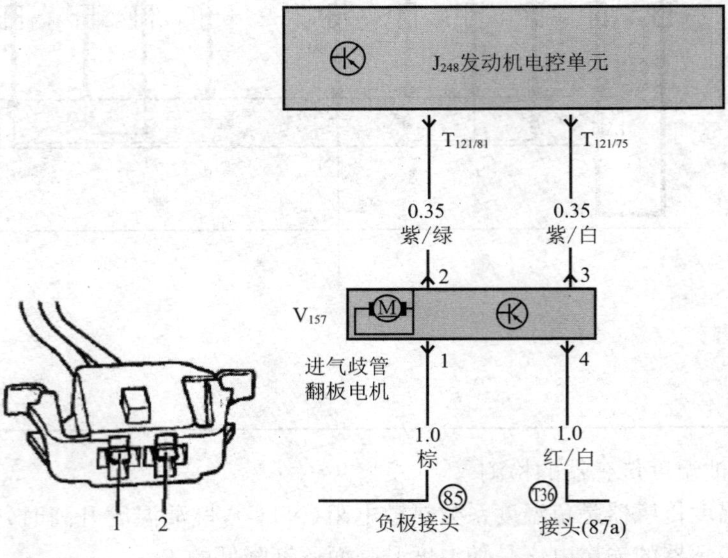 (a) 进气歧管翻板电机线束插座;　　(b) 电路图

6) 燃油切断阀的检测

在发动机处于停止状态时,断油阀将燃油切断。通电后,断油阀开启,燃油被吸入柱塞腔内。

燃油切断阀的检测项目与方法如表 6-19 所示。

表 6-19 燃油切断阀的检测

检修项目	燃油切断阀（N109）的检测
操作要领	◆ 关闭点火开关,拔出燃油切断阀连接器 ◆ 检测燃油切断阀连接器端子 8 与泵体的电阻,电阻值标准值为 $8.6 \pm 1.1\Omega(23 \pm 10℃)$。若电阻值不符合要求,则更换燃油切断阀 ◆ 检测燃油温度传感器连接器端子 8 与泵体的电压,电压值应蓄电池电压。若电压不符合要求,则更换燃油切断阀 ◆ 检查接线盒插口 120 与燃油温度传感器连接器端子 8 间的电路是否断路或短路。若正常,则更换发动机电控单元 J248(参见表 6-16 插图)

三、制订检修计划

一辆柴油汽车行驶过程中功率下降,加速无力,拖进维修厂维修。初步检测故障有可能出现在发动机电控系统。

◆ 找出车上的所有传感器与执行器,并指出其主要控制什么。

◆ 学会就车进行汽车发动机控制系统进行检测与诊断。

制订柴油发动机电控系统的故障诊断计划,如表 6-20 所示。

表 6-20 制订柴油电控发动机控制系统的故障诊断检查计划

	项 目	内 容
1. 车辆信息描述	车辆型号(VIN 码)	
	发动机型号	
	客户投诉	
2. 汽车自诊断系统的描述		
3. 柴油发动机控制系统故障原因分析,画出鱼刺图	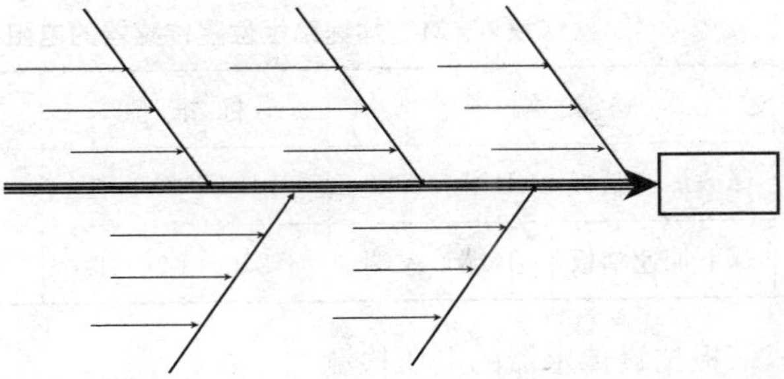	

笔记

4. 柴油发动机控制系统故障检修工具准备	车辆、资料、工具的名称	数　量
	柴油发动机控制系统台架	5 台
	柴油汽车	5 台
	柴油发动机控制系统相关维修资料	5 套
	汽车专用万用表	5 个

5. 柴油发动机电子控制系统故障诊断工作准备	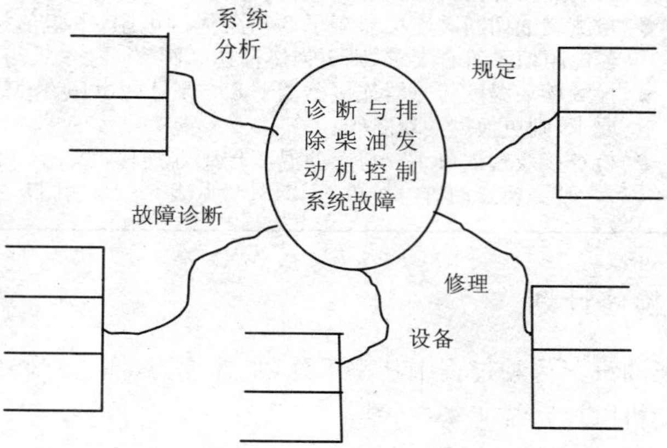

6. 柴油发动机控制系统故障检修流程	步　骤	检修项目	操作要领	技术要求或标准	检修记录

四、实施维修作业

1. 排除加速踏板位置传感器的故障

1) 加速踏板位置传感器的电阻检测

加速踏板位置传感器的电阻检测项目如表 6-21 所示(参见表 6-14 插图)。

表 6-21　加速踏板位置传感器的电阻检测

	检测端子		标　准　值	测　量　值	结果判断
我要操作	释放加速踏板	B 端　A 端	1 500～3 000Ω		
	踩下加速踏板	B 端　A 端	250～1 500Ω		

2) 加速踏板位置传感器的电压检测

加速踏板位置传感器的电压检测项目如表 6-22 所示。

表 6-22　加速踏板位置传感器的电压检测

	检 测 端 子	标 准 值	测 量 值	结果判断
我要操作	19 端　29 端	4.75~5.25V		
	30 端　29 端	0.75~5.25V		
	26 端　接地	12V 或 0V		

2. 排除针阀升程传感器的故障

针阀升程传感器的检测项目如表 6-23 所示。

表 6-23　针阀升程传感器的检测

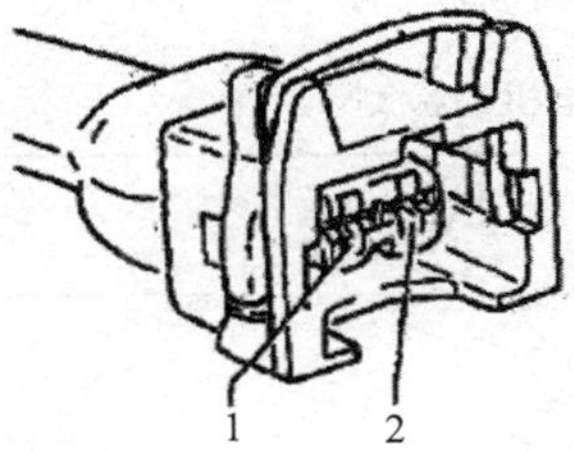

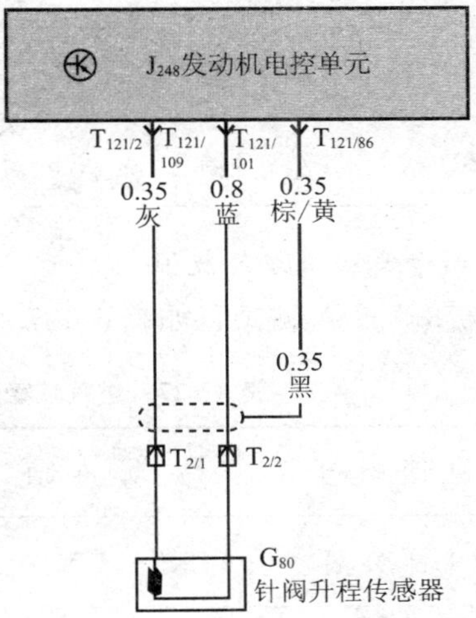

	检 测 端 子	标 准 值	测 量 值	结果判断
我要操作	1 端　2 端	80~120Ω		
	109 端　101 端	是否有感应电压		

3. 排除调节活塞运动传感器与油量调节器的故障

1) 调节活塞运动传感器的检测

调节活塞运动传感器的检测项目如表 6-24 所示(参见表 6-16 插图)。

表 6-24　调节活塞运动传感器的检测

	检 测 端 子	标 准 值	测 量 值	结果判断
我要操作	1 端　2 端	4.9~7.51Ω		
	2 端　3 端	4.9~7.51Ω		

笔记

2）油量调节器的检测

油量调节器的检测项目如表 6－25 所示。

表 6－25　油量调节器的检测

我要操作	检测端子	标准值	测量值	结果判断
	5 端　6 端	0.5～2.5Ω		

4. 排除燃油温度传感器的故障

燃油温度传感器的检测项目如表 6－26 所示（参见表 6－16 插图）。

表 6－26　燃油温度传感器的检测

我要操作	检测端子		标准值	测量值	结果判断
	30℃	4 端　7 端	1 500～2 000Ω		
	80℃	4 端　7 端	275～375Ω		

5. 排除进气歧管翻板电机的故障

进气歧管翻板电机的检测项目如表 6－27 所示（参见表 6－18 插图）。

表 6－27　进气歧管翻板电机的检测

我要操作	检测端子	标准值	测量值	结果判断
	4 端　1 端	12V		
	4 端　接地	12V		

6. 排除燃油切断阀的故障

燃油切断阀的检测项目如表 6－28 所示（参见表 6－16 插图）。

表 6－28　燃油切断阀的检测

我要操作	检测端子	标准值	测量值	结果判断
	8 端　泵体	8.6±1.1Ω		
	8 端　泵体	蓄电池电压		

五、检验评估

项目六中的任务 6.1 检验评估如表 6－29 所示。

笔记

表 6-29 检查评估

评价指标	检验说明	检验记录
检修检查项目	➤ 对柴油发动机控制系统进行检查	
柴油发动机运行情况		

评价内容	检验指标	权重	自评	互评	总评
检查任务完成情况	1. 完成任务的情况 2. 任务完成的质量 3. 在小组完成任务过程中所起的作用				
专业知识	1. 能描述柴油电控发动机控制系统的结构组成 2. 能描述柴油电控发动机控制系统的工作过程 3. 能描述柴油电控发动机控制系统传感器与执行器的安装外置与功能 4. 会描述柴油电控发动机控制系统传感器与执行器的检测方法				
职业素养	1. 学习态度:积极主动参与学习 2. 团队合作:与小组成员一起分工合作,不影响学习进度 3. 现场管理:服从工位安排、执行实训室"5S"管理规定				
综合评议与建议					

笔记

附录　07 款威驰 1.3GL 发动机控制电路图

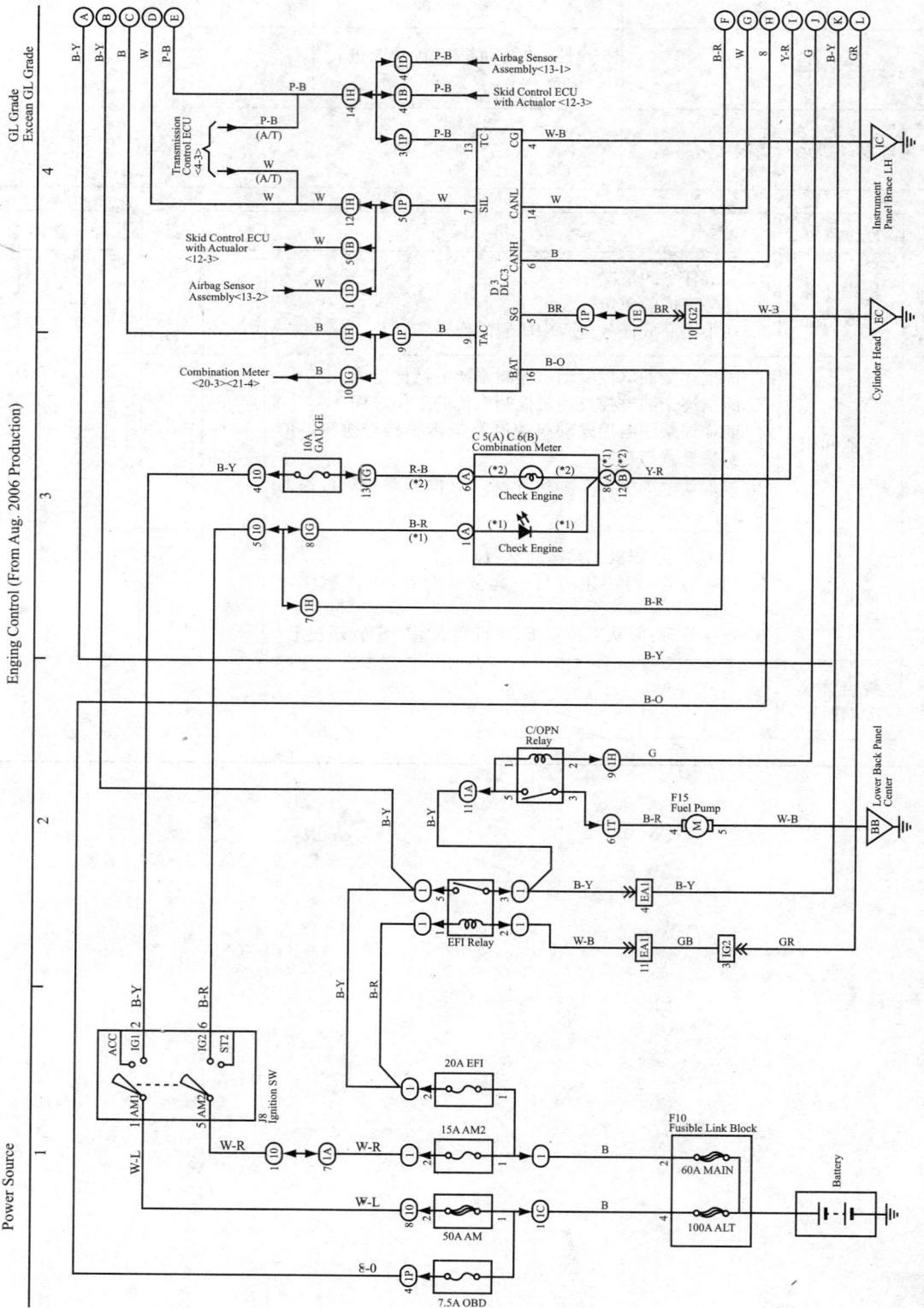

笔记

Engine Control 〈From Aug 2006 Production〉

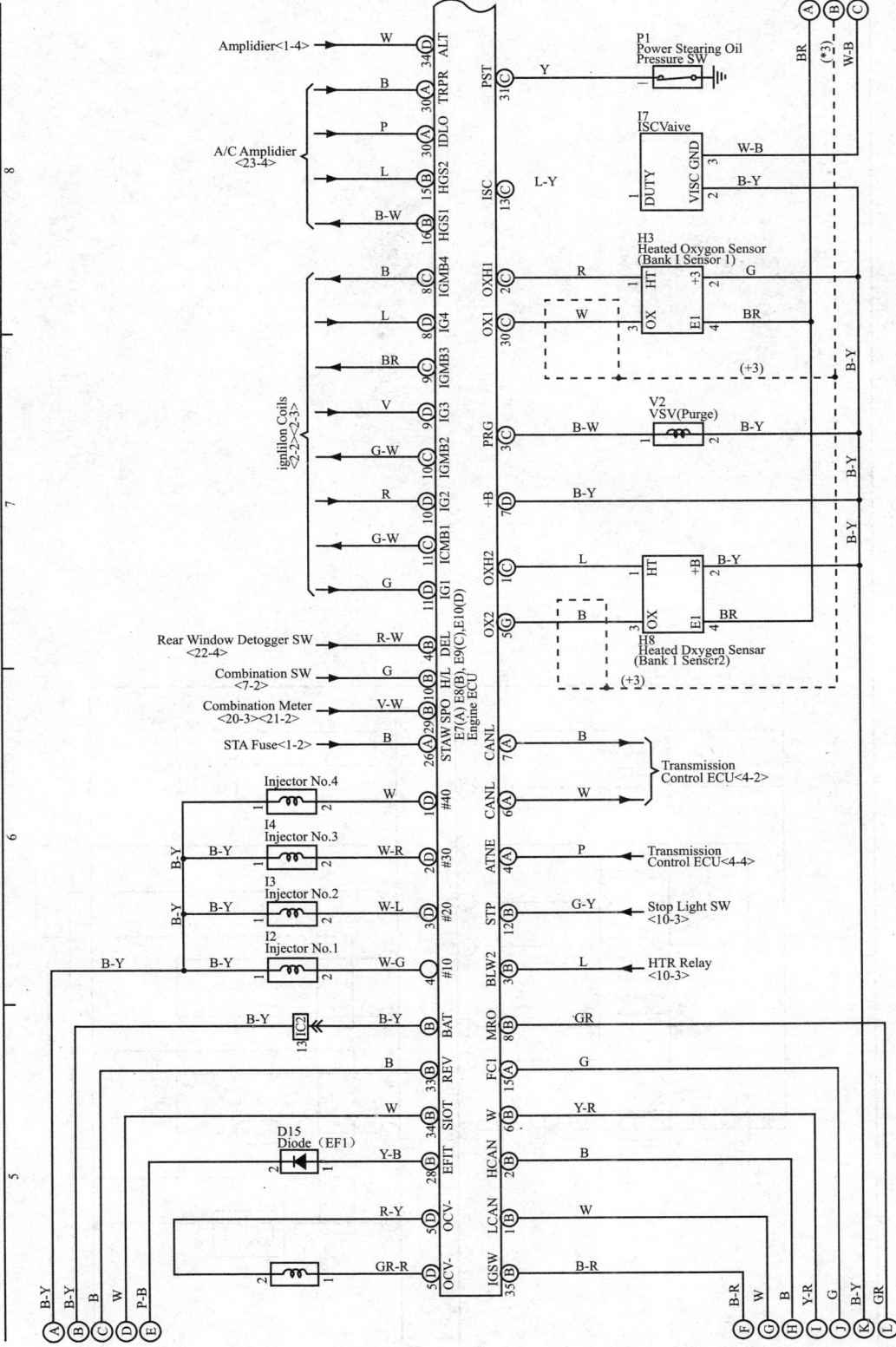

Amplidier<1-4> — W — 34(D) ALT TRPR

PST — 31(C) — Y — P1 Power Stearing Oil Pressure SW

A/C Amplidier <23-4>
- B — 30(A) IDLO
- P — 30(A) HGS2
- L — 15(B) HGS2
- B-W — 16(B) HGS1

ISC — 13(C) — L-Y — I7 ISCVaive DUTY VISC GND
W-B 3
B-Y 2

ignilion Coils <2-2><2-3>
- B — 8(C) IGMB4
- L — 8(D) IG4
- BR — 9(C) IGMB3
- V — 9(D) IG3
- G-W — 10(C) IGMB2
- R — 10(D) IG2
- G-W — 11(C) ICMB1
- G — 11(D) IG1

OXH1 — 2(C) — R — G — H3 Heated Oxygon Sensor (Bank I Sensor 1) HT +3
OX1 — 30(C) — W — BR — OX E1 4

(+3) — B-Y

PRG — 3(C) — B-W — B-Y — V2 VSV(Purge) 1 2

+B — 7(C) — B-Y

OXH2 — 1(C) — L — B-Y — H8 Heated Dxygen Sensar (Bank 1 Senscr2) HT +B
OX2 — 5(C) — B — BR — OX E1 4

(+3) — B-Y

Rear Window Detogger SW <22-4> — R-W — 4(B) DEL
Combination SW <7-2> — G — 10(B) H/L
Combination Meter <20-3><21-2> — V-W — 29(B) SPO
STA Fuse<1-2> — B — 26(A) STAW

E7(A) E8(B), E9(C), E10(D) Engine ECU

CANL — 7(C) — B — Transmission Control ECU<4-2>
CANL — 6(A) — W —

Injector No.4 — W — 1(D) #40
I4 Injector No.3 — W-R — 2(D) #30
I3 Injector No.2 — W-L — 3(D) #20
I2 Injector No.1 — W-G — 4 #10

ATNE — 4(A) — P — Transmission Control ECU<4-4>
STP — 12(B) — G-Y — Stop Light SW <10-3>
BLW2 — 3(B) — L — HTR Relay <10-3>

B-Y — 13 IC2 — B-Y — (B) BAT
MRO — 8(B) — GR

REV — 33(B) — B
FC1 — 15(A) — G

SIOT — 34(B) — W
HCAN — 6(B) — Y-R

D15 Diode (EF1) — Y-B — 28(B) EFIT
HCAN — 2(B) — B

OCV- — 5(D) — R-Y
LCAN — 1(B) — W

OCV- — 5(D) — GR-R
IGSW — 35(B) — B-R

A B-Y
B B-Y
C B
D W
E P-B

F B-R
G W
H B
I Y-R
J G
K B-Y
L GR

A BR
B (*3)
C W-B

笔记

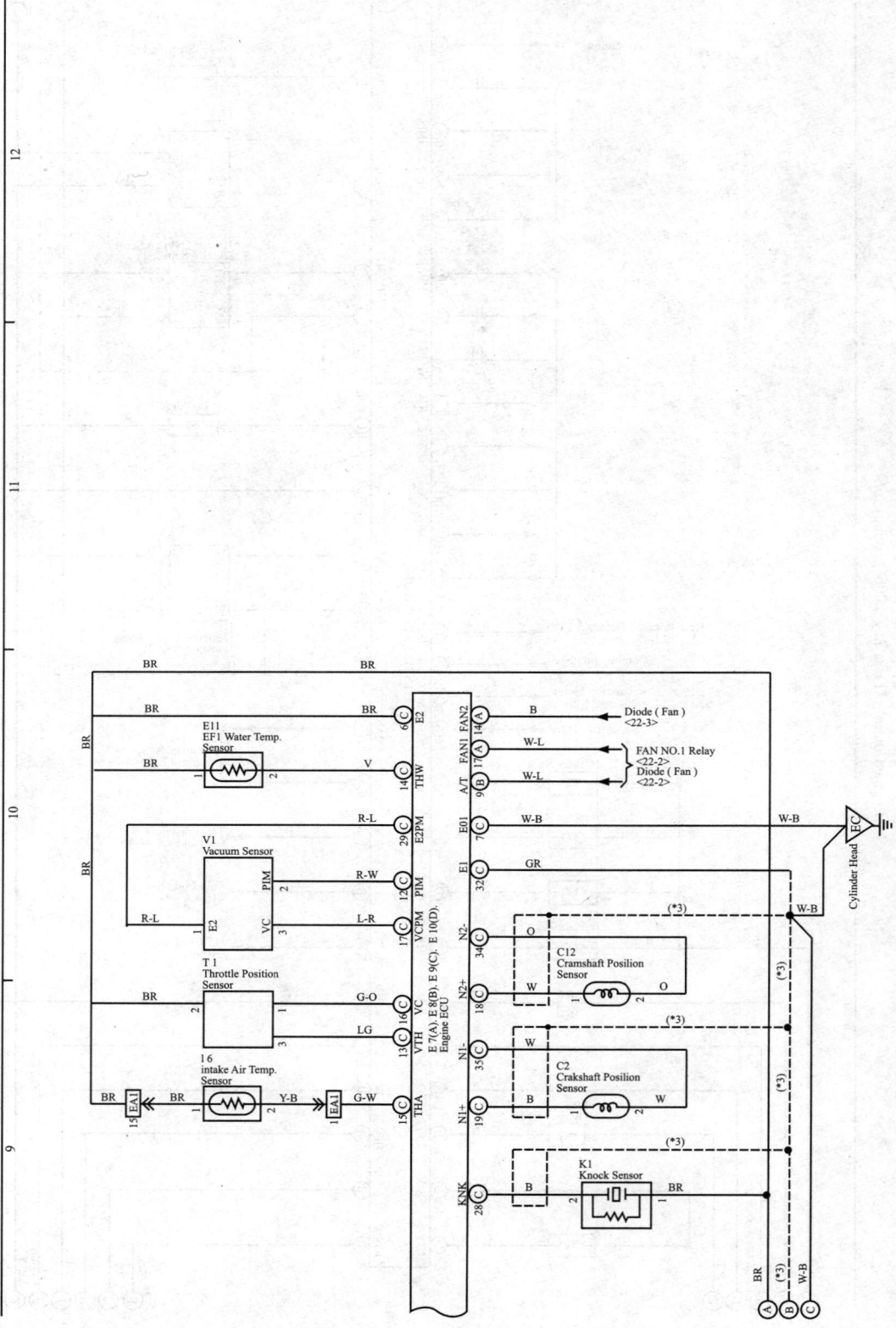

Engine Control (From Aug., 2006 Production)

笔 记

Ighitjon (From Aug，2006 Production)

Power Source

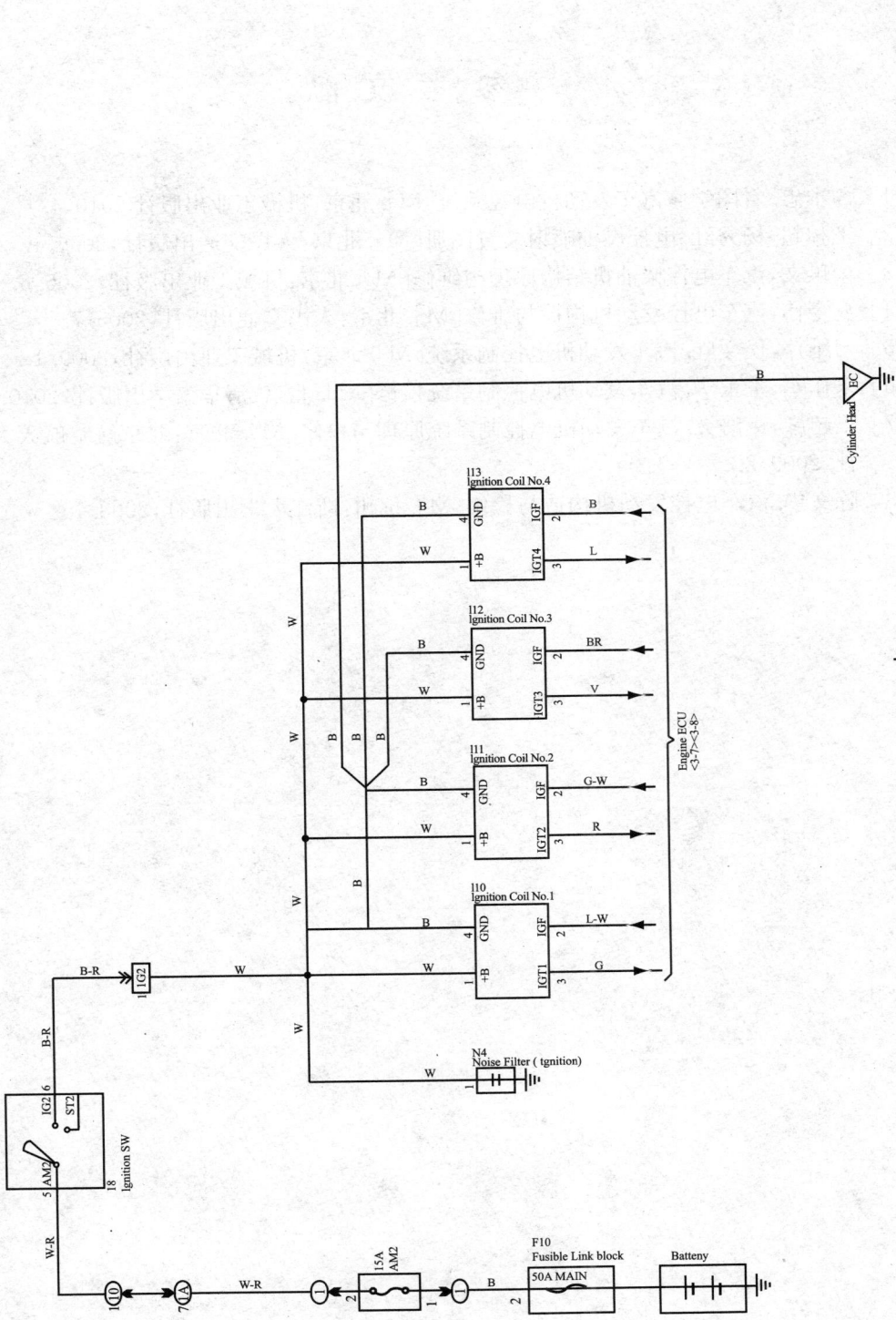

参 考 文 献

[1] 谭本忠.看图学修汽车发动机电控系统[M].北京:机械工业出版社 2010,4.

[2] 王林超,杨秀红.电控燃油喷射装置图册[M].北京:人民交通出版社,2006.1.

[3] 栾琪文,汽车电控柴油机结构原理与维修[M].北京:机械工业出版社,2006.6.

[4] 夏令伟,汽车电控发动机构造与维修[M].北京:人民交通出版社,2005.7.

[5] 刁维芹,侯文胜.汽车发动机电控制系统[M].北京:机械工业出版社,2009.1.

[6] 宋作军,王玉华.汽车发动机电控制系统检修[M].北京:清华大学出版社,2010.7.

[7] 梁超彦,卢浩义.汽车发动机电控制系统原理与检修[M].北京:北京航空航天大学出版社,2009.8.

[8] 陈文华.汽车电控发动机构造与检修[M].杭州:浙江大学出版社,2008.1.

全国职业教育汽车类专业高技能人才培养论坛介绍

一、论坛介绍

全国职业教育汽车类专业高技能人才培养论坛是由中国高等职业教育汽车类专业教学委员会组织,并定期举办的汽车专业职业教育论坛。论坛旨在搭建职业教育汽车类专业交流平台,促进教学研究活动的开展,提高教育教学质量,推动我国汽车类专业高技能人才培养模式改革和发展。

二、举行时间和地点

论坛年会将于每年 8 月份举行。每年更换年会地点。

三、论坛参与人员

政府相关主管部门领导;职业院校汽车类专业院长、系主任、教研室主任、学科带头人、骨干教师;职业教育专家;汽车相关企业专家及负责人。

四、主要议题

1. 教学交流:专业建设、培养方案、课程设置、教学改革、教学经验等。

2. 科研交流:科研立项、教改研究、教学资源库建设、立体化教材编写等。

3. 人才交流:高技能师资引进和储备、高技能人才就业与创业等。

4. 信息、资源交流:招生与就业信息、校际合作机制等。

5. 校企合作和国际交流:产学研合作机制、学生国外游学项目、教师海外进修等。

五、论文与出版物

被论坛年会录用的论文将正式出版,经专家评审后的部分优秀论文将推荐在核心期刊上发表。

六、秘书处联系方式

通讯地址:上海市番禺路 951 号 505 室　　邮编:200030　　传真:(021)64073126

联系人:张书君　电话:021-61675263

　　　　刘雪萍　电话:021-61675248

E-mail:qicheluntan@foxmail.com

七、论坛相关资料索取

请您认真填写以下表格的内容,并通过电子邮件、传真、信件等方式反馈给我们,我们将会定期向您寄送邀请函、出版物等相关资料。

资料索取表

姓　　名		性别		职务/职称		
院　　系						
通信地址				邮编		
联系电话			传　真			
E-mail			手机号码			
院长/系主任姓　名						